AF541865

कुछ और गद्य-रचनाएँ

कुछ और गद्य-रचनाएँ

शमशेर बहादुर सिंह

राधाकृष्ण प्रकाशन

ISBN : 978-81-7119-090-4

कुछ और गद्य-रचनाएँ

प्रथम संस्करण : 1992
दूसरा संस्करण : 2013
This book is printed on **Print on Demand** Technology : 2026

मूल्य : ₹795

प्रकाशक
राधाकृष्ण प्रकाशन प्राइवेट लिमिटेड
जी-17, जगतपुरी, दिल्ली-110 051
शाखाएँ : अशोक राजपथ, साइंस कॉलेज के सामने, पटना-800 006
पहली मंजिल, दरबारी बिल्डिंग, महात्मा गांधी मार्ग, प्रयागराज-211 001
1, अनमोल सोराबजी संतुक लेन, धोबी तलाव, मरीन लाइंस, मुम्बई-400 002
वेबसाइट : www.radhakrishnaprakashan.com
ई-मेल : info@radhakrishnaprakashan.com

KUCHH AUR GADYE RACHNAYEN (Prose)
by Shamsher Bahadur Singh

कुछ संग्रह के बारे में

यह शमशेर जी का दूसरा गद्य संग्रह है। एक तरह से चौथा, अगर 'दोआब', 'प्लॉट का मोर्चा' तथा 'कुछ गद्य रचनाएँ' को अलग-अलग गिनें।

सन् 1968 के आसपास 'दोआब' के दूसरे संस्करण की भूमिका के लिए लिखे गये लेख में डॉ. रामविलास शर्मा ने दो महत्वपूर्ण बातों की ओर संकेत किया था, जिनका संबंध 'हिन्दी साहित्य की रफ़्तार से' है। सन् 1948 में पहली बार प्रकाशित 'दोआब' का दूसरा संस्करण फिर सन् 1968 में भी न आ सका। तब सन् 1989 में जाकर एक नये संयुक्त रूप में वह छपा।

अपने उसी निबंध में डॉ. रामविलास शर्मा ने यह भी लिखा था कि 'और इधर शमशेर जी ने जो बहुत सुंदर निबंध लिखे हैं, उनका संकलन भी शीघ्र प्रकाशित होगा।' वह तो नहीं प्रकाशित हुआ, परन्तु प्रस्तुत संग्रह में 'दोआब' के बाद के तथा उनके हाल के निबंध संकलित हैं।

शमशेर जी के ये निबंध बरबस इस तथ्य को गहराई से रेखांकित करते हैं कि मात्र कविता में ही नहीं, बल्कि गद्य में भी वे लगातार अपने समकालीनों के कृतित्व से जुड़े रहे हैं। उसको पढ़ते हैं, उस पर सोचते हैं और लिखते भी हैं, बल्कि कहीं न कहीं इसे वे अपना आत्मीय फ़र्ज़ भी मानते रहे हैं। अपने बराबर के साथी अपने ज्येष्ठ व कनिष्ठ समकालीनों पर दिल खोलकर इतना अधिक लिखने वाले साहित्यकार बहुत कम हैं। 'दोआब' की ही तरह इस संग्रह में भी उन्होंने अपनी परंपरा के श्रेष्ठ कवियों पर भी लिखा है, जैसे ग़ालिब और रहीम।

समकालीनता की सीमाएं उनके लिए कभी संकुचित नहीं रहीं। एक सच्चे कवि और कलाकार की तरह उन्होंने कैफी आजमी पर लिखा, लुई अरागाँ पर लिखा और लोठार

लुत्से पर भी।

मुक्तिबोध पर लिखा उनका लेख, जो वास्तव में 'चाँद का मुँह टेढ़ा है' की भूमिका है, मुक्तबोध को समझने और संप्रेषण की दिशा में काफ़ी महत्वपूर्ण रहा है। अश्क और सुभद्राकुमारी चौहान पर 'दोआब' में भी तथा 'इस संग्रह' में भी एक-एक लेख शामिल है। कुछ कवि ऐसे हैं, जिनके प्रति लोगों के दिलों में अत्यंत प्रेम और आदर होता है। इतना ही नहीं वे कइयों के आदर्श एवं अनुकरणीय भी हैं, पर सहसा उनसे एकदम आमने-सामने होने का साहस नहीं होता, उनसे बचने की कोशिश होती है। निराला, मुक्तिबोध और स्वयं शमशेर ऐसे कवि हैं, पर 'एक विलक्षण प्रतिभा' की ही तरह 'कविता की बातें : निराला की कविताएँ' निबंध पाठकों को इन कवियों के निकट ले जाने का काम करता है और समीक्षा का प्राथमिक कर्तव्य यह भी है कि वह पाठकों को कविता व कवि के निकट ले जाए। यह निबंध असल में इलाहाबाद विश्वविद्यालय के 'महादेवी वर्मा व्याख्यान-माला' के अन्तर्गत दिए गए तीन व्याख्यानों में से एक है। दूसरा इस संग्रह के परिशिष्ट में दिया जा रहा है। 'कवि कर्मा : प्रतिभा और अभिव्यक्ति-1 तथा 2' ये दोनों कवि कर्म के व्यावहारिक पक्ष की बात करते हैं। इसी शृंखला में दिया गया तीसरा व्याख्यान अज्ञेय जी पर था, पर शमशेर जी की पांडुलिपियों में वह मिल नहीं पाया, अतः इस संग्रह में वह शामिल नही किया जा सका।

यह एक बात ग़ौर करने की है शमशेर जी के इन निबंधों में लालित्य किस तरह छिपा है। एकाध निबंधों को छोड़ प्रायः सभी निबंधों में शमशेर जी के व्यक्तित्व के विभिन्न पहलू नज़र आते हैं। इन निबंधों के विषय ललित नहीं हैं, पर अपनी प्रस्तुति और प्रभाव में ये बहुत दूर तक ललित हैं। इस प्रसंग में मैं शमशेर जी के नये काव्य संग्रह 'काल तुझसे होड़ है मेरी' में शामिल शमशेर जी को नेमिजी के 'एकांत' पर लिखी उनकी कविता का उल्लेख अवश्य करना चाहूँगी। वह कविता तो है, पर साथ ही पद्य में लिखा हुआ निबंध भी है। मैं उस कविता के काव्यत्व को नकार नहीं रही, अपितु उसके निबंधकत्व को उजागर करना चाहती हूँ। पद्य में समीक्षा लिखने की परंपरा हमारे यहाँ रही है, पर शमशेर जी जिस तरह प्रस्तुत कर रहे हैं, उसे नज़रअंदाज़ करने से काम नहीं चलेगा। लिरिक कविता और निबंध के जो मूलभूत तत्व (कंस्टीट्यूएंट्स) हैं--भाव, लालित्य, लय और निजता ; उनको एक भूमि पर, एक बिन्दु पर ला कर वे यह रचना कर रहे हैं। कविता की पांडुलिपि , इस पर किया गया काम, इस बात की गवाह है कि जो तैयारी एक समीक्षक समीक्षा लिखने के लिए करता है, वैसी तैयारी इस कविता को लिखने के लिए की गयी है। यह कविता उन कविताओं से अलग है, जो शमशेर जी ने अपने समकालीनों पर लिखी हैं। इस कविता का आधार और उत्स नेमि जी का काव्य-संग्रह है, नेमि जी का व्यक्तित्व नहीं। शमशेर जी ने हमेशा ही इस तरह की प्रयोगशील और नयी चीजें पाठकों को दी हैं।

'एक बिल्कुल पर्सनल ऐसे' शमशेर जी का अत्यन्त चर्चित निबंध रहा है। यह दो बार प्रकाशित हो चुका है। पहले सन् 1951-52 के आसपास 'कृति' के कविता विशेषांक में और फिर 'साक्षात्कार' के शमशेर-नागार्जुन-केदारनाथ विशेषांक में सन् 1987 में। दूसरों के कृतित्व पर उदारता पूर्वक सर्जनात्मक एव सच्चे दिल से लिखने की परंपरा अगर हमारी भाषा में शुरू हो सके, तो साहित्यिक दुनिया की कडवाहट में बहुत कमी आ सकती है। एक स्वस्थ वातावरण का निर्माण हो सकता है। शमशेर जी के तमाम निबंध इसी दिशा की ओर संकेत करते हैं।

एक कौतुक इस संग्रह का यह भी है कि एक कवि एक आलोचक पर लिख रहा है। एक चोटी का कवि एक चोटी के आलोचक पर।

'फूल नहीं रंग बोलते हैं 'लेख को मैं अलग से रेखांकित करना चाहूँगी। उसके कारणों में मैं उस पत्र के कुछ अंश उद्धृत करना चाहूँगी, जो इस लेख के प्रकाशन के बाद केदारनाथ जी ने शमशेर जी को लिखा था। शमशेर जी की अनुमित और सहमित के साथ वे अंश प्रस्तुत किया जा रहा है :

'प्रिय शमशेर

मेरे दोस्त

आलोचना का विशेषांक मिला। 'फूल नहीं रंग बोलते हैं 'पर लिखकर तुमने अपना विचार व्यक्त किया। यही इस बात का द्योतक है कि साज़िश है कि मेरे दोस्त को ही सबसे आगे जाकर मेरे बारे में कहना पड़ा। क्या खूब है हिन्दी के हिमायती आलोचक कि मुँह में ताला डालकर बैठे हैं और साजिशी बेइमानी से मुझे और मेरी कविता को मार डालना चाहते हैं, लेकिन मैं मरने का नहीं। सबके सिर पर चढ़कर बैठा हूँ और हमेशा रहूँगा।'

पत्र लंबा है और बहुत सारी बातें हैं, पर एक और उद्धरण काफी होगा :
'मैं नहीं जानता कि तुम्हारा लेख कहां तक अपना मक़सद पूरा करेगा। इससे लोग मौन तोड़कर कह सकने की ओर प्रयाण करेंगे कि नहीं कुछ नहीं कहा जा सकता। बहरहाल तुमने केदार की बात अपनी तरफ़ से कही। कवि हो और पुराने साथी कवि हो और ईमानदार आदमी-कवि हो।'

डॉ. रामविलास शर्मा के ही शब्दों में इससे भी 'हिन्दी साहित्य की रफ़्तार' का पता चलता है। इससे अधिक इस संदर्भ में कहना ज़रूरी नहीं है।

साहित्य से जुड़े अन्य विषयों पर भी शमशेर जी का चिन्तन इस संग्रह में शामिल निबंधों में देखा जा सकता है। ये वे चिन्ताएं हैं, जो शमशेर के अन्दरूनी कलाकार को मथती रहती हैं। चाहे वे 'सामाजिक सत्य और रचना का माध्यम' हो या 'अमूर्त कला' या फिर

हलका-फुलका लगने वाला 'आशु कविता' जैसा विषय। उनका जागरूक साहित्यकार 'भाषा और साहित्य पर एक नये दृष्टिकोण की मांग' भी करता है। 'काल और सृजन' भारत-भवन, भोपाल में आयोजित एक सेमिनार के लिय लिखा गया निबंध है, लेकिन संभवतः वहाँ वह पढ़ा नहीं जा सका। बाद में यह 'समकालीन भारतीय साहित्य' के अंक 36 अप्रैल-जून, 1988 में छपा। रहीम पर लिखा लेख शमशेर जी ने हिन्दी में लिखा था, पर वह कहीं छपा नहीं। इसका अनुवाद स्वयं शमशेर जी ने अंग्रेजी में किया, जो 'इंडियन लिटरेचर' में छपा।

शमशेर जी का गद्य बहुत अर्से बाद पुनः, वह भी पुस्तकाकार में छप रहा है। इससे शमशेर जी के गद्यकार को समझने के ठोस आधार उपलब्ध होंगे। बहुत जल्दी ही उनका एक और गद्य संग्रह भी प्रकाशित होगा।

इस संग्रह की पांडुलिपि तैयार करते वक्त कुछ लेख मुझे मिल नहीं पाए थे, लेकिन इसमें मुझे डॉ. नामवर सिंह, श्री क्षेमचन्द्र सुमन व डॉ. अजित कुमार का सहयोग मिला। मैं उनकी अत्यन्त आभारी हूँ। शमशेर जी की चीजों में कुछ जीरॉक्स भी थे, जो संभवतः श्री दिनेश शर्मा ने लाइब्रेरियों में जाकर ढूंढे और जुटाए थे। इन निबंधों की एक-एक ज़ीरॉक्स कॉपी उनके पास भी है। यह बड़ी मेहनत का काम है, पर जहाँ तक मैं जानती हूँ, शमशेर जी ने उन पर कभी आर्थिक दबाव नहीं पड़ने दिया है। सामग्री का एकत्रित होना भी बड़ी बात है। मैं उनकी भी अत्यन्त आभारी हूँ।

उन पत्र-पत्रिकाओं का भी ऋण स्वीकार करती हूँ, जहाँ ये लेख छपे हैं।

रंजना अरगड़े

निबंध-क्रम

सामाजिक सत्य और रचना का माध्यम / 11
एक बिल्कुल पर्सनल एसे / 18
हमारे सांस्कृतिक समन्वय का एक प्रतीक-रहीम / 42
लुई अरागाँ: नये योरोपियन साहित्य का एक व्यक्तित्व / 47
ग़ालिब : मेरी दृष्टि में / 67
कविता की बातें : निराल की कविताएँ / 70
सुभद्रा कुमारी चौहान : एक अध्ययन / 86
किस तरह आखिरकार मैं हिन्दी में आया / 96
नरेन्द्र / 103
सादगी व पुरकारी / 108
कैफ़ी आजमी का कवि व्यक्तित्व / 120
एक सच्चा लिरिक कवि / 137
जीवन जो हारा नहीं, खत्म हो गया / 142
नामवर / 145
भाषा और साहित्य पर एक नये दृष्टिकोण की माँग / 156
अमूर्त कला / 165
कला और साहित्य में प्रयोगवाद / 171
एक विलक्षण प्रतिभा / 177
फूल नहीं रंग बोलते हैं / 193
मोहभंग का साक्षात्कार और संघर्ष / 215
एक आधुनिक विदेशी विद्वान का मौलिक हिन्दी काव्य-संग्रह / 217
'अश्क' आधी मंजिल पर / 222

काल और सृजन / 227

परिशिष्ट

कवि कर्म : प्रतिभा और अभिव्यक्ति-1 / 231
कवि कर्म : प्रतिभा और अभिव्यक्ति-2 / 233
आशु कविता / 238

सामाजिक सत्य और रचना का माध्यम

पहले इस सवाल को लें कि कलात्मक व्यवहार में माध्यम की विशिष्ट भूमिका क्या है। मेरा अपना अनुभव कविता के क्षेत्र का ही है--कहानियाँ थोड़ी-सी लिखीं जरूर, लेकिन कविता के क्षेत्र से बाहर मैं नहीं जा सका--सो अपने अनुभव के आधार पर ही कहूँगा कि रचना का माध्यम हमारी रचना-प्रक्रिया को प्रभावित करता है। जो माध्यम रचनाकार को आकृष्ट करता है, उसकी परंपरा और इतिहास का प्रभाव उसकी चेतना पर रहता ही है और वह अपने अनुभवों और अनुभूतियों को उन महान रचनाकारों का सहारा लेकर अभिव्यक्त करता है, जो उस माध्यम की परंपरा में उसके सबसे निकट पड़ते हैं। फिर भी उसकी अभिव्यक्ति अपनी निजी विशिष्टता लिये रहती है। यह विशिष्टता एक तो उसके अपने दौर की होती है और दूसरी उसकी अपनी, जिसे उर्दू में शायर का अपना रंग कहते हैं। जैसे उर्दू में जिगर का या हिंदी में द्विवेदी-काल में सुभद्रा कुमारी चौहान और 'एक भारतीय आत्मा' का रंग है। छायावाद में पंत और निराला का रंग अलग है। बड़े कवियों की विशेपता यह होती है कि वे परंपरागत माध्यम को अपनाकर भी उसमें कुछ अपना नया भी डाल देते हैं, उसे बदलते हैं, एक नयी पहल करते हैं; जबकि छोटे या साधारण कवि उनका अनुकरण करते हैं, उनके बनाये हुए रास्ते पर चलते हैं।

उदाहरण के लिए हाली को देखिए। हाली से पहले उर्दू में रोमानी कविता चली आ रही थी, जिसमें हर तरफ़ गुलो-बुलबुल की ही बात की जाती थी। हाली ने उस परंपरा को ठुकराकर 'हुब्बे-वतन' और 'बरखा रुत' जैसी कविताएँ लिखीं और सामाजिक यथार्थ का चित्रण करते हुए विधवाओं की दुर्दशा जैसे विपय उठाये। यह तेवर एकदम नया था। इस कविता में जो भापा की सादगी आयी, वह एकदम नयी चीज़ थी। हाली ने 'मुसद्दस'(यानी 'मद्दोजज़्रे-इस्लाम' इस्लाम के इतिहास का ज्वार-भाटा) लिखा, जिसमें किसी प्रकार की कोई संकीर्णता नहीं थी, बल्कि एक बहुत ही उदार मानवीय दृष्टिकोण सामने आया। उस समय पूँजीवाद शुरू हो रहा था, सामंतवाद समाप्त हो रहा था। उद्योग-धंधे शुरू हो रहे थे और ज्ञान-विज्ञान का प्रभाव बढ़ने के साथ-साथ लोकतांत्रिक विचार भी उभर रहे थे। दक़ियानूसीपन के खिलाफ सारी दुनिया को एक

बिरादरी मानने की बात, भाईचारे की बात, मानवीयता की बात सुधारवादी आंदोलनों के माध्यम से फैल रही थी। हाली ने इस सामाजिक सुधारवादी आंदोलन से प्रभावित होकर इस्लाम का एक स्वस्थ रूप--इंसानी बिरादरी वाला रूप--हमारे सामने रखा। ग़दर के दिनों में वे जवान थे, अंगरेज़ों के क्रूर दमन को अपनी आँखों से देखा था। शीघ्र ही सर सैयद अहमद के सुधारवादी प्रचार से प्रभावित होकर उन्होंने आलोचना और काव्य रचना में सर्वथा नया दृष्टिकोण उपस्थित किया, जो आज उस समय को देखते हुए बहुत क्रांतिकारी लगता है।

इसके बाद उर्दू में चकबस्त, अकबर इलाहाबादी और इक़बाल आते हैं। इक़बाल को भी कविता में एक क्रांतिकारी परिवर्तन करना पड़ा। उन्होंने हाली से प्रेरणा ली और उनकी स्पिरिट को आगे बढ़ाया। हाली ने देश-प्रेम की बात की थी, ('हुब्बे-वतन' द्रष्टव्य है), इक़बाल ने उसे आगे बढ़ा कर 'सारे जहाँ से अच्छा' और 'नया शिवाला', 'तस्वीरे दर्द', आदि कविताएँ लिखीं। 'राम'और 'नानक' जैसे पौराणिक तथा ऐतिहासिक पुरुषों पर कविताएँ लिखीं। (उनका 'गायत्री' का पद्यानुवाद भी बहुत सुंदर है।) आरंभ में वे अपनी कविता में हिंदू और मुसलमान दोनों को क्या, पूरे देशवासियों को संबोधित करते हैं। उन्होंने अपने समय के पाश्चात्य दर्शन से अच्छी तरह परिचित होने के कारण कुछ सर्वथा नये विचार दिये। मसलन 'डेमोक्रेसी' एक धोखा है, इसके जाल में पश्चिम ख़ुद फँस जायेगा। प्रारंभिक इस्लामी आदर्शवाद को जोड़ कर नीत्शे के प्रभाव में उन्होंने एक आदर्श मानव की कल्पना की--एक ऐसे आदमी की कल्पना, जो मनुष्यता की सेवा के लिए समर्पित एक सच्चा इंसान हो। उन्होंने अपनी रचना में आम आदमी को प्रस्तुत करने और (इस्लामी आदर्शों के तहत) विश्वबंधुत्व की भावनाएँ उभारने की कोशिश की। इक़बाल की लंबी कविताएँ और उनमें ज्योति और प्रकाश के बिंब, जो बार-बार आते हैं, हमें शेली की दिव्य कल्पना-शक्ति की याद दिलाते हैं। शेली की अनेक रोमानी कविताओं में क्रांतिकारी भावनाएँ बार-बार भाती हैं, जो फ्रांसीसी क्रांतिकारी आन्दोलनों का प्रभाव था। (छायावाद ने शेली से जो प्रभाव ग्रहण किया, उसमें यह क्रांतिकारी भावना दृष्टिगत नहीं होती। हाँ, शेली के आध्यात्मिक प्रकृति-प्रेम पर मानववादी उदात्त आदर्शवादिता का प्रभाव है--विशेष कर पंतजी में।) छायावादी कवियों ने अंगरेजी की रोमानी कविता से प्रकृति-प्रेम आदि तो लिया, मगर क्रांतिकारी भावनाएँ नहीं लीं। बाद में पंतजी ने इन चीज़ों को लिया जरूर, पर वे इन चीजों को भरपूर काव्य के स्तर पर नहीं ला सके, उनकी बातें काव्य में वक्तव्य के-से स्तर पर ही रहीं। निराला इन चीज़ों को काव्य के स्तर तक उठा ले गये, इसका कारण शायद यह था कि उनकी नजर दोनों तरफ़ थी वे एक तरफ़ पश्चिमी साहित्य को देखते थे तो दूसरी तरफ़ भारतीय साहित्य के साथ भारतीय जनता के दैनंदिन संघर्षशील जीवन को भी। एक तरफ़ वे नेहरू जैसे लोगों को देखते थे तो दूसरी तरफ़ भारतीय जनता को भी देखते थे। यों पंतजी की 'ग्राम्या' और 'युगवाणी' ने भी उस युग में अनेक नये हिंदी कवियों को आकृष्ट किया, यद्यपि काव्य के स्तर पर उनकी आलोचना भी

उन दिनों काफ़ी हुई थी। उनकी एक ओर शायद टोली और बयान थे तो दूसरी ओर निश्चय ही नज़रूल इस्लाम। जिसका अनुवाद उनकी रचनाओं में देखा जा सकता है। (इसी की प्रतिक्रिया-स्वरूप 'ग्राम्या' का स्वागत करते हुए मैंने एक लंबा लेख उस पर लिखा था, जो इलाहाबाद के दैनिक 'भारत' के एक पूरे पृष्ठ पर छपा था।)

कहने का मतलब यह कि रचना का माध्यम हमारी रचना-प्रक्रिया को प्रभावित करता है, लेकिन हम भी अपने समय की आवश्यकताओं के अनुसार उस माध्यम को प्रभावित करते हैं। यह चीज़ हमसे, हमारे मिज़ाज से, अलग चीजें भी लिखवा लेती है। जैसे बालकृष्ण राव ने अपने विद्यार्थी-जीवन में ही साइमन कमीशन के विरोध में कविता लिखी। या नरेंद्र शर्मा जैसे भावुक रोमानी कवि ने 'इतिहास' जैसे महत्वपूर्ण विषय पर एक सुन्दर गंभीर कविता लिखी। बच्चन, नरेंद्र आदि में रोमानीपन के साथ जो एक पीड़ा या 'सफ़रिंग' का भाव दिखायी देता है, उसका कारण यह है कि ये कवि अपने युवाकाल के आवेगों को एक प्रकार के आदर्शवाद से 'दबाते' हैं और इससे उनकी रचना-प्रक्रिया प्रभावित होती है। इस चीज़ से मुक्त कवि हैं अंचल और केदार। हमारा जीवन हमारी कविता को कैसे प्रभावित करता है, यह केदार की युवाकाल की रचनाओं को देखकर समझा जा सकता है। अपने समकालीन अन्य युवा कवियों की तुलना में उनकी उस समय की कविता में एक स्वस्थ प्रेम क्यों दिखायी देता है ? इसलिए कि वे जब पढ़ रहे थे, विवाहित थे, अपनी पत्नी के प्रति प्रेम की कविताएँ लिख रहे थे। कुछ बाद के कवियों में शील और रामविलास के यहाँ भी हम यही स्वस्थ ढंग देखते हैं। शील शुरू से मजदूर-आंदोलन में थे और रामविलास अखाड़े के पहलवान और निराला की संगत में रहने वाले। लेकिन शुरू से ही एक आर्यसमाजी-सा उत्साह और आदर्शवाद उनमें ज़रूर था।

रामविलास को मैं यथार्थवादी कहने की जगह आदर्शवादी कह रहा हूँ तो इसकी वजह है। कुछ चीजों को लेकर रामविलास में कुछ 'ब्लाइंड स्पाट्स' हैं। जैसे निराला को ही लेकर। निराला भी आदर्शवादी हैं, लेकिन वे उन्मुक्त भी हैं, इसलिए यथार्थ के ज़्यादा क़रीब हैं। निराला की प्रेमानुभूति भरपूर मांसल और गहरी थी। वह एक आदर्श 'नायक' कहे जा सकते थे और कहे भी जाते थे। देहाती और सामंती वातावरण में पले निराला बहुत-सी चीजों को छोड़ नहीं सकते थे, और इसीलिए वे अपनी ग़रीबी को भी एक उदात्त रूप दे देते हैं। 'राम की शक्तिपूजा' में वास्तविक हीरो निराला स्वयं हैं। उनके व्यक्तित्व की मांसलता, उनका भरापूरापन, उनका अकुंठित व्यक्तित्व--यह सब उनकी कविता में प्रकट होता है। पंतजी अपनी कविता में अपने आपको छिपाते और बचाते थे। लेकिन रामविलास जब निराला के बारे में लिखते हैं तो उनके व्यक्तित्व और व्यवहार की बहुत-सी चीज़ों पर परदा डाल देते हैं। इस प्रवृत्ति को रामविलास की अपनी कविताओं की रचना-प्रक्रिया से जोड़कर देखा जाये तो शायद कुछ बातें सामने आ सकती हैं।

रचनाकार की विचारधारा का उसकी रचना-प्रक्रिया पर क्या असर पड़ता है, इसकी बड़ी दिलचस्प मिसाल शील की है। शील की प्रारंभिक रचनाएँ छायावादी भाषा-शैली में हैं, लेकिन मजदूरों के बीच रहने के कारण आंदोलन की जरूरत के मुताबिक़ उन्होंने उसी छंद-विधान या 'पैटर्न' को अंदर से बदला। उन्होंने गीत लिखे, मुक्त-छंद नहीं। नरेंद्र शर्मा का उदाहरण भी दिलचस्प है। वे बड़ी तेज़ी से प्रगतिशील आंदोलन में आये और जिस 'फॉर्म' में वे पगे हुए थे, उसे छोड़कर उन्होंने आल्हा छंद में कविता लिखी। रूस पर भी उन्होंने कविता लिखी। लेकिन रचनाकार किसी आंदोलन से दो तरह से जुड़ता है : एक तो केवल वैचारिक स्तर पर, दूसरे, वैचारिक के साथ-साथ सामाजिक स्थिति या कर्म के स्तर पर भी। शील और नरेंद्र शर्मा दोनों प्रगतिशील आंदोलन से जुड़े, लेकिन शील जुड़े रहे, नरेंद्र शर्मा बाद में उससे अलग होकर दूसरी दिशा में चले गये। इसका कारण यही हो सकता है कि नरेंद्र शर्मा केवल वैचारिक स्तर पर जुड़े थे, जबकि शील सामाजिक स्थिति और कर्म के स्तर पर भी प्रगतिशील आंदोलन से जुड़े थे।

लेकिन फ़ैज़ को देखिए। फ़ैज प्रगतिशील आंदोलन के प्रथम उन्नायकों में हैं। फ़ैज स्वभाव से रोमानी और आशिक़ मिज़ाज हैं, लेकिन व्यवहार में वे बड़े ही संकोची, संयत और शालीन। इसलिए वे प्रेम की कविता लिखते हैं तो कविता में उनका बड़ा प्रेम गंभीर रूप लेता है। उनकी प्रेमिका प्रेमी को उदात्त, निस्वार्थ या आदर्शवादी बनाकर उन्हें दृष्टि की व्यापकता देती है। उनकी 'रक़ीब से' कविता में प्रेमी रक़ीब को भी एक साथी या भाई की तरह संबोधित करता है। इस उदार भाव के कारण ही वह प्रेम राष्ट्र या आज़ादी की लड़ाई से जुड़ जाता है और प्रेमिका का आकर्षण राष्ट्रीय या स्वाधीनता या जन-मुक्ति के लिए किये जाने वाले संघर्ष का आकर्षण बन जाता है। यहाँ कवि की जीवन-स्थिति, उसके जीवन-व्यवहार और उसकी विचारधारा को एक साथ उसकी रचना-प्रक्रिया को प्रभावित करते देखा जा सकता है इससे कविता का 'फॉर्म' ही नहीं बदलता, परंपरागत शब्दों के अर्थ तक बदल जाते हैं। फ़ैज़ एक परंपरागत शब्द को लेते हैं और उनके परंपरागत अर्थ को बरक़रार रखते हुए उसे एक दूसरा अर्थ भी दे देते हैं, जो शायद अधिक 'प्रासंगिक' हो सकता है। इस प्रकार प्रेम और क्रांति उनकी कविता में भिन्न या विरोधी नहीं, एक-दूसरे के पूरक और सहयोगी बन जाते हैं।

सच्ची मानवीय भावनाओं की एक मर्यादा होती है, जिसके नष्ट होने पर प्रेम तो क्या, राष्ट्र-प्रेम और क्रांति की भावनाएँ भी दूषित हो जाती हैं। ऐसा होने पर कविता में, फ़ॉर्म की मर्यादा भी नष्ट होती है। फ़ैज़ की यह विशेषता है कि जिस तरह वे सच्ची भावनाओं की मर्यादा की निष्ठापूर्वक रक्षा करते हैं, उसी तरह अपनी कविता के 'फ़ॉर्म' की मर्यादा की भी रक्षा करते हैं। ग़ज़ल एक बहुत पुराना 'फ़ॉर्म' है, लेकिन फ़ैज़ ने एक नयी विचारधारा

के साथ उसे अपना कर भीतर से एक नया रूप दिया है। और यही वजह है कि उनकी कविता में हम जन-मुक्ति और क्रांति के अर्थों को ग्रहण न भी करें, तो भी, यानी प्रेमी-प्रेमिका के ही अर्थ में उसे समझें, तो भी एक उदात्त मानवीयता से हमारा साक्षात्कार होता है।

हर देश और हर क्षेत्र की एक सांस्कृतिक परंपरा होती है। उसकी भावनाएँ, शब्दावली, रचना के रूप, प्रतीक आदि होते हैं। उन्हें छोड़ा नहीं जा सकता। लेकिन कवि के पास यदि सही दृष्टि और सही विचारधारा है तो वह उस परंपरा को अपना कर भी उसमें नया कुछ जोड़ सकता है। मसलन मिथक का प्रयोग मेरी दृष्टि में एक पलायन है और एक तरह की प्रतिक्रियावादी प्रवृत्ति है, लेकिन नागार्जुन, शील और मुक्तिबोध जब इसका प्रयोग करते हैं तो वह एक प्रगतिशील प्रयोग होता है। आजकल बहुत-से लोग मिथकों का प्रयोग करने लगे हैं, लेकिन उसमें कोई वास्तविक नयी बात नहीं जोड़ पाते, बल्कि अपनी कमजोरियों को छिपाने के लिए मिथक को एक 'सेफ़्टी वाल्व' की तरह इस्तेमाल करते हैं। उदाहरण के लिए भारती की 'प्रमथ्युगाथा' को ही देखा जा सकता है, या एक हद तक 'कनुप्रिया' में भी, जो उनके उपन्यास 'गुनाहों का देवता' का ही एक प्रकार से समानांतर काव्यरूप है। उनके 'अंधा युग' में उनके युवाकाल का आवेश है और वह आवेश पूरी शक्ति के साथ उसमें व्यक्त हुआ है, लेकिन वह सचेत रूप से प्रगतिवाद-विरोधी स्टैंड लेकर लिखा गया है। और मेरे देखते इस गलत दृष्टि या विचारधारा का प्रभाव उनकी रचना-प्रक्रिया पर यह पड़ता है कि वे 'अंधा-युग' लिखने के बाद लगभग चुक जाते हैं।

लेकिन यहाँ एक बात कहना जरूरी है : केवल विचार-धारा या केवल 'इमोशंसन' के बल पर बड़ा काम नहीं किया जा सकता। इसके लिए गंभीर तैयारी की जरूरत होती है। निराला, पंत आदि कविता के क्षेत्र में आये तो पूरी तैयारी के साथ आये। कीट्स, वर्ड्सवर्थ, कालिदास, रवींद्रनाथ को वे अपने अंदर घुला ले गये। नरेंद्र और बच्चन ने भी यह तैयारी की, लेकिन शायद उतनी नहीं, और उसका प्रभाव भी उनकी कविता में तुलना करके देखा जा सकता है। शील ने जनता से जुड़कर शक्ति प्राप्त की, लेकिन भापा-तत्व का अध्ययन कम किया, जिसके कारण उनकी भी कविता इस पक्ष से आरंभ में कमजोर पड़ी। बाद के कवियों ने तो मानो किसी तैयारी की ज़रूरत ही नहीं समझी। नतीजा यह हुआ, और हो रहा है, कि कवि जल्दी ही चुक जाते हैं और कविता लिखी जाते ही प्रायः निरर्थक हो जाती है।

अब यह सवाल उठता है कि समाज की संरचना का रचना की संरचना पर क्या असर पड़ता है। मैं यह निश्चित समझता हूँ कि सामाजिक संरचना वस्तु और रूप दोनों को प्रभावित करती है। ब्रेख़्त और फ़ैज़, दोनों की रचनाओं में सामाजिक यथार्थ को व्यक्त

करते समय जो एक गोपन की, प्रायः रूपक के माध्यम से परोक्ष अभिव्यक्ति की, कलात्मक चतुराई दिखायी देती है, वह उनके समय की सामाजिक संरचना का भी असर है। यदि रचनाकार पर सेंसर, अदालत और जेल के दबाव न हों, तो रचना बड़े उन्मुक्त ढंग से आयेगी। जब रूस और चीन में लोगों को--सामान्य लोगों को भी--उन्मुक्त रूप से कलात्मक अभिव्यक्ति के अवसर मिले तो बहुत-सी खुली हुई सशक्त कविताएँ आयीं, जिनका मूल्य है, महत्व है। इसलिए यह कहना बिल्कुल सही है कि जैसा हमारा परिवेश होगा, वैसी ही कविता हम लिखेंगे। पोलैंड या चेकोस्लोवाकिया के ऐसे कई कवि हैं जो वास्तव में वैज्ञानिक हैं, लेकिन कविता करते हैं। उनकी वैज्ञानिक दृष्टि, वैज्ञानिक समझ, वैज्ञानिक शब्दावली उनकी कविता में आती है। 'सुर्रियलिज़्म' का आंदोलन चित्रकारों, कवियों, कहानीकारों, मूर्तिकारों आदि सबको प्रभावित करने वाला सिद्ध हुआ और पेरिस में जब यह आंदोलन चला तो सभी इससे जुड़ गये। कारण यह था कि सभी विधाओं और कलारूपों के सृजनकर्ता पेरिस में मौजूद थे। सब मिलते थे, एक-दूसरे को प्रभावित करते थे, एक-दूसरे पर लिखते थे, इसलिए जिस चीज़ से एक प्रभावित हो रहा था, उससे दूसरा भी प्रभावित हुए बिना नहीं रह सकता था।

इस प्रकार रचना की संरचना को समाज की संरचना प्रभावित करती है। एक आंदोलन कई कला-रूपों को प्रभावित कर सकता है, कला-रूप एक-दूसरे को भी प्रभावित कर सकते हैं, एक ही कला में विभिन्न विधाएँ और शैलियाँ भी एक-दूसरे को प्रभावित कर सकती हैं और करती हैं, लेकिन यह नहीं भूलना चाहिए कि प्रत्येक कला-रूप या विधा की अपनी एक मर्यादा होती है और वह मर्यादा क़ायम रखना ज़रूरी होता है। प्रभावों से रचनाकार बच नहीं सकता--मेरी अपनी कुछ कविताएँ ऐसी हैं, जिन पर चित्र कला का प्रभाव है, क्योंकि मैं एक समय चित्रकारी में बहुत डूबा रहा; या फिर मेरी कुछ कविताएँ ऐसी हैं, जिनमें दो-तीन भाषाओं के शब्द एक साथ आ जाते हैं;* या फिर मेरी कुछ कवितानुमा कहानियाँ हैं--लेकिन देखने की बात यह है कि अनेक विधाओं में काम करने वाला आदमी मुख्यतः किस विधा में सक्षम है। अर्थात् उसका अपना मुख्य माध्यम क्या है। अन्य माध्यम उसे प्रभावित कर सकते हैं, और शोध की दृष्टि से उनका अध्ययन उपयोगी हो सकता है; लेकिन आलोचना करते समय उस मुख्य माध्यम की विशेषताओं का ध्यान अवश्य रखा जाना चाहिए। मेरी जिन कविताओं पर चित्रकला का प्रभाव है, उनकी आलोचना आप चित्रकला की तरह करेंगे तो ग़लती करेंगे। वही ग़लती आप तब करेंगे जब मेरी कहानियों की आलोचना आप कविता की आलोचना की तरह करेंगे।

एक रचनाकार अनेक माध्यम अपना सकता है; कई विधाओं को तोड़-जोड़ कर एक नया रूप दे सकता है। इस तरह विधाओं का मिलना अपने आप में ग़लत नहीं, बल्कि यह मिलना किसी मुख्य विधा को अत्यन्त समृद्ध बना सकता है, जैसे नाटक को; लेकिन रचना और आलोचना के समय हमें कई विधाओं से समृद्ध हुई उस मुख्य विधा की विशेषताओं का और उसके अपने अनुशासन या मर्यादा का ध्यान रखना होगा। शेक्सपियर के नाटक

कविता में होने के बावजूद नाटक हैं, जबकि शेली के नाटक काव्य हैं। कभी-कभी यह भी होता है कि रचनाकार कई विधाओं को मिलाने के चक्कर में मुख्य विधा को नष्ट कर डालता है: जैसे एक सीमा तक प्रसाद के नाटक। कहने का मतलब यह कि कला-रूपों और विधाओं में इस तरह का आदान-प्रदान यदि मुख्य विधा को नष्ट नहीं करता, तब तक तो ठीक है, लेकिन नष्ट करता है तो गलत है। यही बात हमें विभिन्न विधाओं की आलोचना में भी ध्यान में रखनी चाहिए।

*सिद्धांततः मैं इसको ठीक नहीं समझता: यह रचनाकार की अशक्कता का ही द्योतक है। हो सकता है कि मेरी कुछ ऐसी थोड़ी-सी कविताओं में यह विशिष्ट शैली का सूचक हो: लेकिन मैं इनको एक तरह के प्राइवेट 'प्रयोग' की श्रेणी में रखना चाहूँगा। यह अलग बात है कि इसके पक्ष में कुछ वकालत भी की जा सकती है।

एक बिल्कुल पर्सनल एसे

मेरे कुछ प्रिय हिन्दी कवि...इनमें सबसे पहले, सबसे पहले, मेरे ध्यान में नागार्जुन आते हैं। क्यों ? मैं सोचता हूँ, तो ऐसा मालूम होता है कि इसकी वजह उनका यह खरा और सच्चा-सीधा व्यक्तित्व है, जिसके कण-कण से अपने देश की मिट्टी का सौंधापन महसूस होता है। नागार्जुन, भाषा और साहित्य का रस-मर्मज्ञ पंडित होता हुआ भी गाँव-गँवई की चिलम-सा 'रफ़' और अपनाव-भरा है; जैसे अनुभवी जनों के चुटकुलों का गहरा संकेत।

उसके शब्द बड़ी पोढ़ी उँगलियों से हमारी चेतना को पकड़ते हैं। उसके भाव हमारी आँखों में आँखें डालकर हमसे बात करते हैं। यह मुँहफट कवि अक्सर मुझे सबसे बड़ा, सुलझा हुआ, सबसे आधुनिक; सबसे जागरूक कवि लगता है। काश ! कि मैं स्वयं कभी उसकी कविताओं का चयन करता--कोई सौ-सवा सौ कविताओं का, और तब दिखा सकता इस कवि के प्रयोग, इस कवि की गूढ़ व्यंजनाएँ; दिखा सकता, कैसे इस युग का हिन्दी का सबसे बड़ा व्यंग्यकार कवि जिसको इतिहास भुलाएगा नहीं, यही कवि है। तालाब की मछलियाँ, प्रेत का बयान, पर्चा बाँटने वाला, दुखहरन मास्टर, इसके उदाहरण हैं। हम कटुव्यंग्य और हास्य के नाना रूप ही नहीं देखते--जिनमें शासन और समाज का भ्रष्टाचार और पाखंड और पूँजीवादी तत्वों की बर्बर हिंसात्मक लिप्सा अपने नग्न रूप में सामने आती है,--उनकी कविताएँ संघर्षरत साहसी युवकों और शोषित श्रमिकवीरों की दुनिया में भी हमें ले जाती हैं। शहीदों की पावन याद को हमारी आँखों में बसाने वाला और कौन दूसरा कवि हिन्दी में लिख रहा है, कोई मुझे बताये। आज के अत्यन्त सस्ते खोखले दंभ के युग में नागार्जुन की कविताएँ क़ीमती दस्तावेज़ हैं। इसीलिए यह मुझे आज के कवियों में सबसे अधिक प्रिय हैं। उत्कृष्ट से उत्कृष्ट शिल्प मैंने उसके यहाँ देखा है। (बेशक, भोंडा, शिल्प भी। पर उनकी ऐसी कविताओं को एकदम अलगाना किंचित भी कठिन नहीं जो किसी वक़्ती काम के लिए रवा-रवी में लिख दी गयी हैं। मगर--) बहुत दिनों के बाद ! (दो कविताएँ हैं) और मैथिल की एक कविता 'ज्येष्ठ' जो मैंने सुनी हैं, प्राचीन क्लासिकों के बराबर आप रख दीजिए, इनकी आब ज़रा भी कम न दिखेगी, बल्कि और भी इनकी ख़ूबसूरती आँखो में तैरने लगेगी। इनमें कैसा गहरा--जैसे मानो

पीढ़ियों-पीढ़ियों--का अनुभव एक-एक शब्द के प्रयोग में बोलता है। यह ख़ास एहसास मुझे आज के किसी भी दूसरे कवि में नहीं मिलता--और इस सहजता के साथ तो नहीं ही मिलता। मैथिल के पंडित विद्यापति के बाद यों ही अपने 'यात्री' (नागार्जुन) का नाम नहीं लेते: उसका कारण है। भावनाओं का सामाजिक परिवेश में विश्लेषण, हृदय को छूने वाला स्वर, उसके स्वर की निर्भीकता, स्वर में ओज और मर्यादा, उसका दो टूकपन, और पूरे नाटकीय फ़ोर्स के साथ अनेक चरित्रों के संग-संदर्भ चित्रण... यही कुछ है जो नागार्जुन की तगड़ी चीजों को मेरे लिए अत्यन्त प्रिय और महत्वपूर्ण बना देता है।

केदारनाथ अग्रवाल भी शायद मुझे इसीलिए प्रिय है। इधर जब से उनकी बहुत-सी नयी कविताएँ सुनी हैं--अभी तक, एकाध को छोड़कर, अप्रकाशित--बुंदेलखंड की नैसर्गिक प्रकृति पर--तब से तो और भी प्रिय हो गया है। मैं उसकी कविताओं में उसका दिल जैसे आरपार देखता हूँ और वह दिल कितना हर तरह के हम्बग और स्नॉवरी से पाक है। वह सहज ही किसी जादूगरी में फँसता नहीं। खिलवाड़ उसे अच्छा नहीं लगता। जो बात या उक्ति समझ में नहीं आती, वह उसे ख़ामख़ाह ही गूढ़ नहीं लगती। एक होता है कविता का अपना मर्म, शब्द जिसका माध्यम मात्र होता है : वह मर्म जैसे चमकती हुई आँखें रखता हो--स्पष्ट, गंभीर और सहज-तरल। केदार उसी को खोजता है।

उसके छंद और पद में एक ठेठपन मिलेगा जो ठोस अनुभवों का तेवर लिए हुए होता है। उसकी वाणी में एक कस-बल है जो बुंदेलखण्ड का ही नहीं,--उसका तो है ही:--हर स्वस्थ मेहनतकश नौजवान का भी है। उसके शिल्प में बारीकियाँ न होते हुए भी, उसके अंदाज़ मे ज़ोर और असर है, और एक अजीब-सी ताज़गी। इधर की उसकी कविताएँ, प्रेम और प्रकृति से संबंधित, अपने ढले हुए सौंदर्य में हज़ार शिल्पगत बारीकियों को शर्माती हैं। बेशक, उन्होंने ख़ासी-कुछ कविताएँ ऐसी लिखी हैं, अबसे पहले, जो पूरा-पूरा संतोष नहीं देतीं, अभिव्यक्ति की दृष्टि से। मगर मुझे जो कवि प्रिय हैं, उनमें सबसे पहले जो चीज मुझे अपनी तरफ खींचती है, वह होता है, उनका अपना विशेष और भुक्त व्यक्तित्व या उनका सबसे अलग अपना लहजा या उनकी अपनी अनुभूतियों की कोई विशेषता फिर वो चाहे प्रसिद्ध और बड़े कवि हों या छोटे और अल्पख्यात, या औरों के लिए गुमनाम भी। कभी-कभी किसी कवि के शिल्प या भाव या अनुभव के क्षेत्र में कोई विशेष खोज या उपलब्धि--वह चाहे प्रत्यक्ष महत्व की न भी हो--मुझे पूरी तरह आकृष्ट कर लेती है।

केदार जिस खोज की तरफ़ बढ़ा है वह है, समाज का सत्य और प्रकृति का खुला नैसर्गिक सौंदर्य। अन्याय के ख़िलाफ़ और मेहनत के पक्ष में बेझिझक वह बोलता है। उसके व्यंग्य में दोहरी-तिहरी धार नहीं, सीधी एक धार। मगर वही बहुत काफ़ी होती है। ऐसा खुले हृदय का उन्मुक्त साहसी कवि सौंदर्य और प्रेम की सुषमा और सौष्ठव पर दृष्टि डालता है तो सहज ही अपनी अनुभूतियों से हमें मोह लेता है। इतना खुला प्यारापन

जिसमें दिखावट और बनावटीपन का नाम नहीं; साथ ही इतना गंभीर और मर्यादित जितना कि गहरा प्रेम वास्तव में होता है; एक ऐसा उघरापन भी, जैसा कि प्रकृति के खुले-फैले प्रांगण में सब ओर मिलेगा... नदी, पेड़, पत्ती, फूल, टहनी, चट्टान, हवा, वातावरण विशेष--सब हमारी आँखों में खुब-सा जाता है। किसान और मजदूर के हाथ और रग-पुट्ठे कहीं हमारे हाथों और रग-पुट्ठों को रगड़ते हुए से लगते हैं और अपना वेग और सहज शक्ति बरबस ही हमें महसूस कराते हैं। उनके यथार्थ वातावरण की गृहिणी, उनके किसान, युवक और युवती, और खेतों की सजीव हरियाली और भोली-भाली रंगीनी अपना परिचय हमेशा के लिए हमसे दृढ़ कर लेती है। क्यों न फिर यह कवि मुझे विशेष प्रिय हो... सादगी की कुछ लग़ज़िशों और कहीं-कहीं (कुछ पहले तक की कविताओं में) सपाटपन के भी बावजूद।

एकाएक, केदार के साथ ही एक और कवि--बहुत असमान शक्ति और क्षमता का (मुहावरे का अटपटापन और शब्दों का भी कभी-कभी गलत प्रयोग उसके यहाँ मिलेगा जो बेहद अखरेगा :)--मगर जिसकी कल्पना (गहरे व्यंजनात्मक संकेतों से) उलझे हुए बिंबों और उपमाओं के ही द्वारा, सामाजिक सत्य को विलक्षण रूप से उघाड़ने की शक्ति रखती है... ऐसा एक कवि क्यों एक-टक् मेरी ओर देखकर मुस्करा उठा है ! वर्ग-सत्य पर जिसका हाथ है,--जिसकी वाणी में वेग है, मगर आवेश के कारण जो रह-रहकर अपना असर खो भी देती है; जो कभी-कभी अपनी ही उपमाओं में उलझ जाता है : मगर फिर भी कटु सत्य की तीव्र अनुभूति और कचोट दबती नहीं, उसके 'अटपटेपन' में भी उभर-उभर उठती है। यह कवि रहते-रहते लाजवाब बंद और मिसरे लिख जाता है। बेशक एक पूरी कविता की सफलता उसके टुकड़ों की सफलता से नहीं आँकी जाती, मगर इन सीमाओं के अंदर भी जिस सच्ची प्रतिभा के मैं दर्शन करता हूँ उसके प्रति मेरे हृदय में बहुत-बहुत आदर है। यह किंचित अनपढ़, सच्ची प्रतिभा है कानपुर के मज़दूरों और किसानों के 'शील' की। वह राजनीतिज्ञ नहीं है; राजनैतिक कार्यकर्ता है--मगर कवि है ! निश्चय ही वह एक बहुत सफल नाटककार भी है : उसका 'किसान' जिसमें पृथ्वीराज कपूर ने हीरो का रोल लिया, बड़े गौरव से हिंदुस्तान के अनेक स्थानों पर बहुत सफ़लतापूर्वक खेला जा चुका है।

[2]

केदार के साथ-साथ जिसका विशिष्ट व्यक्तित्व बराबर मेरे मन में उठ रहा था वह है--वैसी ही मज़बूत जमीन पर खड़े होकर लिखने वाला कवि त्रिलोचन।... मगर केदार से उसकी जमीन शायद कुछ अधिक कड़ी है; फलतः उसे तोड़ने का उसका ढंग भी उससे कुछ कड़ा और काफी अलग। उसकी भी दृष्टि खरी और पैनी है (खरी वैसी ही, पैनी

और अधिक), और एकदम जनवादी--मगर उससे बिल्कुल भिन्न।

त्रिलोचन में सृजन की अपार, अकूत, अतुलनीय शक्ति है। (--जानने वाले ही जानते हैं !) त्रिलोचन में गहराई को छूने, मर्म को सांस्कृतिक अर्थ में पकड़ने की बड़ी सहज क्षमता है। हाँ, वह सानेट लिखने पर आयें तो एक सिलसिले में सात सौ सानेट लिख जायेंगे: गजल की तरफ झुकें, तो पाँच-सौ ग़ज़लें लिखकर ही दम लेंगे (हज़ार वह समय और शक्ति का 'अपव्यय' हो : वस्तुतः कोई भी टेक्निकल मश्क़ जागरूक शिल्पी-कलाकार के लिए व्यर्थ नहीं होती: खैर) गीतों की तरफ़ शुरुआत की थी, आरंभ में तो (तो खुदा ही जानता है सच-झूठ) कहते हैं कि एक लाख से ऊपर लिख गये थे। मैं उनको काफ़ी नज़दीक से जानता हूँ, इसलिए इसे कुछ असंभव नहीं समझता। मगर वह साहित्य के ऐसे हनुमान हैं जो अपने राम में ही रमे रहते हैं। पहाड़ उठाने का जब मौक़ा आता है, तभी पहाड़ उठाते हैं, मगर कुछ इस तरह कि पहाड़ उठायें और किसी को पता न चले कि पहाड़ उठाया गया। --जो थोड़े से लोग इनकी कवि-आत्मा से परिचित हैं, वही महसूस कर सकते हैं (...या नहीं तो फिर वे बेहद ही ग़लती पर होंगे और उनमें मैं सबसे पहले।)--

वे महसूस करते हैं : कि त्रिलोचन के कवि की उपलब्धियाँ ('अभिव्यक्ति' की बात अभी नहीं कर रहा हूँ, इसको स्थगित रखना चाहता हूँ) सहज चौंकाने वाली नहीं हैं इसलिए कि वे अनुभूतियाँ हमारे सामान्य और व्यापक जीवन की अनेक तहों को छूकर बार-बार, और एक अजीब निर्विकार रूप से, उन तहों की मिट्टी ला कर हमारी मुट्ठी में रखती हैं। लँगोट कसे हुए साँस बाँध कर देर तक गोता लगाने वाला एक शांत व्यक्ति चुपचाप आकर हमारी हथेली पर जो कुछ रख देता है वह बड़ा सामान्य लगता है... मगर वह 'सामान्य' कुछ ऐसा सामान्य नहीं जैसा कि लगता है। ड्राइंग-रूम, सभा, मंच,सम्मेलन, गोष्ठी, सामायिक रूप में प्रतिष्ठित मासिक-पत्र अथवा संकलन आदि की नाना सीमाओं में ही और वहीं से साहित्य और उसकी विधाओं को जाँचने वाले स्वभावतः ही अगर त्रिलोचन को नज़रअंदाज़ कर जायें, तो यह बहुत ही स्वाभाविक है, और त्रिलोचन के प्रति कोई विशेष अन्याय भी नहीं है, कारण कि यह कवि-त्रिलोचन के 'दार्शनिक' दृष्टिकोण के बिलकुल अनुरूप ही है कि ऐसा हो।

यह कवि जो सामान्य में ही असामान्य का दर्शक है, तो वह इसलिए कि इस असामान्य के माध्यम से पुनः सामान्य को और अच्छी तरह समझ सकें।

त्रिलोचन की कमज़ोरियों और शक्तियों दोनों को समझने के लिए यह हृदयंगम कर लेना बहुत उपयोगी है कि वह सामान्य को ही असामान्य का दर्जा देते और उसी को व्यक्त करने के लिए कृत-संकल्प हैं। वह सपाट और स्पष्ट शैली में ही विश्वास करते हैं। (सपाट का मैं straight के अर्थ में यहाँ प्रयोग कर रहा हूँ।) यह सपाट स्पष्टता भाव, विचार और अनुभूति तीनों के अर्थ हैं : और अक्सर अनुभूति की धरा पर अनुलक्षित ड्रामे को व्यक्त करने के ही लिये:--जिसमें भाषा का किंचित भी लालित्य या 'साहित्यिकपन'

उसे अयथार्थ बना देगा; जो त्रिलोचन को सह्य नहीं होगा।

कविता मात्र अनुभूति की विशिष्टता में होगी; नहीं तो फिर नहीं ही होगी, उसके लिये और कोई उपादान नहीं, और कोई आदान नहीं; जहाँ तक भी सम्भव है।

अपनी बात को ज़रा और तरह से स्पष्ट करने के लिये अपने एक (मुझे स्वयं उस समय) चकित करने वाले अनुभव का ज़िक्र करना चाहता हूँ। डेढ़-दो साल के क़रीब हुआ कि त्रिलोचन के सानेटों की एक मोटी फ़ाइल देख रहा था। एकाएक मैंने महसूस किया कि अगर्चे अक्सर सानेटों में कहीं-न-कहीं कोई-न-कोई कमी या हलका-सा नुक्स निकाला जा सकता या महसूस किया जा सकता है,(--इनमें जो साफ़ हैं वह तो ख़ैर मोती हैं--), मगर हैरानी की बात यह है कि उद्धरण-योग्य ज्ञान मर्म और अनुभूति से भरी सहज ही जितनी पंक्तियाँ अकेले त्रिलोचन के यहाँ से संकलित की जा सकती हैं, उतनी खड़ी बोली के किसी और दूसरे हिन्दी कवि के यहाँ से नहीं की जा सकतीं। ऐसा एक संकलन सहज ही दो सौ तीन सौ पृष्ठ का हो जायेगा।

इसका मतलब यह निकला कि इनकी दृष्टि और इनका हृदय साधारण जनों और परिस्थितियों और सुख-दुख के क्षणों में स्थायी सत्यों के मर्म बटोरते रहते हैं; और यही चीज़ उनके यहाँ अनुपम है।

सामान्य जीवन की कठोर परिस्थितियों से जूझने वाले के साथ उनके यहाँ असीम सहानुभूति है। साथ ही, बीच-बीच में, गत युगों के संत कवियों और समाज के उन्नायकों का बहुत सुलझा हुआ, तात्विक मूल्यांकन इनके यहाँ मिलेगा; विशेषकर सानेटों में। अनीति और अत्याचार पर इनका हृदय खुद फुँकने लगता है; मगर इसके अंदर जो सहनशक्ति है, कई प्रकार के विष को पी जाने की जो क्षमता है, वह इस अतिसाधारण लगने वाले व्यक्ति को एक असाधारण कवि बना देती है।

मैं त्रिलोचन के शिल्प और शैली पर बहुत कठोर मत रखते हुए भी, उनकी कम-से-कम सौ से अधिक चीज़ों को दुनिया के अच्छे-से-अच्छे शिल्पी की रचनाओं के बराबर निःसंकोच रख सकता हूँ। उनके यहाँ जो कमज़ोरियाँ हैं, वह सहज ही कब की दूर हो सकती थीं; मगर कई बातों की तरह भाषा और शैली पर भी इनके दृष्टिकोण में एक तरह का कट्टरपन है, एक कड़ापन । इस दिशा में मैं समझता हूँ कि इनके और मेरे बीच कहीं-न-कहीं बुनियादी मतभेद हैं। त्रिलोचन खड़ी बोली की हिंदी भाषा और साहित्यिक अभिव्यक्ति के आधुनिक इतिहास में एक बड़ी महत्वपूर्ण कड़ी बन कर आते हैं। एक विशिष्ट दृष्टिकोण के कारण उन्होंने अपने लिये, जाने या अनजाने, जो सीमाएँ निर्धारित कर ली हैं, उनको पार करके आगे बढ़ना, ऐसा लगता है, उनके लिए सहज नहीं है। मगर फिर उनके लिए संभव क्या नहीं है!

मेरे एक दूसरे प्रिय कवि बड़ी व्यंग्यात्मक मुद्रा के साथ मेरे सम्मुख आ रहे हैं। वह अब

आलोचक मात्र हैं: मगर 'तार सप्तक' और 'लोक-युद्ध' और 'जन-युग' की उनकी कितनी ही रचनाओं को मैं हिन्दी की बहुत आदर-योग्य कविताओं में गिनता रहा हूँ। अफ़सोस की बात यह है कि अपने एक-मात्र 'संग्रह' में उन्होंने अपनी राजनैतिक कविताओं, विशेषकर कुंडलियों को, भुला ही दिया। (इसके लिए उनके प्रकाशक को ऐतिहासिक धन्यवाद !) चूँकि मैं कोई मार्क्सवादी प्रकाशन संस्था या आलोचक नहीं हूँ, मेरे लिए 'अगिया बैताल' को भुलाना बहुत कठिन है। उतना ही कठिन जितना 'कवि' और 'सत्यं शिवं सुंदरम' और 'किसान-कवि और उसका पुत्र' के डॉ. रामविलास शर्मा को भुलाना।

डॉ. शर्मा के गँवई-गाँव के अनेक नैसर्गिक चित्र बड़ा सच्चा टोन अपने खरे, खड़ी बोली के सीधे, पदों में लिए हुए हैं। डॉ. शर्मा ने यथार्थ को परखने वाली दृष्टि से--जो संघर्षशील, जागरूक सर्वहारा की ही दृष्टि हो सकती है--उसी के पक्षधर माध्यम से--काव्य-तत्व को चुना है। इसीलिए उनकी कुंडलियों में पैनापन और ज़ोर है, और उनका व्यंग्य विश्लेषण का ठोस आधार लिये हुए है। पत्रकारिता और काव्य-कला जहाँ एक में समा सकती, एक-जान हो सकती हैं, सफलतापूर्वक, वहीं उन्होंने अपना कैंप गाड़ा है। इस दृष्टि से देखें तो वह निश्चय ही नागार्जुन की अपेक्षा कहीं अधिक अवसरों पर सफल हुए हैं। --मगर यह 'सफलता' बुद्धिवादी कलाकार की है। नागार्जुन की कमज़ोरी उनका हृदय-आवेश कहा जा सकता है। इसलिए जहाँ नागार्जुन सफल होते हैं, एकदम हृदय को मोह लेते हैं, और हम प्रायः उनके पक्षधर को सराहना भूल जाते हैं। ऐसा समझौता डाक्टर रामविलास अपने केस में शायद कभी न होने देना चाहेंगे, कि उनका पाठक किसी भी क़ीमत पर उनके पक्षधर को भूल जाये। इसीलिए आलोचना और भाषा-शास्त्र में गवेषणा उनकी विशिष्ट प्रवृत्ति और प्रतिभा के लिए अधिक उपयुक्त माध्यम प्रमाणित हुआ।

मैं गिरिधर कविराय को अपनी जगह पर एक चैलेंज मानता हूँ। (वह भी मेरा बहुत प्रिय कवि है--यह सुनकर आधुनिक संभ्रांत रुचि के पाठक मुस्कराएँगे : मगर ज़रा-सा ठिठक कर चैलेंज की बात पर ग़ौर करें, तो शायद मुस्कराने की तकलीफ़ न उठा सकें। अस्तु) मैं गिरिधर कविराय को अपनी जगह पर एक चैलेंज मानता हूँ: और इस चैलेंज को स्वीकार करना तो दुस्साहस ही होगा, मगर उसको सही दाद अगर कोई कवि दे सका है, तो वह 'अगिया बैताल' ही। और डॉ. रामविलास शर्मा मुझे कवि-रूप में इसीलिए विशेष प्रिय हैं। उनकी श्रेष्ठ कुंडलियाँ प्रत्येक संतुलित काव्य-संकलन में, और कम से कम उनका 'सत्यं शिवं सुंदरम्' तो प्रारंभिक स्कूल पाठ्यक्रम में निश्चित रूप से रखा हुआ देखना चाहूँगा।

[3]

दो-चार कवियों को छोड़कर, मुझे लगता है कि मेरे प्रिय कवि केवल मेरे ही प्रिय कवि

निकलेंगे। बहुत ही कम लोगों को वे उसी प्रकार प्रिय होंगे जिस प्रकार वे मुझे हैं। मसलन मेरे और त्रिलोचन के सिवा और कितने दूसरे साहित्यिक पाठक वाक़ई माचवे के पदों को, छंदों और तुकों को, जी से पसंद करते होंगे। (त्रिलोचन का नाम भी मैं कुछ-कुछ संदेह के साथ और तकल्लुफ़ से ही ले रहा हूँ।) मैंने अपने उत्साह में एक बार (सन् 49 या 50 की बात है) उनकी सैकड़ों कविताओं में से केवल अपने प्राइवेट शौक के लिये क़रीब सवा-सौ कविताएँ चुनकर नक़ल की थीं। माचवे मुझे पसंद हैं। उनकी शायद ही कोई कविता मेरी नज़र से गुजरी होगी जिसे मैंने कुछ न कुछ enjoy न किया होगा। आज बारीक-बीं और मुश्किलपसंद लोग मेरी इस रुचि पर तरस खायेंगे, ख़ूब जानता हूँ: पर क्या करूँ, मुझे उनकी कविता पसंद आती है।

मुझे हर वह आदमी पसंद आता है जो खुले दिल का हो, अपनी रचना में तो कम से कम, और बात को साफ़-साफ़ कहे। लहजा अटपटा हो, कोई बात नहीं। जैसा वह है, वैसा ही सामने आये। या नहीं तो फिर, हाँ, उसमें तकल्लुफ़ और बनावट का ऐसा कमाल हो, कि वह तकल्लुफ़ और बनावट मालूम ही न हो सके, आर्ट महज़ हो : मगर चूँकि यह कमाल किसी बिरले ही में नजर आयेगा। (इस आर्ट के मैदान में 'किंग्स इंग्लिश' बोलने वाले भी फिसफिसे हो जाते हैं।--याद है न हैम्लैट का वार्तालाप, अपने चाचा के पटुतम दरबारी के साथ में।) मैं हमेशा ऐसे बिरले आर्टिस्ट को एक फ़र्ज़ी आर्टिस्ट ही मानता हूँ। ऐसा कोई आर्टिस्ट जो वाक़ई फ़र्ज़ी न हो, निश्चय ही साथ में और भी कुछ होगा। बहरहाल, बुर्जुआ कल्चर का वाक़ई नफ़ीस से नफ़ीस और गहरे से गहरा रचाव वास्तव में मिलता कहाँ है ! --और अब इस जमाने में आकर तो मिल ही कैसे सकता है ! बातें ही बातें होती हैं, ख़ाली-ख़ूली, हद दर्जे बोर करने वाली, और कुछ नहीं। शायद संगीत के उस्तादों की चीजों में वह एक उम्र के रियाज से हासिल किया हुआ कमाल मिल सकता है, जहाँ सीधे-सीधे शब्दों की सादी से सादी कड़ी जितनी बार दुहरायी जाती है, अपने अर्थ और संकेत में गहरी से गहरी और (बड़ी आत्मीयता के साथ) गुंफित से गुंफित होती चली जाती है। हाँ, तो माचवे--

उस सब कलाकारी तकल्लुफ़ को बालाए-ताक़ रख कर, और वाम और दक्षिण पक्ष के भी 'ठोस' और 'बारीक' कला-आधारों को, मानो तफ़रीहन्, एक तरफ हटाकर, एक तरह के शाब्दिक व्यंग्य और कौतुक को हल्की-फुल्की मौजी virtuosity के साथ पेश करते हैं...जो मुझे तो बड़ा ही मनोरंजक लगता है। सबसे अच्छी बात मुझे उनमें यह लगती है कि वह नहीं चाहते कि कोई उन्हें इतना 'सीरियसली' ले कि उन्हें enjoy न कर सके। मैं उन्हें आधुनिक कविता का एक गम्भीर विदूषक कह सकता हूँ--हल्का और गंभीर एक साथ।

देखिए न, उनकी मुश्किल यह है कि वह बिना तुक मिलाये एक चरण आगे नहीं बढ़ सकते, और बिना क्लिप्ट तुक लाये, वह उन्हें मिला तक नहीं सकते: और जितना ही वह चाहते हैं कि ऐसा न हो, बल्कि सहजगति के साथ छंद सहज स्वाभाविक तुकों में बात को

कस लें, उतना ही अबदबा कर अनोखे, अजनबी तुकों के जोड़े सामने आकर खड़े हो जाते हैं (वह करें तो क्या करें) और छंद अपनी स्वाभाविक गति छोड़, उन्हें तोड़ता हुआ आगे बढ़ जाता और कहीं पद के बीच में जाकर, विराम लेता है। माचवे के पढ़ने में जो आनंद आता है वह कुछ ऐसा है जैसे ख़ुद पाठक कवि के साथ उसकी रचना-प्रक्रिया में हाथ बटाता चल रहा हो। माचवे का अटपटापन इतना नैसर्गिक और बनावट का भोलापन लिये हुए है, उसमें नाटकीयता और 'रहेटरिक' इतने हद दर्जे की बेतकल्लुफ़ी के साथ आते हैं कि स्वयं नाटक और र्हेटरिक के देवताओं को संकोच होने लगे। हर व्यंग्य और मज़ाक़ अर्द्ध सत्य की अतिशयोक्ति के आधार पर ही सफल होता है। व्यंग्य की हर अतिशयोक्ति ही उसे मनोरंजक बनाती है।

माचवे के व्यंग्य के साथ एक रूखी-सी विदूपकता मिली हुई होती है, जो प्रायः 'harmless' ही होती है...कुछ 'हम्बर्गों' पर ज़रूर होती है, मगर उससे तिलमिलाहट या गहरी कचोट नहीं पैदा होती। वह शब्द और तुकों के अनोखेपन से हठात् चौंका कर जितना ध्यान अपनी तरफ़ खींच लेते है, उतना (आमतौर से) उनका काव्य नहीं खींचता : उसमें कोई ऐसी बहुत बड़ी या खास बात नहीं होती। मगर मूड की विचित्रता ज़रूर होती है जिसके टेढ़े-मेढ़े आईने में इस सभ्य कही जाने वाली दुनिया का सस्तापन और खोखलापन अपने सही विद्रूप में अपने को मुँह चिढ़ाता हुआ-सा लगता है। क्या यह भी कम बात है ?

माचवे के नाना साहित्यिक टेकनीकों का नाटकीय प्रदर्शन मेरे आनन्द का मुख्य कारण नहीं; बल्कि यह बात कि वह अपने हर संभव 'मूड' को बिला झिझक व्यक्त कर सकते हैं, बेधड़क, बेतकल्लुफ़, उनका 'रिगमारोल' कितना स्वाभाविक लगता है। अगर उनके यहाँ कठा-छठापन, पालिश और नफासत होती जो कि छंद और तुक और 'प्रकार' पर अधिकार रखने वालों के यहाँ अपेक्षित होती है और बराबर मिलती है, तो शायद माचवे सचमुच बोर करते : मगर उन्होंने हर ऐसे संभव 'रिफ़ाइंन्ड' शायर की एक तरह से पैरोडी करना ही अपने मिजाज का अंग बनाया है।

चूँकि वह टेकनीक के सब भेद जानते हैं, 'आधुनिकता' क्या है, इसको अच्छी तरह पहचानते हैं, इसीलिए कभी-कभार जब वह गंभीर शैली में कोई साफ़ और निखरी हुई चीज लिख जाते हैं, तब कमाल कर जाते हैं और वास्तविक गहरा असर छोड़ते हैं। ऐसी अछूती 'ढली हुई' चीजें भी माचवे के यहाँ हैं। और कोई ऐसी बहुत कम नहीं हैं, आख़िर हम हर कवि के अंदर--वह स्वयं क्या है, उसी का श्रेष्ठ से श्रेष्ठ रूप देखना चाहते हैं। वह जितना ही genuine होता है, उतना ही अपनी तरफ़ खींचता है। और माचवे बेहद genuine हैं, अपनी कविता में।

माचवे के साथ अगर कोई समस्या है तो चयन की। मैं समझता हूँ कि 'अज्ञेय' जैसे किसी चयनकर्ता के हाथों ही शायद उनके लिए वह न्याय होना संभव हो जिसके वह मुद्दत से अधिकारी हैं और जो उनके साथ नहीं किया जा सका है। बहरहाल, मेरे लिए तो वह सिगरेट का मेरा अपना एक फेवरिट ब्राँड हैं। अपने लिये मैं और किसी दूसरे कवि की

सिगरेट से तुलना न करूँगा। या तो यह उसके लिए बहुत बड़ा सम्मान हो जायेगा, खामखाह; या बेचारे के साथ अन्याय।

मसलन अगर मैं कहूँ कि रामकेर (मेरा एक दूसरा प्रिय कवि-लोक-कवि) मेरे लिये 'शेर-छाप बीड़ी' है तो यहाँ तक तो यह सही हो सकता है कि शेर-छाप वह है; मगर महज़ अपढ़ और गाँव का होने की वजह से, इतना सस्ता भी नहीं कि बीड़ी! उसमें उच्च कोटि के गीतकार की नैसर्गिक प्रतिभा है। भले ही इस किसान मर्द के गीतों को सुरक्षित करना अब तक किसी सांस्कृतिक मोर्चे ने अपने लिए उपयोगी न समझा हो, मगर उसके लिरिक शिल्प की अच्छे से अच्छे और बड़े, शिल्पियों के साथ शान से तुलना की जा सकती है। वाजे रहे, कि रामकेर को अपने उपादानों का बहुत जँचा हुआ और सही अंदाज़ है। महज़ एक सच्चे कवि का एकदम सच्चा Instinct।

न जाने क्यों, प्रायः सानेट के माध्यम से ही माचवे के सैलानी अनुवीक्षण के हल्के-फुलके व्यंग्यात्मक चित्र अपनी स्वाभाविक अभिव्यक्ति पाते हैं। और यही सैलानीपन--और अनुवेक्षण का और भी यथातथ्यवादी चित्रण--एक और दूसरे बिलकुल नये कवि में भी मिलता है: अगर्चे उसके यहाँ तुक-छंद-प्रकार आदि से टेक्निकल आनंद लेने का भाव--नाना प्रकार की ज्ञान-विज्ञान की दिलचस्पियों से एक curio shop सजाने का भाव, बिल्कुल नहीं है, और न इस सीधे-साधे कवि से उसकी अपेक्षा ही की जा सकती! मगर अजब बात है कि यह कवि भी अपना सहजतम माध्यम सानेट को ही पाता है। उसकी प्रतिभा बड़ी स्वाभाविक सफलता के साथ उसमें प्रतिबिंबित होती है।

वह खासकर गाँव-देहात की बड़ी बूढ़ियों, या बातूनी और झगड़ालू लोगों या शहर के दंभी कुचक्री लोगों पर सटीक व्यंग्य बड़े ठेठ मुहावरे में कसता है, और उसकी पूरी तस्वीर हू-ब-हू आँखों के आगे खिंच जाती है।

यह कवि है रामबहादुर सिंह 'मुक्त', नये कवियों में मेरा एक प्रिय कवि। आँचलिक शब्दों के प्रयोग का जौहर इसके यहाँ देखते ही बनता है। गाँव-देहात के इतने सजीव फड़कते बोलते हुए शब्द इसने नयी कविता को दिये हैं, कि मजा आ जाता है।

मुझे एकाएक वंशीधर पंडा के गीत याद आ गये हैं। वह अधिकतर बुंदेलखंडी में ही लिखते हैं। मगर खड़ी बोली में रिक्शे वाले पर उनकी दर्दभरी कविता!...और, 'माँ' पर उनकी वह अत्यंत हृदयस्पर्शिनी रचना, बेटे को जीवन के आदर्श सोपानों पर उठाने वाली एक ' ीब................! मैं भूल नहीं सकता उस कविता के प्रभाव को...इस कवि के निश्छल, लिरिक आत्मीय व्यक्तित्व को!

कुछ सुख्यात कवियों में ग़लतियाँ निकालना कितना आसान और लंबा मशग़ला हो सकता है (मसलन प्रभाकर माचवे में ही!) --मगर साथ ही कितना ग़लत और फ़िज़ूल! जानने-बूझने वालों के लिए इन 'ग़लतियों' को लेकर ही तो उनकी कविता का रस है।

वरना एकदम 'शुद्ध' खड़ी बोली की कविता पढ़नी होगी तो मैं उर्दू के उस्तादों को ही न पूछूँगा !

हिंदी में शुद्ध भाषा की कविता के लिए श्री बालकृष्ण राव के संग्रह दृष्टव्य हैं, विशेष रूप से इधर आधे दशक के। इनका कमाल यह है कि ये द्विवेदीकालीन धारा में अवगाहन करते हुए हिंदी साहित्य में प्रवेश करते हैं,और फिर छायावादी युग में बड़ी मँझी हुई निष्ठा के साथ छायावादी शैली में निमग्न हो जाते हैं; तदनंतर शीघ्र ही बच्चन और नरेंद्र के छायावादोत्तर काल में ऐसे सुंदर सरस गीत प्रस्तुत करते हैं, जिनमें आप कोशिश करने पर भी शायद ही कोई ख़ामी निकाल सकें। हाँ, उसके बाद इनके गीत और इनके छंद कुछ बेजान-से हो जाते हैं, कम हो जाते हैं और उनमें सफ़ाई और बंदिश भी पहले-सी नहीं रहती। फिर आता है सन्'55 में एकाएक इनका 'विक्रांत सैम्सन' (मिल्टन की ट्रैजेडी का अनुवाद--जिसका आख़िरी हिस्सा एकदम मौलिक जैसा लगता है, इतना सफल); और आता है नयी कविता का दौर, और ये ख़ुद आते हैं नयी कविता के दौर में : साथ में जो नयी चीज लाते हैं वह है 'सॉनेट'। यह इनका अपना 'मुक्त सॉनेट' है, कभी तेरह पंक्तियों का, कभी चौदह का, कभी बारह का भी। तुकों का कोई विधान नहीं। ये सॉनेट 'ग्रेट' नहीं है : मगर वास्तव में सॉनेट है। (यह एक कठिन विधा है; जिसको 'सूट' करती है, वही लिख सकता है, इन्हें हर-कोई नहीं।) मैं श्री राव के ....
देखता हूँ, बड़ी बात यह कि इनमें राव का नया व्यक्तित्व है, अनुभवी, शिष्ट-शालीन, भाव-प्रवण, संयत। इनमें शैली है, आर्नल्ड के अर्थ में। बात शायद अधिक नहीं होती, उसका 'तनाव' अधिक होता है; मगर उसमें निहित विचार या भाव की खनक सच्ची मिलेगी। कभी-कभी इन सॉनेटों में और अक्सर शुरू की नयी कविताओं में जो एक कमजोरी नज़र आती है, वह यह कि उक्ति-वैचित्रय को ही प्रधानता मिल जाती है। कभी-कभार उक्ति-वैचित्र्य भावों को चमका भी देता है, और कविता न सिर्फ़ सँभल जाती है, बल्कि आकर्षक हो जाती है। श्री राव के यहाँ रचाव और सँवार और सुरुचि और भाषा और शैली का सँभाल, इनकी नयी कविताओं को सबसे अलग एक विशिष्ट स्थान में रख देता है। इस स्थान की कविता मुझे 'नियो-क्लासिक' शब्द की याद दिलाती है। काव्य के इतिहासों के रजतयुग ! "सादगी व पुरस्कारी..." (ग़ालिब)

एक अजब सहज तेवर से जबान और मुहावरे की चाशनी का पूरा लुत्फ़ हमें देते हुए नये कवियों में आज जो सबसे सजग हैं वह मेरी नज़र में (लखनऊ के) रघुवीर सहाय हैं। उन्हीं के साथ-साथ, मगर अलग ही तरह का महत्व लेकर, मेरे सामने सर्वेश्वर दयाल आते हैं। प्रिय मुझे ये दोनों कवि हैं, मगर रघुवीर सहाय शायद किंचित अधिक; अगर्चे दोनों में, मैं महसूस करता हूँ, फ़िलहाल कुछ बड़े निस्संदेह सर्वेश्वर दयाल ही हैं। इनकी दृष्टि में शहरी समाज की ट्रेजेडी का रूप या विद्रूप अपेक्षाकृत ज़्यादा गहरा उभरता है। रघुवीर सहाय 'वातावरण' पर ज़्यादा ध्यान देते हैं और अपना 'कैनवस' दूर तक फैलाते हैं, इसीलिए उनकी शैली में रिद्म कहीं अधिक लतीफ़ परिवर्तनों के साथ कवि के

Attitude की अभिव्यक्ति बनता है। सर्वेश्वर दयाल के यहाँ मैं इसे Attitude से ज्यादा 'मूड' कहूँगा; हालाँकि 'मूड' दोनों ही देते हैं। मुहावरे की लताफ़तें रघुवीर सहाय के यहाँ मुझे ज़्यादा मिलती हैं; लखनवी..................उसकी वजह से शायद एक हलकापन भी कहीं आ जाता है, 'बयान'..............कुल मिलाकर उसकी स्वाभाविकता-सहजता सर्वेश्वर दयाल से आगे पड़ती है। और यह सहज प्रवाह, और मुहावरे को लतीफ़ और अनजाने तौर पर जगाई हुई व्यंजनाएँ मुझे........शायद कुछ अधिक ही आकर्षित करती हैं। इन दोनों कवियों का एक अजब और बड़ा सफल रंग है, "यह दुनिया एक चिपचिपायी हुई-सी चीज़ हो गयी है" (स.स.) और 'परछाइयाँ' (स.द.)--इन दोनों में चुनना मेरे लिये बेहद मुश्किल, बल्कि असंभव है : हालाँकि दोनों दो कितनी भिन्न चीजें हैं।

हाँ, वह क्या चीज है जो सर्वेश्वर दयाल में मुझे आप ही आप cool बनाने लगती है--जो उतनी खुलकर शायद रघुवीर सहाय में नज़र नहीं आती ? शायद उनके यहाँ वह न भी हो। वह है उनका कभी-कभार स्पष्ट दक्षिण पंथी Bilas। कभी-कभी उनके 'मूड' का आधार मुझे परिस्थितियों की सहज हलकी या सतही पकड़ मालूम होती है, और वह कम-से-कम मेरे लिए उनकी मार्मिकता को कम कर देती है; अगर्चे मानवीय तत्वों की स्वाभाविकता-सहजता उनमें क़ायम रहती है। मगर उनका खोया-खोयापन छोटी-छोटी चीजों पर उनकी स्नेह और अपनाव की दृष्टि मुझे बड़ी अच्छी लगती है। इसी तरह रघुवीर सहाय में, फूल, लतर, धूप-छाँव, और बच्चों से उनका प्यार अच्छा लगता है। उनके यहाँ शैली की एक Virtuosity है, जिसकी वह कभी-कभी अतिकर देते हैं। शिल्प का बारीक ज्ञान उन्हें सर्वेश्वर से अधिक है, मगर सर्वेश्वर, के कलाकार का Instinct कितना सही और सच्चा और गहरा होता है। दोनों कवियों का तुलनात्मक अध्ययन कितना दिलचस्प और उपादेय होगा। बहरहाल, मैं इतना ही जानता हूँ कि नयी कविता से इन दोनों की कविताएँ अलग कर दीजिए और नयी कविता मेरे लिये काफ़ी कुछ सूनी-सूनी-सी हो जायेगी। कुछ ऐसा चढ़ती और ढलती धूप और घटती और बढ़ती छाया का अतिपरिचित वातावरण ये दोनों लिये हुए हैं।

[4]

अज्ञेय को मैं चुपचाप अपना एक फेवरिट कवि मानता हूँ--और मैं अपने फेवरिट कवि के प्रति अत्यधिक कड़ी आलोचनात्मक दृष्टि भी रखता हूँ--मगर अपनी समझ के लिये : सार्वजनिक व्याख्या के लिये नहीं। ऐसे अपने कवियों के साथ नागार्जुन और त्रिलोचन आते हैं, बल्कि somehow पहले आते हैं। अज्ञेय से निश्चय ही कुछ ज्यादा ये मेरे इतने अपने कवि हैं कि उनकी हर कमज़ोरी पर गुस्सा आये और मैं उसे सरेआम भी व्यक्त कर दूँ; मगर इन तीनों की सफलताएँ मुझे विभोर कर देती हैं, और मैं अत्यधिक अपने को उनका

ऋणी पाता हूँ। मैं अज्ञेय की कविता को प्यार करने के साथ-साथ उसको विशेष आदर से पढ़ता हूँ, उससे सीखने की कोशिश करता हूँ। गुनाह यही करता हूँ कि उसको ज़्यादा नहीं पढ़ता। (मैं अपने किस प्रिय कवि को ज़्यादा पढ़ता हूँ ? और फिर मेरी प्रतियाँ मेरे पास रह ही कहाँ जाती हैं !) हाँ इधर 'अरी ओ करुणा प्रभामय' को ज़रूर जब-तब उलटता रहा हूँ।

अज्ञेय में सबसे अधिक चीज़ जो मुझे मोहती है, वह है उनकी व्यापक और गहरी सुरुचि,--जिस पर भरोसा किया जा सकता है; और भावों की सच्ची गंभीरता; और अभिव्यक्ति में कुछ वह सादगी-सी, जो एक उस्ताद शिल्पी के यहाँ ही मिलती है।

उनके वातावरण में एक क्लासिकल उदासी--मैं और किस तरह उनको व्यक्त करूँ ! --वास्तविक शान्ति की खोज में...बल्कि मूल्यों, ईस्थेटिक मूल्यों के उत्स की...बल्कि उत्स से अधिक मूल्यों की मौन तटस्थ मोहकता ('मोहकता' लफ़्ज़ भी ग़लत है)--'समर्पण' कहना चाहिए...जो दूसरी दिशा के केंद्र बिंदु, 'दूसरी ओर से' 'आकर्षण' का रूप लेता है : वह वास्तव में कलाकार की आत्मा का समर्पण...मगर समर्पण जो स्वयं 'प्राप्ति' है--इसी 'प्राप्ति' की खोज...

--कुछ यही मुझे अज्ञेय के कलाकार और कवि में प्रिय। अपने लिये। (मैं कोई आलोचक नहीं हूँ। एक पाठक, एक एकांत कवि-पाठक हूँ।)

इनका गद्य, स्पष्ट कहूँ, मुझे अच्छा नहीं लगता ('अपने प्रिय लेखक' के अर्थ में कह रहा हूँ); यद्यपि मैं उसका बहुत आदर करता और उसे बहुत मूल्यवान समझता हूँ। उन्होंने शब्दों को साहित्य में उनके वैज्ञानिक अर्थों में स्थिर किया। शायद वह हिंदी गद्यकारों में ऐसा करने वालों में पहले हैं; बहरहाल, मुझे उनका कवि, उनके कवि का शालीन गंभीर व्यक्तित्व पसंद है।

सन् '43 तक मुझे उनकी कविता बिल्कुल पसन्द नहीं आयी थी। जब 'तार सप्तक' मेरे हाथों में पड़ा पहले-पहल, तो--मैं कभी न भूलूँगा वह क्षण : मेरे कवि की आत्मा जैसे नाच उठी। इसका दूसरा कारण था। --यद्यपि यहाँ उसका सीधा प्रसंग नहीं, फिर भी बता दूँ, बात पूरी तौर पर स्पष्ट हो जायेगी;--एक साथ उसी दिन दो अभूतपूर्व संग्रह मेरे हाथ में पड़े : एक यह हिन्दी का, और दूसरा उर्दू का संग्रह था मख़्दूम मुहीउद्दीन का 'सुर्ख़ सवेरा'। जिन्होंने मख़्दूम को नहीं पढ़ा है, वह नहीं समझ सकते उसकी रचना का क्लैसिक फोर्स, अनुभूति और अभिव्यक्ति की अद्भुत एकता। बहरहाल मुझे ये दोनों संग्रह--मैं हिंदी का जैसा-तैसा कवि था--एक ही सिक्के के दो रुख़, अपने लिये, लगे। बात को अपनी सृजनात्मक आवश्यकता की दृष्टि से कह रहा हूँ; मात्र...हाँ तो वह प्रभाव पूरे 'सप्तक' का था। मैं, सब कुछ जो उसमें था, समझ सका था--नहीं कह सकता। जब दो-तीन साल बाद उस पर आलोचनात्मक निबंध लिखने के लिए बहुत ध्यान से नोट ले-लेकर उसे पढ़ा, तो मैंने 'पथ के सात अलग-अलग खोजियों' की सहायता से अपने लिये स्वयं दो-तीन खोजें कीं। सबसे महत्वपूर्ण खोज मेरे लिये--गजानन माधव

मुक्तिबोध। इस संकलन का गहरा विश्लेषण करने से पूर्व मेरी निश्चित धारणा थी कि अज्ञेय ही इसके सबसे 'महत्वपूर्ण' कवि हैं, यानी--हर दृष्टि से। मगर 'हर दृष्टि से' महत्वपूर्ण कवि मेरे लिये उस समय निकले (कैसी अजब बात थी)--डॉ. रामविलास शर्मा ! और इसके बाद (अब भी मेरा दिल कहता है, कि शायद मैं सही हूँ) गजानन माधव मुक्तिबोध। मेरी अपने लिये यह खोज (दूसरों के लिये इसका महत्व नगण्य ही होगा) स्वयं अज्ञेय के महत्व को मेरे लिये पहले से बहुत बढ़ा देती है। सच्ची नयी प्रतिभाओं को उनके सिवा और कौन परख सकता, उजागर कर सकता था--और उस समय, सन् '40-42 में। गहरी आलोचनात्मक दृष्टि (साहित्य और कला के क्षेत्र में) और सुरुचि रखने वाले शिल्पी की लगभग वैज्ञानिक तटस्थता द्वारा ही यह संभव था। (द्वंद्वात्मक भौतिकवाद की दृष्टि से यह 'अवैज्ञानिक' ठहरेगी; क्योंकि वहाँ तटस्थता परिहार्य ही नहीं, असंभव है। सही ही। इसलिये नयी प्रतिभाएँ कैंप विशेष में ही खोजी और बनायी जा सकती हैं। 'सिद्धान्त' तो गलत नहीं है।) खैर, मैंने दिल में कहा कि अगर किसी को नयी अंग्रेजी कविता का स्वाद हिंदी में लेना हो तो वह अज्ञेय को, नये अज्ञेय को पढ़े--'इत्यलम्' के अंतिम दो भागों के अज्ञेय को।

अज्ञेय में जो चीज मुझे खटकती और साथ ही आकर्षित करती रही, वह है उनका सदैव अपनी भावनाओं के प्रति सचेत रहना। कभी वह अपने को भूल नहीं सकते, खो नहीं सकते। (मैं कविता की ही बात जानता हूँ।) वह बड़ी बात भी है। ऐसा आर्टिस्ट निरंतर ऊपर उठता जायेगा--अगर प्रज्ञावान है और विनम्रता और क्षमा उसका आंतरिक स्वभाव है।

--मगर मैं पाठकों को पहले याद दिला दूँ कि मैं अपने प्रिय कवियों और इस समय उनमें अज्ञेय, की प्रतिभा को, subjective angle से अपने सामने देख रहा हूँ : यानी मात्र एक पाठक के लिये जैसे-कुछ वह होते हैं। सामाजिक जीवन में तो प्रस्तुत लेखक का उनसे बहुत ही संपर्क रहा या सामान्य होना संभव भी था या हो सकता है। कवि या कलाकार और संपर्क में आने वाला सामाजिक व्यक्ति मेरे लिए हमेशा दो इकाइयाँ रही हैं। सदैव इन दोनों के लिये मेरी निजी प्रतिक्रियाएँ अपने आप अलग-अलग तरह की बनी हैं। अस्तु, अज्ञेय मेरे लिये एक बहुत बड़े शिल्पी, शब्द और कला अभिव्यक्ति के पारखी, शालीन, सुरुचि-संपन्न, तटस्थ आत्मलीन और अंदर से मैं समझता हूँ एक अच्छे इंसान रहे हैं। यहाँ इस बात की बहस नितान्त प्रासंगिक है कि उनके राजनैतिक दृष्टिकोण (जहाँ तक मैं उन्हें जानता या समझ सकता हूँ) और कला और सौंदर्य-संबंधी मूल्यमानों के दार्शनिक आधार मुझे अपने देखने और सोचने के ढंग से (वह कोई बहुत वैज्ञानिक न हो चाहे) अंततोगत्वा कुछ विरोध में ही लगे हैं। मै यह नहीं मानूँगा कि इसका कारण बहुत कुछ मेरा 'बहुत सी बातों का न जानना' ही है। मगर बहरहाल मैं बड़े शिल्पी कलाकारों के शिल्प को समझने के लिए इस तरह की बहस को बेकार ही समझता हूँ। या बहुत कम काम की।

क्योंकि मेरी पहली दिलचस्पी अज्ञेय की सृजनात्मक कृतियों में है, उनकी जीवन अनुभूतियों में और इसमें कि वह कला के माध्यम में किस तरह व्यक्त हुई या की जा सकी हैं और अगर ऐसा है तो इसका क्या कारण होगा। यह कला के अर्थ संदर्भ में पवित्र भूमि है। बेशक आधुनिक काव्य और कला के मर्म में व्यंग्य और विद्रूप भी कहीं आकर पैठ गया है। मगर वह यथार्थ का प्रतिबिंब ही हो सकता है, और अपने कलात्मक प्रकार में गंभीर अर्थ रखता है। अज्ञेय के यहाँ भी यह गहरी विश्लेषणात्मक चेतना का पता देता है।

पहले मैं समझता था और शायद उस समय के लिए ग़लत नहीं समझता था कि अज्ञेय के यहाँ, आरंभ में अर्से तक, लिरिक भावना का अभाव मिलता है। मगर यह भावना अपने 'मुक्त छन्द' में उन्होंने जिस तरह पल्लवित की है, उसकी एक बहुत अच्छी मिसाल 'ओ पिया पानी बरसा !' है; और ख़ास बात यह है कि यह कुछ लिरिक रचाव बिल्कुल उनकी अपनी परसनालिटी को पूरा-पूरा व्यक्त करता है। अज्ञेय में जो एक गुण मेरा और हिंदी के प्रायः सभी पाठकों का सहज ही आदर प्राप्त कर लेता है--और जिसकी वजह से मैं आज हिंदी की साहित्यिक दुनिया में उन्हें एक आदर्श के स्थान पर रखता हूँ--वह है : अपने आपको बड़े धैर्य और परिश्रम से निरंतर उस काम को अधिकाधिक योग्यता और सफलता से पूरा करने के लिए शिक्षित-दीक्षित करते जाना, जो एक कलाकार का, एक कवि का, उसकी दृष्टि में मुख्य धर्म है--भावनाओं के परिष्कार द्वारा अनुभूतियों को गहरा और इस तरह अर्थपूर्ण करके, कि घोर-से-घोर एकाकी परिस्थिति में भी हमें शांति मिले, व्यक्ति को, स्वयं कवि को, और उसके माध्यम से उसके पाठक को, पाठक-समुदाय को।

मौन का अर्थ शून्य नहीं; न शांति का अर्थ मौन है। उत्सर्ग में शांति है; मगर और भी कुछ है। प्रेम...उत्सर्ग ही नहीं है।...'होना' का अर्थ समझना, जीवन को समझना है; मगर जीवन उसके आगे और उसके अलावा भी और कुछ है।...कला में इन बातों का प्रतिबिंब चतुराई के बल पर, गूढ़ और सूक्ष्म की योजनाओं के माध्यम मात्र से ही संभव नहीं। एक सरलता अपेक्षित है, जो इन चतुराइयों और माध्यमों को पार करने पर ही उपलब्ध होती है। महान् है उनका जन्म जिनके संस्कार में यह सहज ही विद्यमान हो। ऐसे जन, कलाकार भी हों, बिल्कुल आवश्यक नहीं। मगर शायद प्रत्येक युग ऐसे ही कलाकारों और शिल्पियों की प्रतीक्षा करता है, जो अपनी महान् और गहन अनुभूतियों की अभिव्यक्तियों में सरल से सरल हों। अज्ञेय के प्रसंग में मैं ये बातें इसलिए लिखता चला गया हूँ और अपने आपको रोका नहीं; कि ऐसा मेरा कुछ भरम-सा है कि हो न हो कवि ऐसे ही एक पथ का एकाकी पथिक है,...दूसरा, एक खिन्न पथिक--न जाने क्यों और किससे खिन्न ! पथिक (मगर इस बात से संभवतः अनजान, संभवतः नहीं !)...मेरी दृष्टि में...त्रिलोचन है : चूँकि मैं उससे और उसकी कृतियों से काफ़ी-कुछ परिचित हूँ (और हिंदी के मनीषियों में वह प्रायः एक अंत में ! 'अज्ञात' कवि ही तो रहा है, वस्तुतः !), इसीलिए ऐसा कहने का साहस करता हूँ।

पथ सबका, अंत में ! अंत में, एक है। सांस्कृतिक क्षेत्रों में तो प्रत्यक्ष ही।

अपने प्रिय कवियों का ही मैं तीव्र और कटु आलोचक भी हो सकता हूँ (अन्यों का क्यों होऊँ ?); उनके दोष मुझे काँटे की तरह खटकते हैं जिनके लिये मैं उन्हें क्षमा नहीं कर सकता। मेरी इस कट्टर परिधि में मुख्य रूप से नागार्जुन और त्रिलोचन ही आते हैं; कुछ हद तक नरेश मेहता और केदारनाथ अग्रवाल।...और मैं अपने किसी फेवरिट कवि को आतंक अपने लिये नहीं बनने देता। वह आंतक बना, और मैंने उसे छोड़ा ! 'निराला' मात्र एक अपवाद हैं। इनके अलावा अगर किसी मेरे फेवरिट कवि का कुछ आतंक मुझ पर है, तो वह ईश्वर जानता है, गजानन माधव मुक्तिबोध का है ! इसका कारण यथास्थान बताऊँगा अगर याद रहा !...

असल में नागार्जुन और त्रिलोचन से मुझे 'दृष्टि' मिलती है। यानी उनमें मैं किसी व्यापक सामूहिक सत्य का 'दर्शन' करता हूँ। मैं उस धारा में मज्जन करता हूँ, जिसको साहस और क्षमता से पार करना ये दोनों आंतरिक रूप से--अपने कवि के अंतर में--जानते हैं; और यह धारा हमारे देश के (उत्तर भारत के) सांस्कृतिक इतिहास की है। मेरी आँखें उनके शब्दों में वैदिक ऋचाओं, साधु-संतों की बानियों और लोकगीतों की उक्तियों, और ग्रामीण जीवन के सहज व्यंग और हास्य की तरल चमक देखती हैं। मेरे कानों में तुलसी और कबीर तथा नरोत्तमदास के अति पुष्ट और निर्भीक स्वरों की आधुनिक अनुगूँज सी न जाने कैसे भर उठती है। ये दोनों मेरे लिये बहुत बड़े और गहरे अर्थ में जीवन के कवि हैं। केदार इन दोनों की तरह संस्कृत और अपभ्रंश और अवधी और मैथिल और लोक-भाषा के जीवंन कोशों के पंडित नहीं हैं, मगर चूँकि जुड़े हुए वह भी अपनी आत्मा से उसी सामूहिक सत्य और सुंदर की दुनिया से हैं जिससे वे जुड़े हुए हैं और घटनाओं और व्यक्तियों पर बहुत जागरूक दृष्टि रखते हैं और घटनाओं और व्यक्तियों के चरित्र में सार्थक सौंदर्य को पकड़ने के ख़ासे अच्छे अभ्यासी भी हैं, इसलिए उनके शब्दों और पदों में भी अक्सर (इधर तो अक्सर) वह सहज शक्ति, दृष्टि की वह चमक, एक ठोसपन, रचना में एक आंतरिक गरिमा लक्षित होती है जो अपने जुदा ढंग में त्रिलोचन और नागार्जुन की सफलतम रचनाओं में मैं अनुभव करता हूँ। भविष्य का निर्माण करने वाला इतिहास इन कवियों की पुष्ट वाणी को पीछे छोड़ नहीं सकता। नागार्जुन के व्यंग्य-चित्रों का एलबम, विविध राजनैतिक कांडों का सुलगता दिग्दर्शन, --और महाकुंभ (सन् '53) के नरमेघ पर त्रिलोचन के सानेट हिंदी कविता को इस युग की अत्यंत महत्वपूर्ण देन हैं। बेशक इन कवियों में अनेक दोष और कमजोरियाँ हैं, जो भाषा की ऐतिहासिक स्थिति के कारण हैं।

हाँ, मैं यह कह रहा था कि...जबकि नागार्जुन और त्रिलोचन मुझे दृष्टि देते हैं, अज्ञेय मुख्यतः 'सच्चे कलाकार की शिल्पगत अनुभूति,' इन दोनों में तत्वतः मेरे लिए--सांस्कृतिक प्रेरणा के लिए--कोई विरोध नहीं है। मगर प्रत्यक्ष में इनका यह अंतर ध्यान में रखना महत्वपूर्ण है। अपनी बात को और तरह से स्पष्ट करने के लिए अगर मैं कहँ कि रामायण में और रहीम के दोहों में 'दृष्टि' और बिहारी के दोहों में 'कला की

अनुभूतिं है तो शायद मेरा अर्थ स्पष्ट हो।...आप कलाकार से नहीं झगड़ सकते: आप दार्शनिक से उलझ सकते हैं। नागार्जुन, त्रिलोचन और केदार के यहाँ 'दार्शनिक' दृष्टिकोण मुख्य है: अज्ञेय के यहाँ कला।

कुछ कवि और कलाकर अपनी अनुभूति और दृष्टि को भी रूढ़ (mannered) कर लेते हैं, यानी दोहराते हैं, जैसे यामिनीराय अपने चित्रों में: नागार्जुन अपनी अनेक 'जनवादी' कविताओं में यही कर चुके हैं: त्रिलोचन अपने बहुत से कमजोर सानेटों में। इस दोष को बचाना कलाकार का पहला कर्तव्य है। जहाँ रियाज़ का विशेष महत्व हो (और, यों ऊँची-से-ऊँची कला में इसका महत्व किसी भी सीमा पर कम न होगा), जैसे संगीत या किसी परंपरागत शैली की चित्रकारी में : वहाँ भी (और उसी तरह के काव्य में भी, जैसे ग़ज़ल, घनाक्षरी) शिल्प और टेक्नीक के पर्दे में 'उपलब्धि' को--परंपरा के अर्थ में चाहे 'रस' कहिये या 'कलाम की नर्मी और गुदाज़ी', 'रचाव'--अधिक-से-अधिक गहरा होते जाना चाहिए। यह हमने 'जिगर' के यहाँ देखा, इकबाल में पाया, 'निराला' में है। शिल्प की साधना का यही अर्थ हो सकता है।

यह रचाव 'संतुलन' (balance) है, भाव और भाषा का अधिकाधिक सुथरापन, अनुभूति की अधिक गहराई है। एक पत्ती का भी बयान है, तो उसी तल्लीनता के साथ जैसे चीनी कलाकारों के यहाँ (पर वहाँ तो पराकाष्ठा है) हम देखते हैं। नग्न कुरूपता भी दिखानी है, किसी सार्थक कारण से, तो ऐसे ऐन-उपयुक्त फ्रेम में या सही और जँचे हुए हाइ-लाइट के साथ कि उसमें कोई नूतन कलात्मक दृष्टिकोण या संदर्भ हमें नज़र आये। सन् '60 के पाठक या दर्शक को यह तो कला 'कला के लिये है!' कह कर सावधान करने की ज़रूरत नहीं। वह सावधान है। आज कवि और कलाकार 'घृण्य' और 'उपहास्य' और 'नग्न' को कलात्मक अनुभूति के उत्कृष्ट फ्रेम में रखते हुए, 'वैज्ञानिक' होने से अपने को बचा नहीं सकता। और 'वैज्ञानिक' का अर्थ है समाज-विज्ञान-वेत्ता से: वरना वह आज का कलाकार तो नहीं है, 'भौतिक' विज्ञान की जानकारी उसे आधा ही 'वैज्ञानिक' बनायेगी।

अज्ञेय की कलात्मक अनुभूति में सांस्कृतिक 'दृष्टि' नहीं हैं, कहना तो हास्यास्पद होगा। मगर हाँ, यह 'दृष्टि' उनकी कलात्मक अनुभूति के दर्पण में ही मिलेगी, और बहुत मूल्यवान होगी। और फिर उनकी सीमाओं से बाहर जाकर उन पर बहस करना उनके साथ अन्याय करना होगा। अज्ञेय को पढ़ते समय उनके शिल्प को परखने, उनसे सीखने उसे सराहने, उसका आनंद लेने का ही भाव मुख्य रहता है। अपनी ख़ामियों के प्रति वह स्वयं इतना सतर्क रहते हैं कि जहाँ मुझे उनमें ख़ामी महसूस होती भी है, वहाँ मैं पहले यथाशक्य उसे एक 'सार्थक प्रयोग' मानने की कोशिश करता हूँ।

अज्ञेय नगर के कवि हैं, किंचित ऊँचे मध्यवर्ग के: सरल भावुक मध्यवर्ग के: निष्ठावान, संतोषी, मितभाषी, जिज्ञासु, सतर्क: आवश्यकता पड़ने पर साहसी, व्यक्ति के आदर्श मूल्यों के पुजारी: मगर (पूँजीवाद समाज के) चौतरफ़ा सांस्कृतिक ह्रास की

क्षुब्धता से अपने को एकाकी चिंतन-मनन और कला-साधना द्वारा 'सुरक्षित' किये हुए। अपने अथक परिश्रम के बल पर ही सफल, मर्यादावान, तटस्थ। मुझे ऐसे कवि का व्यक्तित्व बहुत अच्छा लगता है। और वह अभी कला के कई सोपान और ऊपर उठेगा, मुझे विश्वास है। यहाँ प्रत्येक धर्म, जाति और संस्कृति ने जो कुछ कुलीन और श्रेष्ठ और सुंदर और शांतिप्रद, उठाने वाला, पवित्र बनाने वाला है, उसकी संज्ञा एक हो जाती है। इसी संज्ञा में कलाकार की अनुभूति उपादेय, पावन और आध्यात्मिक अर्थ में मूल्यवान है। इसीलिए अज्ञेय का कवि-व्यक्ति मुझे प्रिय है।

जहाँ अज्ञेय मेरी कला-चेतना को ज़रा कम 'संतोष' देते हैं, वहाँ दो कारण हैं। एक मेरे उर्दू के संस्कार का आग्रह और दूसरा मेरा अपना प्रयोगात्मक असंतुलन, कला में या रोमानी रुझान। और दोनों से अज्ञेय 'क्लासिकल' हो जाने की हद तक बचते हैं। यही उनकी शक्ति है और मेरी और कभी-कभी मेरे पाठक की सीमा।

नरेश मेहता का जिक्र सबसे आखीर में करूँगा।

[5]

मुक्तिबोध--गजानन माधव मुक्तिबोध वैज्ञानिक कथा-साहित्य बहुत पढ़ते हैं। निम्न मध्यवर्गीय कटु संघर्षों पर दीर्घकालीन चिंतन की ऊहापोह ने एक विचित्र भुतहे लोक से उनकी कल्पना को भर दिया है। ये कटु संघर्ष अपने ही जीवन और परिवार के रहे हैं। अतः कल्पना का यह भुतहा (fantastic) लोक अत्यधिक यथार्थ है, जैसा कि उनकी पंक्तियों के स्नायविक तनाव से स्पष्ट है।

यहाँ व्यंजनाएँ हैं गूढ़ सामाजिक विश्लेषण की। विश्लेषण है वर्ग-संघर्ष के उस अंश या रूप का, जहाँ निम्न मध्यवर्ग जूझता है। उसको पस्त करने वाली रूढ़ियों और शोषक शक्तियों को मुक्तिबोध प्रतीकों के रूप में खड़ा करते हैं।

ये प्रतीक प्राचीन गाथाओं के टुकड़े जान पड़ते हैं। मगर इन टुकड़ों में संदर्भ आधुनिक होता है। यह आधुनिक यथार्थ कथा का भयानकतम अंश होता है।

ये भयानक अंश निम्न वर्गों का सार्वभौम शोषण है। यह है 'ब्रह्मराक्षस'। एक व्यापक विद्रूप जो व्यक्ति को आंतकित रखता है।

निम्नमध्यवर्ग का शिक्षित व्यक्ति अजब-सी सूली पर लटका रहता है और फिर भी ज़िंदा रहता है, नरक में जाने के लिए। और अपने परिवार के साथ नरक ही भोगता है।

इसी वर्ग का, हार न मानने वाला, ब्रह्मराक्षस और नरक को विद्रूप से ललकारने वाला कवि है, यह है महाराष्ट्र परिवार की तगड़ी हिंदी प्रतिभा--मुक्तिबोध।

मुक्तिबोध की लंबी कविताओं का पैटर्न विस्तृत होता है। एक विशाल म्योरल पेंटिंग--आधुनिक प्रयोगवादी: अत्याधुनिक। जिसमें सब चीजें ठोस और स्थिर होती हैं: किसी बहुत ट्रेजिक संबंध के जाल में कसी हुई।

मुक्तिबोध के साथ मेरी समस्या होती है (अक्सर ही पाठकों की होती है: मैं भी एक साधारण ही पाठक हूँ) अव्वल तो पढ़ने की ! (ईमानदारी की बात) रचना की दीर्घकाय विराटता हताश करती है। ए ग्रिम् रियलिटी: अंदर-बाहर सब ओर से। वस्तु और शिल्परूप और अंतरात्मा, रचना-प्रक्रिया और पाठक की प्राथमिक प्रतिक्रिया सबमें एक अजब ग्रिमनेस। मैं बचकर कहाँ जा सकता हूँ। घिर ही जाता हूँ, फँस ही जाता हूँ। कोलरिज के 'एन्शेंट मैरिनर' के 'मेहमान' की भाग्य-दशा तो याद होगी पाठकों को। निस्तार नहीं, तभी मुक्ति है--मुक्ति-बोध है।

दूसरी समस्या होती है समझने की। होती थी... कहना चाहिए। क्योंकि पढ़ लेने, और अर्थ और भाव-व्यंजनाएँ हृदयंगम कर लेने के बाद कविता हृदय पर, चेतना पर हावी हो जाती है। आप मुक्तिबोध के चित्रों के पैटर्न समझ लेने के बाद उन्हें उम्र भर नहीं भूल सकते।

अगर किसी ने स्वयं मुक्तिबोध की जबानी उनकी कोई रचना सुनी हो, तो सारी कठिनाइयाँ आरंभ से ही हवा हो जाती हैं, और कविता समाप्त होने पर ऐसा लगता है जैसे हम कोई आतंकित करने वाली फिल्म देखने के बाद एकाएक होश में आये हों।

मुक्तिबोध की कविता जो कथानक होती है, इसमें विद्रूप और क्रूर भाव रूपक को भरपूर नाटकीय बनाने के लिए आवश्यक होता है। चित्रों में जो खुरदरी स्पष्टता आँखों में चोट-सा करती है, वह पूरी कविता में, अपने विस्तार-क्रम के कारण, रूपक-भाव को कुछ बिखरा देती है। फिर भी कवि की बेपनाह नर्वस शक्ति का आभास पद-पद में मिलता है।

एक चट्टानी कड़ापन, एक खुर्री नग्नता, हिंस्र चाँदनी, अपशकुनों से भरा मानव-लोक, रात का या दिन का, जिंदगी जो विद्रूप और क्रूर व्यंग्य है।

मुक्तिबोध का वास्तविक मूल्यांकन अगली, यानी अब आगे की पीढ़ी निश्चय ही करेगी: क्योंकि उसकी करुण अनुभूतियों को, उसकी व्यर्थता और खोखलेपन को पूरी शक्ति के साथ मुक्तिबोध ने ही व्यक्त किया है। इस पीढ़ी के लिए शायद यही अपना खास महान कवि हो।

मुझे मुक्तिबोध एक पेंटर की चेतना से अच्छा लगता है। उसकी कविताएँ स्थिर चित्रों का एक आतंकित करने वाला grim संग्रहालय होती हैं।

हर वस्तु में भार है। छाया और प्रकाश भी ठोस और भारी हैं। हर वस्तु grim है।

मुक्तिबोध एक अजब मार्क्सवादी व्यंग्रूपकार कवि है। चूँकि वह पेंटर और मूर्तिकार है अपनी कविताओं में--और उसकी शैली बड़ी शक्तिशाली, कुछ यथार्थवादी मैक्सिकन भित्तचित्रों की-सी है, वह मुझे प्रिय है।

वह एक-एक चित्र को मेहनत से तैयार करता है, और फिर उसके अंबार लगाता

चलता है। एक तार-तम्य। जैसे किसी ट्रैजिक नाट्य-मंच पर एक उभरती भीड़ का दृश्य--पूर्वनियोजित प्रभाव के साथ खड़ी।

मुक्तिबोध समाज के शोषक शत्रु को पेंट करते हैं। उसके अहं को, उसके बाह्य आतंक को--मगर जो खोखला है, और मात्र निर्जन का-सा आतंक है : मगर इसी आतंक से कवि का वर्ग-व्यक्ति पीड़ित, शामिल है। मुक्तिबोध उसी पीड़ा और शाप को व्यक्त करते हैं, खुली आँखों उसे देखते, और क्रूर निर्मम शब्दों में उसे रूपाकार देते हैं। उनके यहाँ हास्य भी, ...grim है, कठोर और भयावह।

[6]

बिंबों ही में सोचता, बातें करता : बिंबों की ही सहायता से जो परिस्थितियों को पकड़ता और स्पष्ट करता है : इतना सेंसेटिव, कि जिस अनोखे-से रंगीन शब्द को वह सुनता है--वह चाहे किसी भाषा का हो--वह उसके सामने एक नवीनतम बिंबचित्र की तरह प्रयुक्त होने को मानो स्वयं ही आतुर हो उठता है--'टेशोकोटो', 'गरवट', 'दूली', 'टीमरु'...जो हर दिशा, हर परिस्थिति हर चेहरे और गाछ पर, हर रंग और ध्वनि में, निरंतर होने वाले किसी नाट्य-संकेत को सुनता और उस पकड़ने की धुन में रहता है--ऐसा ओरिजिनल कवि नयी कविता का कौन है ? नरेश मेहता ही तो नहीं ? उसके यहाँ--

विस्तार, कैसा विस्तार ? देखिए 'समय देवता'। देखिए 'चीन', देखिए 'अग्नि देवता', एक विराट का भाव, एक स्वीप, और कल्पना के लघु चित्र पर, लघु चित्र पर, लघु चित्र...

मौलिकता, और ताज़गी। और एक प्रवाह। उपरोक्त प्रथम दो कविताओं में देश-देशांतर, ऋतु और व्यापार और जातियों और व्यक्तियों को--जैसे वे कहानी के तेजी से आते और जाते हुए पात्र हों--एक सिलसिले में गूँथा गया है, शैली में रहेटरिक का ओज है; मगर उसमें लिरिक के मर्म भी गुँथते चले गये हैं, अंतरे-अंतरे।

नरेश मेहता के रंग चटक और आउटलाइनें साफ़ और मजबूत होती हैं। भावना दृढ़, पैनी। सृजन-चेतना का आवेश बेहद सच्चा और पुण्य। सब एक सांगीतिक संतुलन में बँधा; और पूरे परिवेश पर एक निर्देशकीय दृष्टि--गहरे आत्मविश्वास के साथ। धैर्य, वेग, और अजब तटस्थता--एक कलाकार की तटस्थता।

पवित्र निष्ठा cant, दंभ, दोमुँहेपन के हार्दिक और खुली सार्वजनिक चिढ़!

अंतरंग की हार्दिक सरलता के साथ, समाज में अति गंभीर शालीनता। हट।

हठ और मोह। संस्कृतनिष्ठ हिंदी का। बंगला और ध्वनिचित्रमय देशज शब्दों का (चाहे यदा-कदा ही;) जिनकी काव्यात्मक संभावनाएँ एक हठ-सा लेकर खिल उठती हैं।

मोह के साथ पक्षधरता।

यानी कि, हर ऐंगिल से कवि।

सौंदर्य की उसकी जितनी कल्पनाएँ हैं, उनमें एक अनोखा अलौकिक-सा भाव झलकता है।

उसकी पीड़ा, उदासी, एक हीरो की व्यापक अर्थ वाली, युगीन संज्ञा वाली पीड़ा और उदासी-सी लगती है।

सादगी और निगूढ़ता का अजब मिश्रण उसके यहाँ।

व्यक्तित्व में कल्पना प्रधान है ही। उसके तर्क तीक्ष्ण अंतर्दृष्टि (instinct) को पकड़ कर चित्रमय भाषा में ही किसी भी विषय की समस्या को खोलते बाँधते हैं।

नरेश मेहता के आरंभिक प्रेरणा-आधार महादेवी वर्मा और निराला रहे हैं। बाद में श्री गिरिजाकुमार माथुर का भी असर उन पर पड़ा। मालवा की मिट्टी और हवा-पानी का भी बहुत बड़ा हाथ है इस प्रकृति-कवि को ढालने में। सूर्योपासना, वैदिक मंत्र, विद्यापति और लखनऊ--इन सबने अपने सांस्कृतिक प्राण फूँके इस प्रतिभा का निर्माण करने के लिए।

और अब इसकी भाषा, शैली, उक्ति और योजना, कल्पना और चित्र सबसे निराले और बिलकुल उसके अपने हैं।

अपनी हास्यप्रियता नरेश ने नाटकों के लिए सुरक्षित रखी है। कविताएँ गंभीर चीजें हैं।

दुनिया इस कवि के लिए बेहद रंगीन है और करुण। इसीलिए गंभीर अर्थ अपने अंदर छिपाये हुए हैं। और वह अर्थ नाटक का संदर्भ रखते हैं।

संगीत की बारीकियाँ नहीं, उसका लोच, उसकी तड़प, उसके जिंदा उभार, उसके गर्म और नर्म अंदाज। और साथ में पीड़ा, किंतु मर्यादित, साथ में बसंत, किंतु हल-चल लिए हुए बदलियों की। नरेश का लिरिक भाव।

लेकिन नरेश ने आज 'समय-देवता' और 'चीन और अग्नि-देवता' को पीछे छोड़ दिया है। अब वह पदे-पदे अपनी लिरिक-योजना और काव्य की सृष्टि में सतर्क है। वह क्लासिक चीजें ही लिखेगा। विद्यापतिः वाल्मीकि। हैमलेट का शेक्सपियर। 'मेघ मैं' ढलकर एक बड़ा मोती बनने को आतुर है--कैसा मोतीः जो दर्शक अपने हृदय पर पहने और श्रोता कान में।

नरेश की कविताएँ कहती हैं कि उसका रचनाकार एक भद्र आदमी है। कभी-कभी तो वह मुझे मध्यकालीन नाईट्-एरेंट कवियों की याद दिलाता है, बावजूद इसके कि उसकी तमाम पीड़ाएँ और मर्म आधुनिक हैंः यानी अनुभूतियाँ। मगर उसका परिवेश क्लासिकल अनुगूँजों से ललित और पुष्ट लगता है।

प्राचीन जलों का संगीत और नाद है उसके प्रयोग में, उसकी बिंब योजनाओं और कल्पना-लोक में।

प्राचीन एक रोगानी प्रखरता और स्वतंत्रता...जो अन्यत्र इस पवित्र रूप में कहाँ मिलेगी, मैं नहीं जानता।

नरेश के भाषागत जो प्रयोग हैं, सप्तमी आदि के वे किसी भी दूसरे कवि के लिए ख़तरनाक होंगे: मगर नरेश के यहाँ सृजन की विशेष आवश्यकता को पूरा करते हैं। अत्यंत सार्थक हैं। उनके छंदों की गति भी जहाँ-जहाँ 'टूटती' है, एक विशेष nervousness को व्यक्त करती है शैली की। पद और भाव की शक्ति को बढ़ाती है।

उनके साहसिक चरण ने मार्मिक अभिव्यक्ति और व्यंजना के लिए बहुत से नये द्वार उन्मुक्त किये हैं।

'समय देवता' और 'वनपाखी ! सुनो' का कवि इन्हीं सब कारणों से मेरे बहुत प्रिय कवियों में से है।

[7]

निस्संदेह मेरे और भी बहुत से प्रिय कवि हैं, पर सबका ज़िक्र कैसे सम्भव है। कितने ही कवि हैं, साहित्य में जिनका स्थान आज बहुत महत्वपूर्ण है और जिनका मैं बहुत ही आदर करता हूँ। आरंभ से ही स्पष्ट है कि इस लेख में मैं साहित्यिक महत्व को लेकिन आलोचनात्मक दृष्टि से कवियों को नहीं ले रहा हूँ: वरना कितने ही हैं जिनका कुछ विस्तार से उल्लेख करना, स्पष्ट ही आवश्यक और अनिवार्य होता। अलावा इसके ख़ासी-अच्छी कविताएँ लिखने वालों में कई हैं जो स्वयं मेरे बहुत निकट हैं, मगर उनकी कविताएँ नहीं। उनसे भी यहाँ क्या प्रयोजन। मैं केवल उन्हीं को ले रहा हूँ, परिचित हों या अपरिचित, महत्वपूर्ण हों या इसका उल्टा, जिनकी रचना स्वयं मुझे दिलचस्प लगती हैं और मेरी भावनाओं को छूती हैं: in short, बस, मुझे अच्छी लगती हैं।

मसलन् नेमिचंद्र जैन को मैं बड़ा संयत और सुथरा कवि मानता हूँ, मात्र 'प्रभाव' के लिए किसी उपकरण को लाने से वह प्रकृत्या बचते हैं। इसीलिए मेरे मन में उनके लिए एक ख़ास स्थान है--

..."मोरा कहीं बोला !" "ओ महत् !"...भारत भूषण की आत्म-स्वीकारोक्तिपरक रचनाओं में से एकाध के अलावा ('पथहीन' तो ख़ैर है ही) ईस्काइलस के 'बन्दी प्रमथ्यु' का अनुवाद ही मुझे विशेष प्रिय है। और हाँ उनके कई तुक्तक (limeriks)! ...'मित्र थे हमारे एक प्रभाकर माचवे: बहुत दिनों करते रहे तीन-पाँच वे...'

गिरिजाकुमार की पहली रचना जो मुझे वास्तव में 'प्रिय' लगी (ग्रेट चीज़ें तो उन्होंने बहुत-सी लिखी हैं--पर यहाँ मेरा--साहित्य का अध्येता नहीं बोल रहा है !)--वह है: 'पृथ्वी-कल्प' आज की कविताओं में सबसे महत्वपूर्ण कृति। सही अर्थ में आधुनिक। इस विषय को छूना, अब दूसरे के लिए...कारे दारद !

मेरा एक (बहुत ग़लत रुझान, प्रगतिशील दृष्टि से) अमूर्त और अति-प्रयोगवादी और सुर्रियलिस्ट कविता और चित्रकारी की तरफ़ कुछ रहा है। उसका नतीजा यह है कि 'अनाम' जैसा गुंफित फैंटेसी का अंतश्चेतनावादी-रोमानी कवि मुझे बरबस लुभा लेता है। "बिक जाते हैं हम-आप मताए-सख़ुन के साथः लेकिन" (ग़ालिब के प्रेमी माफ करेंगे : जरा-सा हाइफन लगा दिया है।) 'अनाम' का घोर सॉफिस्टिकेशन और विचित्र व्यंग्य और तीन आयामों के कलाकार की शैली में शब्दों का प्रयोग मुझे और भी मोहे अगर कहीं उसमें भाषा के मुहावरों का भी उतना ही सूक्ष्म रचाव हो। कल्पना की मौलिक-सी उड़ान और व्यंजना मुझे केवल नरेश मेहता की याद दिलाती है; मगर नरेश ख़ैर कहीं अधिक 'स्वस्थ' कवि हैं। "--यह 'स्वस्थ' और 'अस्वस्थ' क्या चीज हुई ?" अनाम, जो मुझसे पचास गुना ज्यादा पढ़े-लिखे हैं, जरा-सी आँख दबाकर मुझ से पूछते हैं। मेरे जवाब की हक़ीक़त उन्हें पहले ही मालूम है; इसलिए मैं चुप हूँ। या, मसलन् श्रीमती शकुन्त माथुर के, विरोधाभास की शैली में, एक विचित्र मौन व्यंग्य के साथ, आधुनिक संस्कृति और सम्मानित रूढ़ियों का सांकेतिक चित्रणः एक अर्थपूर्ण, सहज कौतुक। उनकी शैली में जो कुछ सुर्रियलिस्ट टच है, वही (चूँकि सपनों की तरह कुछ बच्चों के हँसी या चुटकुलों या पहेलियों की तरह, स्वाभाविक है न) मुझे ख़ामख़्वा आकृष्ट कर लेता है। फिर चाहे उसमें कुछ न हो। मगर क्यों न हो ? --मेरा पाठक पूछता है, बिलकुल इसी तरह, मगर एक बिलकुल नयी कवयित्री की बात है, (श्रीमती) इन्दु जैन--उनकी सृजनशील अन्तश्चेतना के स्वप्न पीड़ित-से भाव काफ़ी कलात्मक क्षमता के साथ व्यक्त हुए मैंने देखे, और मुझे उनकी वे कविताएँ इस योग्य लगी थीं कि उनकी कुछ चर्चा हो। ख़ैर।

मेरा एक आग्रह भाषा और मुहावरे पर भी तो रहा है। ज़िंदा भाषा में लुत्फ़ और ओरिजिनैलिटी से लिखने वालों ने भी तो अपने छोटे-बड़े तेवर के हिसाब से मुझे अपनी ओर खींचा है। चुनांचे : राजेन्द्र किशोर। रघुवीर सहाय की पीड़ा में--मगर प्रदेश दूसरा। इनका 'वैयक्तिक' बहुत निर्दोष, प्रवाहमयी शैली में लिखा हुआ कुछ खंड काव्य की-सी एक मुक्त चीज है। निम्न मध्यवर्ग की मानसिक और कुछ बौद्धिक ऊहापोह का अच्छा चित्रण है। पर विशेष रूप से यह मुझे शैली के कारण ही प्रिय है। पर बिहार में विशेष प्रिय है मुझे मदन वात्स्यायन। फ़ैक्ट्री और मशीन और मनुष्य के आधुनिक निर्माणात्मक संबंधों पर सच्ची कल्पना से प्रसूत रचनाएँ इस नौजवान जागरूक कवि ने लिखी हैं। इन्होंने संस्कृत, मैथिल, ब्रज और उर्दू और इंग्लिश काव्यों से बहुत कुछ काफी कुशलता से सीखा है। अभी ख़ासा रचाव और ढलाव उनके यहाँ आने को है। मगर मैं अपनी जगह पर इन्हें एक pioneer कवि मानता हूँ, और हृदय से उनका बहुत आदर करता हूँ।

कीर्ति चौधरी की कविताएँ भी मैं रुचि से पढ़ता रहा हूँ। इनके यहाँ जो वातावरण मिलता है, कोमल, स्निग्ध, सरल निष्ठा और विश्वास से सना और अच्छी-अच्छी यादों और स्वर-लहरियों से भरा होता है। साथ में कोई न कोई मूक टिप्पणी होती है,...प्रायः। शिल्प स्वाभाविक और सहज ही सुथरा। अच्छा लगता है।

श्रीकांत वर्मा की शुरू की कविताओं ने तो नहीं, मगर इधर कोई साल-छः महीने से उनकी रचनाओं ने मुझे आकृष्ट किया है। उनका व्यक्तित्व (मेरा मतलब कवि के सृजनात्मक व्यक्तित्व से है, जो रचना के अंदर से धीरे-धीर पुष्ट होता है।) इधर कुछ उभरा है; और अभिव्यक्ति में निखार आया है, और जोरः बिखराव काफ़ी कम हुआ है। व्यंग्य सार्थक लगता है। x x रमासिंह नयी कवयित्री हैं। उक्ति और अनुभव और स्पष्ट लिरिक व्यंजना वाली उनकी शैली हिंदी के स्टैंडर्ड के हिसाब से काफी मार्जित है। अपनी कला का रुख वह पहचानती हैं, और यह बड़ी बात है कि नयी कविता की गर्म-सर्द अंतर्धाराओं (under-currents) से उनका स्वच्छ 'समुद्र-फेन' अलग और ऊपर है। कविता शिल्प-वैचित्र्य नहीं है, मगर इसमें संदेह नहीं कि शिल्प और जीवन की अनुभूति यानी कला और काव्य-वस्तु दोनों को पुष्ट, स्वस्थ और गहरा करते जाना ही निरंतर, निरंतर... एक समस्या है।

यही समस्या शायद कवि का जीवन है। एकाएक इस संदर्भ में दो विभिन्न और नये (एक तो बहुत नया) कवि मेरे सामने आ जाते हैं: उमाकांत मालवीय और मलयज। कैसे एक जस्त यानी leap में उमाकांत ने प्रस्तुत अवधि के लिये यह 'समस्या' अद्भुत सफलता के साथ अपने लिये हल कर ली ! ...अत्यंत सुंदर गीत उन्होंने अभी हाल में लिखे हैं, जिनमें अपनी कुछ सरसतम अनुभूतियों को उन्होंने विलक्षण, मार्मिक-स्पष्टता के साथ बड़े मोहक, ललित पदों में व्यक्त किया है। भाव, संगीत, और शब्द, और उनमें निहित जीवन--सब की धड़कन एक है। मार्क करने की बात यह है कि शैली निरालाजी के गीतों की है (परंपरा !--) और रूपायित योजना में अनुभूति की तन्मयता उमाकांत की । विकल गहरे एकांतिक अनुभव का शिल्प की सक्षमता से योग।

किसी न किसी तरह की गहरी अनुभूति के क्षण हरेक के जीवन में आते हैं; पर शिल्प की सक्षमता ?...कलाकार के लिये (पाठक के लिये, आलोचक के लिये नहीं) समस्या यही है।

For soule is forme and cloth the bodie make

--स्पेंसर 'सौन्दर्य की देवी की स्तुति में'

गीत की बात उठी है, तो मैं दो और गीतकारों का जिक्र करना चाहूँगा--एक जरा पुराने, और एक उतने पुराने नहीं। दोनों एक-दूसरे से बिलकुल भिन्न। 'कोकिलजी' और वीरेन्द्र मिश्र। 'कोकिल' जी में "सहजता ही प्राण है।" कहीं-कहीं उनके पदों की शिथिलता...कम से कम मुझे तो नहीं खलती; क्योंकि उनके गीतों का अंदाज प्रायः भजन का-सा होता है और भजन, genuine भजन मुझे अच्छे लगते हैं। श्री अरविंद की 'सावित्री' के कुछ अंश का जो उनका संशोधित अनुवाद मैंने देखा है, मुझे आदर योग्य लगा है। x x वीरेन्द्र मिश्र मात्र कविसम्मेलन के लिए नहीं लिखते हैं, ऐसा मालूम होता है; क्योंकि साहित्यिक कसौटी पर भी उनकी कई चीजें प्रभावशाली लगती हैं : जैसे, 'यह मेरा देश है !' एक शानदार चीज़ है।

और--आज का एक और 'नया' लिरिक कवि ! जो बच्चन के नये गीत लाया है ! मछुवाहों के, धीमर के गीत की धुनें...और बच्चन का अपना असली अंदाज़ ! खैयाम की लिरिक मस्ती को जैसे वाक़ई एक नया जाम मिल गया : जिसकी उसे कितने अर्से से ज़रूरत थी ! क्या और भी कुछ कहना बाक़ी रह जाता है।

--मैं बिलकुल आज के ही कवियों का ज़िक्र कर रहा था..और मलयज का। इधर जिन नये कवियों की रचना से विशेष परिचय मेरा हुआ है और जिनकी प्रगति को मैं कुछ ग़ौर से देखता रहा हूँ, उनमें हैं मलयज, प्रेमलता वर्मा और प्रभात रंजन। मलयज की कविता में मेरी दिलचस्पी का कारण ही विशेष यह है कि वह कला और साहित्य की रचना-प्रक्रियाओं को सूक्ष्मता के साथ समझना और व्यक्त करना चाहते हैं। वह एक साथ व्यंजना की एक से अधिक तहें लाते हुए जान पड़ते हैं, और इसीलिए उनका आशय दुरूह हो जाता है, मगर ग़ौर करने पर सार्थक भी लगता है। ये अपनी भावनाओं की सार्थकता के लिए ठोस आधार के खोजी तो हैं मगर कुछ अधिक ध्यान इनका शायद अभी माध्यम को ही सार्थक करने में है। x x प्रेमलता वर्मा की मौलिक प्रतिभा में भी मुझे कोई संदेह नहीं है। अभी उनका शिल्प कुछ असमान स्तर का होता है, मगर उनके यहाँ एक ऐसी गहरी पवित्र निष्ठा है, जो गंभीर धरातल पर भावनाओं का लेखा-जोखा लेती है, और यही चीज, यानी उनकी अनुभूतियाँ, मुझे मूल्यवान लगती हैं। x x प्रभात रंजन अपना स्वतंत्र उन्मुक्त दृष्टिकोण बनाने में संलग्न हैं ताकि वह सामाजिक परिवेश को और भी स्पष्ट रूप से हृदयंगम कर सकें और उसके यथार्थ रूप को निर्मम तटस्थ दृष्टि से पुष्ट अभिव्यक्ति में बाँधकर प्रस्तुत कर सकें। उनकी कविताओं का एक संग्रह भी प्रकाशित हो चुका है, जिसमें (विभिन्न शैलीगत प्रभावों के बावजूद) स्वतंत्र और यथार्थवादी दृष्टिकोण का आग्रह मिलता है। इनकी कविता रुग्ण रोमानी उलझनों से मुक्त जान पड़ती है। इससे दृष्टि को प्रखरता और अनुभूतियों को प्रशस्त धरातल मिल सकेगा। देवकुमार का भी नाम मैं लेना चाहूँगा, कि उसकी कविता के अंदाज में कुछ है जो एक स्वतंत्र कवि-चेतना का पता देता है; पर उसकी प्रतिभा खुल कर पनप क्यों नही पा रही है, मैं नहीं जानता। कितनों की प्रतिभाएँ मैं इसी तरह देखता हूँ, कि एक ख़ास स्तर पर आकर, अभिव्यक्ति के एक ख़ास अंदाज़ को पा लेने के बाद...यह साफ़ नहीं होता, कि अब आख़िर आगे वह क्या करना चाहती है।

अनुभूतियों का विशेष स्तर भी कोई नहीं है, एक पोज़ जिसमें अपने को बहलाए रखा गया है; आवरण, आवरण...मगर किसके ऊपर ? अंदर तो कुछ नहीं है। व्यक्तित्व कहाँ है ? व्यक्तित्व अपना कौन बना रहा है, यही सवाल है। वह कैसा बनता है, क्या प्रश्न का उत्तर देने वाले जानते हैं ? शायद जानते हैं, क्योंकि वह बहुत कुछ पढ़ते हैं, बहुत कुछ पढ़ते हैं।

मगर मैं तो बहुत कम कुछ पढ़ता हूँ; और नये कवियों को तो...कितना कम पढ़ता हूँ ! यह इस लेख से ही मैंने साबित कर दिया होगा।

हमारे सांस्कृतिक समन्वय का एक प्रतीक--रहीम

देश की संस्कृति का आज बहुत नाम लिया जाता है। उसका जीवंत रूप क्या है ? उसका रूप यदि विशद और महान है यदि उसमें सैकड़ों शताब्दियों की गहराई और गंभीरता और जीवन है तो उसे हम इतिहास का सहारा लिये बिना कैसे समझ सकते हैं ? संस्कृति अंधे की लकड़ी नहीं कि जिसे लिये-लिये लोग सर्वत्र घूमें--बिना जाने क्या उसकी परिभाषा इतनी सहज है ? वह तो कल्पतरु है। जिसकी शाखाओं की शाखाएँ--हम और आप--आज जीवित हैं। उसकी छाँह में बैठकर ही कहीं एक जगह से हम उस पूरे का रूप नहीं देख सकते हैं, न पा सकते हैं, न समझ सकते हैं ?

चार सौ साल हुए इसी कल्पतरु की एक शाखा पर एक पंछी आकर बैठ गया था। उसकी मीठी बोली हम आज भी सुन रहे हैं। उसका नाम रहीम था। भक्तमाल प्रसंग में एक कथा है जो इस प्रकार है :

एक रहीम नामक पठान विलायत में रहे। ताने सुनी नाथ जी (बल्लभ कुल संप्रदाय के आराध्य देव, जिनका मंदिर पहिले गोवर्धन में था) बहुत खूबसूरति है ? चाह भई, रात-दिना चल्योई आयों। जब दरवाजे पै बगदि के बाल्यों 'यह साहब आए यह बेसुरी। फिर चाह क्यों दई ?'

हरि रहीम ऐसी करी ज्यों कमान सरपूर
खैंचि आपनी ओर को, डारि दियो पुनि दूर।

तब गुसाईजी ने सुनि के थार को प्रसाद लैके रहीम पै गये। तब का ने कही--बाबा तुम यहाँ क्यों आवते हो। तुम सो हमारा क्या काम हैं। मैं तो जिससे बुलाया हूँ, जिसे हर कहता हूँ। तब नाथजी स्वयं थार लाए। तब रहीम ने पीठ फेरि लई।

खैंचि चढ़नि, ढीले ढरनि, कहहु कौन यह प्रीति।
आज काल मोहन गही, बंस दिया की रीति।।

तब श्रीनाथजी धरि के चले गये। तब यह पीछे पतियायो। मैंने बुरी करी। फिर अब कहाँ हैं।

तब विचार किया--अब दिन कटई करे व्राकि बातन सों।

मोहन छवि नैनन बसी, परछवि कहाँ समाय।
भरी सराय रहीम लखि पथिक फिर जाय।।

यह सत्संग नवाब अब्दुर्रहीम ख़ानख़ाना का एक ढंग था। ये महापुरुष भारत को अकबर महान की देन हैं। अकबर ने स्वयं इनकी शिक्षा-दीक्षा का प्रबंध किया था। ये अनेक भाषाओं के ज्ञाता थे और अरबी, फ़ारसी, तुर्की, संस्कृत और व्रज तथा अवधी के विद्वान एवं कवि थे। इन्होंने बड़ी-बड़ी लड़ाइयाँ कीं और उनको बड़े-बड़े ओहदे मिले। गुजरात की सूबेदारी, सरकारी वकील का सबसे बड़ा ओहदा, मंत्रिपद।

पर सबसे बढ़कर वह थे एक इंसान। ऐसे इंसान जिनके लिए गालिब ने कहा है कि 'आदमी को मयस्सर नहीं इंसाँ होना।' उस युग के संत तुलसीदास के ये परम मित्र थे। यह इनकी इंसानियत का सबसे बड़ा सबूत है। यद्यपि सबसे बड़ा प्रमाण स्वयं इनका काव्य है।

इनकी दानशीलता और दरियादिली तो एक मिसाल बन गयी है। गंग के पूछने पर कि--

सीखे कहाँ नवाब जू ऐसी देनी दैन।
ज्यों-ज्यों कर ऊँचा करो, त्यों-त्यों नीचे नैने।।

इन्होंने जवाब दिया --

देनदार कोउ और है, भेजत सो दिन रैन।
लोग भरम हम पै धरें, याते नीचे नैन।।

गंग को इन्होंने एक छप्पय पर छत्तीस लाख रुपया दिया था जो प्रसिद्ध है।

संस्कृत साहित्य में ये इतने पगे हुए थे कि उनके कई दोहों में संस्कृत श्लोकों का मार्मिक अनुवाद मिलता है--बहुत सरस और भावपूर्ण जैसे--

धनि रहीम जलपंक को, लघु जिय पिअत अघाय।
उदधि बड़ाई कौन है, जगत पिआसो जाय।।
कमला थिर न रहीम कहि, यह जानत सब कोय।
पुरुष पुरातन की बधू, क्यों न चंचला होय।।

रहीम इतने लोकप्रिय हुए कि उनके जो दोहे कबीर साहब के सिद्धांत के अनुकूल पड़े वह लोगों ने उनकी साखियों में मिला दिये। रहीम का यह मशहूर दोहा कबीर के यहाँ भी मिलता है :

रहिमन वे नर मर चुके, जे कहुँ मागन जाहिं।
उनते पहिले वे मुए, जिन मुख निकसल नाहिं।।

हमारी परंपरा हमारी विचारधारा और संस्कारों में जो व्यक्ति इतना डूबा हुआ हो और साथ ही अपनी ओर से उस संस्कृति में योग दे रहा हो वह 400 साल बाद आज भी हृदय में बसा हुआ है और आगे भी हमारा कंठहार रहेगा।

रहीम का स्थान हिंदी के रीति साहित्य में विशेष रूप से बरवै 'नायिका-भेद' के

कारण भी है। कहते हैं रहीम के बरवै पर मुग्ध होकर तुलसीदासजी ने अपनी बरवै रामायण रची। इस ग्रंथ का बाद के कवियों पर असर पड़ा। श्री मायाशंकर याज्ञिक कहते हैं कि 'रस-सिंगार' (जिसमें मतिराम के लक्षण-दोहे और रहीम के बरवै उदाहरण हैं--) संभव है मतिराम ने स्वयं यह संग्रह किया हो। पं. रामचंद्र शुक्ल के शब्दों में बरवै नायिका भेद में--भारतीय प्रेम जीवन की सच्ची झलक है। यहाँ हम उन्हीं के चुने हुए पाँच बरवै प्रस्तुत करते हैं--

भोरहि बोलि कोइलिया बढ़वति ताप।
घरी एक घरि अलवा, रह चुपचाप।।
बाहिर लैके दियवा, बारन जाय।
सासु ननद ढिग पहुँचत, देत बुझाय।।
पिय आव्त अंगनैया, उठि कै लीन।
साथे चतुर तिरियवा, बैठक दीन।।
के सुघर खुरुपिया, पिय के साथ।
छइबै एक छतरिया, बरखत पाथ।।
पीतम इक सुमिनिया, मुहि देइ जाहु।
हि जप तोर बिरहवा, करब निबाहु।।

रहीम के बरवै का एक और ग्रंथ है जो नायिका-भेद से अधिक प्रौढ़ है। इसमें सूरदास के पदों की सी हृदय को मथ देने वाली शक्ति कहीं-कहीं मिलती है। उसका आधार गोपियों का विरह, पावस वर्णन और ऊधो के साथ गोपियों का संवाद है। देखिए कितना मार्मिक और उत्कृष्ट बरवै है :

ज्यों चौरासी लख में, मानुष देह।
त्यों ही दुर्लभ गज में, सहज स्नेह।।

गोपियाँ ऊधो से कहती है :

आदिह ते सब छुटिगा, जग ब्यौहार।
ऊधो अब न तिनौं भरि, रही उधार।।
व्रजवासिन के मोहन, जीवन प्रान।
ऊधो या सँदेसवा, अकह कहान।।

विरह दशा के वर्णन मे मकुछ बरवै है :

गये हेरि हरि सजनी, बिहँसि कछूक।
तव ते लगनि अगनि की, उठत भबूक।।
कैसे जीवत कोऊ, दूरि बसाय।
पल अंतर हू सजनी, रह्यो न जाय।।
सबै कहत हरि बिछुरे, उर धर धीर।
बौरी बाँझ न जानै, ब्यावर पीर।।

लोग लुगाई हिल मिल, खेलत फाग।
परयौ उड़ावन मोकौ सब दिन काग।।

एक फ़ारसी का बरवै भी सुनिये :

मी गुज़रद ई दिल रा, बे दिलदार।
इक-इक साअत हम चूँ साल हज़ार।।

दिल पर ऐसी गुजरी की एक-एक क्षण हज़ार-साल के बराबर हो गया।

पथिक आय पनघटवा, कहत पियाव।
पैयाँ परौं ननदिया, फेरि कहाव।।

रहीम की 'नगर-शोभा' भी एक दिलचस्प चीज़ है। देव के जाति विलास का यह अग्रज है। इसमें 60-61 जातियों की नायिकाओं का वर्णन है। जैसे ब्राह्मणी, खतरानी, बनियाइन, राजपूतनी, जोगिन, भगतिन, धोबिन, चमारिन, आदि। यह ग्रंथ रहीम के सैलानी स्वभाव का परिचायक है। यह संक्षिप्त रेखा-चित्रों का एक जीता-जागता से अलबम है। प्रत्येक चित्र अपना जातिगत व्यक्तित्व लिये हुए है। इन चित्रों का अलबम तो श्रृंगारिक है क्योंकि उस युग की परिपाटी ही है वह। पर देव के चित्रों से शायद कुछ अधिक विश्वस्त झाँकिया ये दोहे प्रस्तुत करते हैं जो जीवन में जीने और विशेपकर उतार-चढ़ाव के जीवन के जीने के फलस्वरूप प्राप्त होती हैं। जिसे अनेक जीवनों में जीने का अवसर मिला। कुछ चित्र तो काफ़ी दिलचस्प हैं, जैसे कुँजड़िन को ही देखिए :

भाटा बरन सुकौंजरी, बेचै सोवा साग।
निलजु भई खेलत सदा, गारी दै दै फाग।।
हरी-भरी डलिया निरखि, जो कोई नियरात।
झुठे हू गारी सुनत साँचेहू ललचात।।

भटियारिन के चित्रण में रहीम अपनी ख़ास नीति परक शैली से नहीं चुके :

भटियारी अरु लच्छमी, दोऊ एकै घात।
आवत बहु आदर करै, जात न पूछै बात।।

जोगिन पर भी अच्छी फबती है :-

जोगिन जोग न जानई, परै प्रेम रस माँहि।
डोलत मुख ऊपर लिये, प्रेम जटा की छाँहि।।

यों तो रहीम एक और भी कवि रूप है जो कुछ हमें बरबस पंडित अयोध्यासिंह उपाध्याय की याद दिला देता है। मदनाष्टक में--

कलित ललित माला या जवाहिर जड़ा था।
चपल चखन वाला चाँदनी में खड़ा था,।।
कटितट बिच मेला पीत सेला नवेली।
अलि न अलबेली यार मेरा अकेला।।

मगर ये सब मानों किताब के हाशिये है। मुख्य रस रहीम कवि का 'शांत रस' है। वह

शांत रस जिसका आधार जीवन का गहरा और सुदीर्घ अनुभव और उस दीर्घ अनुभव से प्राप्त ज्ञान। लोक विख्यात रहीम वहीं है और वह हमारे देश की संस्कृत चेतना से कभी विलग नहीं हो सकता। वह रहीम जो कहता है:

रहिमन या तन सूप है, लीजै जगत पछोर।
हलुकन को उड़ि जान दै, गरुए राखि बटोर।।
रहिमन रिस को छाँड़ि कै, करौ गरीबी भेस।
मीठो बोलो, नै चलो, सबै तुम्हारी देस।।
रहिमन पानी राखिये बिनु पानी सब सून।
पानी गये न ऊबरै,. मोती मानुष चून।।
रहिमन धागा प्रेम का, मत तोड़ो छिटकाय।
टूटे से फिर ना मिले, मिले गाँठ परि जाय।।
जेहि रहीम तन मन लियो, कियो हिये बिच भौत।
तासों दुख सुख कहन की, रही बात अब कौन।।
रहिमन गली है साँकरी, दूजो ना ठहराहिं।
आपु अहै तो हरि नहीं, हरि तो आपुन नाहिं।।
पसरि पत्र झँपहि पितहिं, सकुचि देत ससि सीत।
कहु रहीम कुल कमल के, को बैरी को मीत।।
अंजन दिया तो किरकिरी, सुरमा दियो न जाय।
जिन आँखिन सों हरि लख्यो, रहिमन बलि-बलि जाय।।
अंतर दाव लागी रहै, धुआँ न प्रगटै सोइ।
कै जिय आपने ज्ञान नहि कै जिहि बीती होइ।।
अब रहीम मुश्किल पड़ी, गाढ़े दोऊ काम।
साँचे से तो जब नहीं, झूठे मिलै न राम।।
रहिमन तीन प्रकार ते हित, अनहित पहिचानि।
पर बस परे:, परोस बस, परे मामिला जानि।।
वे रहीम नर धन्य हैं, पर उपकारी अंग।
बाँटनवारे को लगे ज्यों मेहंदी को रंग।।
यह न रहीम सराहिये, देन लेन की प्रीति।
प्रानन बाजी राखिये, हारि होय कै जीत।

लुई अरागाँ : नये योरोपियन साहित्य का एक व्यक्तित्व

अरागाँ में सबसे प्यारी चीज शायद एल्सा के लिए उसका प्यार है, जो उसकी कितनी ही कविताओं से फूट-फूटकर छलकता है। एल्सा उसकी बीवी है, और उसके काम में, उसकी जद्दो-जेहद में बराबर की साथी है। दोनों मिलकर, साथ-साथ सारी मुसीबतें झेलते हैं--और कैसी मुसीबतें !...जब फ़्रांस पर नात्सियों और विशी टोडियों का क़ब्ज़ा हो गया और ईमानदार राष्ट्र-प्रमियों के लिए जिंदगी हराम हो गयी, जब पेअरलवा का दौर-दौरा था, और जान की क़ीमत सिर्फ़ राष्ट्र-प्रेम थी...उस कठिन वक़्त में दोनों ने किस तरह एक-दूसरे को, साथ जूझने वाले इन्क़लाबियों की-सी, आत्मिक, बौद्धिक और मानसिक मदद दी, यह उन दोनों के साहित्य की कहानी के अंदर की छिपी हुई कहानी है।

शायद एल्सा से कम तो वह फ्रांस को प्यार नहीं करता, क्योंकि वह समूचे फ्रांस को--फ्रांस की नयी इन्क़लाबी खूबसूरत पौध को--अपनी एल्सा के अंदर देखता है : वह नया जवान फ़्रांस जो शहीद हो रहा है...; दरअसल दोनों एक दूसरे के संघर्ष का आईना बन गये हैं।

फ़्रांस के जर्रे-जर्रे से उसको इश्क़ है। उसकी घाटियों, मैदानों, पठारों, और उसके पहाड़ों और नदियों और शहरों और खेतों और बाज़ारों, उसकी पेरिस से, पेरिस की रातों से, पेरिस के नाचघरों, और उसकी मुँह-अँधेरी सुबहों और उसके फूलों, और उसकी इमारतों और उसकी कला और उसके काव्य से उसकी आत्मा को प्यार है। अपने इतिहास के कठिन मोड़ों पर, फ्रांस जिस तरह योरप और दुनिया की इंसानी आज़ादी के लिए एक राजमार्ग, और उसकी अँधेरी बीहड़ रातों के लिए टिमटिमाता हुआ चिराग़ रहा है, वह सब इस महाकवि के अंतःकरण पर नक़्श है। यह देश उसके लिए न सिर्फ़ नई कला और नये विचार और नई खोजों के सौंदर्य का, बल्कि उसके शहीदों की अंमर लाली का निशान है...जो मुसीबत में ढारस और हिम्मत और शक्ति देता है। जब फ़्रांस के फूल-पत्तों का, उसके ऐतिहासिक नामों का इशारों में भी कभी जिक्र करता है, तो वह जानता है कि उसके हमवतनों के दिलों में कैसी कोमल टीस-सी उठने लगती है। एक ऐसा दर्द चुपचाप करवट लेने लगता है, जिसको नात्सी तो नात्सी, ख़ुद अपने घर के

टोडी गुर्गे 'विशि'-वाले दुश्मन भी देख नहीं सकते; और साहित्यिक सेंसर और ख़ुफ़िया के पास न ही इसका कोई इलाज; सिवाय इसके कि ये ग़द्दार मरदूद फ्रांस की पाक सर-ज़मीन को ख़ाली कर दें और दफ़े हों।

अरागाँ के लिए फ़्रांस के जाँनिसारों, उसके शैदाइयों और शहीदों में कोई फ़र्क़ नहीं--वे कम्युनिस्ट हों, कैथलिक हों, प्रोटेस्टैंट हों, चाहे डिगालिस्ट। देश पर क़ुर्बान होने वाले का ख़ून एक-समान लाल है, एक समान पवित्र।[1]

और इसी तरह अरागाँ के लिए फ्रांस के महान् कलाकारों में से एक ही मिट्टी के रस-राग की पवित्र महक उठती है। उन्होंने अगर अपने दिल के लहू से देश की कला और साहित्य के बाग़ को सींचा है, तो वह उनके आगे नतमस्तक है, वे चाहे जिस मत, और धर्म के हों।

यह कितनी अजीब बात है कि वही अरागाँ जो परंपरा से 'बाग़ी' कहलाता था और परंपरा से बाग़ियों का रहनुमा था, और उस रहनुमाई में ही जिसको शोहरत मिली थी, वही अपनी कला और साहित्य में परंपरा का सबसे ज़बरदस्त समर्थक साबित हो। सच तो यह है कि इस कलाकार की आत्मा को फ्रेंच साहित्य की परंपरा से जो भी खाद्य मिला था, उसी की ज़िंदा ज़मीन पर इस 'दादा' वादी और सुर्रियलिस्ट ने फ़्रांस की शायरी में नये गुल खिलाये थे।

'दादाइज़्म' और 'सुर्रियलिज़्म' का जन्म 'प्रतीकवाद' और 'घनवाद' (क्यूबिज़्म) के आंदोलनों में हुआ था, जिनके अगुआ और मुखिया लोग काव्य और चित्रकारी के मैदान में, लगभग इस पिछली लड़ाई के सालों तक, अपने रास्ते पर 'आगे बढ़ते' गये थे। यह वह दुनिया थी जिसमें पहली बड़ी लड़ाई के बाद एक आध्यात्मिक बेचैनी पैदा हुई और फैली थी; और जिसने व्यक्ति को अपने ही अंदर की गहराइयों में, अपने ही सपनों और अपनी ही तड़पन और पीड़ा की अँधेरी गलियों में एकाकी घूमने के लिए मजबूर कर दिया था। अकेला अपने आप से बैठ कर जब कलाकार बातें करता था, तो वह अपने आपको उस 'आज़ाद', बे-छोर, अपरंपार दुनिया में पाता था जिसमें कि अपने उड़ते, खोते और बनते हुए सपनों के लिए वह किसी के सामने ज़िम्मेदार न था। अवचेतन की नई खोजों ने इस एकाकी दुनिया की दिलचस्पियों में और भी गहराइयाँ पैदा कर दी थीं।

इन नयी संवेदना वाले, महज़ अपने प्रति बेहद ईमानदार, कलाकारों का एक दल जब इस आंदोलन को ऊपर उठाकर चला है, तो ऐसा मालूम हुआ जैसे कला, साहित्य, कविता, कथा और उपन्यास का पिछला युग (पहले) महायुद्ध के साथ ही ख़त्म हो गया, और एक नयी अकेले-अकेले लोगों की, बहुत रंगीन, बहुत दिलकश और दर्दनाक, चोट-खाई हुई, ट्रैजिक भी और आध्यात्मिक विजय से गर्वीली भी--ऐसी भरी-पूरी-सी दुनिया के दरवाज़े सहसा खुल गये। इन कलाकारों का ज़ोर, ज़ाहिर है कि, शब्दों--अकेले--शब्दों-रंगों-धुँओं-और-सपनों-और-यादों के एक गड्डमड्ड पैटर्न पर था; जिसमें कि उस वक्त के योरपीय समाज की बौद्धिक ऊहापोह का फ़िल्मी नक्शा तो ज़रूर

मौजूद रहता था--जिसके कि मानी समझे या समझाये नहीं जा सकते, बल्कि जो सिर्फ़ महसूस किये जा सकते थे--"सिर्फ़ एहसास के ज़रिये ही उन्हें पकड़ा जा सकता था।" मगर हद से हद यह दुनिया सच्चाई की महज आधी दुनिया थी--इसमें शक नहीं कि पिकासो और मूर ने चित्रकारी में और मूर्तिकला में हमारी जिंदगी के बड़े ही ट्रैजिक और दर्दनाक और घिनौने पक्ष को खुले आम, जो देख और समझ सकते थे उन्हें, दिखाया; और उसमें कटुव्यंग्य यानी 'आलोचना'--समाज और संस्कृति के आधुनिक रुख़ की आलोचना--का एक पहलू भी मौजूद था। इस रविश ने अपने लिए ख़ास-ख़ास (पारिभाषिक) इशारे मुक़र्रर कर लिये; और उसके अपने ही, बहुत से, मुहाविरे ढल गये। और वास्तव में यह एक काफी मुश्क़िल और बहुत गहरी कला-भावनाओं का मूर्त-रूप था। इस रूप को (मसलन् अरागाँ या एलुआ को) एकाएक मुश्किल ही था समझना, साधारण साहित्य प्रेमियों के लिए; इसमें शक नहीं।[2]

मगर क्या इसी दुनिया में रह जाना, बस जाना, इनसान को, ख़ुद कलाकार को गवारा था ? क्या जो अजीब-अजीब पौधे और बेल-बूटे कला की क्यारियों में लाकर सजाये गये थे, वे कभी मुर्झाने को न थे ? ...थे, और जल्द ही। क्योंकि अव्वल तो इन नये पौधों में फलने-फूलने की शक्ति बड़े-बड़े तनावर दरख्तों की सी न थी; कितनों ने तो लिखना ही बंद कर दिया था, जैसे मसलन् ज़ारा और एलुआ ने। दूसरे यह कि, कलाकार की रूह को आखिरकार इनसे ऊब और नफ़रत-सी होने लगी। --कम से कम कुछ को तो। --इन लोगों को खुली हवा, सादे इंसानी सुभाव की माँग और एक-दूसरे से समाजी लेन-देन और हमदर्दी की जरूरत महसूस हुई।

यह इसलिए ख़ास तौर से और भी महसूस हुई कि जिस समाज में ये एकाकी कलाकार रहते थे, उस समाज की हालत बहुत बदतर होती जा रही थी। रोज़ाना जिंदगी की कड़ुआहट बढ़ती जा रही थी। जनता की साधारण आज़ादी, उसकी आत्म-निष्ठा और आज़ादी की चेतना पर आघात होने लगे थे। एक तरफ़ अबीसीनिया पर हमला शुरू हुआ, जो फासिस्ती ड्रामे का पहला एक्ट था; दूसरे एक्ट का पर्दा स्पेन में खुला; जहाँ दुनिया भर की प्रतिक्रियावादी और प्रगतिशील ताकतों ने पंजे लड़ाये--दूसरी बड़ी लड़ाई से पहले एक-दूसरे को आज़माया। हिटलर और मुसोलिनी ने फ्रेंको का ख़ूब अच्छी तरह साथ देकर, और फ्रांस और इंग्लैंड ने बेहयाई के साथ उधर से आँखें फेर कर यह साबित कर दिया कि अब फ़ासिस्ती हुकूमतों का दौर आने वाला है। मगर उसके साथ ही यह बात भी सामने आ गयी कि जिस पैमाने पर ख़ुद फ्रांस और इंग्लैंड और बाक़ी योरप से खिंच-खिंचकर नौजवान वालंटियर स्पेन की पठारी घाटियों में लोकतंत्र के लिए शहादत का जाम पी रहे थे, उसी पैमाने पर जन-साधारण में एक नयी चेतना जन्म ले रही थी। और इस नयी चेतना के बढ़ते हुए असर में जन-साधारण का, ख़ासकर संगठित मज़दूरों का जेहाद अब अपनी ढुलमुल समझौतावादी सरकारों का मुँह न जोहेगा। इसी जेहाद के साथ थे योरप के नये कलाकार, जैसे--टोलर, ज़ीद, मालरो, ऑडेन, स्पेंडर, रीड, आदि।

यह बेदारी चीन और हिंदोस्तान से लेकर अमरीका के देशों तक फैल गयी थी। प्रगतिशील लेखक संघ की स्थापना भी उन्हीं दिनों हुई, और प्रेमचंद और रवींद्रनाथ ठाकुर उसके पहले और दूसरे सभापति हुए। उस ज़माने के पंडित नेहरू के भाषण दुनिया को आज भी याद होंगे, जिन्होंने पहली मर्तबा उनको अंतर्राष्ट्रीय अहमियत दी, और नौजवान दुनिया के बड़े लीडरों में उनकी गिनती होने लगी।

नये साहित्य के इतिहास की यह एक बड़ी शानदार कहानी है कि इस मौक़े पर कलाकार, कवि और उपन्यासकार, जो अब तक आमतौर पर अपनी आध्यात्मिक और भावुक दुनिया के लेखे-जोखे में लगे हुए थे, उनमें लगभग सबों ने अबीसीनिया और स्पेन के हादसों को ज़ाती चोट की तरह महसूस किया। इंग्लैंड और फ्रांस के--और स्पेन का तो ज़िक्र ही क्या है--कितने ही होनहार साहित्यिक वहाँ जाकर शहीद हुए। उस शहादत के मैदान में कला और साहित्य ने नयी दुनिया में आने वाली अपनी एकता को रोशन कर दिखाया। राल्फ़ फ़ाक्स और कॉडवेल, जिनसे इंग्लैंड की कविता और आलोचना को बड़ी-बड़ी उम्मीदें थीं--और स्पेन का फ़ाद्रिको गार्सिया लोर्का, जो पहले ही योरपीय काव्य और नाटक में बहुत गौरवशाली दर्जा रखता था, इन्हीं कलाकार शहीदों में से थे। स्पेन के इसी 'गोएर्निका' (युद्ध) की तस्वीर जो पिकासो ने खींची है--और पिकासो एक ज़बरदस्त सुर्रियलिस्ट था--वह अकेली इस ट्रैजेडी के एक आध्यात्मिक एलबम की हैसियत रखती है।[3]

अरागाँ की साहित्य और पत्रकार-कला की सारी शक्तियाँ पूरी-पूरी तरह इस नये जागरण के साथ थीं। वह पेरिस में शाम के जिस अखबार ('से सोआ') का संपादक था, उसकी 50 लाख प्रतियाँ छपती थीं।

मगर लोकतंत्र के लिए नये संघर्ष की ओर वह इससे बहुत पहले मुड़ चुका था।

सन् 30 में उसकी प्रसिद्ध कविता 'लाल मोर्चा' छपी थी। उस पर फ्रेंच सरकार ने उसे पाँच साल क़ैद की सजा भी सुनायी थी, मगर सजा मुल्तवी हो गयी थी। जिस नये सपने को कुछ ही पहले यह कवि सोवियत भूमि में सच होते हुए देख कर लौटा था, उसके मुक़ाबले में उसे अपने देश और समाज की झूठी, बनावटी, इश्तिहारबाज़ी से भरी, सस्ती, मन-समझावे की, हलकी-ओछी, मध्यवर्गी दुनिया एकदम घिनौनी मालूम हुई।...अपने इसी अनुभव को उसने इस कविता में बड़े प्रभावकारी ढंग से पेश किया--बल्कि चित्रित किया है, और यह मन और विचार दोनों में एक नयी भावुकता और गर्मी पैदा करने वाली चीज़ थी। 'लाल मोर्चा' के आजाद ताल-सुर और इशारों की छिपी चोटें, भावनाओं से दबे रूढ़ियों के फोड़ों पर नश्तर का काम करती थीं। यह एक दिलचस्प बात है कि एजरा पाउंड ने (जो महायुद्ध में मुसोलिनी के साथ था) सन् 33 की अपनी मशहूर 'एक्टिव एंथालोजी' में इस कविता के एक बहुत सफल अनुवाद को मौलिक अंग्रेज़ी कविताओं के साथ

जगह दी। यह संग्रह अंग्रेजी कविता के कुछ उन अछूते नमूनों का था, जिनमें नयी कला-चेतना और प्रकारात्मक खोज की तरफ़ क़दम उठाया गया था।

राल्फ वाल्डो ने अरागाँ की शुरू की कविता का जिक्र करते हुए इस हक़ीक़त पर ज़ोर दिया है कि अरागाँ की परंपरा से जो बग़ावत थी, वह दूसरे कलाकार बाग़ियों की सी न थी। दरअस्ल उसके पाँव फ्रांस के इतिहास और कला की ठोस जमीन पर मज़बूती से जमे हुए थे, और स्वदेश के आसमानों के फैलाव बहुत गहराई तक उसकी दृष्टि में थे। इस ज़मीन के राग-रंग और बोल और रस उसके मन और इंद्रियों में दूर तक बसे हुए थे। उसकी कला के रूपों में यह भरी-भरी मोहकता ही अरागाँ को इस क़दर नया और प्रभावकारी और अछूता कवि बनाती है। वाल्डो के शब्दों में "अरागाँ की प्रतिभा ने फैल कर न सिर्फ फ़्रांस बल्कि योरप और दुनिया के वातावरण में अपना घर बना लिया।"

यह विकास जो हम अरागाँ में देखते है किसी 'भावुक' या तूफ़ानी तब्दीली के कारण न था। बल्कि यह उसके पूरे व्यक्तित्व की माँग थी। और उसके पीछे तर्क था। उसके मार्क्सवादी आदर्श जो उसने अपना लिये थे उसे मजबूर करते थे कि वह अपनी सारी शक्ति से फ़्रांस को उस सपने का एक जीता-जागता नमूना बनाने में मदद करे, जिसको साहित्य और कला से नेस्तनाबूद करने वाली शक्तियाँ जर्मनी, स्पेन और इटली में तेज़ी से बढ़ती जा रही थीं। खुद उसकी कविता में भावना के अंदर एक कायाकल्प-सा पैदा करने की जो कोशिश हमें मिलती है--एक संस्कारी बीज जो हमारे मन के पर्दे नयी दिशाओं की ओर खोलता है--उसमें नये 'आध्यात्मिक' मूल्यों की जो पकड़--बल्कि उसको भावों के जीवन में घुला-मिला देने की जो माँग हम महसूस करते हैं, वह एक पुकार है जो ऐतिहासिक है, और अरागाँ के विकास का तर्क बन गयी है।

इस तर्क का मतलब उसके लिए यह था, कि उसे अपने उपन्यास और गीत की कला में ज़्यादा सच्चा और सही रोमान, और ज़िंदगी की रौ और गहराई की ज़्यादा से ज़्यादा असली जानकारी लानी होगी; ताकि उस कला में ज़िंदा आब पैदा हो सके, ताकि सौन्दर्य का परिचय ही नहीं, बल्कि वह आत्म-बल भी (जो सौंदर्य को ग्रहण करने के लिए पहला जरूरी आधार है) देने की शक्ति उसकी कला में पैदा हो सके। और अपनी कला में यह सच्ची धार और चमक व सौंदर्य लाने के लिए यह जरूरी था कि वह अपने देश के संघर्ष में, एक कलाकार की तरह, ख़ुद हिस्सा ले।

इसका मतलब अरागाँ के लिए वह कशमकश थी, जिसमें फ़्रांस की आत्मा की परीक्षा हो रही थी : मानव मूल्यों, व्यक्ति और समाज की रूहानी आजादी का सवाल था : किस तरह उनकी पवित्रता को कुचले जाने से बचाया जाय --यह सवाल था। और फिर, सन् 39-40 में, फ़्रांस की हार के बाद, देश की राजनीति इस ढर्रे पर चल रही थी कि पाँचवें दस्ते के लीडरों का खुला राज था; मो. लवा देश को हिटलर के हाथ बै कर चुके थे। विशी के 'आज़ाद' इलाके में अब जनता के सांस्कृतिक लीडरों को अपनी-अपनी जगह पर लोकात्मा की रक्षा करनी थी... अगर्चे वे खुलकर ऐसा नहीं कर सकते थे...मगर फिर

फ़्रांस की कला की परंपरा का तक़ाज़ा भी कुछ था।[4]

यह एक हक़ीक़त है कि फ्रांस की हार के बाद यह जिम्मेदारी सबसे पहले अरागाँ ने महसूस की। यही वजह है कि जब दूसरों की हिम्मतें छूट गयी थीं, वह साहस नहीं हारा। बल्कि वह जुटकर तैयारी करने लगा उस दिन के लिए, जब ग़द्दारों की लाज़मी हार के बाद, सब को मिल-जुलकर देश की सांस्कृतिक और समाजी ज़िंदगी के चोट खाये और टूटे हुए अंगों की मरहम-पट्टी करके उनमें शक्ति और स्फूर्ति लानी होगी।

मुझको सबसे बड़ी सिफत अरागाँ के व्यक्तित्व में--उसकी कविता और कथा-साहित्य में यही लगती है--कि वह एक सच्ची और पूरी इकाई है। वहाँ जोड़, पैवंद, समझौते, ग़लत निभाव, चश्मपोशियाँ वग़ैरह नहीं हैं। जो बात है, वह अंदर-बाहर साफ़-सीधी, खुली और पूरी। उस बात का अंदाज कवित्वमय हो, चाहे तर्क का सादापन लिये हुए; वह भाव और विचार की गुत्थियाँ सुलझा रहा हो चाहे लड़ाकू छापेमारों के अख़बार में संपादकीय लिख रहा हो... उसमें एक ऐसा ठेठपन हमें मिलता है, जो एक कवि के दिल की सच्चाई की तरह है--एक ठेठ कवि के। आईने की मिसाल झलकती है। अरागाँ की आग सूझ-समझ का यह शायराना पहलू, मैं समझता हूँ, कभी ओझल नहीं होता... गद्य में भी, जहाँ उसने एकदम अपने गद्य को पानी कर दिया है, ज़रूर कभी न कभी किनारों से ही इधर-उधर अपनी झलक दे जाता है। हाँ, कविता में, उसकी तबीअत के ख़ास रंगों की मुश्किल घुलावट, और निजी इशारों वाला ढंग कभी-कभी ज़ाहिरी तौर पर उसके खास अर्थ को कुछ धोखे में डालता हुआ-सा लग सकता है (वह भी ज़्यादातर शुरू की कविताओं में) मगर उसकी अद्भुत सजीवता और ताज़गी, बात को उठाने की कला और भावों में छिपी हुई गहरी तड़प एक महान राष्ट्र-कवि से हमारा परिचय कराती है। और हमारे दिल पर जिस इंसान की छाप पड़ती है, जो हो, वह एक बहुत खरा आदमी हमें लगता है; अपनी आन को निभाने वाला, इंसाफ-पसंद और आज़ाद तबीअत का एक बहुत ऊँचा साहित्यकार : जो लोक-जीवन में कला के मर्म और साहित्य के रसों को ख़ूब अच्छी तरह समझ गया है। क्योंकि उसने कला को अपना शस्त्र और उस शस्त्र को अपना प्राण समझकर उसे लोक-संघर्ष की चार वर्ष की आग में अच्छी तरह तपाया है। हमें उसकी वाणी में राष्ट्रीय गौरव की दिव्यता और शक्ति का परिचय मिलता है।

अरागाँ एक ऐसा इंसान है जिस पर भरोसा किया जा सकता है। इंसानी दुख-दर्द से उसकी पहचान, और उसके ताने-बाने की कुशल जानकारी और हमारे रोज़ के इतिहास पर उसकी आलोचना की तुली हुई नज़र--ये सारी बातें हमें उससे प्यार करने को मजबूर करती हैं। उसके दिल में दुनिया के आम इन्सानों के लिए कहीं सीमाएँ नहीं हैं--सिवाय, हाँ, देश को बेचने वालों और नात्सियों, काले बाज़ार वालों और दूसरे, समाज के प्राणसोख पूँजीवादी हत्यारों के। इन सब बातों की अहमियत कुछ ज़्यादा न होती अगर अरागाँ में यह बात और न होती कि उसकी इंसाफ-पसंदी और उसकी फराख-दिली उसकी ज़बान को

किसी भी मौक़े पर बंद नहीं रहने दे सकती। ख़ुद अपने ही हलक़ों में अपनी बात के रद्द किये जाने या अपनी लोकप्रियता खोने के ख़तरे की परवाह किये बिना भी वह जिस बात को सही समझेगा, दो टूक कहेगा। इसकी कई मिसालें हैं। मसलन्, जब उसने विरोधी विचारों के कवि मॉरिस बारे की मौत पर बहुत आदरपूर्ण लेख लिखा, जिसमें अपने दृष्टिकोण को रखते हुए, उसकी सच्ची ख़ूबियों की दिल खोलकर तारीफ़ की थी। एक दूसरे बुज़ुर्ग कवि पाल रौ की मौत पर--जो नात्सी फौजियों के हाथों ज़ख़्मी होकर अस्पताल में हुई--अरागाँ ने जो लेख लिखा, उसकी एक-एक पंक्ति से अपने पिछले साहित्य के लिए उसका गहरा प्यार टपकता है। इसी तरह--यद्यपि वह सुर्रियलिज़्म के मैदान से एकदम हट चुका है, और इसी वजह से उसके कई दोस्त उससे खिंच भी गये, मगर जिन कवि गुरुओं से उस प्रतीकवादी आंदोलन की शुरुआत हुई थी, जैसे रॉम्बो और मलार्मे, उनकी कविता के सौंदर्य को सच्चे दृष्टिकोण से परखना और उसके भेद और गुर समझना कोई अरागाँ से सीखे। लंदन से प्रकाशित 'एन्विल' के पहले अंक में अभी मलार्मे की अहमियत पर उसका एक लेख छपा है। अरागाँ जिस सूझ-समझ और अपनाव के साथ दूसरे कवियों की रचना की दाद देता है, वह महज़ रस्मी या बुज़ुर्गाना ढंग की चीज़ नहीं होती, बल्कि उसमें अच्छी कला की जाँच और तोल के साथ ऐतिहासिक परख की नज़र छिपी होती है।

अरागाँ चूँकि किसी तरह के 'हमबग' यानी ढोंग और हवाई या दिखावे की बातों में विश्वास नहीं करता। वह मानव भावनाओं को जब प्रकट करता है, तो उनके सारे सजीव अंगोपांग झलकाता हुआ। और बड़ी बात यह है कि वह उन्हें प्रकट करने और झलकाने की एक मँझे हुए उस्ताद की सी अपूर्व क्षमता रखता है। यही वजह है कि वे कविताएँ जो उसने फ्रांस के पतन और राष्ट्रीय छापेमारों के जद्दोजहद के ज़माने में लिखीं, न सिर्फ़ लोक-प्रिय हुईं, बल्कि उन्होंने अच्छे-अच्छे आलोचकों से अपना लोहा मनवा लिया। और सबसे बड़ा कारनामा उन कविताओं का यह था कि उन्होंने दूसरे हताश-निराश या खोये हुए कलाकारों को नये साहित्य-सृजन के रास्ते पर लाने में मदद की। देखते-देखते कितने ही खामोश चश्मे फिर उबलने लगे, और फ्रांस में, जिसे आन्द्रे जीद के शब्दों में 'कविता का एक नया रिनैसाँ (लोक-व्यापी सांस्कृतिक अभ्युत्थान) कहना चाहिए, आ गया। आन्द्रे जीद आगे लिखते हैं कि "फ्रांस के हर क्षेत्र में हमेशा दो धाराएँ रही हैं (और इससे फायदा ही हुआ)। दो धुरी केंद्र, दो रुझान, दो पार्टियाँ; खुद हमारे क्षेत्र में एक तरफ तो ('दार्शनिक रिफ्लैक्टिव') कविता है (मैं इस शब्द का दोनों अर्थ में प्रयोग कर रहा हूँ, चिंता की गहराई लिये हुए, और जैसे आईने में कोई चीज झलकती है); और दूसरी तरफ खुली-सीधी कविता है। फ्रांस में गहरे विचार-वैभव की कविता के होते हुए, मैं इस समय खुले-सीधी कविता की ओर से नवोत्थान की आशा रखता हूँ। उस भावुकता ('मूड') की ओर से, जिसने अरागाँ को 'भग्न हृदय' ('ल क्रेव-कूअ') की कविताएँ लिखने की प्रेरणा दी।" और उसके 'अनधिकृत इलाक़े' के आखिरी हिस्से को अपनी बात

के उदाहरण के लिए पेश करते हैं :

एक घड़ी, दो घड़ी... मगर कहीं चैन नहीं
मन की घुंडी नहीं खुल पा रही थी, कि आखिरकार
वह थी कौन-सी पीर
इसी तरह सितंबर की भोर हो गई
तुमसे लिपटे हुए पड़े-पड़े
मैंने किसी को उठाते सुना, भोर हुए पर
बाहर, एक पुराने फ्रेंच गीत की तान
और तब खुल गया मेरे दुख का भेद, अंतर तक
वह तान नंगे पाँवों के समान
उस तलैया को, जो रात भर मौन रही, मथे डाल रही थी।

इसी दौर में, जब कविता ने दूसरे साहित्यिक साधनों को दबा लिया--क्योंकि नात्सी और विशी सरकारों की मेहरबानी से यही सीधी करोंच, देश-प्रेमियों की व्यथा को प्रकट करने के लिए, कलाकारों के पास खास तौर से बच रही थी--तो सन् 39-40 के आसपास, कवियों ने अपनी शैली को एक नया रूप देना शुरू किया। इतिहास, कथा और दृष्टांत के ऐसे इशारों से उन्होंने काम लेना शुरू किया, जो विपत्ति के मारे हुए निर्बल नागरिकों की आत्मा को बल देते थे: उनमें संघर्ष के लिए जीवट, और विजय के लिए आशा उत्पन्न करते थे। इतिहास के अजर-अमिट संस्कार मानो प्राचीन वीरों को नये मानस में जगा रहे थे। अरागाँ, पेअर सेगर्स, पाल एलुआ, जाँ कातू इसी तरह की अमर राष्ट्रीय संस्कारों की कविता लिखने वालों में से कुछ के नाम हैं। हर फ्रेंच नागरिक का हृदय इनकी बात का मतलब समझता था, उसको गुनता था, उससे सहमत होता था। ये उज्ज्वल संस्कार बहुत तेज़ी से, बहुत व्यापक रूप से, आज़ादी के संघर्ष को आगे बढ़ा रहे थे। इसी को अरागाँ ने अपने एक पत्र में 'कवियों का गुप्त षड्यंत्र 'कहा है। इसी 'षडयंत्र'से जन-भावनाओं का परिष्कार होकर उनमें नयी चेतना का प्रकाश जागा। जैसा कि मैलकम कौली अपने निबंध 'महायुद्ध का कवि' में लिखते हैं--श्रेष्ठ कविता ने उसकी ज़िंदगी में वही जगह ले ली, जो वीर-गाथा काल या मध्य युग में ही उसको नसीब थी।

यह स्वयं एक बहुत बड़ा कारनामा है। अगर्चे सच यह है कि इसका सेहरा अरागाँ के सर है, वह कभी इसे स्वीकार नहीं करता। इस दौर की ख़ूबी यह है कि अरागाँ के ही समान दूसरे और भी कई कवि जनता के दिलों में खुब गये और उनकी कविता और साहित्य ने भी क़लम का वही जोर और जादू पैदा किया, जिसकी न सिर्फ़ युग की ओर से माँग थी, बल्कि जिसने काव्य और कहानी-कला में भी नये आदर्श खड़े कर दिये हैं।

लेखक के क़लम की मर्यादा क्या चीज होती है, इसकी आदर्श मिसाल ख़ुद अरागाँ ने हमारे

सामने रखी है। अरागाँ के खुले, ऊँचे और आजाद व्यक्तित्व की एक सजीव झाँकी देने के लिए इससे बढ़कर मैं नहीं जानता कि क्या हो सकता है कि मै उस छोटे से लेख को यहाँ नकल कर दूँ, जो एक-साथ कहानी, आत्मचरित, छोटा-सा इतिहास का अंश, कला के बाजार पर फुट-नोट और उपन्यास-साहित्य और फिल्म-नाटक पर एक हल्की-सी टिप्पणी--सब कुछ है। मैं उसे 'मेन स्ट्रीम और न्यू मासेज' के अप्रैल,1948 के अंक से यहाँ नकल करता हूँ।

रीडर्स डायजेस्ट* को मेरी आवश्यकता

मुझे यह पत्र मिला है :

'जाक शाम्बूँ, इन्क्.
745 पाँचवाँ एवेन्यू, न्यूयार्क
दिसंबर 16, 1947

"डियर सर,

'रीडर डायजेस्ट' को, जिसके कि योरोपीय संस्करण 'सेलक्तियाँ' से आप परिचित हैं; आपसे एक लेख प्राप्त करके बहुत प्रसन्नता होगी, जो या तो किसी अत्यधिक मनोरंजक व्यक्तित्व पर हो, जिससे आपका परिचय हुआ हो, या दैनिक जीवन के किसी नाटक पर। मुझे प्रधान संपादक, मि. डे-विट वालेस ने आपको सूचित करने के लिए कहा है कि वे सहर्ष आपके लेख के लिए 2,000 डालर देंगे, और यह कि यदि आप उन्हें उस लेख का सारांश भेज देंगे तो वह तुरंत आपको बता सकेंगे कि वह लेख उनके पाठकों के लिए मनोरंजक होगा या नहीं।"जैसा कि आप साथ में रखे नमूनों से देखेंगे, 'चरितनायक' आवश्यक नहीं कि कोई जाना-पहचाना व्यक्ति ही हो, किंतु वह एक संभ्रांत वित्ति और उदार भावनाओं वाला व्यक्ति हो, जिसने दैनिक जीवन में दूसरों के सामने एक अच्छा उदाहरण रखा हो। इस संबंध में कई घटनाओं का आना अपेक्षित होगा।

"यह आवश्यक है कि पहले आप लगभग एक पृष्ठ का 'सारांश' भेज दें। यदि यह 'सारांश' स्वीकृत हुआ तो मि. वालेस आपको 300 डालर की गारंटी दे देंगे; यह रक़म उस दशा में कि आपका पूर्ण लेख वे बाद में यदि स्वीकृत न करें क्षतिपूर्ति-स्वरूप होगी।

मैं यहाँ आंद्रे मोरा और सॉमरसेट मॉहम की ओर से साहित्यिक एजेंट हूँ; और यह कार्य यदि पूर्णरूपेण तय हो जाता है, तो मैं केवल नियमित दस प्रतिशत कमीशन लेने तक अपने को सीमित रखूँगा।

"अपनी ओर से सादर अभिवादन सहित"

भवदीय
जाक शाम्बूँ

साथ में रखे नमूनों में से एक चीज़ थी विंसेंट शिएन की : 'मेरा अपना बेटा', जो

* अमरीका का एक बहुत मशहूर मासिक विविध संग्रह

'दैनिक जीवन का नाटक' सिरीज में आती थीः और एक पर्ल बक का 'वह व्यक्ति जो सबसे कम मेरी याद से उतरा' जो स्पष्ट ही मि. शाम्ब्रं के सुझाव में रखी हुई पहली क़िस्म से थी। पहला लेख है लगभग साढ़े तीन टाइप के पृष्ठों तक का। दूसरा, जो नोबेल पुरस्कार विजेता 'भली भूमि' की लेखिका पर्ल बक का है, ज़रा कुछ लंबा है : नौ या दस पृष्ठ। विंसेंट शिएन की मुझे याद है। बीस साल से कुछ ज़्यादा हुए होंगे तब मैं पेरिस में उनसे मिला था। और 1939 में, न्यूयार्क में, अमरीकन लेखक कांफ्रेंस के मंच पर तो मैंने अपने को उनके बराबर ही में बैठा पाया था। श्रीमती पर्ल बक स्वयं इतनी ख्यातनामा हैं कि उनके बारे में मुझे कुछ कहने की आवश्यकता नहीं; इधर पिछले दिनों कुछ और चर्चा भी उनकी हुई है, जब 'हाउस' की गैर-अमरीकी कमेटी की ओर से होने वाली हॉलीवुड जाँच के दिनों के क़रीब उन्होंने 'लाल' व्यक्तियों के विरोध में अपना मंतव्य प्रकट किया था।

यहाँ इतना और बता दूँ कि 300 डालर बराबर 3,6000 हज़ार फ्रैंक के (एक पृष्ठ 'सारांश' के लिए यदि वह स्वीकृत हो जाय)--और 2,000 डालर (चार से दस पृष्ठ तक के लेख के लिए) बराबर 2,40,000 फ्रैंक के होते हैं।

खैरः तो यह रही मेरी कहानी--सबसे अधिक मनोरंजक चरित्र का व्यक्ति जिसे मैं जानता हूँ एक दिन मेरे आफ़िस में आया। उन दिनों मैं शाम को निकलने वाले एक दैनिक पत्र का संपादक था। (मेरे आफ़िस की दीवारों पर सफ़ेद काग़ज़ का अस्तर था, और सफ़ेद पर्दे पड़े हुए थे, और मैट्ल का फ़र्नीचर था, जिस पर चमड़ा मढ़ा था... मगर यहाँ दरअसल इससे बहस नहीं है, और न यह बात ही यहाँ कोई महत्व रखती है कि वह फर्नीचर गाशिये दलादिए के राज में दो साल बाद पुलिस वाले--जिन्होंने इस आफ़िस में 'लालों' पर धावा बोला था--चुरा ले गये थे।

यहाँ जिस मनोरंजक चरित्र का ज़िक्र हो रहा है वह, मुझे याद है, लंबे क़द का आदमी था, हलके रंग के बालों वाला, चेहरे-मोहरे से दुरुस्त, हलकी भूरी छोटी-छोटी मूँछः एक सिनेमा के पत्र में काम करता थाः और कई साल से मैंने उसे देखा नहीं था। उसने बताया तो नहीं कि मुझसे मिलने आने के लिए उसे किस बात ने मजबूर किया था, मगर फौरन ही मैं समझ गया क्योंकि तीन दिन से मेरा पत्र जर्मनी-नात्सी फ़िल्मों और यू.एफ.ए. कंपनी के विरोध में प्रचार करता आ रहा था। यद्यपि वह था यहूदी, उसने मुझे बताया, मगर वह यू.एफ.ए. के लिए काम करता था, उसका आफ़िस 'शाँज़ेलीसे' में था, और वक़्तन-फवक़्तन वह बर्लिन भी जाता ही रहता था, जहाँ डॉ. गोयबल्स से उसकी मुलाक़ात होती थी। "आप अंदाज नहीं लगा सकते," मुझसे उसने कहा, "कि कितनी तसल्ली और इत्मीनान मेरे दिल को होता है जब वेटिंग-रूम में मेरा नाम पुकारा जाता है और मैं गर्दन घुमाकर अपनी यहूदी नाक उस दर्बान के मुँह की तरफ़ करता हूँ जो उस समय मेरा ओवरकोट सँभालता होता है।..."

लेकिन यह सब तो बताने के लिए, जाहिर है कि वह मुझसे मिलने नहीं आया था। उसे बड़ा ताज्जुब हुआ कि मैंने फ़िल्मों के लिए कभी क़लम नहीं उठाया था। इस ओर

ज़रा कोशिश कर देखना--क्या मैं पसन्द न करूँगा ? मैंने जवाब दिया कि यह मेरी लाइन नहीं थी, और यह कि मैं सिर्फ उन्हीं कामों को हाथ लगाता था जिन्हें मैं जानता हूँ किस तरह करना चाहिये। "अरे, इसकी तो आप परवाह न कीजिए," वह मुझसे बोला, "मदद आपको मिल जायेगी। बस, इतना ही आपको करना होगा कि एक खाका आप तैयार कर दें, तीन या चार टाइप किये हुए सफों का, बस जितना कि एक फिल्मी आइडिया के लिए काफी हो। फिर तो हमारे पास और लोग हैं, जो उसको फैला सकते हैं, उसके लिए संवाद लिख सकते हैं...हम 3,00,000 फ्रैंक देते हैं, इस तरह के खाकों के लिए। मैं तीन ऐसे खाकों का 'आर्डर' आपको देने के लिए तैयार हूँ, इसी वक्त..."

मैंने यह आफर नामंज़ूर कर दिया, और बहुत अदब के साथ उस मनोरंजक व्यक्ति को दरवाज़े का रास्ता दिखाया, "यक़ीन है, आप रास्ता तो न भूलेंगे ?" मैंने कहा, "ज़रा-सी दिक्क़त होगी...देखिए, आप बड़े कमरे को पार करके सीढ़ियों से नीचे उतर जायँ, फिर बायीं तरफ मुड़ें--वहीं, बस, आपको ड्योढ़ी वाला ज़ीना मिल जायेगा।..."

सच तो यह है कि मुझे दरअसल 1945 में जाकर मालूम हुआ कि इस मनोरंजक व्यक्ति का व्यक्तित्व कितना मनोरंजक था। पेरिस में छापेमारों के 'संग्राम' पर एक फिल्म दिखाया जा रहा था; हालाँकि आज़ादी मिलने के बाद हर समझदार आदमी यह कहने लगा था कि छापेमारों के संग्राम पर फिल्म बनाना अपने सर जोखम ही मोल लेना था। धड़का यह था कि ईश्वर ही जाने 1945 में कौन-सी सरकार आये ! फिल्म छापेमारों के 'संग्राम' पर दिखाया जा रहा था, जो कि 'आपत्तिजनक' की सूची में किसी भी किस्म के खाने में नहीं आता था : दुस्साहस-भरी वीरता पर तो पानी डाल दिया गया था, एक भी सीन ऐसा नहीं, जिसमें लोग जेलों में, या जल्लाद निशानचियों की गोलियाँ सीने पर लेते हुए ऊँची आवाज़ में लामारसाई* गा रहे हों। ये सब बातें तो कोई बहुत मनोरंजक नहीं। बात असली मनोरंजक यह है कि इस फ़िल्म का सिनेरियोलेखक वही मनोरंजक व्यक्ति था जो 1937 में मुझे मिला था। बस।

मुझे नहीं मालूम कि दैनिक जीवन की घटना से ली गयी कहानी का टाइप हुआ एक पृष्ठ का यह 'सारांश' मि. डे-विट वालेस को (300 डालर के मूल्य) स्वीकार होगा या नहीं याकि इसको चार-पाँच गुना और बढ़ा देने पर मि.जाक शाम्ब्रँ के लिए इसका मूल्य 200 डालर कमीशन की, फिर मेरे लिए कुल जमा 1800 डालर की हैसियत रखेगा भी। लेकिन 1937 की घटना और 1948 में मुझे दिये गये निमंत्रण--यानी यू.एफ.ए. फिल्मों और 'रीडर्स डायजेस्ट'--के बीच जो एक तरह की समानता है, उससे, कहानी का नैतिक पहलू देखते हुए, निश्चय यह पूरी चीज़ मि. डे-विट वालेस को अत्यधिक मनोरंजक लगनी चाहिए और सचमुच उनके हृदय के तार इससे छू जाने चाहिए।

यह बिल्कुल निश्चय है कि अगर मैं यू.एफ.ए. का प्रस्ताव स्वीकार कर लेता तो मुझे

* फ्रांस का राष्ट्रीय गीत

अपने पत्र में उस फर्म के खिलाफ होने वाला प्रचार बंद कर देना पड़ता और अगर अब मैं 'रीडर्स डायजेस्ट' का आफर स्वीकार कर लेता हूँ तो फिर मेरे लिए अपने उन देश भाइयों का विचार-बिंदु अपनाना मुश्किल हो जायेगा जिनका दृष्टिकोण इतनी काफी हद तक तो ग़ैर अमरीकी है ही कि उसको न सिर्फ हमारे दलादिये लोग बल्कि हर अपनी प्रतिष्ठा चाहने वाली टामस-रैंकिन ग़ैर अमरीकी कमेटी भी लाल रंग में रंगा हुआ समझे।

मैं इसीलिए महसूस करता हूँ कि मेरा हलके बालों वाला मुलाक़ाती जिसकी छोटी-छोटी मूँछें थीं, मय अपने फरकोट, नाक-नक्श डील-डौल के, एक मनोरंजक व्यक्ति की हैसियत से 'रीडर्स डायजेस्ट', के लिए कहीं ज्यादा मौजू है, बनिस्बत उन होहल्ला मचाने वाले मेरे बहुत से परिचित जनों के, जिनमें इतना भी शऊर और तमीज़ नहीं कि यू.एफ.ए. फर्म के ही देशवालों की बंदूक़ों के मुँह के सामने अड़कर 'मार्साई' क़ौमी गीत न गायें। वाक़ई यह व्यक्ति एक संभ्रान्त वित्ति और उदार भावनाओं वाला आदमी है (3,00,000 फ्रैंक तीन टाइप-किये पृष्ठों के लिए) और इसमें भी जरा संदेह नहीं कि उसने दैनिक जीवन में स्वयं एक अच्छा नमूना दूसरों के लिए पेश किया है। जैसे खुद मि. जाक शाम्ब्रू के ही लिए, जो आंद्रे मोरा और सॉमरसेट मॉहम के नाम की सनद लेकर मुझे अपनी योग्यता से परिचित कराते हैं। इनमें पहले नामधारी को तो लगातार मार्शल पेताँ के लिए उदात्त भावना रखने के संबंध में सब बहुत अच्छी तरह जानते हैं: दूसरे सज्जन ने ब्रिटिश जासूसी विभाग के लिए 1917 में लाल लोगों पर जासूसी करने में जो भाग लिया है, वह कुछ कम उदात्त वित्ति का नहीं।

जो हो, एक फर्क़ तो फिर भी ध्यान देने लायक़ है : मेरे पास कोई सबूत नहीं कि 1937 का मेरा मुलाक़ाती, जो एक फ्रांसीसी था, मेरी आत्मा के बिकने पर दस ही परसेंट कमीशन लेता। मि. जाक शाम्ब्रँ, जो एक सच्चे अमरीकन हैं, जानते हैं कि मेरी मान-मर्यादा पर कितना वाजबी नफा उठाया जा सकता है--200 डालर।

धन एक बड़ी और सुंदर चीज़ है। यह दैनिक जीवन की नैतिकता के लिए ठोस जमीन है। यह एक लेखक के अंतःकरण को खुद उसकी ऊँची वित्ति और उदारता की भावना को मोल लेने की इजाज़त दे देता है। कहने-करने के किस्से एक तरफ हटाइये, तो अपने दैनिक जीवन में जिस सबसे मनोरंजक व्यक्ति से मेरा परिचय हुआ है--उसके मूँछें हों या न हों, फरकोट हो या न हो--वह है धन। यह कहानी मैं नहीं लिखूँगा। लिखूँगा एक दूसरी : मगर उसके साथ मि. डे-विट वालेस के लिए एक पृष्ठ का 'सारांश' नहीं होगा। एक छोटी-सी 'लाल' कहानी, एक ग़ैर-अमरीकी तर्ज़ की कहानी।

क्या कविता और कहानी, यह शख़्स अपने शब्दों में आईने की तरह झलकता हुआ सामने आता है।

उसकी नस-नस में फ्रेंच संस्कृति के रस और फ्रेंच इतिहास की धड़कन, का स्वास्थ्य है। फ्रेंच इतिहास की आजाद रूह उसके संघर्ष के ज़माने के साहित्य में बहुत बेलाग अंदाज़

से और कला के असर में रची हुई बोलती है, हमारे दिलों में बोलती है। और वह रूह सभी इंसानी आदर्शों की रूह है, इंसानी प्यार और मोहब्बत और तड़पन की रूह है; कलाकार जैसे निरंतर इंसान के सांस्कृतिक वरसे को नये युग के पाठक को भेंट करने का उद्योग करता हो।

अरागाँ स्वयं अपने साहित्य में अपने संघर्षशील आधुनिक पाठक की आत्मा है।

अरागाँ के प्रसिद्ध ग्रंथों के नाम ये हैं : उपन्यास--'शताब्दी जवान थी', 'बेसिल नगर के घंटे', 'रेजिडेंस चौराहा', 'ऑरेलियाँ', 'किस्मत के मुसाफिर'। कविता संग्रह--'भग्न हृदय', 'एल्सा के गीत', 'ब्रासेलियाँद', 'देवी फ्रेंच दियान'। ये संग्रह लड़ाई के जमाने के थे। सन् 1930 के बाद और पिछले महायुद्ध से पहले तक दो छोटे-छोटे संग्रह और प्रकाशित हुए थे--आरंभ की कविताएँ इनसे अलग हैं--"जिनमें से एक में वे रचनाएँ हैं जो अरागाँ ने सोवियत रूस के समष्टिगत निर्माण से प्रभावित होकर लिखीं। इन रचनाओं में सपाटपन तथा बहुत ही सरल शैली है। किंतु उनमें एक नया जोश है, और मानवता में अखण्ड विश्वास का स्पष्टीकरण। इनमें प्रारंभ की ताज़गी है लेकिन अंत की प्रौढ़ता और गंभीरता का अभाव है।" (सज्जाद जहीर, 'आदर्श' जुलाई 48)

लड़ाई के ज़माने की रचनाओं के बारे में श्री मैलकम कौली लिखते हैं : "लड़ाई के मौक़े पर जो कविता उसने की, उसके लिए उसी जैसी उस्तादी की जरूरत थी। वहाँ अपने से जिज्ञासा करने का वक्त नहीं था, न पदों को माँजने या शब्दों को चमकाने का। इसी का नतीजा था कि वह छः संग्रह कविता के तैयार कर सका। उसकी इस ज़माने की कविता युद्ध के भावुक पहलू की एक कथा है। महीने-महीने के संघर्ष का नक्शा आँखों में उतरता आता है। जब लड़ाई शुरू होने को थी, मगर शुरू नहीं हुई थी, उस ज़माने की ऊब और अकेलापन और घुटन: फिर जर्मन हमले की कुरूपता और भीषणता और पराजय का वह भीम भार जिसके नीचे से उभरने वालों में अरागाँ पहला व्यकति था; फिर, राष्ट्रीय आत्म-संबल को परखने के लिए, फ्रेंच इतिहास को दुबारा जाँचने की उत्तेजना: इसके बाद छापेमारों की बढ़ती शक्ति, जिसकी ओर पहले-पहल संकेत उसी ने किया, और बाद में उनकी कार्रवाइयों को अपनी वाणी में आईने की तरह झलकाया: अंत में आज़ादी के, विजय के, उल्लास के गीत-'पेरिस !' यह सब सच्ची भावुकता की एक जीती-जागती फिल्म है।" ('लुई अरागाँ, पोएट आफ़ रिसर्जेंट फ्रांस)

जिन लोगों ने इतिहास के इस भाग को अपने बलिदान के रक्त से लिखा, उनके लिए अरागाँ की रचनाएँ मंत्र और गीत, साथी और सहारे का काम देती थीं। अरागाँ के गीतों और बैलेडों की लोकप्रियता सचमुच वीरगाथा-काल की परंपरा को दुहरा देती हैं। तभी तो समालोचकों ने उसको योरप के युद्धकालीन कवियों का सिरमौर कहा है।

यहाँ हम उनकी कुछ प्रसिद्ध कविताओं से थोड़े से उद्धरण देते हैं।

एल्सा, आईने के सामने

यह बात हमारी ट्रैजेडी के दिनों के बीच की है।
और सारे दिन दर्पन के सामने बैठी
वह अपने झिलमिल से सुनहरी बालों में कंघी करती रही
मुझको ऐसा लगता रहा
जैसे उसके शांत हाथ ज्वाला को शीतल कर रहे हैं
यह हमारे उन ट्रैजिक दिनों के बीच की बात है।
वह सारे दिन उस दर्पन के सामने बैठी-बैठी
अपने झिलमिल सुनहरी बालों में कंघी करती रही
जैसे कोई सरगम बजाये
--हमारे ट्रैजिक दिनों के बीच की बात है--
सुनहरी तारों पर आस्थाहीन, निकाल देने
वे लंबी घड़ियाँ, सारे दिन दर्पन के आगे बैठे-बैठे
अपने झिलमिल सुनहरी बालों में वह कंघी फेरती रही
और मुझे ऐसा लगता रहा जैसे
वह अपने संकल्प से स्मृतियों को शहीद करती जा रही है
सारे दिन दर्पन के आगे बैठी,
ज्वाला के बुझते फूलों को जगाती हुई,
निःशब्द। दूसरा उसकी जगह होता तो बोलता।

अपने संकल्प से वह अपनी स्मृतियों को शहीद करती रही
यह बात हमारी ट्रैजेडी के दिनों के बीच की है।

उसका गहन धुँधला दर्पन उस दुनिया की छाप का नमूना था
उसकी कंघी उस रेशमी भार की ज्वाला के अंदर माँग निकालते हुए
झलका-झलका जाती थी मेरी स्मृतियों के कोने-कोने
यह हमारी ट्रैजेडी के ऐन बीच के दिनों की बात है
वैसे ही जैसे बृहस्पतिवार हफ़्ते के बीच में आता है
वह अपनी स्मृति के पटल के आगे बैठी हुई
दर्पन में देख रही थी, लेकिन निःशब्द
एक-एक कर हमारी ट्रैजेडी के सारे खिलाड़ी
गिरते जा रहे थे इस अँधेरी दुनिया में,

वे कि जिनके गुन हम सबसे अधिक गाया करते थे।
आवश्यकता नहीं उनके नाम लेने की, जानते ही हो कि यादें किस तरह
सुलग उठती हैं अँगीठियों में, ढलते दिनों की
और उसके सुनहरी बालों में, उधर बैठी जब वह
कंघी करती जाती है, मौन, उन झिलमिलाती ज्वालाओं में।

रिचर्ड द्वितीय, चालीस में

मेरा देस एक नैया है जो बही जा रही है
जिसे छोड़ दिया है उसके कभी के माँझियों ने
और मेरा हाल उस बादशाह से विलग नहीं
जिसके मित्र और साथी, जब उसका सितारा डूब गया।
तो उसे छोड़ गये
फिर भी वह बादशाह बना रहा, अपने दुखों और मुसीबतों का।
चाहे शाम हो, चाहे सवेरा
आसमान का रंग फीका-फीका और मुर्दना-सा ही रहता है
गुलफरोशों की दूकान तक आकर ही बहार मुर्झा जाती है
मेरी जवानी की चमकती हुई पेरिस !
अब भी बादशाह हूँ मैं, गमों और मुसीबतों का
छोड़ दो ये बहते चश्मे और ये बन की कुंजें
जाओ, कहीं लुक जाओ, अरी चहचहाती चिड़ियो, मौन हो जाओ
तुम्हारे गीतों पर बंधन है
अब तो वह दिन आ गये कि चिड़ीमारों का ही राज होगा,
अभी तक मैं बादशाह हूँ, दुखों और मुसीबतों का।
मुसीबतें झेलने का भी एक वक्त आता है
फ्रांस के टुकड़े-टुकड़े करते जाओ, अगर जाओ तो...
वह जुलूस जब वीर कुमारी के बलिदान के लिए वोकुलाया में आया था
तब उस सुबह में भी यही पीलापन था
मैं अभी तक बादशाह हूँ अपने दुःखों का।

'क्रासवर्ड पहेलियों का समय' से

मैं उन लोगों के दल का नहीं, इसलिए कि मेरा इंसानी गोश्त
कोई पेस्ट्री नहीं है, जिसकी चाकू से काश काट ली जाय

इसलिए कि अपनी तलाश में दरिया आगे बढ़ता है
और समुंदर को पा लेता है
इसलिए कि मेरे जीवन को अपने पहलू में एक स्त्री-जीवन की ज़रूरत है।

गुलेलाला और गुलाब के फूल

फ्रांस के फूलों के बाग़ मुझे कभी न भूलेंगे
बिछे हुए रंगीन पत्रे उन शताब्दियों के, जो बीत गये पर भी बहुत कुछ हैं
न ही शाम के धुँधलके में फूलों की वह अस्त-व्यस्तता, वह श्लेष पूर्ण हिंस्र मौन

हम जिधर-जिधर से होकर गये, हमारे रास्ते गुलाब ही गुलाब से भरे थे
वे फूल जो मुँह चिढ़ा रहे थे उन फौजियों का
जो भय और आंतक के मानो पर लगाकर उड़े जा रहे थे
आतंक जो हवा की तरह उन्हें पीछे से भगा रहा था
और वे खिलखिला रहे थे पागलों सी उन पुश-बाइकों पर और
तोपों के मुँह पर और ढचर-मचर क़ाफ़िलों पर शरणार्थियों के

लेकिन एक बात जो मेरी समझ में नहीं आती, यह है कि--यह तूफान
यादों का, हमेशा ही, उसी एक केंद्र-बिंदु पर आकर रुक जाता है, वहीं
साईं मार्थे में...कोई जनरल है...एक काला-काला-सा धब्बा
नार्मन युगों से बसा-चला आया छोटा-सा एक नगला,
वहीं पर जंगल की हद खत्म होती है।

सब शांत है यहाँ...दुश्मन का पड़ाव रात में विश्राम कर रहा है
और पेरिस ने हथियार डाल दिये हैं, यही तो अभी हमने सुना

मैं कभी न भूलूँगा वे गुलेलाला, वे गुलाब
वे दो प्यार जिनका लुट जाना हमने सहा है!

वे पहले दिन के उपहार के गुलदस्ते, गुलेलाला के, फ्लैंडर्स के लाले
छायाओं-जैसे नाजुक गाल, जिन पर मौत के हाथ ने जैसे पौडर मला हो
और वो तुम, हमारी पराजय की भेंट, नाजुक-नाजुक गुलाब के फूल
के गुलदस्तो, जिनसे रंग का चटकीलापन टपक रहा है
दूर युगों के कहीं, युद्ध और संघर्ष का, अतीत आँजू के गुलाब के फूलो

पेरिस

जहाँ तूफान के क्रोध-भरे हृदय में मंगल-भाव है,
जहाँ रजनी के तिमिरांतर में सौंदर्य है,
वायु में अल्कहल और विपत्ति में साहस है,
जहाँ टूटी खिड़कियों में आशा की झिलमिलाहट शेष है,
और खँडहर दीवारों से गीत उठकर व्योम में गूँजते हैं।

जो कभी भी बुझी नहीं, उसी ज्वाला से पुनर्जन्म लेकर
यह अमर, दिव्य ज्योति, हमारी मातृभूमि की
रास पुआँदुजुआ से लेकर पेअर लाशाएज के छोर तक
गुलाब-बाड़ियों से भरा अगस्त अत्यधिक मधुर है,
सभी स्थानों के जन पेरिस का ही रक्त हैं।

श्रेष्ठ चयन ऐसा भी न होगा कहीं भू-लोक में जैसी पेरिस है
वैसा पुनीत-पावन रंच भी कहीं नहीं जैसा उसकी लहरीली भवों का विद्रोह-बंक
कुछ भी वैसा सुदृढ़ नहीं न अग्नि, न घन-वज्र
जैसी मेरी पेरिस--कटिबद्ध अपने संकट-निवारण के लिए
कोई भी वस्तु ऐसी प्यारी नहीं जैसी कि मेरे पास मेरी पेरिस

हृदय में इस प्रकार की धड़कन किसी और चीज ने पहले कभी उत्पन्न नहीं की
किसी भी चीज़ ने मेरे हास और अश्रु का कभी ऐसा मेल नहीं मिलाया
जैसा कि मेरे विजयी राष्ट्र के नारों के उद्घोष ने
कहीं कोई इतना विशाल, एक तारतार और चिथड़े-चिथड़े कफ़न-सा नहीं
पेरिस, पेरिस अपने में स्वयं मुक्ति-प्राप्त !

1. अरागाँ की एक मशहूर कविता है Bahar Laqui Chanta Dons Le Supplice. इस कविता के हीरो दो नौजवान हैं : एक कैथलिक धर्म को मानने वाला और एक कम्युनिस्ट। इन दोनों को मौत की सज़ा मिलती है, क्योंकि फ्रांस की आज़ादी के लिए इन दोनों ने नात्सियों के ख़िलाफ़ हथियार उठाये हैं। इन दोनों की आपसी दुश्मनी आज़ादी की लड़ाई में भस्म होकर ख़त्म हो चुकी है। अंत में कवि कहता है कि--

"जब वेदनापूर्ण प्रभात का आगमन हुआ
जो इन्हें जीवन से मृत्यु की ओर ढकेलता था
--एक उसे, जिसे आख़िरत (क़यामत) पर विश्वास था

--एक उसे कि जिसका ईमान उस पर न था
"उस समय दोनों के अधरों पर उसी प्रेयसी का नाम था
जिससे न इसने विश्वासघात किया था, न उसने:
और अब उनका लाल रक्त बह रहा है,
जिसका रंग भी एक है, और जिसमें चमक भी एक सी ही है
--उसका भी जिसे आख़िरत (क़यामत) पर विश्वास था
--उसका भी कि जिसका ईमान उस पर न था
"वह बहता है और बहकर मिल जाता है उस मट्टी में
जो उन्हें इतनी प्रिय थी। इसी में से
अंगूर की बेलों के ताज़ा उन्नाबी गुच्छे फैलेंगे।"

(श्री सज्जाद जहीर के अनुवाद से)

2. 'दादाइज़्म' और 'सुर्रियलिज़्म':-

अपने 'दादा' नाम की पत्रिका में त्रिस्तान जारा ने लिखा :

" 'दादा' आंदोलन के अनुयायी तर्क, सामाजिक भेद-भाव, स्मृतियाँ और भविष्य सब को मिटा देना चाहते हैं। 'दादा' का अर्थ अनायास पैदा होने वाले हर एक 'ख़ुदा' पर विश्वास है।"

और उसी में यह भी है : "हम तूफ़ानी फक्कड़ हैं जो बादलों और प्रार्थनाओं की चादरों को फाड़ डालते हैं और बरबादी, अग्निकांड और गलने-सड़ने के शानदार तमाशे की तैयारी करते हैं।" बक़ौल श्री सज्जाद जहीर "इस आंदोलन की विशेषताएँ ये थीं कि यह लगभग हर चीज़ और हर विश्वास के प्रति विद्रोही था।"

त्रिस्तान जारा, ह्यगो बाल, वग़ैरह का यह आंदोलन स्विट्ज़रलैंड में शुरू हुआ था, सन् 1916 में। उन्हीं दिनों पेरिस में आंद्रेब्रेतों और लुई अरागाँ वग़ैरह का दल पेरिस में 'घनवाद'(क्यूबिज़्म) का झंडा ऊँचा कर रहा था। इस 'वाद' का आधार था रेखागणित की शक्लें।

इन लोगों का कहना था कि--"कला का प्रारंभ वहाँ से होता है जहाँ से नक़ल की समाप्ति होती है।"

इसीलिए उन्होंने यह भी कहा कि "हमेशा दूसरी चीज ढूँढ़ो--हमेशा दूसरी चीज। इसलिए कि खोज जीवन है और पाना मृत्यु।"

स्विट्ज़रलैंड और पेरिस दोनों के कलाकार-दलों में बाक़ायदा सहयोग रहता था।

अक्तूबर, सन् 1924 में आंद्रे ब्रेतों ने 'सुर्रियलिज़्म' शीर्षक के साथ एक घोषणा-पत्र प्रकाशित किया। उसी समय से नयी कला का यह आंदोलन इस नाम से मशहूर हुआ और वह फ्रांस की सीमा ही में नहीं फैला, बल्कि इग्लैंड, जर्मनी और ख़ासकर अमेरिका में भी पहुँचा--और फैला। जैसा कि श्री सज्जाद ज़हीर लिखते हैं ('लुई अरागाँ', 'आदर्श', जुलाई 1948) "सुर्रियलिस्ट कवियों ने प्रतीकवादियों और विशेष रूप से राबों से भी काफ़ी प्रभाव ग्रहण

किया। हर प्रकट और दृश्य वस्तु से इनकार, हर चारित्रिक मूल्य से घृणा, कला की प्रत्येक रुढ़ि से आपत्ति, कविता की छंद-संबंधी कैद से मुक्ति, उनका सिद्धांत बना। उन्होंने बिखरी हुई, अस्पष्ट, असाधारण तथा अछूती मिसालों और उपमाओं और आश्चर्यजनक अजीब चित्रों, अनदेखे उदाहरण द्वारा प्रकट कल्पनाओं, अव्यवस्थित तथा श्रृंखलाहीन विचारधाराओं, परेशान मस्तिष्कों, तथा हृदयग्राही रंगीनियों की एक नयी दुनिया बनाने की कोशिश की।"

अपने लेख में आगे श्री ज़हीर लिखते हैं :

"इस आंदोलन से सहानुभूति रखने वाले एक आलोचक, रेने बर्तले, ने सुर्रियलिस्ट कविता की विशेषता इस प्रकार व्यक्त की है : 'कविता की एक नवीन परिभाषा होती है। कविता एक आपबीती वास्तविकता का एक अनायास प्रकटीकरण बन जाती है। हर प्रकार की धारा के प्रति विद्रोही, एक चमक, एक जगमगाहट, एक हृदयग्राही ध्वनि, एक मस्ती, चेतना के अविरोध संघर्ष द्वारा प्रस्फुटन का एक टुकड़ा। जीवन के आंतरिक समुद्र की सबसे अंधकारपूर्ण गहराइयों की नाप करने से इसके स्तरों पर आश्चर्यजनक सत्यों और जीवनपूर्ण अस्तित्व की संपत्ति मिलती है। वहाँ एक नवीन सौंदर्य भी मिलता है, अजीब, परेशानकुन और रोमांचकारी।'"

3. इससे कुछ ही पहले श्री सज्जाद जहीर अरागाँ से फ़्रांस में मिले थे। वह लिखते हैं :

"प्रतिदनि की राजनैतिक गतिविधियों में इस प्रकार व्यस्त, लेख लिखना, चंदा जमा करना, जलसों में भाषण देना, कमेटियों में सम्मिलित होना, तथा उनकी कार्यवाही सँभालना, लेखक संघ के मंत्री के रूप में कार्य करना, एक साहित्यिक पत्र का संपादन, काम के इस जमघट में अरागाँ के जीवनव का एक-एक क्षण व्यतीत होता था। इस काल में और व्यस्तता की दिशा में मुझे अरागाँ से मिलने का सौभाग्य प्राप्त हुआ। यह अक्तूबर सन् 1935 की बात है।..."

4. 1935 में अरागाँ ने ख़ुद अपने परिवर्तन के बारे में एक निबन्ध लिखा :

"यह समझौते की दो चीज़ों के बीच, लाचार होकर एक अंतिम प्रयास था। प्रथम, जीवन के प्रति वर्षों से मेरा दृष्टिकोण; दूसरे, वह कठोर यथार्थ, जिससे मुझे टकराना पड़ा। इस प्रयास के अतिरिक्त जनता के सेवा-संबंधी कामों में भाग लेने से भी मुझे अतीत के जाल में दुबारा फँसाने से बचाया। यह अतीत नितांत धुँधला था, जहाँ मेरे पहले के साथी चिल्ला-चिल्लाकर बुला रहे थे। यहाँ तक कि मेरा अपमान करके भी मुझे वहाँ रखना चाहते थे। मैं छोटे-से-छोटा काम करने से भी परहेज़ नहीं करता था, चाहे वह कीलें गाड़ने या किसी हाल के दरवाज़े पर टिकट बेचने का ही काम क्यों न हो। इस प्रकार के कामों ने उस अनंत तर्कों के मुक़ाबले में जो सुर्रियलिस्टों के साथ करने होते थे, विषयों को साफ़ समझने में मेरी अधिक सहायता की। वास्तविकता यह है कि अगर कोई बुद्धिजीवी अपने जीवन के दो परस्पर विरोधी कार्य करने को बाध्य हो जाय, तो इसका एक गहरा मानवीय सत्यतापूर्ण कारण है। वह यह है कि उसका मस्तिष्क अपने विकास-काल में प्रायः ऐसे सत्यों को अक्षुण्य नहीं रह सकता, जिनका तक़ाज़ा उसकी अपनी विचारधारा से भिन्न हो। किसी कल्पना का, अगर वह कल्पना-मात्र ही है, एक व्यक्ति पर प्रभाव नहीं रह सकता, यदि प्रारंभिक और बुनियादी सत्य उसका विरोध करते हों; जैसे, यह वास्तविकता कि मजदूरों का मुक़ाबला पुलिस और गोलियों से किया जाता है; या

यह, कि जंग की तैयारियाँ हो रही है; यह, कि कई देशों में फाशिस्ती शक्तियों का साम्राज्य है। मानवीय शान का तक़ाज़ा है कि अपनी कल्पनाओं को हम घटनाओं के प्रकाश द्वारा देखें, बजाय इसके कि किसी बौद्धिक चातुर्य से यह कोशिश की जाय कि घटनाओं को अपनी कल्पना के अधीन बनाया जाय चाहे ये कल्पनाएँ कितनी ही अनोखी क्यों न हो।"

--श्री सज्जाद जहीर के लेख से ('आदर्श', जुलाई 48)

5. अमरीका का एक बहुत मशहूर मासिक विविध-संग्रह।
6. फ्रांस का राष्ट्रीय गीत

ग़ालिब : मेरी दृष्टि में

गालिब खुद एक बड़ा हीरो है अपनी व्यापकता क केंद्र में, जो कि स्पष्ट एक आधुनिक चीज है। व्यक्ति का निर्बाध अपनापन। हर बात में अपने व्यक्तित्व को--अपने निजी दृष्टिकोण को सामने रखना। मैं खुद किस पहलू से सोचता हूँ, किस ढंग से महसूस करता हूँ, यह उसके लिए महत्व की बात है।

हर बात की तह में जाने की--अपने विशिष्ट तौर पर उसका मर्म समझने की--उसकी कोशिश सर्वत्र प्रकट है।

उसकी मुसीबतें, उसका संघर्ष, जिसको यह कभी छिपाता नहीं...उसके शब्दों में हू-ब-हू आधुनिक-सा लगता है। अजब बात है। उसमें आज के, आधुनिक साहित्यकार की-सी पूरी तड़प और वेदना के बीच, एक तटस्थ यथार्थवादी दृष्टि है। उसका यथार्थवाद निर्मम है। मुक्तिबोध और निराला, अपने भिन्न संस्कारों के अस्त-व्यस्त परिवेश में, उसको कुछ-न-कुछ प्रतिबिंबित करते हैं। निराला का यह प्रिय शेर था :

रगों में दौड़ते फिरने के हम नहीं कायल
जब आँख ही से न टपका तो फिर लहू क्या है।

क्या ताज्जुब है जो उसके युग ने उसको नहीं पहचाना।

अगलों के काव्य-शिल्प को वह अंदर से ग्रहण करता है : उस शिल्प की आंतरिक, प्रातिभ, योजना को मात्र शब्दों और मुहावरों को, उनके प्रयोग की रीतियों को, वह उस्तादों के जीवंत प्रयोगों से ग्रहण करता था, अपने खास तेवर के साथ।

लोगों ने सही कहा है कि जो शख्स एक अर्से से अंग्रेजी अमलदारी और कानून-व्यवस्था और नीतियों को निकट से और विचारपूर्ण दृष्टि से देखता आ रहा हो, जो कलकत्ते के वातावरण को भी खासी-अच्छी तरह सूँघ आया हो, वह जीविका के लिए मुगल दरबार से बँधा रहकर भी, अपनी चेतना में पिछले युग से कभी जुड़ा हुआ नहीं रह सकता। इस अर्थ में गालिब अपने युग में अकेला था।

वह कसीदे लिखता है तो अपने आश्रयदाताओं की प्रशस्ति--जो कसीदे का बहरहाल आवश्यक अंग है--उसका मुख्य उद्‌देश्य नहीं होती। बल्कि अपनी प्रतिभा का ओज,

काव्यकला पर अपना पूर्ण अधिकार, अर्थात् क़सीदे की विधा का सांगोपांग पूर्ण स्वरूप प्रस्तुत करना--अपने समकालीनों को दिखाना : यह होता था उसका काव्यातमक उद्देश्य।

कुछ जैसे निराला को रवींद्रनाथ से होड़-सी रही, ग़ालिब भी पूर्ववर्ती उस्तादों की श्रेणी में सगर्व अपने को रखता था।

कभी-कभी क्या, अक्सर ऐसा लगता है कि वह समाज में, अपने जीवन में, प्रायः हर ओर विरोधाभास देखता है। हर चीज़ एक विडंबना का भाव लिये हुए होती है। हर वस्तु प्रश्न से चिहिंत। हर बात जो सही सोची जाती है, उलटी निकलती है।...ग़ालिब जैसे खरे और सच्चे लोगों के लिए क्या यही नियति है ? ईमानदारी का कोई मतलब नहीं ? निष्ठा का कोई अर्थ नहीं ? सौंदर्य और प्रेम का भी अंत क्या ? सारी व्यवस्थाएँ एक तमाशा जैसी हैं। रीति-नीति, आचार, दर्शन-दृष्टि, लौकिक संबंध...सब।

शायद एक चीज जो स्थायी है वह कला है--और वह है गालिब के लिए ग़ालिब की अपनी कला। इस कला में मर्म में स्थित कवि पूर्णतया आश्वस्त निर्द्वंद्व और अमर-सा दिखता है। कम-से-कम स्वयं को, अपनी दृष्टि में।...और बहुत बाद में हमको भी वह वैसा ही दिखता है।

ग़ालिब का सूफ़ी भाव सूफ़ियों की परंपरा से एकदम भिन्न और मात्र उसका एकदम अपनी ही मालूम होता है। अगर गालिब के सूफ़ी-भाव की स्थिति का विश्लेपण किया जाय तो वह शायराना रिवायत क़तई न होते हुए भी, कहीं अनीश्वरवादी और कुछ-कुछ अस्तित्ववादी सूफ़ीवाद निकलेगा !! यह पारिभापिकता आधुनिक है।

अपनी कला पर ग़ालिब का कितना दृढ़ विश्वास है। अपने सर्वोपरि होने से उसे किंचित् भी संदेह नहीं। देखिए, उसका सेहरा देखिए। उसकी फ़ारसी ग़ज़ल, जिसमें उसने भविष्यवाणी की है कि आगामी युगों में ही उसकी सही पहचान हो सकेगी, हालाँकि तब बहुत से मूर्ख भी उसको समझने-समझाने का दावा करेंगे। अपने समकालीन विद्वान मौलाना आजुर्दा को वह तमककर कहता है--अगलों के गुणगान करते तुम नहीं थकते, मगर तुम्हारी आँखों के समाने जो महाकवि बैठा अपनी अमर रचना सुना रहा है, उसको पहचानने की शक्ति नहीं रखते, कितने आश्चर्य की बता है !

मुझे ऐसा लगता है कि ग़ालिब की दिलचस्पी किसी भी प्रकार के आदर्शवाद में नहीं थी। थी तो केवल इंसान में। उसके विडंबनापूर्ण मगर हौसलेमंद जीवंत नाटक में। और इसलिए कि आदमी को भी मोएस्सर नहीं इन्साँ होना ! वह स्वयं कितना बड़ा इंसान था, हाली के मार्मिक शब्द इसकी पुष्टि करते है।

इतनी निर्भीकता से अपनी और परिवेश की यथार्थ स्थिति को स्पष्ट, ज्यों-का-त्यों रखने वाला गद्यकार उर्दू में आगे फिर नहीं हुआ। और उसके सबके यहाँ तकल्लुफ़ात के पर्दे हैं। एक केवल इसके यहाँ नहीं। उसके पत्र इसका सबूत हैं।

यह कम कौतुक की बात नहीं कि हिंदी-संसार में ग़ालिब के लिए अलग ही खाना है और शेष उर्दू के लिए अलग। जहाँ उर्दू से बिलगाव की भावना है, ग़ालिब से नहीं। इतने

दुरुह कवि होते हुए भी ग़ालिब हिंदी पाठकों के अपने हो गये। ऐसा क्यों हैं: इसका जवाब देना आसान नहीं है।

संदर्भ

1. तु अय् कि मह्‌वे-सुखनगुस्तराने-पेशीनी
   मबाश मुन्किरे 'ग़ालिब' कि दर जमानए तुस्त।

कविता की बातें : निराला की कविताएँ

आप कम-से-कम इतना तो जानते ही हैं कि मैं कोई आलोचक या साहित्य के इतिहास का--आधुनिक इतिहास का भी, कोई आलिम नहीं। कोई विद्वान नहीं--एक शायर हूँ, एक कवि--बहुतों की निगाह में उलझा हुआ, मुश्किलपसंद किस्म का कवि।

ऐसे शख्स से आप क्या सुनने की आशा बाँधे हुए होंगे, मैं यही सोच रहा हूँ। यानी, शायर की जबानी, शायरी की बातें ? हाँ, आलोचना की बातें नहीं। कवि से कविता की बातें। कैसी कविता की बातें ? जैसी वे खुद करता हो। ज्यादातर आधुनिक कविता की...है, न ?

मूल्य : काव्य के मूल्य : किसलिए, क्यों, किन आधारों को लिकर--यह सब काव्य ?

सबसे पहले यही बात गूँजने लगती है दिमाग़ में या कहिये...दिल सबसे पहले, इन्हीं शब्दों को दोहराता है...मूल्य, काव्य के मूल्य। (खामख़ाह...यह आलोचकों का प्रभाव है।) अतः 'वैल्यूज' यानी मूल्यों की बात मैं आलोचकों के लिए छोड़ देता हूँ।

बहुत दिनों से...बहुत दिनों से क्या...सोलह-सत्रह साल की उम्र से, जब से...वो एक पंक्ति, बल्कि वो गीत, जो अनायास ही, खामखाह, गूँजता रहा है मेरी चेतना में, वह है 'मौन' निरालाजी की पहली कविता जो मैंने पढ़ी आज से कोई इक्यावन-बावन साल पहले: उसकी वह पंक्ति--

बैठ ले कुछ देर
आओ, एक पथ के पथिक से,
प्रिय, अंत और अनंत के
तम-गहन जीवन घेर।
मौन मधु हो जाय,
भाषा, मूकता की आड़ में,
मन सरलता की बाढ़ में
जल-बिंदु-सा बह जाय।
मैं यही रुक जाना चाहूँगा कुछ देर...

निराला अपने पहले के महत्वपूर्ण संग्रह की पहली ही पंक्तियों में बहुत खामोशी के साथ आह्वान देते हैं कि--

"आओ--एक पथ के पथिक से, प्रिय एक पथ के पथिक से...अंत और अनंत के तम-बहन जीवन घेर, आओ... बैठ लें कुछ देर।

जरा ध्यान दीजियेगा कि इसका शीर्षक 'मौन' है। और किस तरह बैठने का आह्वान निरालाजी दे रहे है ? 'अंत और अनंत के--तम गहन जीवन घेर' कर बैठने का।

अंत और अनंत...तो वही ठहरा जिसके लिये हम बैठे हैं। और 'अनन्त' जो हमारे आगे फैला चला गया है, और हमारे पीछे भी; जो हमारे चारों ओर है उसे घेर कर 'आओ हम कुछ देर बैठ लें' कहाकवि कहता है।

"हम एक ही पथ के पथिक हैं। पथ में, साथ कुछ देर बैठेंगे...क्या सारी अंत और अनंत की समस्याओं को घेर कर ?--नहीं 'समस्याओं' को नहीं...समस्याओं के पीछे जो वस्तु तथ्य है स्वयं जो हमारा जीवन है अंत और अनंत का, उसको घेरकर।" 'तुम गहन जीवन'--उसको लेकर। उसको घेरना कैसे संभव है ?

निरालाजी क्या कह रहे हैं ? वह कह रहे हैं कि इस मौन में अपने आप को सहज सरल रूप में, जैसे हम अपनी अंतरस्मृति में हैं, घुला मिला लें। इस गहन जीवन में अपने आपको लीन कर लें।

वहाँ शोर का काम नहीं है। बहस मुबाहिसे चीख पुकार का काम नहीं है, वहाँ जो कुछ है...तम गहन जीवन...उसमें, और उसकी सीमाओं के साथ अपेन आपको विस्तार दे देने का काम है; उसमें (जैसा कि आगे कहते हैं) भाषा और मन दोनों को लीन कर देने, गहरे डुबा देने का काम है।

मगर हाँ ये याद रहे कि हम पथक हैं, पथ में कुछ देर बैठने की बात है...और हम एक ही पथ के पथिक हैं, नहीं 'पथिक-से' हैं। हम जो कोई भी साथ-साथ जीवन-यापन कर रहे हैं, इस यात्रा में।

बातों को बढ़ाने से व्यवधान पैदा होता है : बात का न अवकाश है न प्रयोजन, न आवश्यकता।

क्योंकि जो वस्तुस्थिति है वह असल बात है। उसको समझना यानी 'घेरना' और उसे आतमसात करना उसमें डूबने पर ही संभव है। मूल तत्व को मन मस्तिष्क से ग्रहण करने में जो बात है वह उसकी व्याख्या के शब्दों नहीं हो सकती। चीज़ों को, स्थितियों को, हृदयंगम किया जाना है, समझना है, उनके होने में अपने होने को पाना है...न कि उन के साथ संवाद खड़ा करना। अस्तु बक़ौल ग़ालिब--

'खामोशी ही से निकले है जो बात चाहिए।

प्रिय या बंधु सहयात्री, वह प्रेयस या प्रेयसी भी हो सकती है; साथी भी; सहकर्मी भी,

सहनागरिक भी। और, जैसा कि पहले कहा: मन भी। वह अपना मन भी हो सकता है। संबोधन इतना अंतरंग और सहज है कि वो अपने मन के सबसे निकट व्यक्ति बल्कि स्वयं मन से ही हो सकता है।

अपने मन के घेर में जो है, वह अपना देश है। देश में अपना जीवन: अपना कार्य क्षेत्र (वो चाहे जिस मंजिल में हो) अपना, अनंत का घेरा यह विश्व है वह सब जिसके संपर्क में हम अपने आपको पाते हैं। आप कह सकते हैं कि वो अंतर्राष्ट्रीय परिस्थितियों का प्रसारक है। और वो प्रसारक जहाँ तक भी हो, उसकी जो भी सीमाएँ हैं...या न भी हो। वो भी एक सफर से भी बँधे हुए हैं। जैसे कि आज भी देशों में सभी के सामने स्पष्ट है सबों का मरना जीना मानो एक साथ बँध गया है।[1] यहाँ कवि कहता है कि आओ: इसकी वास्तविकता को हम आत्सात करें। अपने मन में, और उसका प्रतिबिंब जो भाषा है उसमें उसे स्पष्ट महसूस करें वह भाषा जो कि 'मुक्ता की आड़ में' है।

यह, और वह सब हम ही हैं: हमारी गति क्या है, क्या होनी है...उस पर बातें न करें, उसको उस यथार्थ तथ्य को महसूस करें। अंदर से जानें कि वो क्या है। जो वास्तविक गति है उसके हम वास्तविक अंश हों अपनी चेतना में।

यही कवि का आह्वान है।

पथिक से प्रिय

एक पथ के हैं, यह तो तय है: हम 'पथिक' ही हैं या इसे कोई और संज्ञा दी जाये।

अतः 'पथिक-से' भी ग़ौर करने की दावत देता है। (-से-) हम वस्तुतः नहीं जानते, पूरे विश्वास से कि हमारी क्या संज्ञा हो। पथिक से ही हम लगते हैं। क्योंकि एक बहाव में एक सीमित बहने के क्रम में हैं। इसलिए, बहरहाल 'पथिक-से' तो अपने को कही ही सकते हैं।

जो भी संज्ञा दें, कोई हर्ज नहीं, संबोधन है 'प्रिय'। बात ये हैं कि हम चल रहे हैं या बढ़ रहें हैं, बहुत कुछ 'घेरे हुए'।

एक दूसरी दृष्टि से भी देखिए, इस पुस्तक की रचना को ध्यान में रखकर।

शायद निरालाजी अपने पाठक के साथ कुछ देर मौन बैठ लेना चाहते हैं, 'तम गहन जीवन घेर'। क्योंकि इस संग्रह के अंदर यात्रा करने वाला सुनेगा, उसका गहन जीवन जो तम-गहन भी है, उसके अंदर और भी बहुत कछ घेर लिया गया है। इस संग्रह की काव्य यात्रा में 'भिक्षुक' भी है और 'विधवा' भी और "जब कड़ी मारें पड़ी दिल हिल गया।"

यह भी और उसमें 'यमुना' का अजस्र प्रवाह भी है और उसकी सारी लीलाएँ। इसमें 'अंत' यानी अपने सीमित जीवन की बातें भी हैं, मसलन प्रिया से वियोग की--

पिष्ठ कठिन साधना शिला मे
कितना पावन हुआ प्रणय थे।

और 'अनंत' भी अपने जीवन से आगे और पीछे जो कुछ मूल्यवान जुड़ा हुआ है उसका नाद-संगीत भी, 'निरंजन बनो नयन अंजन' उसी की लय और प्रवाह भी। व्यक्तिगत प्रेम की कविताएँ और निराशाएँ घोर निराशाएँ और उन निराशाओं के बीच एक अजब दृढ़ता, एक संकल्पनिष्ठ आत्मा। और साथ ही रह रहकर अपने को और सबको चेताता हुआ एक विशाल आह्वानः कल-कल नाद और संगीत और आदर्शों की अंततोगत्वा प्राप्ति।

'तुम तुंग हिमालय श्रृंग
और मैं चंचलगति सुर सरिता।'

गहन जीवन की ये सारी सीमाएँ और उनका टूटना उनका आगे की ओर विस्तार पाना...ये सब दो घड़ी बैठकर, नहीं...नहीं कुछ देर बैठकर आत्मसात किया जा सकता है, शायद मौन के अंदर-चुपचाप ही। बोलकर नहीं। एक पूरी दुनिया है जो इस मौन में जाग रही है। मौन तो सिर्फ बाह्य रूप से कहने को है वरना घनघोर प्रश्नों के अंतर में तुमुलनाद भरा हुआ है। देखिए :

'स्वप्न स्मृति'

भीतर नग्न रूप था घोर दमन का
बाहर अचल धैर्य था उनके दुःखमय जीवन का
भीतर ज्वाला धधक रही थी सिंधु अनल की
बाहर थीं दो बूँदें--पर थीं शांत भाव में निश्चल--
विकल जलधि के जर्जर मर्मस्थल की

निराला के यहाँ यह प्रश्न नैरंतर्य-सा लिये हुए है गहरी जिज्ञासा :

कौन तम के पार, रे कहा
कौन तम के पार
...गगन घन-घन घार।

मगर ये शोध और तुमुलनाद वास्तविकता का है, बातों का नहीं है। अपनी संज्ञा में चीजों को महसूस करने का है, ऊहापोह का नहीं। जैसा कि एक दूसरे बड़े शायर ने कहा है :

'खामोशी ही से निकले है जो बात चाहिए।'

शांत चित्त होकर जब हम गहन मौन में इन पर ध्यान देंगे तभी इस यथार्थ का स्वर सुनायी देगा।

जब हम डूब लेंगे उस सत्य में, उस वास्तविकता में तब क्या होगा...जब हम ठोस रूप से महसूस कर लेंगे, एक हद से जी लेंगे उस वास्तविकता को जो हमारा पथ और उसका तम गहन जीवन है...तब यह मौन 'मधु' हो जायेगा।

किसी भी महान कविता का भाव जब अंतर में उतर जाता है तब शायद कुछ ऐसा ही

महसूस होता है। महाकवि कहते हैं :

'मधु हो जाय'

प्रिय से संबोधन है न, इसीलिए 'मधु'।

'मधु हो जाये मौन, भाषा'

देखिए, भाषा यहाँ प्रस्तुत नहीं है; वह महज आड़ में है 'मुक्ता की आड़' में वह बोल रही है। फिर कहते हैं;

मन सरलता की बाढ़ में
जल बिंदु सा बह जाय।

'सरलता' को सर्वोपरि विशेष गुण यहाँ माना है मन का। इसलिए यही अपेक्षित है। इसलिए इसको फिर दोहराया भी है इस सरलता के बिना कुछ भी ग्रहण नहीं किया जा सकता है। फिर भी मन तो सरलता की बाढ़ में 'जल बिंदु सा' है; 'जल बिंदु-सा' जरा सोचिये, कुछ सरलता की बाढ़ में जो मौन मधु है। एक बिंदु मात्र है वह। कितनी चीजें यहाँ एकत्रित होकर भाव में भी एकीकृत संज्ञा बनी हुई हैं। क्योंकि यथार्थ बहुत संश्लिष्ट है। इसका जीवंत रूप जो मौन, सरल, मधु की बाढ़ में अनुभुत होगा वह स्वच्छंद आनंमय होगा।

ये दोनों बंद जहाँ व्यक्ति के प्रेम को, बंधुत्व को, साथीपन के भाव को, या कह लीजिए सहयात्रा, सहनागरिकता के भाव को बहुत ही सहज कोमल और गंभीर रूप से अंकित करते हैं; वहीं ये उसके अगम, सुविस्तृत, सामाजिक और विश्व परिवेश में उसकी गतिशील स्थिति को भी घेरते हैं। इस विशाल घेरे में तमगहन जीवन अवयय है। मगर उसकी (व्यक्ति चेतना में बिंबित) सहज, सरल, स्वच्छंद मधुमेय प्रकृति भी इंगित की गयी है। जीवन के जो द्वंद्वात्मक विरोध हैं, जो चेतन संज्ञा में जीवन प्रवाह में एकीकृत होते हैं कुछ देर के लिए--एक मंजिल में।

'सरल अति स्वच्छंद' कहकर, यानी उन्होंने एक ओर तो सरलता पर दो बार जोर दिया है। एक बार फिर जोर देकर कहा है कि जीवन की यात्रा में यह आधारभूत सरलता मुख्य चीज है, अनुभव करने की। अपने को जितना हम अपने चारों ओर के स्वच्छंद सरल प्रवाह में प्रकृति के नैसर्गिक प्रवाह में डाल देंगे, उतना ही निर्द्वन्द्व हो सकेंगे। तुम गहन जीवन का घेरा परेशान नहीं करेगा, उस प्रवाह में अपने आप को मिलाकर जो नैसर्गिक सरलता का है हम सहज ही सब कुछ सह ले जायेंगे। हमारी यह जीवन यात्रा निर्द्वन्द्व होगी--निरंतर द्वंद्वों को पार करती हुई; 'अति स्वच्छंद'। 'अति' इसलिए कहा कि जिस पसारे के बीच मन है, यह एक पूरी विस्तृत बाढ़ है और सरलता की बाढ़ है। इसलिए अति। उसी के कारण मन मन उतना ही स्वच्छंद अपने को पा लेगा जितना ही वो उन्मुक्त रूप से उस सरलता के प्रवाह में अपने को मिला देगा। इकबाल का उसी से

मिलता-जुलता निसरा है :

ये मौज है दरिया में,
और बेरुन-ए-दरिया कुछ नहीं।

मौज यानी लहर। दरिया से निकली तो लहर कहाँ ? वो हम दिखाई दे रही है चूँकि वह दरिया का एक अंग है, उसी का एक नाम व्यक्त कर रही है। मैंने त्रिलोचन जी से पूछा कि भाई तुम इस गीत का अंतिम बंध किस प्रकार समझते हो ? उनकी बातो को मैंने जिस तरह नोट किया वो लगभग ज्यों का त्यों यहाँ दे रहा हूँ। मैंने जिज्ञासा की थी, तीसरे बंध पर :

'प्रात के लघु पात से
उत्थान-पातनाघात से'।

को लेकर की थी।

मुझे लगा था और मैं महसूस करता हूँ कि ये जो भी दो पथिक हैं जो एक पथ पर आगे बढ़ने को है मगर जो कुछ जरा सी देर के लिए क्षण भर रुक से गये हैं, उनके सामने भोर बेला है। सुबह हो रही है :

प्रात का लघु पात।

सुबह ज्यादा देर तक नहीं ठहरी। प्रातःकाल का सूर्योदय हुआ तो दिन प्रारंभ हो गया। 'प्रात'-त्रिलोचनजी ने कहा--किरणों का धरती पर गिरना, मैं समझता हूँ किरणों के धरती पर फैलते ही काम धाम की बेला शुरू हो गयी। बैठने का समय हो चुका यानी अब उठो और आगे चलो।

लघु का अर्थ अल्प तो है ही। त्रिलोचनजी ने इसके मूल अर्थ की तरफ इशारा करके बताया कि इसका एक भाव तेज चलना भी है। उसी से लाघव बना है। तेजी से 'प्रात' आयी और गुजर गयी। जैसे गोया लहर उठी और गिरी। बूँद उछली और बाढ़ में समा गयी। इतना ही जीवन है। अवकाश इतना ही है। देखो तो सदियाँ, साम्राज्य, दौर के दौर आते गये हैं और गुजरते गये हैं, आज उनका कुछ पता नहीं है। नाम ही नाम हैं, और वो भी आज कितना। यह 'उत्थान' और 'पतन' चाहे वो एक क्षण मुहूर्त का ही क्यों न हो...ट्रेजेडियाँ एक क्षण में घटित हो जाती है। भूचाल का आना, बाढ़ का आना, सरकारों का तख्ता पलट जाना...इन बातों में देर नहीं लगती। इसी तरह व्यक्ति को सीमित घेर में हँसी और खुशी साथ-साथ लगी है। मन उससे क्षुब्ध होता है। निरालाजी कहते हैं--विचार कर देखो अगर यही मन जीवन के व्यापक असारे में, उसके सरल अति स्वच्छंद प्रवाह' में अपने को लीन कर देता है--उस पूरे प्रवाह का ही अंग बन जाता है। अपने चारों ओर के जीवन में घुल मिल जाता है तो द्वंद्वभाव उसके अंदर खत्म हो जता है। उत्थान और पतन के आघात महसूस करके यह मन हठात (चुप) तो हो जायेगा मगर अपने को द्वंद्व से मुक्त भी महसूस करेगा। निराला चाहत हैं कि ऐसा ही हो।

द्वंद्व-त्रिलोचन ने कहा--दिन रात, नर-नारी ये भी द्वंद्व है, निर्द्वंद्व है एकता और अभेद

में रहना। वह एकता जो जीवन को होंड़ वाले दोनों पक्षों को बाँधे है उसी में निर्द्वंद्वता है। मौन में, उन्होंने कहा कि--ये थोडी देर का साथ मौन बैठना ही बहुत कुछ घेर लायेगा। इतना अधिक कि वाक् शक्ति काम न करेगी। भाषा मुक्ता होने की आड़ में मौन मधु हो जायेगी।

मैंने त्रिलोचनजी से कहा कि इस गीत में मुझे ये सामाजिक पद, 'उत्थान पतन आघात' पूरी कविता में कुछ बोझिल-सा लगता है। उन्होंने कहा--इस सामासिक पद से बढ़कर कोई उपयुक्त शब्द यहाँ काम नहीं दे सकते थे। उत्थान, पतन और आघात, तीनों आघात से मिले हुए द्वंद्व की स्थिति में हैं। सहसा उत्थान, सहसा पतन--दोनों ही आघात, देने वाले होते हैं। ऐसा निरालाजी कहते हैं कि जीवन चुप तो रहे लेकिन उसमें द्वंद्व न हो। जीवन मौन रहे और निर्द्वंद्व विवश करने वाली निराशा से अभिभूत न हो, और चुप्पी लाचारी भी न हो; और द्वंद्व कतई न हो। और स्वतंत्र हो; किसी के अधीन न हो।

मैं इससे यही निष्कर्ष निकालता हूँ कि व्यक्ति का मन स्वेच्छया प्रकृति के अधीन हो, यानी उससे तदाकार। प्रकृति के जीवन के, नयमों को समझना-बूझना बिल्कुल अपने को छोड़ दे, उसी में उसे विशाल और अपार और अनंत का आभास मिलेगा। अति स्वच्छंद और सरल भाव ने इस उपलब्धि से जो वास्तविक शांति का मौन प्राप्त होगा वो रिक्तता न होगी--वह मधुपूर्ण होगा।

जब मैंने त्रिलोचनजी से पूछा कि आपको 'परिमल' की आरंभिक कविताएँ कैसी लगती हैं तो एकदम बड़े उत्साह से बोले :-

"अरे वो पहली ही कविता देखो जिसका शीर्षक "मौन" है। और उसमें कितना कुछ निराला ने भर दिया है, और सोचो निराला की उम्र क्या थी। 23-24। और ताज्जुब है रामविलास शर्मा ने इसका ज़िक्र नहीं किया।

मैंने कहा, "जो हो, ये एक महान गीत है या नहीं, मैं नहीं जानता--मेरे निकट तो यह महान है। मगर शुरू से ही यह मेरे मन में गूँजता रहा है और आज तक गूँज रहा है, सच तो यह है कि इसके हर पद के साथ अर्थों के साथ-साथ कितनी सारी बातें जुड़ी चली आती हैं, भाव या अर्थ में--इसमें किसी एक जगह पर ठहराव-सा नहीं है। वो भी जैसे गतिमय हो, किसी बाढ़ के प्रवाह की तरफ लहरों का-सा द्वंद्व उभरता है, मिटता है, उभरता-मिटता है। उसी में क्षण की बूँद के चारों ओर जीवन का प्लावन भी है। जिसका वह अविभाजय अंग है। जभी ग़ालिब ने कहा :

क़तरे में दजला दिखायी न दे और जुज़्व में कुल,
खेल लड़कों का हुआ, दीदा-ए-बीना न हुआ।

यानो देखने वाली आँख वही है जो बूँद में सागर को देखे और अंश में समस्त कूल को। अगर ये नहीं तो वो आँख बच्चों की तरह सिर्फ आँख-मिचौली का खेल, खेल रही है,

इसमें देखने समझने की शक्ति अभी नहीं आयी।

त्रिलोचनजी उस समय जब वो मेरे साथ निराला के इस गीत का चर्चा करते रहे थे, मीर का यह शेर भी बार-बार दोहराते जा रहे थे।

यद्यपि उसका प्रंसग दूसरा था :

देख तो, दिल कि जाँ से उठता है
ये धुआँ-सा कहाँ से उठता है।

ये जो धुआँ-सा उठ रहा है, इसमें ह्रदय सुलग रहा है कि प्राण सुलग रहे हैं--जरा ग़ौर से देखो तो क्या सुलग रहा है ?

[2]

दो बातें, मेरा खयाल है कि निराला के छंदों में खास तौर से महसूस की गयी हैं। एक तो ये कि हरेक पंक्ति आगे आने वाली पंक्ति के साथ गुँथी हुई होती है। यहीं नहीं, प्रत्येक पंक्ति का प्रवाह अपनी ताल और लय के लिए हुए बराय-नाम अन्त्यानुप्रास पर ठहरता है, वे अक्सर अपनी ताल को अगली पंक्ति के आरम्भ से मिलाकर उठाता है।

बैठ लें कुछ देर/आ-
ओ एक पथ के पथिक से/प्रिय
अंत और अनंत के/तम-
गहन जीवन घेर...आ-...

इन पंक्तियों को पंक्ति-विराम के साथ पढ़िए, देखिए कितना गलत मालूम होगा। इसी प्रकार 'हो जायें' 'भाषा' के साथ जुड़ जाता है और तीसरे बंध में भी 'स्वच्छंद', 'जीवन' के साथ।

हर बंध में अंतिम शब्द प्रायः पहले शब्द की तरफ इशारा करता है। भाव और छंद-प्रवाह दोनों प्रकार से ये जो चक्र-सा बनाते हैं, निराला के बंध को, काव्य के संगीत की दृष्टि से अद्भुत है। मेरा खयाल है पूरा भाव ग्रहण करने के लिए उन्हें गा कर सुनना जरूरी है। निराला उस परंपरा से दूर नहीं हैं जहाँ हर गीत के साथ उसकी रागिनी का नाम भी दर्ज कर दिया जाता है। निराला के यहाँ 'गीत' का साज सामान हर लिरिक कविता में (चाहे देखने में गीत की कोटि मे आता हुआ न लगे)--उसमें भी पूरा-पूरा मिलता है। मुझे निराला में यह चीज बहु अधिक आकर्षक लगती है।

दूसरी खास जीच है हर गीत लिरिक के अंत में कथात्मकता का होना। निराला का हर गीत मानों किसी छोटी या बड़ी अंतरंग घटना पर आधारित लगता है। जैसे किसी कथा या घटना का अंत होता है उसी तरह अपने आरंभ से उतना ही कटा हुआ होता है जितना किसी घटना का परिणाम उसके आरंभ से, अपने अंत पर वो हमें चिंतन के लिए

बाध्य करता है, वो हमें गंभीर बना देता है।

इस दृष्टि से मेरा एक बहुत ही मनपसंद लिरिक है वह कविता···

'निवेदन'--

एक दिन थम जायगा रोदन...
तुम्हारे प्रेम अंचल में...

इसके जरिये निराला के काव्य की, बल्कि खास खूबी की तरफ भी ध्यान दिलाना चाहूँगा: वह है उनमें नाटकीय संभापण शैली। जैसे--गीत तो हो ही रहा है, उसके जरिये जरा-सी बातें भी हो रही है, बराबर डायलाग की स्थिति है। पहली कविता में भी, जिसकी मैंने अभी चर्चा की वही रोज़मर्रा के बातचीत का ढंग शुरू से ही शामिल हो गया: अगर्चे कविता 'अंत' और 'अनंत' शब्दों के आते ही दार्शनिक हो चलती है; मगर उसकी गेयता का सहज प्रवाह कहीं अटकता नहीं, चाहे एकाध-समास पद भी क्यों न आ जायें। मुख्य कारण है उसका संगीत और उसकी लय-गति। और डायलाग से मिलती-जुलती स्थिति।

"एक दिन थम जायेगा..." से पहले में भूमिका रूप में, कह लीजिए, एक दूसरी कविता--परिमल के दूसरे खंड की पहली कविता--को सिर्फ ऊँचे स्वर से पढ़ने के लिए पेश करना चाहूँगा। वह कविता 'निवेदन' के लिए शायद एक अच्छी पृष्ठभूमि प्रस्तुत कर देती है। एक तरह उसे कहीं कुछ स्पष्ट भी कर देती है।

'भर देते हो'

बार बार प्रिय,
करूणा की किरणों से

शुद्ध हृदय को पुलकित कर देते हो
मेरे अंतर में आते हो देव निरंतर
कब जाते हो व्यथा-भार लघु
बार-बार कर-कंज बढ़ाकर
अंधकार में मेरा रोदन
सिक्त धरा के अंचल को करता है क्षण-क्षण्
कुसुम कपोलों पर लोल शिशिर कण
तुम किरणों से अश्रु पोंछ लेते हो,
नवप्रभात जीवन में भर देते हो

इसमें जो 'प्रिय' एक अपना परम आतमीय प्राण-देवता है, एक शक्ति है, जिससे कवि जुड़ा हुआ है। वहीं मानव आधार और आसरा है।

'निवेदन' में इसी प्रिय आधार को संवोधित है। यह प्रेम की व्यथा का आरंभिक दौर

है। जब कवि उन आशंकाओं से भी घिरा हुआ है कि आगे आने वाले दौर में क्या मालूम से संबंध कैसे रहें। हमारा परम प्रिय हमें बिल्कुल ही भूल जाये, आज जो हमारा सब कुछ है, कल बिल्कुल अपरिचित हो जाये, वह किसी और और ही धारा में बहे, और हम किसी और ही धारा के वश उससे दूर निकल जायें।

अपरिचित खोल प्रिय चितवन
मगन बह जाओगे पल में,

अब कविता स्पष्टतः भावुक है, मगर भावुकता के नाते कहीं से कमजोर नहीं होने पायी है। अगर्चे कवि की उम्र भावुकता की बेशक है, मगर कवि अभी तक जिंदगी में काफी कुछ भाग भी चुका है, 'दुनिया देख चुका है' इतनी कम उम्र में ही, भरपूर प्रेम भी कर चुका है, और विरह की अग्नि में भी तप चुका है। लेकिन उसे विश्वास है कि--

एक दिन थम जायगा रोदन,
तुम्हारे प्रेम अंचल में...

मुझे याद है, बहुत शुरू में इस लिरिक का कए शब्द बहुत खटकता था, बल्कि अखरता था। 'झड़' शब्द। यानी इतनी संगीतमय कविता में ऐसा रूखा और कर्कश सा। मगर आज मुझे यह अत्यंत प्रासंगिक और उपयुक्त लगता है। कारण 'झड़ना'...पत्ते झड़ते हैं मोती झडते हैं। (झरते नहीं) पल्ले में कुछ हो तो उसे झाड़ना कहते है (दामन झाड़ दो) झड़ जाना आँचल में टँके कन-कनक का, जैसे टँके हुए मोतियों को या सोने के कणों का, बहुत ही उपयुक्त है।

यह एक अजीब कविता है इसका भाव बिल्कुल स्पष्ट किया जा सकेगा यह कहना मुश्किल है, प्रेमिका से संबोधन है। आशा व्यक्त की है कि एक दिन आयेगा जब हमारे आँसू तुम्हारी स्मृति बन जायेंगे। कन-कनक सी चमकती स्मृति फिर जैसे टँके हुए मोती या कन-कनक अरसा बीतने पर टूट जोते हैं, उसी तरह वह स्मृति भी धुँधली और अदृश्य हो जायेगी। स्मृति का दाग जब मिट जायेगा यानी उसकी कचोट,तो वह एक राग, गहरी भावना, एक मूल्यवान अनुभूति का रूप ले लेगी।

और फिर वह राग क्या होगा, कए सपना ही तो होगा। धीरे-धीरे वह सपना, जो हम गोया नींद में, रात में, देखते हैं, खत्म हो जायेगा। सुबह होगी, और सुबह की उस नयी रोशनी या ज्ञान को ही हम तुम्हारा प्रेम अंचल कहेंगे।

स्वयं तुम्हारा स्वरूप, उन आगे की मंजिलों में क्या होगा, कवि की जिज्ञासा है। जबकि प्रेमी का प्रेम-आघात कए प्यापक प्रेम संज्ञा हो गया होगा,--यद्यपि उसमें पूर्व व्यक्तित्व पहचाना जा सकता है, तभी सोचता है कि जिस तरह उसने मुझे सहारा दिया है, स्वप्न की स्थिति से प्रभापल तक मुझे ले आया है, उसी तरह कौन जाने वह प्रेम की व्यापक चेतना और दुरी आत्माओं को भी सहारा दे रही हो, उसका अंजल, अपनी दिव्यता में उदार है और परमप्रिय सत्ता का मानों आँचल है। उस आगामी युग-बोध में कवि का जिज्ञासा अभी शेप रहती है कि--

"हम अगर बहते मिले
क्या कहोगे भी
कि हाँ पहचानते ?
या अपरिचित खोल प्रिय चितवन
मगन बह जाओगे पल में
परम-प्रिय संग अतल-जल में"

इस स्थिति में एक टीस-सी छुपी हुई लक्षित होती है जैसे अपनी किसी परम आत्मीय को सहसा अतिशय महान और वीतराग देखकर किसी व्यक्ति को निजी स्तर पर निराशा हो।

अगर प्रेम के विकास के दर्जों का जो एक खाका निराला ने यहाँ खींचा है वह मार्मिक है :

रोदन
--स्मृति के कन-कनक
उनका सपना हो जाना
केवल राग में उसका ढल जाना
प्रभात का आना
और आँखें खुल जाना
(कि मैं एक आत्मा हूँ और अपनी प्रेम की साधना को लेकर आगे बढ़ रहा हूँ)

आगे कभी जब साक्षात्कार होता है तो स्थिति एक दूसरे ही आध्यात्मिक स्तर की होती है, प्रेम का वह केंद्र अब मानो विश्वव्यापी महत्व लिए है और बहुतों को मुग्ध कर रहा है।

इस स्थिति में
मुझ अकेली आत्मा का पहचाना जाना
उस केंद्र के द्वारा...
क्या ये घटित हो ?

निराला की यह जिज्ञासा है

या कि वो प्रियतमा भी परम-प्रिय-प्रेम स्वरूप सत्ता में ली न हो गयी हैक और अपनी मुक्ति के पथ पर है मगर, तटस्थ और परिचित सी परम प्रिय से।

निराला उसी मुहूर्त की कल्पना करते हैं।

आशा तो यही है कि हमारा प्रेम विकास की मंजिलों पर निरंतर बढ़ता और विशाल होता चला जाता है, अपनी पिछली सीमाओं और मोह को गतिविधियों और क्रिया कलापों को छोड़ता जाता है : वो क्रिया कलाप जिसमें रोदन, निवेदन, और अनुनय आदि है।

मुझे दरअसल जो चीज इस कविता में मोहती है वह है इसके संगीत का प्रवाह, मेरा खयाल है इसको नृत्य की भंगिमाओं में भी कमाल दर्जे पर व्यक्त किया जा सकता है।

निरालाजी की शैली में वही तीन-चार चीजें एक साथ घुली मिली हुई हैं, संगीत, ताल और लय, गति नाटकीयता, संवाद की स्थिति एक ऐसा वार्तालाप जो दो स्तरों पर, परम प्रिय या प्रिया के साथ, और उसके माध्यम से स्वयं अपनी एक दूसरी सत्ता से। ये डायलाग, एक ओर प्रेम के होते हैं, दूसरी ओर दार्शनिक संकेतों से भरे होते हैं। तीसरी ओर वे निराला की अपनी कहानी कहते हैं। परिमल में मैं इस बात को भूल नहीं पाता हूँ कि निराला, हो न हो, अपनी दिवंगतापत्नी की किसी न किसी बहाने अक्सर याद करते हैं और उसको उन्होंने दिव्य सी सत्ता दे दी है, या उसने उसे भुला दिया है और उस रूप में भी उसको देखते हैं। वह उनका पथ प्रदर्शक तारा (Guiding Star) मानो बन गयी है। बरबस ही दाँते की बिएत्रिचे की याद आ जाती है। यूँ तो शायद हर जगह इस गाइडिंग स्टार को खींच लाना भी शायद सही न होगा उसको परोक्ष में ही रहने देना सुंदर लगता है।

इसी प्रसंग में 'प्रिया के प्रति' दृष्टव्य है। उसके भाव पक्ष पर ज्यादा समय लगाने की जरूरत शायद नहीं, इसलिए कि वह अत्यंत स्पष्ट है, डायरेक्ट है। केवल उसके शिल्प पक्ष के बारे में दो एक बातें कहना चाहूंगा।

दो बंध हैं। दोनों का बेलेंस (संतुलित योजना) अद्भुत है। भाव, भाषा, संयोजन-आयोजन, हर प्रकार से यह कविता कीट्स के 'ओड्स'से सहज ही तुलनीय है। दोनों बंधों में 'हाल' और 'काल' शब्द उन्हें कए दूसरे पूरी तरह कस देते हैं।

फिर इनका जो रन ऑन (Run on) शिल्प है, वह कहीं भी छंद में व्याघात उत्पन्न नहीं करता। भाव इतने व्यक्तिगत हैं, गहरी पीड़ा के मर्म को झेलते हुए और फिर भी निष्कंप रूप से अभिव्यक्ति में शक्तिशाली।

निराला की इन शुरू की कविताओं में नास्टेल्जिया-सा मिलता है। किसी की याद। उस याद को वह एक उदात्त रूपव देना, उसमे संगीत को उसका प्राण बना देना चाहते हैं। महसूस होता है जैसे घंटों झूमझूमकर गा-गाकर उन्हें लिखा गया होगा ताल पर नाचने की मुद्राएँ उसमें समाहित होंगी। मुझे इन बातों में लेश मात्र भी संदेह नहीं है।

निरालाजी कभी-कभी भावमय मुद्रा में अपने एकाँत कमरे में नृतय करते थे। जिन्होंने उनको अपने गीत या लिरिक पढ़ते सुना है वो अगर याद करें तो उस प्रक्रिया में उनकी उँगलियाँ, उनका भवें और होंठ एक तरह से उनकी पूरी यष्टि भाव विह्वल होकर कविता को व्यक्त करने लगती थी। मानो अनेक ललित कलाओं के संयोग और सहयोग से वो अपनी रचना को अधिक से अधिक सजीव और मूर्तमान करने की कोशिश में हो।

मुझे याद है अपनी यूनिवर्सिटी के जमाने में मुझे निरालाजी के एकाध समास कुछ खटकते-से, जबरदस्ती लाये गये-से (Forced), बोझिल से लगते थे। आज वो नहीं खटकते मसलन्- 'शेष' कविता में 'हर्षहरण-हृदय' मुझे लगता था जैसे ये एकदम स्वाभाविक

सा नहीं है। मगर आज महसूस करता हूँ कि यह इस कविता की जान है। जितना ही यह पहली बार के पाठ में 'अति साहित्यक' रेटारिकल सा लगता है, या लगता हो, उतना ही, अगर इसे संगीत की लय में घुला कर गुनगुनायें और पहली दो पंक्तियों से मिलाकर और अपना अनुमोदन चाहने वाले प्रश्न पर बार-बार जोर देते हुए पढ़े तो खटकने की बजाए वह बेहद स्वाभाविक-सा लगने लगेगा।

वो हृदय जो हमारा हर्ष, उत्साह, आंनद हर ले जाता है, क्या निर्दय नहीं ? समय रहते हमें सुमन चुन लेने चाहिए। 'मुकुल-व्याकुल श्री सुरभि' भी यही कहती हुई बहती है और स्वयं प्रिय ने भी सुरभि की ही बात दोहराई थी, कि देखो शाम हो रही है, सूरज डूबने को है, यह समय निकल जायेगा, जो आज सामने हैं वो फिर देखने को नहीं रहेगा, जो सुमन चुनने हैं चुन लो हृदय में बसा लो, अपनी आत्मा को समृद्ध कर लो, प्रेम और सौन्द्रय की कान्ति को और गरिमा को अपने अंतर में समझ लो, उतार लो, वरना बहुत देर हो जायेगी।

बात में कोई खास नयापन तो नहीं है, मगर कहने के अंदाज में एक ड्रामा है। सहज कथोपकथन का प्रवाह भी है और उन्मुक्त-सी शैली के साथ संगीत का प्रवाह भी: और वही नास्टेल्जिया जो जीवन भर साथ रहता है।

परिमल की एक और कविता पर मेरा खयाल है, किसी ने ध्यान नहीं दिया है। मगर जो मुझे कए तरह से हमेशा haunt करती रहती है। वह एक ऐसी कविता है जो निराला के सामान्य व्यक्तित्व से बहुत मेल नहीं खाती, मगर जिसमें एक अथाह करुणा भाव के दर्शन होते हैं, उसमें असामान्य जो बात है वो है, उसमें व्यक्त परलोक का-सा वातावरण। जैसे सहसा कोई परलोकवासी आत्मा हमारे सम्मुख आ उपस्थित हो, हमसे कुछ कहने के लिए मगर कहे नहीं, घोर व्यथा के कारण।

यहाँ विशेष बात यह है कि यह आत्मा केवल अपनी ही आँखों के रूप में सम्मुख आती है और सारा वार्तालाप अपने 'मौन' से यह आँखें ही करती हैं।

'स्वप्न स्मृति'--यह 'भिक्षुक' शीर्षक कविता के भौतिक रूप का प्रेतातमिक रूप है, मानव। निराला यह नहीं कहते वो आँखें किसकी है, वो कौन है। निश्चय ही निराला उस समय, जब ये कविता लिखी गयी घोर संताप और दुख के जमाने से गुजर रहे होंगे। उनका अपना संताप, उनकी अपनी व्यथा उन आँखों से प्रतिबिंबित हुई है। यद्यपि कविता का अंत निराशा बल्कि हताशा से होता है, मगर निराला का आंतरिक चरित्र इस कविता में अपने अचल धैर्य और संयम का परिचय देता है। ये भाव उन आँखों के ही हर संदर्भ में व्यक्त हुए हैं। पर निःसंदेह निराला के धैर्यपूर्ण विकट संघर्ष को भी प्रतिबिंबित करते हैं।

मुझे जो चीज हांट करती थी वह उन निमेष-विहीन नेत्रों के भाव में कहे हुए शब्द, यानी वो किसी आत्मा के नेत्र हैं जो संभवतः अब संसार में नहीं है मगर वो कह रहे हैं

कि--

"अब हम न रहेंगे यहाँ, आह
संसार...

निराला, खास तौर वे उनका परिमल, मेरे नास्टेल्जिया का एक हिस्सा रहा है। निस्टेल्जिया में भावुकता का अंश प्रायः होता ही है। चूँकि वह जिंदगी की शुरू की यादें होती है, भावुकता से गीली नहीं होती, न हो सकती हैं। बेशक बाद में वो सब एक खाली-खुली बचपना ही महसूस होती हैं, मगर फिर भी उन यादों में एक अपना संगीत-सा भी होता है। कुछ मोहक चेहरे होते हैं जो पूरी तरह बिसरते नहीं, वो संगीत गूँजता चला जाता है, शायद आखिर उम्र तक अपनी गूँज बनाये रखता है।

अगर वो नास्टेल्जिया निराला के गीतों से मिलकर बना हो फिर तो कहना ही क्या। उस संगीत में एक और संगीत, एक बहुत ही दक्ष संगीत, शामिल हो जाता है। और दरअसल भाव या अर्थ से अधिक प्रमुख वह संगीत ही होता है। वह संगीत स्वयं एक सपने का संगीत होता है--नास्टिल्जिया का सुंदरतम रूप, सारे अर्थ, सारे भज्ञव, उस संगीत में ही समाये हुए होते हैं। विदेशों में भारतीय संगीत के प्रेमियों से गीत के अर्थ पूछे गये तो उन्होंने कहा हमें नहीं मालूम--पूछा तो फिर क्यों उन्हों ऐसी मस्ती से गाते हैं ? जवाब दिया की--अच्छी लगती है। दिल को मोहती है। अगर्चे हम निराला के अक्सर गीतों का अर्थ खासा कुछ समझते हैं--और खासा कुछ (ईमानदारी की बात) नहीं भी। मगर उनका जादू वही संगीत ही होता हे। यहाँ मैं उनके काव्य या छंद संगीत में ही सीमित करके अपनी बात करना चाहूँगा, हालाँकि जानता हूँ कि शास्त्रीय संगीत या कह लीजिए विशुद्ध संगीत की दृष्टि से भी वह अत्यंत सफल सिद्ध होंगे। मगर चूँकि वो क्षेत्र मेरा कतई नहीं है और यहाँ मुझे केवल निराला की कविता से बहस करना है, इसलिए इतना कहना ही काफी होगा। मिसाल के लिए 'निवेदन' लूँगा...

एक दिन थम जायेगा...

यह कविता, कविता से कुछ अधिक, गीत इसलिए है कि इसमें ताल और लय भाव के स्वरूप को बाँधते हुए अपनी टेक से उस पर बल देने के लिए आये हैं और प्रमुखता शब्दों के अर्थ नहीं है बल्कि प्रतीकों और बिबों का आशय है, जिस तरह से कि संगीत में होता है कि--एक छोटा सा 'बोल' होता है, इने-गिने शब्द होते हैं, मगर उनमें भाव स्वरूपों का अथाह दरिया होता है। और उसमें डूबने उतराने वाला श्रोता अपने ही मन के भाव स्वरूप देखता है।

निराला के गीतों और लिरिक्स की खूबी ये है कि पहली नजर में एक अस्पष्टता का पर्दा-सा रहते हुए आंतरिक स्थिति अद्भुत रूप से स्पष्ट व्यक्त होती महसूस होती है। हालाँकि वह बिल्कुल पूरी तरह स्पष्ट नहीं होती।

मसलन इसी गती में "एक दिन थम जायेगा रोदन/तुम्हारे प्रेम अंचल में" जो चीज हमें फौरन आकृष्ट करती है, उसके आरंभ का अंदाज, 'एक दिन थम जायेगा' उसके बाद जब 'रोदन' शब्द आता है तब हमें यह पूछने का खयाल भी नहीं आता किसका रोदन ?' लगता है साफ, यही होगा कि 'तुम्हारे प्रेम अंचल में' 'हमारा रोदन' एक दिन थम जायगा। कराहें तुमसे मिलते ही खत्म हो जायेंगी, यह सामान्य अर्थ हुआ। मगर शायद सही नहीं। क्यों ?

'शायद' मैं इसलिए कह रहा हूँ कि अगर गहरी अनुभूति में कार्य और कारण कभी-कभी एक होकर आते हैं, यानी उभयपक्ष एकीकृत हो जाते हैं। मलबल ये हुआ कि 'हमारी' वेदना समाप्त हो जायेगी तो तुम्हारे भी आँसू थम जायेंगे। यानी आँसू उभयपक्ष में थम जायेंगे। बेशक अर्थ को इस तरह लिया जा सकता है। मगर असल बात ज्यादा कुछ है, और इससे आगे जाती है।

निराला कह रहे हैं कि तुम्हारे प्रेम अंचल में जो कनकनक टँके हुए हैं, उसमें जो सुनहरी झिलमिल है, वह आँसुओं से सींची जाकर स्मृति बन जायेगी। वो आँसू में ही झिलमिलायेंगे और बाद में वो भी कए अस्पष्ट धब्बा-सा महसूस होगा। मगर देखिए शब्दों की योजना और अन्त्यानुप्रासों की प्रभावकारी गूँज जो भावार्थ पेश करती है उसमें 'प्रेम अंचल में' और 'सींचे नयन जल में' में रेखांकित हो जाते हैं और 'लिप्ट स्मृति बन जायंगे' यह हिस्सा जो कि अर्थ की दृष्टि से प्रमुख स्थान रखता है, कुछ-कुछ डर-सा जाता है। बल्कि अगर यहाँ मैं धृष्टता करूँ तो कहने की 'लिपट स्मृति' बहुत से गीतकारों से सहज रूप से अदा भी न हो सके तो मुझे क्षम्य समझा जाये। निराला के गीत उन्हीं गलों में सुगम उतरेंगे जो छंद की साहित्यिक भाषा का भी रियाज़ रखते हों, बहरहाल। या तो 'स्मृति' को बँगला ढँग से सृति पढ़ा जाये, या गुनगुनाया या गाया जाये या रिराइट किया जाये और फिर गीत की लय पकड़ ली जाये। अगर कोई इस पर इसरार करे कि यह टुकड़ा 'लिपट स्मृति' कविता के संगीत में किंचित् बाधक होता ही है तो मैं उससे कतई बहस न करूँगा। शायद एक हद तक तो वो सही भी हो। मैं खामोश इसलिए हो जाऊँगा कि यहाँ मैं संगीत से अधिक काव्य का पक्ष अपने मन में ग्रहण कर रहा हूँ। और काव्य के पक्ष से मुझे ये शब्द बहत ही उपयुक्त लगते हैं। 'लिपट स्मृति' कह जगह 'सहज स्मृति' हो सकता था और वह संगीत के प्रवाह में खूब घुल भी जाता मगर 'लिपट' में ये अकेला शब्द स्वयं अपनी जगह भावना का एक पूरा स्वरूप उपस्थित करता है। उसकी जगह और कोई दूसरा शब्द नहीं ले सकता।

इसी तरह की आपत्तिजनक स्थिति एक और शब्द की हो जाती है जो आगे आता है कोमल संगीत शायद उसे गवारा न करें। देखिए, ये आम मुहावरा कितना सुंदर है कि 'जब हँसते हैं तो उनके मुँह से फूल झरते हैं' या पोपले मुँह के लिए ये दिलचस्प फिकरा--'दाँत झड़ गये' कहना मुहावरा कितना सटीक है। निराला के इस गीत में आँचल के 'कनकनक' समय बीतने पर जब केवल स्मृति रह जाते हैं तो गोया वो सब टँके हुए

मोतियों की तरह झड़ गये हैं। आँचल की वो अगली-सी झिलमिली सूनी पड़ गयी है। गोया किरानी घिस गयी है कनक़ झड़ गये हैं। कुछ निशान या धब्बा-सा कहीं-कहीं बाकी है, वो भी सपना-सा लगता है। कहते हैं :

स्वप्न ही तो दाग वोह कहलायगा
फिर मिटेगा, स्वप्न भी निर्धन

मगर स्वप्न भी समाप्त होते हैं 'प्रभा-पल' आ जाता है गगनतम के समान स्वप्न की निर्धनता शून्य हो जाती है और प्रभा-पल...वो प्रभा-पल फिर प्रिया के प्रेम अंचल के रूप में नज़र आते हैं।

प्रेम जिस मंजिल पर ले आया है वहाँ आह-कराह की स्मृति और सपना और उसका लेश भी नहीं रह गया है, रात बीत गयी है,सुबह हो आयी है, प्रेम का आँचल उस प्रभात में फैल गया है जहाँ वह 'एक दिन' जिसकी कल्पना और आकांक्षाओं से गीत शुरू होता है वह आ गया है।

मगर अभी कम से कम एक और बड़ी मंजिल आनी बाकी है।

जिस प्रेम आँचल की अब तक देख रहा है वह मात्र उसका, एक व्यक्ति का आशय नहीं है, वह एक व्यापक भाव या अनुभूत संज्ञा है। वह देखता है कि अनगिनत प्रेमी बृहत्तर क्षितिज की ओर बढ़े जा रहे हैं। उन्हीं में उसकी प्रिया भी है। अपने मोक्ष या अपनी सुगति के लिए अपने रास्ते में तल्लीन व्यक्ति का व्यक्ति से प्रेम...प्रेम उसका...दूर छूट गया है। वो देखता है कि उसकी प्रिया परम प्रिय के संग है। वो अपने प्रेमी को मुश्किल से पहचानती है, वह अपनी बड़ी-बड़ी आँखें खोलकर कवि को देखती है। मगर उन आँखों में अपरिचय है। मगर, वो आँखें अपनी ही बृहत्तर यात्रा के उल्लास में मगन हैं।

गोया कि...मुझको तो तुमने एक सहारा-सा ही दिया है-कि लो प्रेम का रूप देखा, अब आगे बढ़ो। आँसुओं की असारता और व्यर्थता को छोड़ो बल्कि भूल जाओ और एक परम प्रिय के व्यापकतर प्रेम-स्वरूप को निहारो और उसी में मगन होकर रहो।

इस मंजिल पर आकर 'प्रेम अंचल' का अर्थ बहुत विशाल और व्यापक हो जाता है।

[इलाहाबाद में दिये गये वक्तव्य का लिखित रूप]

संदर्भ

1. अगर महाप्रलयकारी आणविक विस्फोट यकायक आरंभ हो जाते हैं तो सारे वाद विवाद उसमें हवा हो जायेंगे--हवा, और कैसी जहरीली हवा।

सुभद्राकुमारी चौहान : एक अध्ययन

श्रीमती चौहान की रचनाओं में जो चीज सबसे अधिक प्रभाव मन पर डालती है, वह है उनका व्यक्तित्व और उनके व्यक्तित्व में छिपा हुआ लगातार संघर्ष। वह कोई महान कवि नहीं थीं, न महान कलाकार। राजनीति में भी उनका मत, सैद्धांतिक दृष्टि से, बहुत सुलझा हुआ कहा जाय, तो सही न होगा। वह राजनीतिज्ञ नहीं थीं। मगर इससे इनकार नहीं हो सकता कि उनका हृदय एक ऊँचे कलाकार का हृदय था और उनका व्यक्तित्व महान की कोटि में आता है। धीरे-धीरे उन्होंने सच्ची मनुष्यता के बहुत बड़े फैलाव को अपनी अनुभूति के अंदर समो लिया था। हम उनकी अंतिम रचनाओं के अंदर देखते हैं कि संसार उन्हें बच्चों और उनकी माँओं, और उन्हीं की समस्या से भरा दिखायी देता था: जिसकी हर रंगीनी और उदासी में उनकी इतनी दिलचस्पी थी, --जिसका हर दुख-दर्द उन्हें इस हद तक अपनी निजी कहानी-सा मालूम होता था, --हर कसो-नाकस के साथ-संग और मेल-मिलाप में वह इस कदर मिठास पैदा कर देती थीं, कि कविता, कहानी, राजनीति, सुधार, आंदोलन और क्रांति उनको अपनी रोज़ाना ज़िंदगी के क़तई बाहर जैसे नहीं लगते थे।

यह बात उनके व्यक्तित्व में कैसे पैदा हुई ? यह तो स्वाभाविक ही है कि लोक-परिवार में यह माँ का रूप उनकी प्रकृति ने धीरे-धीरे लिया : पर उनके अंदर वह कौन से रुझान काम कर रहे थे, जो उन्हें इस नये सौंदर्य से परिचित करा रहे थे, जिसकी मिठास में वह बरबस औरों को भी डुबा देती थीं ? जीवन कैसे उनके एक पैमाने में ऐसा सागर की तरह हिलोरें लेने लगा ? मैं उनके बारे में सोचता हूँ तो अक्सर यही सोचने लगता हूँ। क्योंकि, सिर्फ उनका साहित्य--यानी उसका एक चुना हुआ हिस्सा तो--पुष्ट और श्रेष्ठ है: पर कोई सब तो ऐसा ऊँचा नहीं, और न उनकी कहानियाँ ही, सब। फिर इस सवाल का जवाब क्या है ?

मुझे इसका जवाब--उनके साहित्य में से भी--यही मिलता है कि उन्होंने जीवन में लगातार संघर्ष किया है: खुलकर, मैदान में आकर ऐलानिया लड़ाई लड़ी है : उन्होंने अपनी जिदें औरों से मनवायी हैं, और फिर-फिर मनवायी हैं : जिस रास्ते को ठीक

समझा है, उस पर निःशंक होकर क़दम रखा है, और उसी में उत्साह और सुख अनुभव किया है और उनके पीछे-पीछे औरों ने भी। ज़रूर उन्होंने बहुत कुछ झेला है, तब यह मिठास उनके हाथ लगी है।--और इसी संघर्ष में उन्हें अपनी सच्ची कला के भी दर्शन हुए हैं। इसी में जैसे उन्हें वह सुख मिल गया है जो आज़ादी और प्रेम की महान प्राप्तियों और कला की ऊँची सिद्धियों में मिल सकता है।

[2]

यह संघर्ष उन्होंने क्योंकर अपनाया ?

सहज सम्वेदन और प्रेम, और कविता की लय, और ऊँचे-ऊँचे आदर्शों की तंरगें हृदय में बचपन से ही उठती आ रही थीं, एक संगीत-प्रेमी भक्त पिता के हृदय में। और ये तंरगें उसकी कल्पना को विकल रखती थीं। एक अनोखी और अद्‌भुत दुनिया उसे अपनी तरफ़ बुला रही थी। भक्ति, प्रेम और सेवा, तीनों ने अपने आदर्शों से उसके कोमल हृदय को बाँध लिया था।

यौवन में जगमग झाँकियों की धूम अभी शुरू ही हुई थी, और जीवन एक त्योहार बन ही रहा था कि उसके आभ्यंतर का अर्थ ही एकाएक दूसरे रंग में रंग गया। देवता ही जैसे स्वयं बदल गये।...एक बहुत बड़ी स्वतंत्रता के लिए सत्य और अहिंसा की खुली हुई बाँहों ने पहली राष्ट्रीय क्रांति की ओर उनका आह्वान किया--कि, आओ, इस ओर ! सुभद्राकुमारी का पूरा व्यक्तित्व इसके लिए जैसे तैयार ही बैठा हो। ("यह स्वतंत्रता की चिन्गारी अंतरतम से आयी थी।"[1]) और वह पति को साथ लेकर कर्मक्षेत्र में उतर पड़ीं।

उसके बाद ?... संघर्ष चलता है। राजनीतिक-सामाजिक, और व्यक्तिगत। जीवन के प्रत्येक अंग में। पुराने और नये आधारों का संघर्ष। और समस्याएँ, मार्मिक रूप से उघड़कर, यथार्थ की दुनिया में सामने आती हैं। स्वप्न टूटते हैं, आदर्श पहले से भी अधिक दृढ़ आधार ढूँढ़ते हैं। संघर्ष चलता है।

इन समस्याओं की भूमि क्या है ?

'मुकुल' को लीजिये। प्रेम की कड़ी आराधना--आराध्य देव के वास्तव रूप का दर्शन--फिर क्रूर व्यवधान--वियोग की तपन (और शिशिर समीर को संदेसा)--ईर्ष्या का दाह--व्यक्ति की भावना का सम्पूर्ण आत्म-समर्पण--संयोग की अपूर्ण तृप्ति--शांति और सुख की खोज (--वह 'बचपन की मस्त खुशी !')--और उसकी प्राप्ति : अपनी संतान की निर्बन्ध, निर्द्वन्द्व आत्मीयता में। जीवन में एक नया माधुर्य।[2]

और अब जीवन को एक नवीन दिशा मिलती है, और लगता है कि अपना परिवार तो बहुत बड़ा और दूर तक फैला हुआ है। अपनी समस्या पूरे देश की समस्या के साथ बँधी हुई है। उसकी मुक्ति में ही अपनी भी निजी मुक्ति है। कितनी चिंताओं का समाधान इस

भाव में है। देश-प्रेम का तो राग ही निराला है। व्यक्तिगत प्रेम की सीमा में यह बात कहाँ थी।[3] कितना खुला हुआ और सीधा रास्ता मिल गया है !

इसी दिशा में बढ़ते हुए 'बिखरे मोती'[4] और 'उन्मादिनी'[5] का कथाकार कवि अपने चारों ओर देखता है--अंधी परंपराओं के बंधन, चारों ओर सड़े-गले रस्म रिवाजों के ग़लीज़ घेरे, जिनमें क्रूर पाखंड की उंगलियाँ उठती हैं एक दमन और घुटनवाला समाज, जो खुली तंदुरुस्त ज़िंदगी की साँस लेना जानता ही नहीं।

इसके मुक़ाबले के लिए यह सत्याग्रही और साहित्यकार अपना मोर्चा बनाता है। उत्साही यौवन में उसका साथी 'पुरुषार्थ और ज्ञान का उदय' है जो 'मोहनेवाला है।' एक सपना जो क़ुर्बानियों की ओट में पूरा हो रहा है। वह एक जीती-जागती, सुलगती, बेचैन सच्चाई, जो कि अपने अंतर की करोंच है। अपने जीवन में और समाज में इस सच्चाई को बलिदानों के मोर्चे पर जीतकर हासिल करना होगा। और इसके लिए संघर्ष,...[6]

इसी में (और यही) कविता भी है, कहानी भी। कला की सारी सौंदर्य-वस्तु। इसी में प्रेम और भक्ति की वह सच्ची झाँकियाँ भी हैं, जिनके लिए कि यौवन को उमंगें मिलीं, और वसंत और राखी और विजया-दशमी के त्योहार और मातृ-मंदिर में उत्सर्ग का आनंद और उल्लास। यह उत्ताल आत्मा का समुद्र हमारे ही बीच लहरें ले रहा है; सूख नहीं गया है। ...हाँ, कर्म के आंदोलन द्वारा हमें अपने सारे बंधन ढीले कर लेने हैं; पाप, दैन्य और अज्ञान को जीवन के पथ से हटा देना है। ताकि हम स्वस्थ मानवों की उस दुनिया को हासिल कर सकें जहाँ सब समान रूप से अपने अधिकारों की सुख-सुविधा का उपभोग करते हैं, जहाँ हमारी अपनी आदर्श पार्लमिंट है, अपना निर्द्वंद्व राज। और इसके लिए संघर्ष, निरंतर संघर्ष।...

[3]

इस संघर्ष ने उनके शरीर को कमज़ोर कर दिया था; थका दिया था। पर सुभद्राजी ने अपनी समस्याएँ सुलझा ली थीं। सास-बहू के आपसी सम्बन्ध; पति-पत्नी की ज़िम्मेदारियों के और दूसरे भावुकता के गहरे संबंध; पर्दा और समाज के दूसरे छोटे-बड़े अर्थहीन बंधन--इन सब की ज़मीन अपने जीवन में उन्होंने टोह ली थी। उनकी स्वस्थ और स्वतंत्र भावुकता ने यथार्थ के बहुत से मर्म पहचान लिये थे। हर चुनौती का जवाब उनके पास था। और वह जवाब था उनके अंतःकरण और सच्चाई की हठ का। उनकी कविता और कहानी, विशेषकर 'सीधे सादे चित्र' में उन सुलझावों का बहुत-सा मसाला मौजूद है।

उनके साहित्यकार का आंतरिक जीवन यही है।

भावुकता और आदर्शवाद की बाढ़ और अलौकिक प्रेम के सपने जब ठोस वास्तविकता से टकराकर बिखरने लगे, तब एक ओर देश सेवा के आदर्श ने (जिसका

दामन शुरू से ही हाथ में था), और दूसरी ओर अपने परिवार और बच्चों की दुनिया ने उन्हें वह नये जीवन का प्रकाश दिखाया, जिसको उनका अधीर व्यक्तित्व अपने विकास के लिए खोज रहा था। अपने बचपन की उमंग और शांतिपूर्ण आदर्श का लोक उन्हें यहाँ मिल गया, और अब वह पहले से भी विस्तृत और अर्थपूर्ण था।

'झाँसी की रानी' का आत्म-बलिदान और उसकी आत्मिक विजय सुभद्राजी के लिए एक नयी कहानी का अध्याय खोलती हैं--सामाजिक जीवन में आत्मोत्सर्ग का। 'नया बचपन' और 'बिटिया का परिचय' इसी नये जीवन की घरेलू भूमिका है। संघर्ष और प्रेम की दुनिया में भाई जो जेल जाता है, बहन का दुख दूर करने के लिए, उसका अब ख़ास महत्व हो जाता है। वह बाहर के संघर्ष में एक साथी का आदर्श प्रतीक है। राखी एक चुनौती हो जाती है; जेल कृष्ण-मन्दिर; और माँ भारती का मंदिर स्वतंत्रता की देवी का वह पुण्य स्थान, जहाँ देश की सारी जनता की, सभी दीन-दुखियों की सभी मुरादें पूरी हो जाती हैं--बिछुड़े हुओं के गले मिलने से लेकर उनकी पार्लमिंट बनने तक। उन्हें अपना स्वराज मिल जाता है। अपने बच्चों की दुनिया में नव जीवन मिला, और माँ की भूमिका में, देश-सेवा के व्रत में, पूर्ण आत्मिक सुख।

अब हर तरफ सच्ची आज़ादी की राहें खुल गयी थीं। अब सुभद्राजी उस कर्मपथ पर आकर निश्चिंत हो गयीं, जहाँ वस्तुतः उनको कोई दुःख आकर नहीं छू सकता था; जहाँ वह दूसरों के दुःख से दर्द महसूस करती थीं, और उनके लिए बेचैन भी होती थीं, लेकिन उन सबों को वे अपने उसी उल्लास और व्यापक भाईचारे और इंसानी आज़ादी के संघर्ष-लोक में खींच लाना चाहती थीं, जिसमें कि वह स्वयं मगन थीं। ("मैं जिधर निकल जाती हूँ, मधुमास उतर आता है!") वह जिधर जाती हैं, आनंद और शांति की कलियाँ चिटकाती जाती हैं।

पुरानी गुत्थियाँ कबकी सब पुरानी कहानी हो चुकी हैं। जीवन में एक सुंदर तीर्थ की-सी शांति और चहल-पहल आ गयी है। 'एक भारतीय आत्मा' ने क्या सही महसूस किया है कि "सुभद्राजी का आज का चल बसना प्रकृति के पृष्ठ पर ऐसा लगता है मानों नर्मदा की धारा को कोई महाकोशल के आँचलों में से चुरा ले गया हो!..." उस धारा में वह सब भेद-भाव, वह सब विषमताएँ कहाँ थीं, जिनका कि हमारा देश आज रंगस्थल बना हुआ है? इस घुली-मिली एक, सच्ची मनुष्यता के धर्म-पालन में अगर कोई अड़चन आती थी, तो वह अपनी जगह पर अड़ जाती थीं, और उसके लिए एक 'सविनय असहयोग आंदोलन'-सा खड़ा कर देती थीं। वरना उनके व्यक्तित्व का अर्थ ही क्या था।[7]

इस संघर्ष का वास्तविक सैद्धांतिक रूप भी उन पर अब ज़्यादा साफ़ होता जा रहा था; यद्यपि वह अब भी उलझा ही हुआ था। (इसकी आलोचना अंत में करेंगे, और देखेंगे कि उसका उनकी काव्य-प्रतिभा के विकास पर क्या असर पड़ा।) वह शायद इस बात की क़ायल नहीं थीं कि हमारी पूँजीवादी दुनिया आज सीधी दो तबक़ों में बँट गयी है। शायद उनको यह विश्वास पूरी तरह नहीं हुआ था कि आज अमीर-ग़रीब और ऊँच-नीच का

भेद और समाज की सारी विषमताएँ अकेले जन-सेवा और सुधार के संघर्षों से ही नहीं मिटायी जा सकतीं। जो हो, कर्म-क्षेत्र में स्वयं उन्होंने सदा अपने को दलितों, दीन-दुखियों, यतीमों और बेकसों के लिए ही लड़ते पाया। और उनके मुक़ाबले में कुछ दूसरी ही परंपरा की शक्तियाँ थीं, जो अपने आपको धर्म, कानून, पूँजी और समाज का इजारेदार समझती थीं, जो अपने आराम और सुविधा को ग़रीबों की मुसीबतों की पुकारों से, अलग, दूर, ऊँचाई पर रखती थीं।

[4]

यह सही है कि उन्होंने सच्ची साहित्य-कला के लिए ज़मीन तैयार की, उसमें कला के सुंदर बीज खिलाये, जिनमें कुछ तो अपनी जगह पर बड़े अनूठे थे। मगर वह अपने साहित्य की साधना, जैसी कि होनी चाहिए थी, न कर सकीं। कुछ तो उनके कांग्रेसी जीवन के उखड़ेपन ने इसकी निश्चित सुविधा उन्हें कभी न दी, और कुछ यह हुआ कि उनके जीवन-संघर्ष ने ही अपनी अभिव्यक्ति के लिए और दूसरे रास्ते निकाल लिये।

हम देखते हैं कि वह अपने पहले ही काव्य-संग्रह 'मुकुल' की भूमिका (नवंबर, सन् 30) में कहती हैं कि 'जब कभी कविता का नाम सुनती हूँ, मालूम होता है जैसे दूर से आनेवाली कोई टूटती हुई रागिनी सुन रही हूँ, जैसे कोई भूली हुई बात याद कर रही हूँ।' इसके चार-पाँच साल बाद उनकी तेरह कविताएँ 'त्रिधारा' में और संग्रहीत हुईं। लगभग उसी के साथ-साथ 'उन्मादिनी' नाम से उनका एक संग्रह भी निकला, जिसमें कथा-वस्तु पहले से अधिक गंभीर और भूमिका भी विस्तृत थी, पर टेकनीक कमज़ोर। इधर कुछ फुर्सत पाकर उन्होंने कहानी की तरफ फिर ध्यान दिया था, और ख़ास तौर से स्केच के ढंग में कुछ चीजें अच्छी लिखी थीं, जो 1946 में 'सीधे-सादे चित्र' में संग्रहीत हुईं।

सुभद्राजी के साहित्य में शुरू की भावनाओं में आवेग और रसप्लावन, और बाद को लगभग मौन-सा; और फिर इधर कुछ साहित्यिक तत्परता--यह क्रम कुछ-कुछ उसी नक्शे पर है जो हम सन् 20 से लेकर देश की ऐतिहासिक धारा में देखते हैं : देश के अंग-अंग को फड़काती हुई राष्ट्रीय आंदोलनों की पहली उमंग और उत्साह-भरी लहर--सन् 20 की और सन् 30 की भी; फिर राजनीतिक जीवन में ढील और हतोत्साह का दौर; और दूसरे महायुद्ध से फिर देशव्यापी आंदोलनों की विजय के फल-स्वरूप स्वतंत्रता के दिनों का नजदीक आना, और आख़िरकार, 15 अगस्त।

हमें यह भी याद रखना चाहिए कि 'मुकुल' सन् 30 में उस युग का लगभग अंतिम महत्वपूर्ण काव्य-संग्रह है जिसे द्विवेदी-युग कहा जाता है। इसके बाद हिंदी कविता का जो जमाना आता है, उसका मिजाज और उसकी माँगें सुभद्राजी के बिलकुल विरुद्ध थीं। व्यक्ति की असफलता और निराशा का गीत वे गा सकती थीं। ('मनुहार', 'करुण

कहानी'--त्रिधारा में), पर यह उनके स्वभाव की मर्यादा के विरुद्ध था।

मैंने हँसना सीखा है,
मैं नहीं जानती रोना। ('त्रिधारा')

अपने निजी अभावों को वह मौन ही सहन करती थीं।

'है प्रफुल्लता के परदे में, भीषण-भीषण दाह।' (त्रिधारा, पृ. 64)

कवि का आदर्शवाद धीरे-धीरे उसके होंठ सिल देता है।

[5]

सुभद्राजी अपने साथ के और कवियों से कहीं अधिक लोकप्रिय हुई हैं। इसका कारण है उनकी सहज आत्मीयता और लोक-भावनाओं का गहरा अपनाव। उनका आदर्शवाद भी मुख्यतया राष्ट्रीय हलचलों से बँधा हुआ रहा है। इसीलिए, उनकी तमाम रचनाओं में एक जागरण-सा है। उनमें से कई आज भी इतनी ताजा लगती हैं कि हमें सहज ही भूलती नहीं। यही नहीं, बल्कि उनके छोटे-मोटे दोषों को हम कोई महत्व नहीं देते। (कहानियों में भी 'तीन बच्चे', 'पवित्र ईर्ष्या' और 'बिआहा' याद रखने की चीजें है।)

उनकी लोकप्रियता की तह में एक और चीज भी है। वह यह कि खड़ी बोली के सजीव रूप की जितनी रक्षा इन्होंने अपनी रचनाओं में की है उतनी शायद नरेंद्र और कुछ हद तक बच्चन से पहले किसी ने नहीं की। हाँ, रामनरेश त्रिपाठी और गोपालशरण सिंह ने इसका बराबर ध्यान रखा, मगर उनके यहाँ या तो बनावट अधिक आ जाती है या तकल्लुफ़ और भाषा उतनी खुल नहीं पाती। भाषा के प्राण बोली में हैं। सजीव भाषा के लिए महत्व शब्दों का नहीं, वाक्यों और वाक्यांशों के स्वाभाविक लहजे का है, जो कि भाव का वाहक होता है। अकेले शब्द व्यंजना या चमत्कार पैदा कर सकते हैं, प्राणों की झंकार नहीं--जब तक कि वे बोली के अंदाज में बँधे हुए नहीं होते।

हम सुभद्राजी के प्रिय छंदो पर अगर ध्यान दें, तो देखेंगे कि वह 'जनता के बीच की प्रचलित लय' लिये हुए हैं। इस प्रचलित लय को लावनी के ढंग पर श्रीधर पाठक ने अपने 'एकांतवासी योगी' मे अपनाया; जिसका जिक्र पं. रामचंद्र शुक्ल ने अपने इतिहास में किया है, इस उद्धरण के साथ :

आज रात इससे परदेशी चल कीजे विश्राम यहीं
जो कुछ वस्तु कुटी में मेरे, ग्रहण करो, संकोच नहीं।

यही वह छंद है, जिसका प्रयोग 'झाँसी की रानी', 'मेरा नया बचपन', 'राखी' आदि सुपरिचित कविताओं में हुआ है। यही आल्हा का छंद है। यह लगभग वही है जिसमें नजीर ने अपना प्रसिद्ध 'बंजारानाम' लिखा। इसी छंद में फिर बच्चन ने अपनी मधुशाला लिखी, जो लोकप्रिय हुई और नरेंद्र शर्मा ने 'यकुम मई।' यहाँ यह भी रेखांकित होना

चाहिए कि खड़ी बोली में लोक कथात्मक गीत (बैलेड) की शैली 'झाँसी की रानी' ही एक ऐसा उदाहरण है जिसमें मध्यवर्गीय कला-परंपरा और लोक-कला दोनों मिलकर एक प्राण हो सके हैं। एकमात्र दूसरा सुंदर प्रयास नरेंद्र का 'यकुम मई' है।

सुभद्राजी ने और भी छंद लिये हैं, जिनमें जन-रुचि की ध्वनि हमारे कानों में पड़ती है : जाने-अनजाने जैसे कुछ प्रचलित तर्ज़ों का आधार उन्होंने लिया हो। जैसे 'राखी की चुनौती', पूरी कविता।--

बहन आज फूली समाती न मन में।
तड़ित आज फूली समाती न मन में।
घटा है न फूली समाती गगन में।
लता आज फूली समाती न बन में।...
ये आयी है राखी, सुहायी है पूनो,
बधाई उन्हें जिनको भाई मिले हैं।... इत्यादि।

एक कविता में तो उन्होंने उर्दू बंद के साथ ठेठ गीत की कड़ियाँ मिलायी हैं और बड़े सुंदर ढंग से उन्हें स्वागत-गान के उपयुक्त बनाया है :

कर्म के योगी, शक्ति-प्रयोगी
देश-भविष्य सुधारियेगा।
हाँ, वीर वेश में, दीन देश के
जीवन-प्राण पधारियेगा।
तुम्हारा कर्म चढ़ाने को हमें डोर हुआ।
तुम्हारी बातों से दिल में हमारे जोर हुआ।
तुम्हें कुचलने को दुश्मन का जी कठोर हुआ।
तुम्हारे नाम का हर ओर आज शोर हुआ।
हाँ, पर-उपकारी, राष्ट्र-बिहारी,
कर्म का मर्म सिखाइयेगा।

--स्वागत गीत ('मुकुल')

आम तौर से उनकी पद-रचना बिलकुल ऐसी होती है जैसे एकाएक मुँह से बोल निकल पड़ते हैं। इसीलिए हम तत्क्षण उन्हें ग्रहण कर लेते हैं :

'अजी, बोल तो लिया करो तुम
चाहे मुझ पर प्यार न हो।'
'जा... कहते रुकती जबान
किस मुँह से तुमसे कहूँ, रहो।'

वह अपनी कविताओं को प्रारंभ करने में किसी प्रकार की भूमिका नहीं बाँधतीं, एकदम शुरू कर देती हैं। इसीलिए उनमें कुछ नाटक की-सी प्रत्यक्षता आ जाती है :

'सिंहासन हिल उठे...'

(झाँसी की रानी)

'तू गरजा, गरज भयंकर थी'

(विजयी मयूर)

'बहुत दिनों तक हुई परीक्षा'

(प्रियतम से)

'अपने कविता कानन की मैं हूँ कोयल मतवाली'

(मेरी प्याली)

असल में कला-रूप का प्रश्न सुभद्राजी के सामने कभी नहीं उठा। कविता उनके लिए भावों की विदग्धता भर थी। उदात्त भावों की एक तरंग। अन्यथा सीधा-साधा उपयोगी कर्मशील जीवन का प्रवाह ही उनकी वास्तविक कविता है। उसकी अभिव्यक्ति ही क्या--वह तो प्रत्यक्ष अभिव्यक्त है। उसका कला-रूप अपने चारों ओर देख लो। अंत में ऐसा ही उनका दृष्टिकोण हो गया था।

तब क्या वह जीवन कलाकार से उसकी कला में अपनी अभिव्यक्ति की माँग नहीं करता ?

दरअसल इस दृष्टिकोण में कला-पक्ष की एकदम उपेक्षा है, और उसके अंदर छुपी हुई है कलाकार को एक चुनौती; वस्तुतः यह उसकी हार है और दार्शनिक की विजय। यह दृष्टिकोण कलाकार और दार्शनिक दोनों का विरोध लिये हुए है, उनकी सच्ची एकता नहीं, जिसकी शक्ति वह कला की अभिव्यक्ति में प्रकट करता। यह भी एक कारण था, जिसने उनकी कला-पक्ष की साधना पूरी न होने दी, और जब जीवन में भावनाओं का ज्वार मंद होकर समतल पर आ गया और ऊँची मुखर तरंगें केवल मंथर मौन प्रवाह बन गयीं, तब--सुभद्राजी की काव्य-रचना भी बंद हो गयी। अगर ऐसा न होता, तो बाद की अनेक राष्ट्रीय और सामाजिक हलचलों पर भी वे बराबर उसी तरह लिखती जातीं, जैसे शुरू में उन्होंने लिखा। इसीलिए वह समय भी आया जब आखिर कलाकार ने आदर्शवादी सत्याग्रही के साथ समझौता कर लिया।

मगर इससे भी विरोध हल न हो सका जो अनजाने रूप से उनके पूरे संघर्ष के पीछे छिपा हुआ है। देश-सेविका का आदर्शवाद (चाहे जिन मजबूरियों के कारण) कलाकार की उपेक्षा कर आगे बढ़ जाता है। मानों वे दो थे, एक को छोड़ना जरूरी था।

यह अंतर्विरोध, और संघर्ष का यह रूप उस आदर्शवाद में शुरू से ही निहित है, जिसको लेकर सत्याग्रही यह समझता है कि चूँकि बुद्धिवादी मध्यवर्ग ही राष्ट्रीय आंदोलन का अगुआ रहा है, इसलिए वही जन-आन्दोलन की शक्ति है; और इसीलिए उसका विश्वास है कि उसी के सुधारवादी संघर्ष से आज जन-जीवन की विषमताएँ और समाज और व्यक्ति के अंतर्विरोधों की समस्या सुलझ जायेगी।

ऐसे संघर्षकर्ताओं को एक शहीद होनेवाले का-सा एकाकी अलौकिक सुख प्राप्त होता

है, निश्चयः एक मुक्ति-सी : उसके उदार, महती भावुक उत्सर्ग को हम कविता की तरह हृदय से लगाते और प्यार करते हैं और उसकी गरिमा के आगे नतमस्तक होते हैं। मगर फिर भी वह सुख-सम्मोहन, वह एकाकी अलौकिक स्वर्ग हम-औरों के दरिद्र जीवन से कुछ बाहर की ही चीज रहता है। वह हमें विकल करता है अवश्य, पर हमारे जीवन के अन्दर पुष्ट और साकार नहीं होता। हमें मुक्ति का आलोक मिलता है, मुक्ति नहीं; सरल, ठोस, मुक्त जीवन नहीं। हल्दी घाटी के राणाप्रताप, वाटरलू के नेपोलियन और झाँसी की रानी और 'आजाद' नयी दिल्ली के शहीद गाँधीजी मिलते हैं... यह सारी गरिमा हमारी संस्कृति की अमर निधि हो जाती है, निश्चयः पर देश के जीवन में उस संस्कृति की सच्ची विजय, स्वतंत्रता की सर्वसुखदायिनी शक्ति, और अखिल जन-मन का उन्मुक्त आनंद, समाज की आत्मा का सच्चा निर्माण--नहीं बन सकती। वह संघर्ष बड़ा दर्दनाक है जिसकी हारें ही उसकी विजय हों। उसकी महानता लोक-भावना की संपत्ति है : इसलिए नहीं, कि ऐसे संघर्ष में ही विजय की प्राप्ति है, बल्कि इसलिए कि ऐसे संघर्ष से भी उस लोक-शक्ति का धीरे-धीरे संचय होता है जो विजय प्राप्ति को निश्चित करती है।

संदर्भ

1. 'झाँसी की रानी।'
2. देखिये यथाक्रम : 'कलह कारण', 'भ्रम', 'जाने दे', 'समर्पण', 'शिशिर समीर', 'मानिनि राधे', 'स्मृतियाँ', 'ठुकरा दो या प्यार करो', 'पारितोषक का मूल्य' और 'मेरा नया बचपन'।
3. 'पारितोषक का मूल्य'
4. 'मँझली रानी', 'दृष्टिकोण'
5. 'वेश्या की लड़की'
6. 'राखी', 'विजया-दशमी', 'मातृ-मंदिर में', 'विदाई', 'पुरस्कार कैसा'
7. "उनकी अरथी के साथ बहुत-से मुसलमान भी थे। पनागर में हिंदु-मुसलमानों का दंगा हुआ था। कुछ मुसलमान मारे गये। वह वहाँ के मुसलमानी मुहल्ले में जाकर उनके घरों में बैठ आयी थीं और उनकी स्त्रियों के करुण रुदन के बीच अपने भी आँसू बहा आयी थीं।

   "रशीद्उल्ला ने कराची में एक पाकिस्तानी अखबार में पढ़ा कि इंडिया की एक महान् स्त्री कवि का देहांत हो गया। आगे सुभद्राजी का नाम पढ़ा। वह रो पड़ा।

   "रशीद्उल्ला जबलपुर का रहनेवाला था। वह सुभद्रा के बच्चों के साथ पढ़ता था। एक दिन हमारे घर ग्रामोफोन के रिकार्ड माँगने आया। उसका भाई बीमार था। उसे खास रिकार्ड के गाने पसंद थे। उसका जी बहलाने के लिए उसे चाहिए थे। वे रिकार्ड हमारे यहाँ थे।

   "जब वह आया, सुभद्राजी जाने किस उलझन में थीं। जो पास में बैठा था, उसने कह दिया बिना तलाश किये कि अभी वे रिकार्ड नहीं हैं। बेचारा वापस चला गया। सुभद्राजी को उसका

इस प्रकार लौट जाना बुरा लगा। फुरसत होते ही उन्होंनें वे रिकार्ड ढुँढ़वाये और मोटर लेकर चल पड़ीं रशीद्उल्ला का मकान ढूँढ़ने। केवल नाम मालूम था, पता नहीं जानती थीं। कई मुसलमानी मुहल्लों में फिरीं। आख़िर मकान मिल गया। रशीद्उल्ला को रिकार्ड दिये और माफ़ी माँगी।

"तबसे रशीद्उल्ला उन्हें माँ कहता है।

"उस दिन बारह फ़रवरी की तो बात है। गांधीजी की पवित्र भस्म तिलवारा घाट पर नर्मदा में सिरायी गयी। वह स्त्रियों के लिए लड़ पड़ी थीं कि उन बेचारियों को भी जो नौ मील पैदल चलकर आयी थीं, जहाँ भस्म का कलश रखा गया था वहाँ तक जाने दिया जावे।

"अधिकारियों ने कहा, यह नहीं हो सकता। उसने कहा, यही होगा। अंत में वही हुआ। सभी स्त्रियों की पहुँच वहाँ तक हो गयी--यहाँ तक कि भिखारिनें भी बापू की पवित्र भस्म के दर्शन कर सकीं और उस पर चढ़ाये फूल तक प्राप्त कर सकीं!"

--श्री लक्ष्मणसिंह चौहान

('प्रहरी', जबलपुर, के सुभद्राकुमारी विशेषांक में)

किस तरह आखिरकार मैं हिंदी में आया

एक ऐसी बात--एक ऐसा जुम्ला--मुझसे कह दिया गया था, कि मैं जिस हालत में था उसी हालत में, और जो कुछ पाँच-सात रुपये मेरे पास थे उन्हीं को लेकर, दिल्ली के लिए पहली ही बस जो मुझे मिलती थी, चुपचाप उसी पर चढ़ा और चल दिया।

तय कर लिया कि हाँ, अब मुझे जो भी काम करना है, करना शुरू कर देना चाहिए ! दिल में, दिमाग में, यही समाया हुआ था कि वह काम--पेंटिंग है; इसी की शिक्षा अब मुझे लेनी है, और फौरन। उकील आर्ट स्कूल का नाम भर मैंने सुन रखा था; दिल्ली में कहाँ है, यह पता न था... खैर, क़िस्सा मुख़्तसर कि मेरा इम्तहान लेकर और मेरा शौक़ देखकर मुझे बिला-फीस के भर्ती कर लिया गया।

मैंने दो-तीन जगहों के बाद करोल बाग में लबे-सड़क एक कमरा लिया, और रोजाना वहाँ से कनाट प्लेस को सुबह की क्लास में पहुँचने लगा। रास्ते में कभी-कभी चलते-चलते ड्राइंग भी बनाता और कभी-कभी या साथ-साथ कविताएँ भी लिखता। इसका जरा भी खयाल या वहमो-गुमान न था कि ये कविताएँ कभी प्रकाशित होंगी। बस, मन की मौज या तरंग या कोई टीस-सी थी। चुनाँचे अंग्रेजी में--जैसी भी कुछ, और उर्दू में (ग़ज़ल के शेर) लिखता। और हर चीज़ और हर चेहरे को बग़ौर देखता, कि उसमें अपनी ड्राइंग के लिए क्या तत्व खोज सकता हूँ या पा सकता हूँ या पा सकूँगा। आँखें थक जाती थीं, बहुत थक जाती थीं, मगर उस खोज का, हर चीज और चेहरे और दृश्य या स्थिति और गति का, अपना विशिष्ट आकर्षण कम न होता था। बस आँखों की ही मजबूरी थी। कभी-कभी तेजबहादुर (मेरे भाई) कुछ रुपये भेज देते थे। या साइनबोर्ड पेंट करके कुछ सहारा कर लेता था। मेरे साथ एक पत्रकार महोदय भी आकर रहने लगे थे; महाराष्ट्री; बेकार थे, तीस-चालीस के बीच में;--वह इलाहाबाद यूनिवर्सिटी के होस्टलों का कभी-कभी जिक्र किया करते। 'इलाहाबाद, माई वीकनेस !'

अंदर से मेरा हृदय बहुत उद्विग्न रहता। यद्यपि अपने को दृश्यों और चित्रों में खो देने की मुझमें शक्ति थी; मगर अंदर से दुःखी था। पत्नी का देहांत, टी.बी. से, हो चुका था। दिल्ली की सड़कों पर अकेला। एकदम अकेला। और बस, घूमता, घूमता, कविताएँ

घसीटता, या स्केच; और अपनी खोली में आकर...अपना अकेलापन खोकर बोर होता।

मेरे कवि मित्र और बी.ए. के सहपाठी नरेंद्र शर्मा एम.ए. कर चुके थे, और दिल्ली में एक बार उनसे मुलाकात भी हुई थी। पता नहीं वह कांग्रेस की राजनीति में संलग्न थे या कोई पत्रकारी वसीला खोज रहे थे। तभी एक बार बच्चन स्टूडियो में आये। क्लास खत्म हो चुकी थी। मैं जा चुका था। वह एक नोट छोड़ गए मेरे लिए। मुझे नहीं याद कि उसमें क्या लिखा था; मगर वह एक बहुत मुख़्तसर-सा और अच्छा-सा नोट था। मैंने कहीं बहुत गहराई से अपने को कृतज्ञ महसूस किया। मेरी बहुत ही बुरी आदत है, पत्रों का जवाब न देना। चाहे सैकड़ों जवाब बाज पत्रों के मन-ही-मन लिख-लिखकर हवा में साँस के साथ बिखराता रहूँ कई दिनों तक...! तो, मेरे इस मौन की 'उपलब्धि' मेरी कृतज्ञता को व्यक्त करती हुई, एक कविता उभरी, अंग्रेजी में (अफसोस!), एक सॉनिट (वह भी अतुकांत मुक्त छंद में उफ !) मगर उनको लिख लेने के बाद मैंने अपना जवाब उनको गोया भेज दिया।

कई महीने निकल गये। और घटनाचक्र से मैं देहरादून आ गया। अपनी ससुराल की केमिस्ट्स एंड ड्रगिस्ट्स की दूकान पर कंपाउंडरी सीखने लगा। और अच्छी-ख़ासी महारत मुझे टेढ़े-मेढ़े, अजूबा इबारत में लिखे नुस्खों को पढ़ सकने की हो गयी।

उसी वर्ष गुरुवर श्री शारदाचरणजी उकील ने देहरादून में ही पेंटिंग क्लास खोल ली थी, मेरे सौभाग्य से। (यह मेरे देहरादून लौटने का बहाना था) वह बंद हो गयी तो मैं अक्सर सोचता कि कविता और कला की दुनिया में--जो अब तक मेरी एकांत दुनिया रही थी, किसी से उसे ग़रज़ नहीं--और अब भी बहुत कुछ वैसी ही बात है--अब मैं कहाँ हूँ ? मेरी आंतरिक दिलचस्पियों से किसी को दिलचस्पी नहीं थी, और मैं मुँह खोलकर कुछ नहीं कह सकता था किसी से। अपने से बड़ों का, गुरुजनों का, अदब-लिहाज, उनके सामने मुँह न खोलना, शायद मेरी घुट्टी में पड़ा था। अपनी बहुत ही आन्तरिक ऐकांतिकता का मैं अभ्यासी तो हो गया था, मगर अंदर से बहुत खिन्न और दुखी था। और परिस्थिति के साथ सामंजस्य बैठाने की कोशिश कर रहा था। कर्तव्य, जहाँ तक हो सकता था।...ऐसे में न जाने क्यों एक दिन, यों ही, वही सॉनेट मैंने बच्चन को पोस्ट कर दिया। बच्चन गर्मियों की छुट्टियों में (सन् 37) देहरादून आये, व्रजमोहन गुप्त के यहाँ ठहरे। इत्तिफ़ाक़ देखिए कि यही (अब डॉक्टर) व्रजमोहन गुप्त मेरे भाई के मित्र, और उनके पिताजी मेरे पिताजी के पड़ोसी और मित्र रह चुके थे, देहरादून में ही। व्रजमोहन के साथ बच्चन डिस्पेंसरी में आकर मुझसे मिले, एक दिन मेहमान भी रहे।

वह बच्चन की शुरू की धूम का जमाना था। 'प्रबल झंझावात साथी !' देहरादून के उसी साल की यादगार है, किस जोर की आँधी आयी थी, उफ़ ! कितने बड़े-बड़े पेड़ बिछे पड़े थे सड़कों पर, टीन की छतें की छतें उड़ गयी थीं। और बच्चन उसी आँधी-बारिश में एक गिरते हुए पेड़ के नीचे आ जाने से बाल-बाल बचे थे ! (हम सबका सौभाग्य !) आज मैं स्पष्ट देख रहा हूँ कि जो तूफ़ान उनके मन और मस्तिष्क की दुनिया में गुज़र रहा

था वह इससे भी कहीं प्रबल था। पत्नी-वियोग हाल ही में हुआ था। और कैसी पत्नी का वियोग ! जो इस मस्त नृत्य करते शिव की उमा थी...आत्मा से अर्द्धांगिनी। निम्नमध्य वर्ग के सन् '30 के भावुक आदर्शों और उत्साहों और संघर्षों की युवा संगिनी ! मैं कल्पना ही कर सकता हूँ कि वह कवि के लिए क्या कुछ न रही होगी। एक निश्छल कवि, जिसके आर-पार आप देख सकते हैं। बात का धनी, वाणी का धनी। हृदय मक्खन, संकल्प फ़ौलाद। ऐसे व्यक्ति की साथी।

एक और बरखा की याद आ गयी। इस देहरादून की-सी नहीं। मगर भरी बरसात की झमाझम। बरखा, इलाहाबाद की। गाड़ी पर पहुँचना था। रात का वक्त। मेज़बान इसरार कर रहे हैं, "भई, इस वक़्त कुली न ताँगा, कैसे जाओगे ? सुबह तक रुक जाओ !" मगर नहीं। बच्चन ने बिस्तर काँधे पर रखा और स्टेशन की तरफ रवाना हो गये। जहाँ पहुँचना था वक्त पर पहुँचे।

इलाहाबाद मुझे बच्चन ही खींचकर ला सकते थे। कोई इस संभावना की कल्पना भी नहीं कर सकता था। मैं स्वयं नहीं। और उस पर मैं बच्चन को तब जानता भी कितना था ! बराय नाम। मगर उस परिचय के जितने भी क्षण थे सटीक थे। थे वो मात्र क्षण ही। आजकल की तरह ही, मैं बहुत कम कहीं आता-जाता या किसी से मिलता-जुलता था। मुझे इसकी कभी कोई जरूरत-सी न महसूस हुई : शायद ऐसा वहम मुझे था, जो वहम ही था, कि मेरी निजी एकांत की दुनिया में मेरे साथ चलने वाला कोई नहीं है--और क्यों हो ? ख़ैर !...

तो, मसलन् हिंदू मैक्डनल (अब मालवीय) बोर्डिंग हाउस के एक किनारे के कमरे में, पहली बार मैंने बच्चन को देखा, (सन् तैंतीस की बात है शायद) जब उन्होंने अपनी 'मधुशाला' सुनायी थी। नयी-नयी। कमरे के मजमे में एक तरफ़ मैं भी बैठा सुन रहा था। अच्छी लगी थी। कोई ऐसी अत्यधिक अभिभूत कर लेने वाली तो नहीं। मगर निश्चय ही एक नयी और पुष्ट-सी चीज। उसके जिस कौशल ने उस समय मेरे दिल से दाद वसूल की वह यह कि मधुशाला का तुक लगातार दोहराये जाने पर भी लंबी कविता की ताजगी और प्रभावशीलता में जरा भी फ़र्क़ नहीं आया था। यह एक 'ऐस्से' था एक विषय पर, गुंफित, सुस्पष्ट, जोरदार, और युगीन। निराला की शैली में कुछ रम चुकने के कारण, ब्राउनिंग के लिरिक और ऐपिक नाट्यो-रूपकों की मनोवैज्ञानिक शैली-शिल्प से विमोहित हो चुकने के कारण, मैं उस नयी चीज के नयेपन को सही-सही मूल्यांकित नहीं कर सका, जैसा कि (मसलन्) उस समय ठाकुर वीरेश्वरसिंह ने किया। वह श्री पद्मकांत मालवीय के निवास-स्थान पर इस कविता को पहले पहल सुनकर जब होस्टल में आये, तो झूम रहे थे। बोले, "शमशेर, एक चीज सुनी है आज, जो हिंदी में नयी चीज है, और कैसा पुष्ट शिल्प है उसका। बंद-बंद से भाषा पर कवि का अधिकार टपकता है। और एक ही शब्द

बार-बार आता रहता है, मगर जरा भी उबाता नहीं।" वीरेश्वर की वह मुद्रा मुझे आज भी याद है। आँखें नशे में, और होंठों पर एक विवश मद-विभोरता-सी।...

हाँ, तो: 'निशा-निमंत्रण' के गीत ब बच्चन के मन और मस्तिष्क में अपनी भूमिका मथ रहे थे। और वह झंझावत को आने वाली गर्मियों की छुट्टियों तक अंदर ही अंदर चुपचाप, शांतवदन, झेल रहे थे, उसे कुछ दिनों एम.ए. फ़ाइनल के कोर्स की तैयारी की कड़ी श्रृंखलाओं से बहलाने जा रहे थे... मैं नहीं जानता कि 'निशा-निमंत्रण' का अनुवाद सचमुच संभव है : उसके गीतों की मार्मिक सादगी, और सीधी चोट, और पुष्टतम शिल्प ! वो नश्तर हैं। वो सचमुच दुखी दिलों के साथी हैं। उनमें दुखी दिलों के साथ पंछी-पखेरू और गंगा का विस्तृत जल और अपार गहनतम शामें और प्रकृति का सारा आक्रोश और सारी द्रवता घुली-मिली हुई है। ऐसी तड़प कि बस--कुछ नहीं कहा जा सकता।

ये '36-'37, '37-'38 के साल थे।

...जी हाँ। तो, बच्चन ने तुझसे कहा, "तुम यहाँ रहोगे तो मर जाओगे। चलो इलाहाबाद और एम.ए. करो..." इत्यादि। और हमारी दुकान पर बैठने वाले देहरादून के प्रसिद्ध डॉक्टर मुझसे कह रहे थे, "तुम इलाहाबाद जायेगा तो मर जायेगा !" मगर मैं तो देख चुका था कि फेफड़े के मरीज़ों के लिए, गरीब-गुरबा के लिए, वह क्या नुस्खा लिखते थे : 'कैल्सियम लैक्टेट, थ्री टाइम्स अ-डे।' कैल्सियम लैक्टेट उन दिनों दो आने में एक आउंस आता था। मैं अपने दिल में बेफ़िक्र था।

इलाहाबाद आया, तो बच्चन ने क्या किया ? बच्चन के पिता मेरे लोकल गार्जियन के ख़ाने में दर्ज हुए। उन्होंने उर्दू-फ़ारसी की सूफ़ी नज़्मों का एक संग्रह बड़े स्नेह से मुझे दिया था। वह आशीर्वाद अर्से तक मेरे साथ रहा, और एक अर्थ में अब भी है। और बच्चन ने एम.ए. प्रीवियस और फ़ाइनल के दोनों सालों का जिम्मा लिया। और कहा, "देखो जब भी तुम इस काबिल हो जाओ, (यानी तुम्हारी नौकरी लग जाये), तब वापस कर देना। चिंता मत करो।" न इस काबिल हुआ, और न मैंने चिंता की।

बच्चन का प्लान यह था कि मैं किसी तरह एक काम का आदमी बन जाऊँ। उनके स्वयं अंग्रेजी में फाइनल कर लेने--दस साल की मास्टरी के बाद--और बी.टी. कर लेने के साथ-साथ मैं भी यूनिवर्सिटी से डिग्री लेकर फारिग हो जाऊँ ! ताकि कहीं पैर जमाकर खड़ा हो सकूँ। सो कहाँ होना था ! कहीं न कहीं यह बात, पिताजी की सरकारी नौकरी को देखकर, मेरे दिल में बैठ गयी थी--कि नौकरी नहीं करनी है। मैंने कभी कोई तर्क-वितर्क अपने-आपसे नहीं किया। मेरा खयाल है, और अब मैं साफ-साफ देखता हूँ, और कह सकता हूँ कि यह बस, घोंचूपने की हद थी। (और, पलायन ?)...

हिंदू बोर्डिंग हाउस के कॉमन रूम में एक सीट मुझे फ्री मिल गयी थी; और पंतजी की सहज कृपा से (मैं कभी नहीं भूलूँगा) इंडियन प्रेस से अनुवाद का काम। अगर सचमुच

कोई बात मेरी समझ में आती थी तो वह एक यही--कि अब मुझे कविता...हिंदी कविता...गंभीरता से लिखनी है, जिससे कि मेरा रब्त बिलकुल छूट चुका था। भाषा और उसका शिल्प लगभग अजनबी-से हो चले थे। (आखिर हिंदी फर्स्ट फार्म तो मेरी कभी रही नहीं थी, और घर में खालिस उर्दू के ही वातावरण में पला था। बी.ए. में भी उर्दू ही एक विषय लिया था।) ग़ज़ल मेरी भावुकता और आंतरिक अभावों का, अपने तौर पर, भली-बुरी एक मौन साथी थी। जैसी भी कुछ थी, अपनी थी।...शायद विषयांतर हो रहा था। मगर बच्चन मेरे जिस साहित्यिक मोड़, मेरे हिंदी के पुनर्संस्कार, के प्रमुख कारण बने, मैं उसको यहाँ कुछ स्पष्ट करना चाहता हूँ। एक बार पहले भी सन् '33 में प्रीवियस का इम्तहान दिये बिना ही यूनिवर्सिटी छोड़कर जा चुका था, मगर तब तक कुछ रचनाएँ 'सरस्वती' और 'चाँद' में छप चुकी थीः और बच्चन ने 'अभ्युदय' में प्रकाशित मेरे एक सॉनेट को पसंद किया था और कहा था कि वास्तव में यह खालिस सॉनेट है (यद्यपि मुझे उनसे मतभेद है)। बहरहाल।...तो, सन् '37 में भाषा यानि हिंदी मुझसे छूट-सी चुकी थी। अभिव्यक्ति का माध्यम (मात्र और सदैव एकांततः अपने लिए) या तो अंग्रेजी थी (अफसोस) या उर्दू ग़ज़ल। हाँ, आज एक बात के लिए मैं अपने पछाँही, सीधे-साधे जाट परिवार और अपने बचपन के युग को धन्यवाद देता हूँ कि किसी भाषा को लेकर कभी कोई दीवार मेरे चारों तरफ खड़ी न हो सकी जो मेरे हृदय या मस्तिष्क को घेर लेती। अफ़सोस इतना ही है कि मैं जमकर कोई साधना भाषा या शिल्प की नहीं कर सका।

हिंदी ने क्यों मुझे उस समय अपनी ओर खींचा, इसका स्पष्ट कारण तो मेरी चेतना में निराला और पंत थे, उनसे प्राप्त संस्कार, और इलाहाबाद-प्रवास और इलाहाबाद के हिंदी साहित्यिक वातावरण में मित्रों से मिलने वाला प्रोत्साहन। और हिंदी आज भी अपनी ओर खींचती है, बावजूद कम से कम मुझ जैसों को दुखी और विरक्त करने वाले अपने संकीर्ण, सांप्रदायिक वातावरण के। (बच्चन इस वातावरण को आज मर्दानावार झेल ही नहीं रहे हैं, अपनी कविता में उच्च घोष से बार-बार बता भी रहे हैं कि यह वातावरण किसी भी जाति के सांस्कृतिक इतिहास में कैसी हीन-संकुचित मनःस्थिति का द्योतक होता है !)...

मगर सन् '37 में मेरा हाल यह था, जैसे मैं फिर से तैरना सीख रहा हूँ--तीन सालों में बहुत कुछ भुला चुकने के बाद। मेरी अंतश्चेतना का यही स्वर था कि--बच्चन शायद मुझे इसीलिए इलाहाबाद लाये हैं। वह मैदान में उतर चुके हैं...बस जरा आर्थिक रूप से निश्चिंत हो जाने की देर है, बहुत से बहुत एक साल।...और मुझे भी मैदान में उतरना हैः अपने तौर पर।...मुझे भी कमर कस लेनी है। यही भावमात्र मेरे मन में स्पष्ट था, और मुख्य। और कोई भाव नहीं।

मुझे याद है कि बच्चन ने एक नये स्टैंजा का प्रकार मुझे बताया था, 14 पंक्तियाँ, (सॉनेट नहीं !) और तुकों का प्रभावकारी विन्यासः बीच-बीच की अनेक पंक्तियाँ अतुकांत ! मुझे बहुत आकर्षक लगा था वह 'प्रकार'। मैंने तबीयत पर जोर डालकर उस

'प्रकार' में एक रचना की थी। (बच्चन को नहीं मालूम। मालूम किसी को भी नहीं। क्योंकि कभी छपी नहीं।) बच्चन के लिए तो वह कविता का एक बंद था, मेरे लिए वह एक बंद पूरी कविता हो गयी। मगर मैंने जो लिखा वह वस्तुतः सॉनेट से अलग रूप न ले सका ! (बच्चन ने तब तक उस अपने नवीन फार्म में कोई कविता न रची थी।) खैर।...

बच्चन के 'निशा-निमंत्रण' की कविताओं के रूप-प्रकार ने भी मुझे आकृष्ट किया। मैंने कुछ कविताएँ उस प्रकार में लिखने की कोशिश की; मगर मुझे बहुत मुश्किल जान पड़ा। नौ पंक्तियाँ, तीन स्टैंजा। प्रायः सभी कवि उस छंद में लिख रहे थे। मुझसे नहीं चला। अगर्चे कुछ पंक्तियाँ इस अभ्यास में शायद बुरी नहीं उतरीं। 'निशा-निमंत्रण के कवि के प्रति' मेरी एक कविता, जिस पर पंतजी के कुछ संशोधन भी हैं ('रूपाभ'-काल में किये हुए) मेरे पास आज भी, अप्रकाशित, सुरक्षित हैं। उसका भी बच्चन को पता नहीं !

मैं अपने कोर्स की ओर ध्यान नहीं दे रहा था। इससे बच्चन को क्षोभ था। अतः मेरे मन में भी एक स्थायी संकोच। खैर।...दो साल पूरे करके, आखिर फाइनल का इम्तहान मैंने फिर भी नहीं ही दिया। बच्चन के साथ एक कवि-सम्मेलन में भी मैं उसी साल गया था। शायद गोरखपुर।

मैंने देखा कि कविता में मेरा नया अभ्यास निरर्थक नहीं गया; 'सरस्वती' में छपी एक कविता ने निरालाजी का ध्यान आकृष्ट किया; कुछ निबंध भी मैंने लिखे। 'रूपाभ' आफ़िस में प्रारंभिक प्रशिक्षण लेकर मैं बनारस 'हंस' कार्यालय की 'कहानी' में चला गया। निश्चय ही हिंदी के साहित्यिक प्रांगण में बच्चन मुझे घसीट लाये थे।...

आज मैं स्पष्ट देखता हूँ कि मेरे जीवन के इस भरपूर, और कैसे आकस्मिक, मोड़ के पीछे बच्चन की वह मौन-सजग-प्रतिभा रही है जो दूसरों को नया प्रातभिक जीवन देने की नैसर्गिक क्षमता रखती है। बच्चन से मैं हमेशा ही प्रायः दूर ही दूर रहता आया हूँ। यद्यपि दूर और नजदीक की मेरी अपनी परिभाषा है। (और जिनके मैं अक्सर बहुत 'नज़दीक' रहता आया क्या उनसे बहुत दूर नहीं रहा ?) बहुत-सी अनुपस्थित चीजें मेरे लिए उपस्थित ही के समान हैं, और उपस्थित अनुपस्थित के। और मैं बहुत 'नज़दीक आने', बहुत मिलने-जुलने, चिट्ठी-पत्री आदि में विश्वास नहीं करता। बच्चन इसीलिए मेरे काफ़ी करीब रहे हैं मगर basically उसी तरह जैसे एक 'कवि' अपनी रचना के माध्यम से अपने करीब रहता है, अपने साथ रहता है, जिससे हम कभी नहीं मिलते या मिल सकते--युगों का व्यवधान होने के कारण। ये युग एक ही जगह प्रस्तुत भी हो सकते हैं। अतः मिलने या न मिलने का कोई अर्थ नहीं बैठता।...इसी तरह बच्चन अपने व्यक्तित्व में (जिसे, कुल मिलाकर, मैं उनकी श्रेष्ठ से श्रेष्ठ कविता से भी बड़ी आँकता हूँ), बहुतों की तरह, मेरे भी नज़दीक हैं, और यह एक बिलकुल सहज और सामान्य और स्वाभाविक ही बात है। इसका सहज स्वाभाविक और सामान्य होना मुझे अच्छा लगता है। मुझे बहुत अच्छा लगता है। (क्योंकि वह मुझे अपनी जगह पर मुक्त भी रखता है।) मेरा अनुमान है कि और भी सैकड़ों व्यक्तियों को ऐसा ही अनुभव हुआ होगा। अनुमान ही क्यों मुझको

मालूम है कि हुआ है। मैं अपने इस अनुभव को विशिष्ट या विशेष नहीं मानता। वस्तुतः ऐसा कुछ विशिष्ट या विशेष दुनिया में नहीं हुआ करता। बच्चन जैसे लोग भी दुनिया में हुआ करते हैं, और वह हमेशा ही ऐसे होते हैं। असाधारण कहकर मैं उनकी मर्यादा कम नहीं करना चाहता। मगर यह साधारण और सहज प्रायः दुष्प्राप्य भी है। बात अजब है मगर सच है।

नरेन्द्र

यह अजब सी बात है, कि जिन-जिन के बहुत निकट सम्पर्क में मैंने अपने-आपको कभी पाया है...ऐसे लोग बहुत नहीं हैं...वे सभी प्रवृत्ति, स्वभाव, चरित्र, रुचि--बल्कि संसार, यहाँ तक कि धर्म, राष्ट्र, देश तक में--मुझसे और मेरे परिवेश से नितांत भिन्न, बल्कि एक हद तक विरोधी दिशा में जाने वाले लोग रहे हैं। अगर कभी ऐसा हुआ कि, उनमें मुझी जैसा कुछ प्रकट होने लगा, तो एक दूसरी-सी चीज तुरंत बीच में पड़ने लगी है। मुझे यह सोचकर कम सुख नहीं होता कि, जिन लोगों को मैं प्यार करता हूँ, या करता रहा हूँ, प्रायः ही किसी न किसी दिशा में अत्यंत निष्ठावान, अंदर से सरल (बाहर से जैसे भी लगें), किसी आदर्श विशेष, चाहे प्रेमी या प्रेमिका के ही लिये...असाधारण रूप से गहरा लगाव, यानी उसके लिये सहज ही सब कुछ उत्सर्ग कर सकने वाले,...या फिर अपना आपा भूले हुए अत्यंत उत्साही समाज-सेवी या, और कुछ नहीं, तो अन्य सबों से कुछ अनोखे, निराले, मगर सच्चे कलाकार हैं; साथ ही मुझसे बहुत भिन्न।

वैसे हर बात में नरेन्द्र मुझसे अलग हैं। सिर्फ दोस्ती के जज़्बे से ज़रूर हम लोग कहीं न कहीं जुड़े हैं। मगर उसका जज़्बा दोस्ती का अलग है, दार्शनिक-सा; और मेरा अलग। शायद एक भुलक्कड़ ऐब्सट्रैक्ट आर्टिस्ट-सा। पर वह रिश्ता वैसा ही तटस्थ और गहरा है, जैसा शायद संन्यासियों का होता है। कैसे सन्यासियों का ? जैसे भर्तृहरी हो गये हैं, या नारदमुनि ?...नहीं, नहीं, नहीं ! कलाकार संन्यासियों-सा-कहना चाहिए, जैसे, उद्धव ? नहीं, नहीं, नहीं ! मैं नरेन्द्र को इतना ऊँचा भी नहीं उठाऊँगा। इतनी दूर नहीं ले जाऊँगा। यद्यपि वह खुद बहुत ऊँचे जा रहे हैं, उनकी आज की रचनाएँ खुद घोषित करती हैं। इसलिये, भई, बात तो है कुछ वैसी ही। अब इसको क्या करें कि, राग और विराग दोनों के ही गीत नरेन्द्र ने गाये हैं और समान तन्मयता के साथ। वजह है कि राग में मिलन और वियोग दोनों के स्वर आ जाते हैं। और उनके विराग में लीला-दृष्टि और शून्य-दृष्टि दोनों का आभास आपको मिलेगा; कभी इसका, कभी उसका। यों सच तो यह है कि, इन चीजों को बूझना मेरे बस का रोग नहीं है। अरे, मुझे तो चिमटा बजाना भी नहीं आता।

ज़माना यह है आज कि अगर प्रेम की बात करो, तो लाजिम है कि राजनीति की बात

भी करो। अगर गीत और कविता और संगीत की बात करो, तो धर्म की बात भी करो, बल्कि धर्म-राजनीति की। अगर विश्व-इतिहास की सुरंगे खोदते चले जाओ, ईसा-पूर्व पचास हजार साल तक, तो निकलो कहीं जरूर अपने ही वतन में, हो सके तो गंगाजी के किनारे--अरे, क्यों न संगम-तिरबेनी पर ही। ...जहाँ नरेन्द्र और केदार और वीरेश्वर के साथ शमशेर भी कभी विश्वविद्यालय में पढ़ता था। युगों-युगों पूर्व !

आज किसी बात के सच-सच कहने का मज़ा नहीं रह गया है: न गीत का मज़ा है, न संगीत का, न ग़ज़ल का, न रुबाई का, न दोहे का, न कवित्त को, न संस्कृत छंद और काव्य का, न योरोपियन महाकाव्य और प्राचीन नाटकों का।

दरअसल, जिससे नरेन्द्र से मेरा परिचय कराया, वह हम दोनों का प्रिय बंधु महाकवि शेली था। मैंने स्पष्ट देखा कि, नरेन्द्र के अंदर शेली मौजें ले रहा है, और गहरी मौजें। देखा कि नरेन्द्र के अंदर एक विदग्धता है, जो काव्य में तो अभी कुछ ऐसी प्रकट नहीं हुई, मगर एक सच्ची सरल लिरिक् क्वालिटी इसके अंदर है। नरेन्द्र के अपने गीतों में जो गेयता है, तो तारल्य और घुलावट है, संगीत की सूक्ष्म परख और सच्ची लय है, और साथ ही प्रेम और उत्सर्ग और वियोग की--जैसी निश्छल अभिव्यक्ति है, और राष्ट्रीय संघर्ष-काल में देश की बंदी आत्मा की मुक्ति के लिए तड़प, सच्ची तड़प: भावुक, मगर बलिदान की भावना से भरी हुई है--वह, मेरा खयाल है, एक हद तक वहीं से आयी है। (आगे चलकर दार्शनिकों प्रतीकों में इसी तड़प ने एक मद्धिम-गंभीर नाद का स्वरूप लिया। रागी अगर वैरागी हुआ तो क्या, तारा तो हाथ से नहीं छूटा।) आरंभ के दस-बारह वर्ष की कविताएँ देख जाइये। अभिव्यक्ति में न आडंबर है, न रहैटरिक, मगर भरपूर असर है। वह चीज, जिसे प्रसाद गुण कहा जाता है, वह इसमें है। रस और विदग्धता। अभिव्यक्ति और भावना में, तड़प के ये सारे रूप मेरे अर्द्ध-चेतन में हमेशा शेली की याद ताज़ा करते हैं।

नरेन्द्र ने बहुत-कुछ महादेवीजी से सीखा, जितना की अन्य कोई कवि नहीं सीख सका। न ही पंत और निराला से अन्य कोई कवि इतना मार्मिक शिल्प ग्रहण कर सका, जितना नरेन्द्र ने किया।...निरालाजी ने नरेन्द्र की कविता की भूरि-भूरि प्रशंसा करते थे। 'ज्येष्ठ का मध्याह' उन्हें बहुत पसंद आया था।

नरेन्द्र ने यह बात कई दफ़ा हँसकर दुहराई है कि, "चूँकि पंत की कविता मुझको प्रिय थी, इसलिए अपनी दिशा अलग करने के लिए आदतन शमशेर ने निराला के प्रभाव में अपने-आपको ढालना शुरू कर दिया और चूँकि मैं शेली का अगाध प्रेमी था, इसलिए शमशेर ने कीट्स से अपना भावुक नाता जोड़ा।"

और धीरे-धीरे मैंने यह भी डिस्कव्हर किया कि नरेन्द्र के आरंभिक जीवन में एक 'सखी' का आगमन हो चुका था: एक सखी भी कोई काल्पनिक सखी नहीं थी। वह एक ऐसी मूक शक्ति थी, जिसने प्रेम की मर्यादा और सौंदर्य और उस सौंदर्य के मर्म से युवा कवि का परिचय कराया था और उसकी प्रतिभा को धार दी थी। उसी ने आरंभ में नरेन्द्र

के गीतों में वह तड़प पैदा की थी, जिससे वह औरों को भी तड़पा सका। ब्रज बोली की मोहकता और मिठास इस सहजता से खड़ी बोली में घुला सकना--यह आखिर क्योंकर संभव हो सका ! यहाँ नरेन्द्र के खंड-काव्य 'कामिनी' का बारहमासा भी द्रष्टव्य है; खड़ी बोली का श्रेष्ठ और एकमात्र बारहमासा, साहित्यिक सौष्ठव से भरपूर।

भारतीय काव्य-परंपरा में कवि के लिये जिन-जिन विषयों का विशेष अध्ययन आवश्यक माना गया है, उनमें से अनेक का अच्छा खासा अध्ययन नरेन्द्र ने किया है। छंद-शास्त्र और संगीत के अलावा, ज्योतिष, गणित, धर्म, दर्शन, तर्क-शास्त्र, इतिहास (यूरोपीय, अमरीकी और भारतीय); विज्ञान के अंतर्गत देखिये तो, रेडियो और टेलीविजन में वह विशेषज्ञ हैं। पर उनकी गंभीर रुचि का विषय दर्शन ही है। भारतीय दर्शन। भक्ति और दर्शन। यहाँ एक बात कहने को जबान पर आ गयी। वह यह कि, पंतजी के व्यक्तित्व, काव्य और दर्शन पर अगर कोई सचमुच एक अच्छी किताब लिख सकता है, वह चाहे छोटी-सी ही हो, तो वह सिर्फ नरेन्द्र हैं और कोई नहीं। काश कि वह इसे लिख डालें... लिख ही डालें !!

नरेन्द्र धार्मिक और दार्शनिक प्रतीकवाद और मार्मिक संकेतों और गूढ़ संदर्भों की दुनिया में बहुत दूर चले जाते हैं। सबके बस का नहीं है, उनकी आज की कविता में रस ले सकना। कभी-कभी उनके हँसने में सिद्धों की परछाइयाँ--सी हिलती नजर आती हैं। वह बहुत रागी हैं। मगर उनके राग के साथ सदैव एक वैराग-सा लिपटा हुआ मुझे लगा है। हो सकता है, यह केवल मेरा भरम हो, कवि-कल्पना का कौतुक मात्र। ...नहीं ! मुझे विश्वास है नरेन्द्र को अभी एक बार फिर से खोजा जायेगा। मिलन और वियोग का कवि, चाँदनी का भरपूर कवि, अनेक लयों और छंदों का मर्मभेदी, सशक्त, समर्थ कवि हिंदी में आज दूसरा कौन है ? पंतजी का नरेन्द्र से बढ़कर दूसरा कोई सफल, सिद्ध शिष्य नहीं। काव्य-शिल्प का ऐसा मर्मी, जिसकी दाद पंतजी दे सकते थे; या निराला ही दे सकते थे (और उन्होंने बहुत प्रशंसा दी थी नरेन्द्र को।)

दार्शनिक कविता के भी ऐसे तेवर किस कवि में मिलेंगे ? क्योंकि अगर कुछ होगा भी तो उसके साथ यह विनय-भाव तो नहीं ही मिलेगा, जो सच्ची दार्शनिक कविता की दो-टूक पहचान होती है; विचारों का ही नहीं, भावनाओं का भी मंथन; जिसमें अनुभूतियाँ लिपटी हुई हैं। नरेन्द्र के काव्य का रसास्वादन कर सकने में जो समर्थ होंगे, वे भाग्यशाली हैं, क्योंकि ज़रूर वह गंभीर क्लासिक कविता के रसिया हैं। बेशक नरेन्द्र के काव्य में दोष भी दिखाये जा सकते हैं, लोगों ने दिखाये भी हैं। मगर मीरा और सूर और नंददास और रवींद्रनाथ का भी, अगर खड़ी बोली हिंदी-पद्य में सही तौर पर देखना हो, तो (पूर्वग्रहों से जरा देर को मुक्त होकर) संगीत के स्वर में नरेन्द्र की रचनाओं का पारायण करें। एक बार में थोड़ी ही कविताओं का। शर्त यह ज़रूर है कि, मानस में कहीं वह विश्व व्यापक उदार, 'वैष्णव' भाव भी हो--ऐसा भाव, जिसका किसी धर्म या मानववादी दर्शन से मौलिक विरोध नहीं, तब आप कुछ पचान कर सकेंगे नरेन्द्र की; और तब भी शायद पूरा

नहीं। बात यह है कि, ख़ास आज के ज़माने का राग ही अलग है। नरेन्द्र का व्यक्तित्व आज के ज़माने में बिरलों ही के लिए है।

अस्तु, दूसरी चीज जो अभी डिस्कव्हर होनी है, वह है, नरेन्द्र का अछूता गद्य। प्यारा, शुद्ध, सरस गद्य, सरस और गंभीर। कहानियों के अलावा संग्रहों की भूमिकाओं और कतिपय निबंधों में भी वह देखा जा सकता है; जैसे अज्ञेय की 'असाध्य वीणा' पर लिखे गये उनके लेख में। इसके अलावा पद्य-अनुवाद के क्षेत्र में भी निराला, पंत और महादेवी के बाद नरेन्द्र का ही नाम लिया जायेगा। पंतजी ने मेरा नाम 'शायर' रखा था। आज मैं कभी-कभी यही कल्पना करता हूँ कि कहीं अगर हिंदू होस्टल में न होकर मेरा आवास प्रयाग के किसी दूसरे होस्टल में हुआ होता तो, इसमें रंच मात्र भी संदेह नहीं कि, आज, अच्छा या बुरा जैसा भी कुछ होता मैं उर्दू का ही कवि होता और हिंदी का तो बरायनाम, अगर होता भी। जो बात मैं आज पहली मर्तबा कहने जा रहा हूँ, वह यह है कि, अगर्चे नरेन्द्र मेरे अच्छे हार्दिक मित्रों में हैं, तो भी कहीं न कहीं, उनके लिये धीरे-धीरे मेरे मन में अतिरिक्त आदर ही नहीं, कुछ श्रद्धा-सी बढ़ती गयी है। नरेन्द्र की प्रेमी आत्मा, उनकी दार्शनिक वृत्ति, प्रतीकों, शुभाशुभ लक्षणों, ग्रह-संकेतों की भाषा में उनकी गूढ़ अभिरुचि; घटनाओं और कालचक्र के कॉस्मिक संदर्भों के अध्ययन की ओर निरंतर बढ़ते जाना; गीत के जो सैकड़ों आयाम हो सकते हैं, उनकी अत्यंत कुशल टटोल, लयों के मोड़ और घुमावों में उनकी अविराम गति, बल्कि तल्लीनता की स्थिति या स्थितियाँ, खड़ी बोली भाषा की सूक्ष्म पकड़--भाषा से सच्चा प्यार (यानी जिसमें दंभ का लेश नहीं, न किसी अन्य भाषा से विरोध), मार्मिक भावों की अभिव्यक्ति में सिद्धि...और छंद और शब्द-योजना पर ऐसा अधिकार मैंने हिंदी में अन्यत्र नहीं देखा है, या जो केवल निराला और पंत में ही देखा जा सकता है, आज संभवतः किसी को नहीं। लोग अपनी रुचि के विषय पर ही कविताएँ पढ़ते हैं, अपने युग और पीढ़ी की मनोवृत्ति से मुक्त होकर भी कविता का रसास्वादन किया जा सकता है और नरेन्द्र को अपने काव्य की दाद वहीं मिल सकती है। नरेन्द्र अकेला कवि है, जो हिंदी की धुंध, ऊबड़-खाबड़ भूमि पर स्वच्छ निर्मल चाँदनी-सी बिछाता चला गया है। चाँदनी उसके काव्य में हिलोरें मारती है, संवाद करती है, रहस्यों का उद्घाटन करती है और आत्मा को बहुत-कुछ देती है। बस मुझे (कभी-कभी) इसी का खेद होता है कि, उनका शिल्पी, उनके कवि से आगे निकल जाता है केवल दार्शनिक जहाँ उसके साथ रह जाता है। क्या इसी दर्शन में एक तरह का 'विशुद्ध काव्य' हमें उपलब्ध होता है ? इस ढंग से सोचना शायद ठीक न हो। कवि-दायित्व का जितना स्पष्ट और गंभीर बोध नरेन्द्र को है, उसे देखना हो तो पंतजी के प्रति निवेदित उनके उस 'ओड' में देखा जा सकता है, जो 'आजकल' में सन् '71 या '72 में प्रकाशित हुआ है। वाल्मीकि की महाकाव्य-साधना पर भी जिस ढंग से वह विचार करते हैं, साधारण कवि नहीं करता, न कर सकता है। 'आजकल' में उनकी कविता में किसी भी दूसरे कवि को उस गंभीरता से काव्य की समस्याओं पर विचार करते मैं नहीं

पाता, न गद्य में, न पद्य में। इतना विनयी, इतना गंभीर, साथ ही हास्य-विनोद-प्रियः शालीन, प्रतिपग मर्यादित और गरिमायुक्त, दूसरा साहित्यकार आज हिंदी में नहीं--ऐसा मेरा खयाल है, आडंबर से, दिखावे से दूर, झूठी विनम्रता से अछूता !

[कविवर पं. नरेन्द्र शर्मा अभिनंदन-ग्रंथ : बम्बई, 14 सितंबर, 1973 ई.]

सादगी व पुरकारी

प्रशासकीय जीवन की अनुभूतियाँ कितनी ही बहुल और विविध क्यों न हों, वे कला के सृजन क्षेत्र में अपना यथार्थ दर्शन बहुत कम दे पाती हैं। शक्ति और सुविधाओं के पहरे विनम्र मुस्कान के साथ बरजते रहते हैं : प्लीज, कीप आफ द ग्रास ! (माफ़ कीजिएगा, इन क्यारियों से ज़रा हट कर !)। प्रशासन कार्य और महत्वपूर्ण कला-सृजन एक साथ संभव नहीं। 'समझौता' अनिवार्य है।

इसीलिए जब श्री बालकृष्ण राव--ब्रिटिश काल में कई जिलों के कलेक्टर, तदनंतर उस समय के 'विन्ध्य प्रदेश' के सरकारी 'एजेंट', और अंत में ऑल इंडिया रेडियो के डायरेक्टर-जनरल रह चुकने के बाद--सन् '54 में सचमुच जीवन का एक नया पृष्ठ उलटते हैं : यानी प्रशासकीय दायित्व से मुक्ति पाकर इलाहाबाद आते और अपने-आपको नये संबंध-सूत्रों के परिवेश में देखते हैं...तो 'कवि और छवि' के छंद और गीत का अभ्यस्त उनका कवि मुक्तछंद की नयी राह पर, और अन्वेषण की सर्वथा नयी और सार्थक दिशा में अपने को पाता है। नया दायित्व-बोध। उसके 'विधाता' अब और कोई नहीं ! वह स्वयं अपना विधाता है। लेखनी का धनी। 'सॉनेट' जैसा 'फ़ॉर्मल' और जटिल 'प्रकार' सहज ही उसके हाथों में आकर अभिव्यक्ति का एक 'मुक्त' प्रकार बन जाता है। उसके नये व्यक्तित्व के सर्वथा अनुकूल। आंतरिक कसाव और संतुलन, और बाह्य रूप से गति की उन्मुक्तता।) ...वह नये समूहों, भीड़ों और जूलसों के बीच अपनी इस नयी राह पर चलता हुआ, नये संदर्भों को परखता है, युग के हर नये शब्द को, हर नयी परिभाषा को स्पष्ट सार्थकता की कसौटी पर कसता है; और कविता में (यद्यपि बातचीत के लहजे और प्रवाह जो नया मोड़ लय और गति को दे रहे हैं, वह शायद उसकी 'क्लासिकल' रुचि के बहुत अनुकूल नहीं, फिर भी) नये प्रयोगों की अनेक उपलब्धियों को आत्मसात करता हुआ आगे बढ़ता है, जीवन को अच्छी तरह और धैर्य के साथ, और कुल जीवन के क्रम और तर्क को, अपनी टिप्पणी, आलोचना, गद्य और पद्य में सोच-समझकर लिपिबद्ध करता हुआ; और शीघ्र ही नये साहित्यकारों, कवियों और आलोचकों के बीच वह अपना विशिष्ट स्थान बना लेता है। एक निश्चित स्थान और विशिष्ट स्थान। उसकी अद्‌भुत आंतरिक

शक्ति और क्षमता का यह कितना खुला और सहज प्रमाण है कि द्विवेदीकालीन हलचलों का एक उत्साही युवक कवि होकर, वह शीघ्र ही छायावाद की उपलब्धियों को भी कुशलता और सरलता से ग्रहण कर लेता है; फिर छायावादोत्तर युग की भावुक प्रश्नाकुलता में वह भी अपनी मार्जित शैली की विशिष्टता लिये हुए प्रतिनिधि कवियों के साथ-साथ है। (इसके बाद... महायुद्ध--बँटवारा--स्वातंत्र्य--और आज का जटिल नया युग; 'नये' प्रयोग, नये अन्वेषण, नयी बहसें, 'नये' आयाम और नये क्षितिज; राजनीति, नीति आचरण साहित्य और कला में कायाकल्प के-से प्रयास... । हाँ, श्री राव इस पूरे युग के पूर्वार्ध में प्रशासकीय समस्याओं में डूबे रहे, और उनका कवि खोया हुआ ही रहा।) मगर जब देश के कायाकल्प के उद्योग शुरू हुए, तो (इसमें जिस भी 'नियति' का हाथ हो !) उसको भी उबरना पड़ा; और इस युग में भी आ कर वह, धैर्य और संतुलन के साथ, सधे हुए नये सार्थक चरण उठाता है, और उसकी नयी कविता में भी बहुत काफ़ी हद तक सच्ची नयी चेतना का वैशिष्ट्य है। पुराना रख-रखाव भी अंदर और अनुभूतियाँ, जो उसकी शक्ति भी हैं, सीमा भी। मगर नयी अनुभूतियाँ भी हैं, जिनसे उसने नयी शक्ति अर्जित की है। इसलिए नये परिवेश के लेखेजोखे के साथ, वह आज की नाना विडम्बनाओं और अधीर अस्थिर गतियों के बीच एक ऐसा स्वर है जिसको ठिठक कर सुनना हमें बहुत संगत लगता है।

सन् '54 में ज़िंदगी के मोड़ ने श्री राव को एक अंतिम गंभीर मौका दिया कि वे अपने को पहचानें। और उस मौके को उन्होंने दोनों हाथों लिया। और लिया तो फिर किसी क़ीमत पर हाथ से जाने न दिया। अपने 'कवि और छवि' की प्रांजल 'लिरिक' भावना से और आगे, वे बग़ैर इस नये मोड़ के, कतई नहीं बढ़ सकते थे। और उन्होंने सोचा कि आख़िरकार अपने सुविख्यात पिता स्वर्गीय सर सी. वाई. चिंतामणि की बेलाग और सुथरी पत्रकारिता का वरसा भी उनका अपना ही है, चाहें तो, और यह कि कवि और आलोचक के गम्भीर दायित्व का एक अच्छा और गहरा अध्ययन भी उनके पास था; एक तरह के रोमानी-रहस्यवादी दृष्टिकोण से उसका पर्याप्त अनुभव; मूल्यवान अनुभूतियाँ भी थीं।

अब से पहले की उनकी कविता के बारे मे कोई भी बिला-तकल्लुफ़ कह सकता था--क्या साफ और सुथरा कलाम है ! और हिंदी के क्षेत्र को देखिए, तो कितना निर्दोष ! हाँ, मगर उसमें बहुत जान तो न थी, बहुत ज़ोर तो न था। अपना, एकदम अपना, उनका कुछ ज़्यादा तो उसमें न था। यद्यपि उसमें छोटी-मोटी बहुत-सी, बहुत-सी, खूबियाँ थीं--शिल्प की वास्तविक उपलब्धियाँ, क्योंकि राव साहब एक बहुत सावधान शिल्पी हैं।

मगर एक नये व्यक्तित्व का जन्म... 'विक्रांत सैम्सन'--अंग्रेजी की एकमात्र 'विशुद्ध क्लासिकल' ट्रैजडी का सफल अनुवाद; 'रात बीती' --और उसके बाद 'हमारी राह': नये संकलन--नाम खुद बता रहे हैं कि पिछले वक्तों का खुमार टूट चुका है और आज निगाहों के सामने कला और जीवन की कुछ वास्तविक समस्याएँ हैं, जो 'अकेडेमिक' ही नहीं है।

दिलचस्प प्रश्न यह हे : कैसे यह परिवर्तन संभव हुआ ? यानी कवि के अंदर से यह

परिवर्तन कैसे संभव हुआ ? बीस साल तक एक ख़ास माहौल का अभ्यस्त हो चुकने के बाद ? कौन-सी आंतरिक शक्ति, कौन-से पिछले संस्कार इस कठिन समय में आड़े आये ? क्योंकि यह परिवर्तन, यों देखिए तो, एक असंभव-सा परिवर्तन था।[1]

समस्याओं को, परिस्थितियों को, सुलझाना, या उनका पहले से एक अधिक स्पष्ट 'पैटर्न' ढूँढ़ना, एक हद तो उनकी सांस्कृतिक उपयोगिता को स्पष्ट करना--श्री राव के स्वभाव की ख़ास विशेषता रही है। आरंभ से ही। अपने समकालीन युग पर वह एक खुली हुई दृष्टि रखते आये हैं। हर दौर की समस्याओं में उन्होंने भरपूर दिलचस्पी ली है।

युवा कवि के पहले ही संग्रह, 'कौमुदी' की सूची को देखिए तो उसमें द्विवेदीकालीन कविता के प्रायः सभी सामान्य विषय मिल जायेंगे : भ्रमर की भावना, मिलन, मुर्झाये हुए फूल के प्रति, विहग विलाप, आँसुओं के प्रति, नभ-मंडल, वसंत, प्रभात, निशा, छायावाद (व्यंग्य), देशभक्त स्वतंत्रता का वीर कवि, सायमन रिपोर्ट... । पं. श्यामबिहारी मिश्र को इनकी भाषा 'परम स्वच्छ एवं परिमार्जित' लगी थी; इनकी रचना में 'श्रृंगार एवं शांतिरस, देशप्रेम और स्वाधीनता के चित्तकर्षक भाव' और माधुर्य और 'पैनी दृष्टि की प्रचुरता' का उन्होंने उल्लेख किया। प्राक्छायावादी युग के सबसे बड़े आलोचक पं. रामचंद्र शुक्ल का प्रमाणपत्र भी ध्यान देने योग्य है : "कवि की दृष्टि सर्वत्र जीवन के किसी न किसी मार्मिक पक्ष पर ही गयी है...उसमें हमारा अपना विकसित वाग्बल है।" इस प्रसंग के वाक्य यों हैं :

"यहाँ से वहाँ देखा गया पर 'कौमुदी' में 'जीवन के उस पार' की कोई बात मुझे न मिली। भावों का कृत्रिम अभिन्य तरल और क्षणभंगुर रूपविन्यास विदेशी साँचे की लाक्षणिक वक्रता यह सब बनाव भी श्री राव की वाणी का नहीं है। फिर भी वह आधुनिक है। उसमें हमारा अपना विकसित वाग्बल है। आने वाली पीढ़ी में हमें ऐसे कवियों की बहुत आवश्यकता दिखायी पड़ती है। जिनकी दृष्टि का प्रसार बाहर-भीतर चारों ओर ओ, जिन्हें अपने (भारतीय) स्वरूप की सच्ची पहचान हो और जो सब प्रकार के बाहरी संस्कारों को उस स्वरूप के भीतर पचा सकें। श्रीयुक्त राव में ऐसे ही कवि की प्रतिभा का आभास पास कर" शुक्लजी ने उनका बड़े स्नेह से स्वागत किया।

कवि के दूसरे संग्रह का नाम 'आभास' ही है। पर यह क्या, यहाँ तो हम कुद और चीजों का आभास पाते हैं। युवक बालकृष्ण साहित्य के कानपुर स्कूल को पीछे छोड़ आया है। उसने अंग्रेज़ी साहित्य का अनुराग लेकर प्रयाग विश्वविद्यालय में प्रवेश किया है। अर्थात वड्र्सवर्थ और शेली के 'प्रकृति'-पोपित आदर्शवाद के भालोक और प्रयाग नगरी के छायावाद के सघन वातावरण में। फलतः वह कहता है--

प्रिय, मैं भी सुन सकता हूँ, अब नीरवता का गान।
कर सकता हूँ अब असीम का कण-कण में अनुमान।

हर कसमसाती हुई नयी पीढ़ी नये की ओर ही जाना चाहेगी। समय को अपनी खींच होती है। (शुक्लजी को, मैं समझता हूँ, काफ़ी निराशा हुई होगी ?)

कानपुर स्कूल की भाषा-शैली का लेश भी आभास हमें इस दूसरे संग्रह में नहीं मिलता। अपने 'प्राक्कथन' में डॉ. अमरनाथ झा की पैनी दृष्टि सही ही देखती है : "कवि नवयुवक हैं; संसार के सुख-दुख, हास्य, रोदन, उल्लास का अनुभव करने को उत्सुक हैं, शांति से अभी प्रयोजन नहीं, विश्राम का काम नहीं।..." और वह लिखते हैं कि "...इन पच्चीस कविताओं में ऐसे ही विषय हैं जिनका इस संवत् से अथवा इस देश से कोई विशेष संबंध नहीं है। ये विषय किसी भी युग में कविता के विषय हो सकते थे;...।" यह उन्नीसवीं शताब्दी का आलोचनात्मक दृष्टिकोण है, इससे यहाँ प्रयोजन नहीं। कवि हिंदी संस्कृत और अंग्रेजी साहित्य का मेधवी विद्यार्थी था; और उसमें प्रचुर उत्साह था। वह अपनी विकासशील प्रतिभा को अधिक से अधिक संपन्न करने के लिए तेजी से नये प्रभाव ग्रहण कर रहा था, जो कि नितांत स्वाभाविक भी था। शीर्षकों से ही छायावाद का गहरा प्रभाव स्पष्ट है : उच्छ्वास, असीम का बंधन, आमंत्रण, उद्बोधन, वेदना, साधना, भावी पत्नी के प्रति (पंत जी ने इस विषय को नये कवियों में बड़ा लोकप्रिय बना दिया था)। कविताओं में 'सखि' और 'सजनि' शब्द बार-बार आते हैं।

आज व्यथित है, सखि, सुख का मन--उच्छ्वास

'लिरिक' भावुकता का उच्छ्वास ही इस संग्रह की सामान्य विशेषता कही जायेगी।

बहरहाल, आज यदि प्रभावों की दृष्टि से मूल्यांकन करें तो 'कौमुदी' में अधिक स्वस्थ प्रभावों का बीजारोपण हुआ था; जिसने कवि की भावुकता के अंदर यथार्थवाद और 'क्लैसिकल' संतुलन का पुट भरा। जो हो, वह था पहल संस्कार; और यह दूसरा आकर्षण--कितना ही प्रबल सही। यौवन के रोमानी सपनों के साथ आशा-निराशा का उत्तप्त उच्छ्वास भी अपनी जगह रखता ही है। शेली, महादेवी और पंत के 'असीम' छायावादी-आदर्शवादी लोक में--जहाँ तंद्रा, तम और नीरवता से चाँदनी आँख मिचौनी ही खेलती रही है--कोई सार्थक प्रश्न कवि की ओर से हो सकता था तो शायद यही--

"कब तक नीरव तम में रह सकती है ध्वनि की क्रांति ?"

और यही पंक्ति इस पूरे संग्रह में मुझे सबसे अच्छी लगी।

'ध्वनि की क्रांति'...। 'कब तक नरीव तम में रह सकती है...।'

इस नये रोमानी व्यक्तित्व का पूर्ण विकास हम पाते हैं 'कवि और छवि' में; जो छायावादोत्तर काल के प्रतिनिधि संकलनों के साथ रखा जा सकता है। इसमें गर्मी और तड़प और वेदना का वैसा स्वर चाहे न हो जैसा बच्चन और नरेन्द्र के यहाँ मिलता है, मगर इसका मध्यम स्वर भी, नागर वैशिष्ट्य लिये हुए सच्चा है; प्रांजल और सुसंस्कृत है; प्रसादगुण से भरपूर। यहाँ आचार्य जानकीवल्लभ शास्त्री मुझे क्यों याद आ रहे हैं ? --पदों में वह हल्की वीणा की-सी झंकार, स्वर-ताल का रख-रखाव, राग-रागिनी का सूक्ष्म विचार। श्री राव का 'लिरिक' कवि भी बहुत सचेत शिल्पी है। मगर उसका मिज़ाज दूसरा है। उसके मिज़ाज की घुलावट में महादेवी के गीतों की सफाई के अलावा, कहीं-कहीं एक हल्का-सा तेवर ग़ज़ल का-सा भी मिलता है। पदों में कहीं-कहीं बच्चन

का-सा 'लिल्ट' है, और शायद रीति का माधुर्य भी कहीं छिपा हुआ। उसकी अनुभूतियाँ अक्सर 'नियति' और 'अदृश्य' से बँधी हुई हैं।

नियति के आदेश को जग मान कर ही जान पाया
विकलता के क्षीण मुख पर शांति की मुस्कान भी है।

पूर्ति कैसी प्राप्ति ही एक सफल प्रयास केवल।
द्वार तक पहुँचा निशा के, थी यही तप-सिद्धि रवि की :
पूर्ण कर यात्रा, पथिक पहुँचा परिधि के पास केवल !

ध्येय जिसका हो क्षितिज वह भूलता कब मार्ग अपना !

रहे सके जीवित सदा ही साधनाः तुम वर न देना

इस संग्रह के एक बहुत सुंदर गीत की कुछ पंक्तियाँ तो उद्धृत करते ही बनेगी। गीत ब्रजभाषा में है !

ठाढ़ी प्रेम-नदी के तीरा
सुधि-बुधि भूलि मुदित मोहन को
गुन-गन गावति मीरा
पुनि-पुनि चौकि-चौकि मग हेरति
पल न धरति उर धीरा।।

'कवि और छवि' उक्ति और अन्योक्ति के संस्कारों को हटा कर सच्ची काव्यगत अनुभूतियाँ विचार के ठोस आधारों को खोज रही हैं। 'मार्ग की ही खोज जीवन !' स्पष्ट ही ये आगे का पूर्व संकेत हैं।

संस्कारों की देन भी अजीब होती है। इस स्वर-साधक कवि का ('मैं अथक स्वर साधना हूँ) लिरिक अंतर एक तार्किक का-सा है। उसके अंदर रोमानी रहस्यवाद (छायावाद) के भावजगत् की सत्ता के नियमों को समझने और उन्हें कुछ स्पष्ट करने का प्रयास जाग्रत है। वह बौद्धिक सैद्धांतिक पक्ष को भावना के अंतर्गत लाया भी है। मगर इसे छायावाद के 'अभिव्यक्ति के उपकरणों में विशेष अभिवृद्धि' तो नहीं कहा जायेगा। कुल मिलाकर मैं डॉ. बच्चन से सहमत ही हूँ जो हो, बहरहाल, तार्किक की गति बहुत दूर तक नहीं हो सकती। सामाजिक जीवन में अपने चारों ओर श्री राव नियति का हाथ देखते हैं और अपने अंदर कलात्मक (भावुक) जीवन में, करुणा की शक्ति : वास्तव में एक चीज के दो रूप हैं दोनों। व्यक्ति को अपनी करुण विवशता का 'स्थायित्व' ही 'शाश्वत' सत्य लगता है। (मार्क्सीय शब्दावली में ह्रासकालीन बूर्जवाज़ी का, यथास्थिति का दर्शन।)

लेकिन आज राह की खोज के प्रतीक भावनाओं का अप्रस्तुत संकेत नहीं देते, जीवन के वास्तविक चिह्न और सीमाएँ इंगित करते हैं। "मिल जायेगी राह शाम तक।" स्वर

बदला हुआ है, निश्चयात्मक है। (हालाँकि 'जाग्रति के नयनों मे रह कर रोती रही नींद' जैसे टुकड़े, पिछली शैली के भी कहीं-कहीं मिल जाते हैं; मगर कम।)

'निर्वासिता सीता का गीत' में ("धर्म है आधार मन का : शांत हो यह जान कर मन") सत्य की ठोस और मार्मिक उपलब्धि पाठक को होती है। यह रचना वास्तव में श्री राव की पुष्टतम कविताओं में है।

क्या करेगा जान कर मन !
जो न समझेगा कभी, वह
क्या करेगा जान कर मन !

मोड़ जो मिलते गये छूटे सभी,
बढ़ता गया पथ :
फूल तो खिलते गये, टूटे सभी,
बढ़ता गया रथ।
आज दण्डक पन स्थली को
क्या करे पहचान कर मन !

धर्म यह भी था कि हो
बलिदान मेरे हित स्वजन का;
धर्म यह भी है कि पुरजन
के लिए लूँ मार्ग वन का।
आज के इस धर्म का कल
क्या करेगा ध्यान कर मन !
तोड़ कर सारी प्रजा का मन,
स्वयं वनवास लेकर
यश मिला, फिर मन प्रजा का
रख मुझे वनवास देकर।
धर्म है आधार यश का
शांत हो यह मान कर मन।
क्या करेगा जान कर मन।

और भी अनेक कविताओं में, अनेक स्थलों पर नयी अनुभूति के बहुत कोमल और मार्मिक संकेत मिलेंगे। जैसे इन पंक्तियों में :

रहा अनजानी, अँधेरी रात है, हम
साथ हैं : फिर भी अकेले खोजना है
मार्ग अपना।

...   ...

बहुत स्पष्ट स्वस्थ संकेत, जैसे यहाँ:-

मिल जायेगी राह शाम तक।
दिन ढलता जाता पर इसकी
किसने की परवाह शाम तक।

रुक पाऊँगा कहाँ पहुँच कर ?
रहा पूछता पथिक निरंतर।
पर इतना ही कहा प्रगति ने,
मिल जायेगी राह शाम तक
यदि कर लो निर्वाह शाम तक !

कवि इस अनुभूति की और भी गहरी, और भी निश्चयात्मक अभिव्यंजना देता है:

हमारी राह
छाया से ढकी
रहती किनारों से बँधी
लेकिन
कभी आकाश की छाया नहीं बनती
न मुड़ती है किनारों की तरफ।
यह राह
केवल राह है,
केवल हमारी राह है।
हमारी दृष्टि में यह राह है केवल।

यह सीधा, खरा, गंभीर और शांत स्वर मुझे प्रिय है।

अफसरशाही पर, खोखले भाषणों, प्रवचनों पर, अधकचरी बौद्धिकता या कलाप्रियता पर जो व्यंग्य 'रात बीती' या 'हमारी राह' में बिखरे हुए हैं, वह पहले क्या इस स्पष्टता से होने संभव थे ?

डरो न इनसे,
XX XX
किन्तु आलौकिक
सज्जा के अतिरिक्त और भी कुछ है इनमें--
जब जुलूस में
चलते हैं यह शब्द हमारे,
तब न भूमि पर कभी छोड़ते हैं निशान

अपने पंजों के।

पर अशक्त है
शब्द हमारे:
बोल न पाते,
खोल न पाते ज़ंजीरों को आज अर्थ की,
क्योंकि कोप की बंदी हैं ये। डरो न इनसे।--"डरो न इनेस"

कौन-सा है शिविर जिसमें
बैठ कर अभ्यास करता है युधिष्ठिर
झूठ-सच को साथ कहने, देखने का ?
XX XX
सुन रहा है जग, न होना मौन संजय,
शपथ है तुमको नयी धृतराष्ट्रता की ! --'रेडियो'

'हमारी राह' में हम कवि के 'लिरिक' और जिज्ञासु व्यक्तित्व को जरा-सा और भी स्पष्ट होता हुआ देखते हैं, इसकी सहानुभूति को कुछ और भी अधिक उदार और गहरी और व्यापक होती हुई पाते हैं। उसकी कला में भी शायद और अधिक प्रांजलता आ गयी हैं, और सहजता। पर पद-रचना के शिल्प से बढ़ कर कवि की रुचि मार्मिक और महत्वपूर्ण तथ्यों की अभिव्यक्ति में है। बाह्य परिस्थितियों और तत्संबंधी विचारों में उस आलोचनात्मक काव्य-तत्व के संकेत मिलते हैं। शब्दलालित्य, तुम और छन्द की रूढ़ योजनाएँ गौण हो जाती हैं। सवभावतः ही कवि मुक्त छंद और मुकत सानेट को अपने व्यक्तित्व की सार्थक खोज के पथ में एक सांस्कृतिक माध्यम के रूप में अपना लेता है। यह नये व्यक्तित्व की खोज कलाकार का अपना कलागत 'आध्यात्मिक' पक्ष है।

मसलन् इन पंक्तियों में जहाँ कवि अपने मर्म की, अपनी अनुभूतियों का, अपने व्यक्तित्व के समूचे दायित्व का स्वरूप खोज रहा है, उपर्युक्त बातों को महसूस कया जा सकता है।

यह अँधेरी रात
कितनी शांत, शीतल !
कल्पना-सी मुक्त ! कवि के
धर्म-सी गंभीर ! कवि के
कर्म-सी निष्काम ! कवि के
मर्म-सी कोमल !
अकेली
विजन वन-पथ पर भटकती

सिंहनी-सी

यह अँधेरी रात

जिसका भय हृदय में है समाया,

इसलिए छिप कर कहीं

बैठी हुई है

(ज्ञानियों के शांत मन में बेकली-सी)

निकल बाहर, मुसकुरा कर

छिटक जाने के लिए है

छटपटाती

चाँदनी अवदात,

कवि की प्रेरणा है यह स्वयं कविता, न जाने--

यह अँधेरी राता।

इस पूरी कविता की इकाई को कहीं से भी तोड़ना असंभव है।

श्री राव के गीतों की तरफ शायद कम ध्यान गया है। उन्होंने खड़ी बोली के कुछ बहुत ही पुष्ट और सरस, और सच्चे, गीत लिखे हैं: जो सचमुच हृदय में संगीत की तरह बस जाते हैं। उनमें अतिशय मार्जन और कोमलता है। ऐसे गीत थोड़े भी लिख ले जाना बहुत है।

मसलन वह गीत 'चाँदनी में':

वेदना का स्वर अचानक पा गया आनंद की लय,

पूर्णिमा में हँस पड़ी बीते हुए दिन की पराजय।

शांति है यह सिद्धि की या विकलता का मौन लज्जित

रात ठंडी साँस लेती है सुलगती चाँदनी में।

चाँद गाता लोरियाँ, हम सुन रहे हैं, जागते हैं;

चेतना से खेलने की स्वप्न अनुमति माँगते हैं।

सो न पायी आज सुधि, कल कह न पायेगी सवेरे

एक पल को ज्योति ज्वाला से अलग थी चाँदनी में।

दूर क्यों तारे, धरा यदि भार ढोने के लिए है ?

चाँद क्यों निकला, अगर यह रात सोने के लिए है ?

कौन साथी है ? मगर है कौन-सा राही अपरिचित ?

कौन-सी है राह जो अपनी न लगती चाँदनी में ?

या वह चीज

बोलती आँखें तुम्हारी :

बोलती आँखें तुम्हारी--

मौन जल में

रंग स्वर का

घोलती आँखें तुम्हारीं !

या वह -- 'और भी हैं'

एक तेरी ही नहीं सुनसान राहें और भी हैं;

कल सुबह की इंतज़ारी में निगाहें और भी हैं।

जिसमें ग़ज़ल का-सा तेवर है, प्रत्येक पंक्ति सधी हुई है, और अनुभूति की दृष्टि से पूरा गीत एक इकाई है।

पूजना पत्थर अकेले कए तुझको ही नहीं है

वाह बनने के लिए मजबूर आहें और भी हैं।

X X X

तू अकेला ही नहीं है

जो अकेला चल रहा है;

और तलवों के तले भी

यह धरातल जल रहा है।

ये पंक्तियाँ स्मृति में लिख जाती है।

मुझे एकाएक खयाल आता है और मैं पूछता हूँ कि क्या खडी बोली हिंदी के आज के किसी और भी कवि ने अपनी सब तरह की कविताओं में भापा के शुद्ध प्रयोग पर इतना ध्यान दिया है, जितना श्री राव ने । क्रियापदों को उनका उचित स्थान दे कर मुहावरों की इतनी रक्षा की है, जितनी श्री राव ने ? अज्ञेय, बालकृष्ण राव और सियारामशरण गुप्त...ये ही तीन नाम मेरे सामने आते हैं। सियारामशरण गुप्त को मैंने बहुत कम पढ़ा है।

दो शब्द श्री बालकृष्ण राव के सानेट पर भी कहना चाहूँगा। सानेट की आत्मा अगर 14 पद और 8-6 का कलात्मक तोल ही नहीं है, तो हम उसको इस कवि की अनुभूति के मुक्त माध्य के रूप में बहुत सार्थक पाते हैं। और नये मुक्त सानेट एक स्वतंत्रता-सी प्रदान करते हैं अनुभूति की व्यंजना को। एक धार-सी देते हैं, उक्ति को ही नहीं, मर्म को भी।

राह अनजानी रात है, हम

साथ हैं, फिर भी अकेले खोजना है

मार्ग अपना।

लतीफ़ इशारे, कभी-कभी उनमें झलकता हुआ सामाजिक व्यंग्य: एक दबी हुई आह, एक ज़ब्त, और सबमें कए स्वाभाविक शालीनता और सुरुचि। भावनाओं में सच्चाई की आश्वस्ता। शांत, निर्दोप शैली : और संतुलन: जो कि आसानी से हासिल नहीं होता। बहुत-कुछ है इनमें।

'पहाड़ पर संध्या' सानेट को ध्यान से देखिए :

चोटियाँ ही चोटियाँ अब दीखती हैं।
इस पहाड़ी प्रांत में केवल उन्हीं पर
अस्त होते सूर्य की किरणें चमकतीं।
शीश पर उनके उठाने के लिए ही
जान पड़ता है कि ये पर्वत खड़े हैं।

है अँधेर में शिला जिस पर खड़े-हो
देखते विस्तार समतल भूमि का हम
लग रही ऊँची, अवनि की यवनिका-सी।
प्राण ! इस नीची शिला पर भी न जाने
पाँव रख आकाश कितनों का खड़ा है,
देखती होंगी क्षितिज कितनी निगाहें !

यह बात के सहज प्रवाह में एक और सानेट का यह स्वाभाविक टुकड़ा भी--

वह कथा जिसकी बराबर
बादलों के बीच छिप-छिप कर निकलती
चाँदनी-सी याद आती रही है।

एक और, बहुत ही कोमल लतीफ़ अनुभूति है; उसकी अभिव्यक्ति भी अनायास ही कैसी कोमल और सहज हुई है !

बात पूरी हो न पायी थी, अभी कुछ
और कहना था मुझे जब रात बीती।
दिवस की पहली किरण के स्पर्श से ही
हो गये, शशि तारकों के साथ, मेरे
शब्द भी निष्प्रभ; सहम कर स्वर न जाने
छिप गया किस विहग-वाणी में अचानक।
मैं न समझा क्या हुआ था क्यों अधूरी
रह गयी वह बात जिसको सुन रहे थे।
तुम सहज, सुंदी कुतूहल से समुत्सुक।
अब प्रतीक्षा कर रहा हूँ रात की फिर,
शब्द वे मिल जाएँ पूरी कर सकूँ मैं
बात अपनी। किंतु भय है अब न होगा
फिर कभी संभव सुनाना या समझना--
शब्द होंगे, पर वही क्या अर्थ होगा ?

इससे अलग, यह भी चित्र अनुभव करने योग्य है:

ले रहा अंगड़ाइयाँ अब युग हमारा,
किंतु रह-रह सिहर उठता है अचानक--
छू गया एवरेस्ट से है हाथ उसका।

'रेडियो' शीर्षक सानेट से कुछ पंक्तियाँ पहले दी चुकी है।

कौन-सा है शिविर जिसमें...

श्री राव के सानेटो में हम सीधे कवि के व्यक्तित्व से साक्षात्कार करते हैं, उसके लगभग पूरे व्यक्तित्व से। स्पष्ट है कि ये सानेट प्रयोग भी है। इसलिए कोई-कोई सानेट हलका भी रहा गया है: डायरी के जैसी चीज। एक उड़ता हुआ खयाल या कोई मामूली नुक्ता।

श्री राव की बेहतरीन रचनाओं पर गालिब का यह मिसरा अतिशयोक्ति न समझा जाये :

'सादगी व पुरकारी, बेखुदी व हुशियारी !'

और मेरे लिए उनकी चुनी हुई कविताओं का यही विशेप आकर्पण है। कम से ऐसे कवि, जिनमें काव्यगत प्रौढ़ता के साथ-साथ संतुलन-दृष्टि और सामाजिक जागरुकता भी मिल सके। मेरा खयाल है कि श्री राव हमारे बहुत ही थोड़े से ऐसे कवियों में हैं।

[कल्पना, (मा.) हैदराबाद, वर्ष 14, अंक 9, सितम्बर, 1963 ई.]

संदर्भ

1. यह कितना गहरा था, या है ? इसका कोई संक्षिप्त उत्तर देना मेरे लिए कठिन है: वह भ्रामक हो सकता है, क्योंकि कई अंशों में यह परिवर्तन वस्तुतः बहुत गहरा नहीं था: पर जहाँ तक था, बहुत महत्वपूर्ण था, और मूल्यवान। श्री राव की एक मध्यम और 'तदस्थ'स्थिति है। यह एक दिलचस्प स्थिति है। इसकी व्याख्या के लिए विस्तार अपेक्षित है, और प्रस्तुत निबंध में उसकी गुंजायश नहीं। फिर कभी और संदर्भ में देखा जायेगा।

कैफ़ी आज़मी का कवि-व्यक्तित्व

कैफ़ी से हिंदी की रसिक जनता अच्छी तरह परिचित है। दिल मसोसने वाले उसके फ़िल्मी गीत देश और विदेश के प्रेमी दिलों में बसे हुए हैं। विश्वास और आदर्श के परचम उठाये, सौंदर्य की मोहिनी और आकर्षण के जादू जगाये हुए ये प्रेम-रस के छलकते गीत, गीत ही नहीं श्रेष्ठ और मार्मिक कविता भी हैं। इन गीतों की करुणा और मिटास कैफ़ी के काव्य की भी ख़ास पूँजी है। मगर इसके अलावा भी उसमें और बहुत कुछ है। वह क्या है ?

यौवन की सारी बेचैनी, उभार और समर्पण की--कसमसाहटों और सरगर्मियों की--ये कविताएँ, करुण या मधुर या ओजस्वी, कभी खून में तड़पती बिजलियाँ तो कभी प्रेम की महकती लपटें, और कभी सौंदर्य दहकता शोला बन जाती हैं। मगर, शीघ्र ही, अपने तमाम भावुक सिलसिलों को लिए हुए, वे कविताएँ धरती पर, काँटों की ज़मीन पर, उतर आती हैं और एक नया ही अर्थ झलकाने लगती हैं :

ज़िंदगी चलती रही काँटों पर, अंगारों पर
तब मिली इतनी हसीं, इतनी सुबुक चाल तुझे !

और तब ये वीर युवा-हृदयों का जौहर बन जाती हैं और जुझारू दुनिया के सामाजिक संघर्षों में उनकी निश्चित विजय का प्रतीक। एक नयी दुनिया का निशान ऊँचा करती हुई।

यही प्रेम और सौंदर्य की गहरी भावनाएँ जब नये समाज-निर्माण के लिए आत्म-बलिदान की प्रेरणा जगाने लगती हैं, तो यही उनकी हठीली दुनिया महान से महान योजनाओं के औचित्य का आधार होती है। यही वह पवित्र ऊर्जा है जो कैफ़ी की काव्यानुभूतियों की जान है।

जब भी चूम लेता हूँ उन हसीन आँखों को
सौ चिराग अंधेरे में झिलमिलाने लगते हैं !

और

लमहे भर को यह दुनिया जुल्म छोड़ देती है !

लमहे भर को सब पत्थर मुस्कराने लगते हैं।

ऐसा कुछ न हो तो इस सारी भावुकता का क्या अर्थ ? या कवि की भरपूर कला का ?

मसलन् वह कविता जिसका शीर्षक 'बोसा' है, कैसे माहौल में अचानक लिखी गयी--इसकी कथा भी दिलचस्प है; और आगे की बहस के लिए शायद प्रासंगिक भी।

सन् 45-46 की बात है। टैक्सटाइल वर्कर्स यूनियन के मजदूरों की एक स्ट्राइक चल रही है। कैफी आजमी मिल-फाटक पर हैं कि अचानक एक कविता उनके जेहन में उभरती हैं और वहीं खड़े-खड़े लिख ली जाती है। स्ट्राइक का कारण है मिल मालिकों का यह आदेश, कि मजदूरों को चार साँचे चलाने ही पड़ेंगे; जिसका परिणाम यह होता था कि आधे मजदूरों छँटनी करके निकाल दिये जायें। स्ट्राइक उसी के विरोध में थी। मगर मिल-मालिक उसे गैर-कानूनी घोषित कराने में सफल हो जाते हैं, और स्ट्राइक फेल हो जाती है। बहरहाल, पार्टी के सदस्यों को जब पता चलता है कि यह नज्म स्ट्राइक के दौरान ऐन मिल-फाटक पर ही लिखी गयी, तो कैफी पर बरस पड़ते हैं। स्ट्राइक की असफलता का सारा दोष कैफी पर और उसकी कविता पर मढ़ दिया जाता है। उधर मजदूरों की प्रतिक्रिया क्या हुई ? कुछ दिनों बाद उन्होंने भी वह नज़्म सुनी, और उस आदर्शवादी रोमानी रचना को अपने सीने से लगाया। प्रेम-व्यंजना के व्यापक सामाजिक संदर्भ को, सहज-स्वभाव ही, उन्होंने सही-सही महसूस कर लिया। निश्चय ही वे कविता और घोषणापत्र का अंतर जानते थे। अपने अवचेतन में कहीं यह भी जानते थे कि दोनों में कोई आवश्यक विरोध नहीं। और अपने कवि को तो वे अच्छी तरह पहचानते थे। उस पहचान में आज तक फर्क नहीं आया, बल्कि समय के साथ वह और गहरी ही हुई है।

इस सदी के पाँचवें-छठे दशकों में प्रेम और प्रगतिवाद की बहस को वामपक्षी आलोचक बड़ी बारीक खुर्दबीन से देखते थे। मगर कैफी ने इस उलझन को अपने संघर्ष में किस तरह हल किया ?...जिस तरह किया--वह एक सीधी मार्क्सवादी 'तरह' थी।

इस सदी के उत्तरार्ध में हर गंभीर कलाकार को इस मंजिल से गुजरना पड़ा है। और अंत में वह इसी निष्कर्ष पर आने को मजबूर हुआ है कि इतिहास के द्वंद्वात्मक-भौतिकवादी विश्लेषण की रोशनी में, स्वस्थ परंपराओं--यानी सार्थक मूल्यों से अपने आपको रचनात्मक ढंग से जोड़ने के सिवाय उसके आगे और कोई रास्ता नहीं। कैफी ने उस दौर का अपना अनुभव मुझे इन शब्दों में बताया :

"मैं अक्सर रोमानी नज़्में लिखता था। जब मैं कम्युनिस्ट पार्टी के कारकुन की हैसियत से मजदूरों में काम करने लगा तो मैंने महसूस किया कि उनके बीच में रह कर शायराना तकल्लुफ की जबान नहीं चलेगी। मेरे नज्मों को सहज और स्वाभाविक होना होगा। यानी जबान को उनके दिलों के और नजदीक लाना होगा। मजदूरों से मेरा बराह-रास्त राब्ता था : एकदम डायरेक्ट। 'झंकार' (संग्रह) की बहुत सी नज्में कानपुर और लखनऊ के मजदूरों के बीच रहकर लिखी गयीं। मुझे इसका एहसास होने लगा कि

मेरे जज़्बात (भावनाएँ) कहाँ उनके इन्क़लाबी हितों का साथ देते हैं और कहाँ वो उनके ख़िलाफ़ पड़ सकते हैं। फिर, 44-45 में जब मैं बम्बई आया तो मैंने मदनपुरा के कामगारों में काम करना शुरू कर दिया। शू-वर्कर्स की यूनियन बनायी। वग़ैरह... । और जव फिल्म में लिखना शुरू किया तो पार्टी की एक्टिबिटीज और बढ़ा दी। बीड़ी-मजदूरों की यूनियन बनायी। किरायेदारों का एसोसिएशन क़ायम किया। बल्कि फ़िल्मी दुनिया से मुझे अपने यूनियन के कामों को बढ़ाने में ख़ासी मदद मिली। फ़िल्मी दुनिया में आकर मैं आम आदमी के संघर्ष को भूल नहीं गया। वहाँ भी बहुतों को अपने साथ लाया... ।"

मैंने पूछा कि, "यूनियन के कामों में क्या और भी शायर आपके साथ हैं ?" बोले, "नहीं, दूसरे शुअरा में से मेरे साथ कोई नहीं है।"

मैं काफ़ी संकोचशील व्यक्ति हूँ। मगर इस मर्तबा कैफ़ी से कुछ बातें हुईं तो बम्बई के पार्टी कम्यून का वह ज़माना आँखों के सामने फिर गया जब सन् 45-46 और 47 में मैं भी वहाँ था। उस समय पार्टी के मुख्यमंत्री पूरनचंद्र जोशी थे, हमारे लिए 'पी.सी. जोशी' या 'पी.सी.'... साहित्यकारों-कलाकारों के साथी, मित्र और गुरु। उनमें सृजन-प्रक्रियाओं की सही पकड़ और अपनी हार्दिक सहानुभूति से रचनाकारों में--मार्क्सवादी परिकल्पना के साथ-साथ अकूत आत्मविश्वास और नयी स्फूर्ति जगा देने की अद्भुत प्रतिभा थी। कम्यून में सबको अलस्सुबह उठना पड़ता था। मगर पी.सी. कैफ़ी के अटूट सृजनात्मक श्रम और आवेश की थकान को समझते थे।

वह ज़माना था आज़ादी की जंग का, और कांग्रेस और लीग के द्वंद्व और संघर्ष का। सभी पार्टियों के लीडर अपना-अपना रंग, जोशो-ख़रोश और पैंतरे दिखा रहे थे। कैफ़ी ने इन नेताओं पर एक नज़्म लिखी थी, जिसमें उसने उनके भाषणों से नाटकीय और रोचक टुकड़े लेकर उन्हें अजब व्यंजनात्मक शिल्प के साथ छन्दोबद्ध कर दिया था। यह कैफ़ी का अपना एक स्वतंत्र एक्सपेरिमेंट था। जोशी को जब उस नज़्म का पता चला और उसे देखा तो उन्होंने उस सप्ताह का अपना लिखा-लिखाया संपादकीय फाड़ डाला और उसके स्थान पर वही नज़्म पार्टी-साप्ताहिक में कंपोज होने के लिए भेज दी। (अंग्रेज़ी संस्करण के लिए उसका अनुवाद स्व. श्री सज्जाद ज़हीर ने किया था।)

विभिन्न मनोवैज्ञानिक स्थितियों को उनके पूरे नाटकीय माहौल और वातावरण के साथ--गंभीर विश्लेषण या व्यंग्य-विद्रूप के आवरण में--हू-ब-हू साकार, सजीव रूप में पेश कर सकने की सहज क्षमता का यह एक उदाहरण मात्र है। गद्य-पद्य दोनों में सुविख्यात शैलियों का, वो चाहे पुरानी 'क्लासिक' हों या नहीं, चर्बा उतारना कैफी के लिए कभी कोई बड़ी बात नहीं रही है।

मैंने उनसे पूछा, "उर्दू कविता की परंपरा में आपने सबसे अधिक किस कवि से असर लिया ?"

"ग़ालिब से।"

"मगर ग़ालिब तो बहुत कंप्लैक्स (जटिल मनःस्थितियों और अनुभूतियों का) कवि

है...और आपका रंग इतना सलीस और शैली इतनी साफ..."

--"गालिब से जो बात मैंने सीखी वह यह कि जो बात कहो उसको लोगों का तजरुबा बना दो।...मैंने यह किया कि जो चीज मैंने महसूस नहीं की वह छोड़ दी। कही वही चीज़ जो मैंने शिद्दत से महसूस की। मेरे यहाँ यह गालिब ही की देन है।...और ज़बान और असलूब पर (यानी अभिव्यक्ति की भाषा-शैली पर) सबसे ज्यादा असर मीर अनीस का है। भाषा में नैचुरल अंदाज़ (स्वाभाविकता) सादगी और बहाव, रवानी और तसल्सुल (सुबद्धता) को मैं बहुत अहमियत देता हूँ। ...पूरे तजरुबे को (अनुभूति को) अपने पूरे माहौल और मोड़ों के साथ-साथ देना चाहता रहा हूँ। --इसीलिए ग़ज़ल के तंग दायरे ने मुझे अपनी तरफ़ नहीं खींचा। यह फ़ार्म (विधा) मुरत्तव फिक्र (सुंबद्ध चिंतन) के इज़हार के लिए मुनासिब नहीं है...।" कैफ़ी ने बताया कि भावना के साथ-साथ (मार्क्सवादी) चिंतन के पहलुओं को भी स्पष्ट और जोरदार ढंग से व्यक्त करने के लिए नज़्म के मैदान में ज़्यादा खुली गुंजाइश थी: ग़ज़ल में नहीं।

इसी दृष्टिकोण का नतीजा है जो कैफ़ी के यहाँ सीधा यथार्थ खुद-बखुद बोल उठता है। रहैटरिक से इस शाइर को नफरत है। आलंकारिता की परछाईं भी यहाँ न मिलेगी। उसके छंद को घोषणाओं की-सी आन-बान की ज़रूरत नहीं। वह अपने धीमे और नर्म लहजे से ही गहरा, और अधिक गहरा, असर पैदा करने में कामियाब होता है। बुलन्द आहंग और घन-गरज का उसने सिर्फ़ इन्क़लाबी जेहाद और जंग-संबंधी नज़्मों में ही प्रयोग किया है। और खूब किया है। मगर उस तेवर की नज़्मों में भी भावना और अनुभूति की सच्चाई अंतिम पद तक महसूस होती जायेगी। कैफ़ी के साज़ में सभी स्वर हैं। जिस मौक़े पर जो भी स्वर उभरता है सच्चा होता है।

तमाम कला राजनीति है। यह एक अति परिचित और यथार्थ उक्ति है। जिस कला में राजनीति नहीं है, वह कला नहीं। बर्नार्ड शॉ और इब्सन के ज़माने से लेकर ब्रेश्ट और आधुनिक इटली के अनेक विश्वविख्यात फ़िल्म-निर्देशक तक यही बात दुहराते आये हैं। कोरी राजनीति नहीं--वह 'राजनीति' जिसमें आम आदमी की आशाएँ-आकांक्षाएँ सुलगती हैं। हर सच्चा कलाकार--देखा जाय, तो हर युग में--उसी अग्नि का ताप झेलता है। वहीं उसका 'सोज़े-निहाँ' है।

इक यही सोजे-निहाँ कुल मेरा सरमाया है !

कैफी कहता है। यह आत्मा में छिपा हुआ ताप, यह सोजे-निहाँ, क्या है ? यह ताप है मनुष्य के सुंदर भविष्य में उसकी आस्था का: जिसके लिए अनेक देशों की जनवादी पार्टियाँ (दूसरे विश्वयुद्ध के पहले से, और उसके बाद और भी जी-जान से) संघर्ष कर रही हैं।

इस संघर्ष को धक्का लगता है जब बड़ी जनवादी पार्टियों में बिखराव और विद्वेष पैदा होता है और नेताओं की दृष्टि धुँधली पड़ने लगती है। जब देश के बेहतरीन दिमाग़ कुंद पड़ जाते और उस धुन्ध में खो जाते हैं, तब इस ट्रैजेडी को देखकर कवि को मर्मांतक पीड़ा

होती है। सन् 64 में ही क्षुब्ध होकर वह कह उठा :

इक यही सोजे-निहाँ कुल मेरा सरमाया है !
दोस्तो, मैं किसे यह सोजे-निहाँ नज़्र करूँ ? !

किसको दिल नज़्र करूँ, और किसे जाँ नज़्र करूँ !...

अपनी लाश आप उठाना कोई आसान नहीं।
दस्तो-बाज़ू मेरे नाकारा हुए जाते हैं।
राह में टूट गये पाँव तो मालूम हुआ--
जुज़ मेरे और मेरा राहनुमा कोई नहीं !
एक के बाद ख़ुदा एक चला आता था :
कह दिया अक़्ल ने
तंग आ के-खुदा कोई नहीं !

और उसे लेनिन की याद आती है। वह पुकारता है :

देखते हो कि नहीं !...
रूहें आवारा हैं ! दे दो उन्हें पैकर अपना !
भर दो हर पारए-फ़ौलाद में जौहर अपना !
रहनुमा फिरते हैं या फिरती हैं बेसर लाशें !!
रख दो हर अकड़ी हुई लाश पे तुम सर अपना !

उसी समय (सन् 64) की एक कविता नेहरू के प्रति है। कितने सही शब्दों में उसके ऊँचे समर्पित व्यक्तित्व को आँका गया है :

मैंने तनहा कभी उसको देखा नहीं !
फिर भी, जब उसको देखा-वो तन्हा मिला !...

बेज़ुबाँ तीरगी में कभी
औ कभी चीख़ती धूप में
हर नये हर पुराने ज़माने में वह
चाँदनी में कभी ख्वाब की...
ख़ुद को ढूँढ़ा किया हर फ़साने में वह !...
ज़िंदगी का हो कोई जेहाद
वह हमेशा हुआ सबसे पहले शहीद !

पंडित नेहरू के बाद के वर्ष देश के राजनीतिक-सांस्कृतिक जीवन में बहुत पीड़ापूर्ण इम्तहान के रहे हैं। प्रतिक्रियावादी शक्तियों ने हर प्रकार से इतिहास को झूठा साबित

करने और आम जनता को गुमराह करने की कोशिश की: और विदेशी षडयंत्रकारियों ने भी यहाँ के अंधविश्वासों को हवा दी, उन्हें अपने उद्देश्यों के लिए इस्तेमाल करने के लिए हर तरह से बढ़ावा दिया। इस पूरे माहौल और स्थिति का बोलता हुआ चित्र इन उच्च कोटि की कविताओं में मिलेगा : 'आखिरी रात', 'आदत', 'दायरा', 'दोपहर', 'बहुरुपिनी', 'इंतशार', आदि ये नज़्में बहुत गहरी पीड़ा की अनुभूतियों में डूब कर लिखी गयी हैं। शब्द वातावरण में खो जाते हैं, और हम उस वातावरण में। 'आख़िरी रात' यों शुरू होती हैं :

चाँद टूटे पिघल गये तारे।
क़तरा-क़तरा टपक रही है रात !

पूरी नज़्म धीरे-धीरे पढ़ने से ताल्लुक रखती है। 'आदत' शायद मुक्तिबोध की याद दिलाये। 'दायरा' की अन्तिम पंक्तियाँ :

चंद रेखाओं में, सीमाओं में
ज़िंदगी क़ैद है सीता की तरह !
राम कब लौटेंगे मालूम नहीं !
काश, रावन ही कोई आ जाता !

(ताकि जिन शक्तियों का संहार होना है वह हो तो सके !) 'दोपहर' में किसी तूफ़ान के उठने से पहले का सन्नाटा महसूस होता है। एक ऐसा ठहराव और गतिरोध जहाँ मात्र आस्थाहीनता और दिशाहीनता है। और इस सिलसिले में यह शेर भी कुछ कहता हैं :

मनुज की मछली, न कश्तीए-नूह
औ यह फ़ज़ा !
कि क़तरे-क़तरे में तूफ़ान बेकरार-सा है!

'बहुरुपिनी' (घोर प्रतिगामी शक्तियों का एक रूपक) का आरंभ देखिए :

एक गर्दन पे सैकड़ों चेहरे
और हर चेहरे पर हजारों दाग
और हर दाग बंद दरवाजा
रोशनी इनसे आ नहीं सकती !
रोशनी इनसे जा नहीं सकती !

कटु यथार्थ की इन सब अनुभूतियों के बावजूद कैफ़ी का कवि अंदर से दृढ़ अडिग और भविष्य के प्रति आश्वस्त हैं। प्रकृति से ही स्वस्थ वातावरण, प्रेम और उल्लास का कवि है, क्योंकि--

रुह चेहरों पे धुआँ देख के शर्माती है !

प्रेम में भी उसको अपने व्यापक दायित्वों का एहसास रहता है; जैसे इसके बिना उसका निजी प्रेम-संसार अधूरा-सा रह जाता हो ! अपनी महबूबा से कहता है :

प्यार का जश्न नयी तरह मनाना होगा !

प्रेम और सौंदर्य की कविताओं में कैफी का निश्छल व्यक्तित्व साफ़ आईने की तरह हमारे सामने आ जाता है। उसको जिंदगी से प्यार है। हुस्न और इश्क़ की उसकी कविताएँ कितनी संगीतमय हैं; उनके शब्दों और शैली में कितना रंगीन और कोमल और विह्वल प्रवाह है; कितनी तल्लीनता है, कैसी मादकता है। प्रेयसी के सौंदर्य का जब वह विस्तार से वर्णन करने लगता है, अंग-अंग के सौंदर्य का--मगर विशेष रूप से आँखों का, उसकी चाल का, उसकी हया का, और उसकी कोमलता का, या विशिष्ट मनःस्थितियों में उसकी अदाओं का, तो उसके लहजे में कैसा समर्पित आदर-भाव, सरल उत्सर्ग, सहजतम विश्वास का अपनाव भर उठता है ! कैफी सौंदर्य का पुजारी है, 'कलाकार' नहीं--प्रेमी है। उसका कलाकार प्रेमी के ही हृदय में छुपा रहता है... उसकी धड़कनों में; और कहीं नहीं। उसका पूरा का पूरा अस्तित्व जैसे उन तमाम तरंगों में घुल जाता है जो सौंदर्य-वैभव की पूर्णिमा प्रेम सागर की लहरों में उठाती रहती है। इस तरह की कोई भी नज़्म आप उठायें तो आपके हाथ में गोया एक छलकता हुआ जाम आ जाता है।...और उस जाम में कितने कोमल मूल्यवान अर्थ संकेतों की चमक थरथराती है !

मगर यह प्यार का जश्न जब तक नयी तरह नहीं मनाया जायेगा, पूरा नहीं होगा।

जो बात हमें औरों की उम्दा ग़ज़लों में मिलती है, वह हमें अनायास ही कैफ़ी की प्रेम सौंदर्य की नज़्मों में भरपूर मिल जाती है ! मसलन् 'मिन्नतें' शीर्षक नज्म में। कितने दर्द और प्यार से रूठे को मनाया जा रहा है ! ...यह नज़्म ग़ज़ल भी है और एक पूरा सीन भी, जो दिल में बस जाता है। या, 'सवेरे-सवेरे' में...प्रेम का नाज़ुक और मार्मिक मनोविज्ञान देखिए :

न पूछो वो किस तरह आकर सिधारी !
मेरी सारी हस्ती पे छा कर सिधारी !

खरामाँ-खरामाँ, पशेमाँ-पशेमाँ,
ख़ुद अपने से भी छुप-छुपाकर सिधारी !

वो पलकों की मस्ती, वो नज़रों की मस्ती !
इन्हीं मस्तियों में नहा कर सिधारी !
थकी-सी वो अंगड़ाइयाँ, वो जमाही !
सँभल कर उठी, लड़खड़ा कर सिधारी !
अभी तक मेरी उंगलियाँ काँपती हैं
कुछ इस तरह दामन छुड़ा कर सिधारी !
नज़र उठ ही जाती है उस सिम्त 'कैफ़ी'
जिधर वो निगाहें झुका कर सिधारी !

और 'अंदेशे' तो वह नज़्म है जो हिंदी क्या, ग़ैर-हिंदी प्रदेशों में फिल्म-प्रेमियों के

दिलों में बसी हुई है। न जाने कितनों को युवावस्था में इस ट्रैजेडी से विवशतः गुजरना पड़ता होगा ! इसका इससे अधिक स्वाभाविक, सीधे दिल को कचोटने वाला चित्र शायद ही दूसरा कहीं मिले ! पूरी नज्म, उसका एक-एक मिसरा दर्द की तस्वीर है :

झुक गयी होगी जवाँसाल उमंगों की जबीं !
मिट गयी होगी ललक, डूब गया होगा यकीं !
छा गया होगा धुआँ, घूम गयी होगी जमीं,
अपने पहले ही घरौंदे को जो ढाया होगा !

दिलने कुछ ऐसे भी अफसाने सुनाये होंगे !
अश्क आँखों ने पिया और न बहाया होगा !
बंद कमरे में जो खत मेरे जलाये होंगे
एक-इक हर्फ जबीं पे उभर आया होगा !
बेमहल छेड़ पे जजबात उबल आये होंगे
गम पशेमान तबस्सुम में ढल आये होंगे !
नाम पर मेरे जब आँसू निकल आये होंगे,
सर न काँधे से सहेली के उठाया होगा !

फिर 'अल्लाह रे शबाब का जमाना !' एक पूरी और मुकम्मल तस्वीर है उठते शबाब की ! एक सरापा है, यानी सजीव नख-शिख, जो गजल की सारी अदाएं लिये हुए हैं मगर जो गजल की सीमाओं में समाना मुश्किल थीं।...फिर 'रक्कास शरारा'। 'रक्कास शरारा' की नृत्य करती चिनगारी जो दो निगाहें के टकराने से उड़ती है, उड़ के कहाँ-कहाँ पहुँचती है, क्या-क्या करती है, इसकी धड़कती हुई कहानी है, जितनी रंगीन उतनी ही प्यारी।...या, 'पहला सलाम' ही लीजिये--उस नाजुक उम्र की एक पूरी तस्वीर जब प्रेम की पहली-पहली अनुभूतियाँ विवश (और कैसा विवश !) कर देती है।...या 'तसव्वुर'; या 'मुलाकात'; या 'नक्शो-निगार'... ।

और फिर देखिए इन नज्मों से कितनी भिन्न है वह नज्म जिसका शीर्षक 'औरत' है :

उठ, मेरी ! मेरे साथ ही चलना है तुझे !
...जिसमें जलता हूँ उसी आग में जलना है तुझे !

जन्नत इक और है जो मर्द के पहलू में नहीं;
उसकी आजाद रविश पर भी मचलना है तुझे !

गोशे-गोशे में सुलगती है चिता तेरे लिए !
फर्ज का भेस बदलती है कजा तेरे लिए !
कहर है तेरी हर इक नर्म अदा तेरे लिए !

जहर ही जहर है दुनिया की हवा तेरे लिए !
रुत बदल डाल अगर फूलना-फलना है तुझे !...
तू हक़ीक़त भी है, दिलचस्प कहानी ही नहीं !
तेरी हस्ती भी है इक चीज जवानी ही नहीं !
अपनी तारीख का उनवान बदलना है तुझे !...

...यह भी इक क़ैद ही है, क़ैदे-मुहब्बत से निकल !
राह का ख़ार ही क्या, गुल भी कुचलना है तुझे !

तेरी खातिर है जो जन्जीर वो सौगंध भी तोड़ !
तौक़ यह भी है जमुर्रद का गुलूबंद भी तोड़ !
तोड़ पैमानए-मर्दाने-खिरदमंद भी तोड़ !
बन के तूफान छलकता है, उबलना है तुझे !
तू फ़लातून्-ओ-अरस्तू है, तू ज़हरा-परवीं ![1]
तेरे क़ब्ज़े में है गर्दूं, तेरी ठोकर में जमीं !
हाँ, उठा, जल्द उठा, पाये-मुकद्दर से जबीं
मैं भी रुकने का नहीं, वक़्त भी रुकने का नहीं !

लड़खड़ाओगी कहाँ तक, कि सँभलना है तुझे !
उठ मेरी जान, मेरे साथ ही चलना है तुझे !

कैफ़ी जिन सपनों को साकार देखने के लिए तपता है और तड़पता है, उनकी झाँकी हम 'ताशक़ंद' और 'फरग़ाना' जैसी कविताओं में भी देख सकते हैं। इन शहरों में आकर कवि एक ऐसे खुशहाल समाज का कायाकल्प देख रहा है जो कल तक मध्य युग की बेड़ियों में जकड़ा हुआ था। कितना प्यारा, उसके अपने सपने-जैसा है यह साकार यथार्थ, उसकी आँखों के सामने !

ये आशिक के सीने से चौड़ी जमीं !
समा जायँ जिसमें कई आसमाँ !
जबीनों में सूरज, गरेबाँ में चाँद !
सितारों की गिनती नहीं है यहाँ !
जहे दस्ते-तामीर की मस्तियाँ ![2]

'फरगाना' को संबोधन :

ए गुलाबों के वतन !
पहले कब आया था कुछ याद नहीं !
लेकिन आया था, कसम खाता हूँ !

फूल तो फूल हैं, काँटों पे तेरी
अपने होंठों के निशाँ पाता हूँ !
-मेरे ख्वाबों के वतन !
चूम लेने दे मुझे हाथ अपने
जिनसे तोड़ी हैं कई ज़ंजीरें !
तूने बदला है मशीय्यत का मिज़ाज
तूने लिक्खी हैं नयी तक़रीरें
इन्क़लाबों के वतन !

मास्को में पहुँचता है तो दूसरे विश्वयुद्ध के नक्शे उसकी आँखों के सामने फिर घूम जाते हैं, जिन पर वह 'यलग़ार' और 'फतहे-बर्लिन' जैसी पुरजोश नज्में युद्ध के दिनों में लिख चुका था।

आज भी खून-सा रिसता है मेरे गीतों में
जिससे खूँखार फज़ा से कभी बम बरसे थे !
हीरोशीमा ने वो जूड़ा अभी बाँधा ही नहीं
अपनी ही लाश पे इक रोज़ जो बिखराया था !

'यलग़ार' और 'फतहे-बर्लिन' के अलावा 'मौजूदा जंग और तरक्क़ी पसंद अनासिर' व 'आखिरी जंग' की शानो-शिकोह देखने के क़ाबिल है। इधर की नज्मों में 1969 का 'पहरा' शीर्षक नज्म की उठान देखिए :

अज़्म[3] का कोहे-गिराँ,[4] दर्द की दीवार हैं हम !
जख्म का जख्म हैं, तलवार की तलवार हैं हम !
जैसे झपकी नहीं सदियों से ये बोझल पलकें,
आज की रात कुछ इस तरह से बेदार हैं हम !
जाल सरहद से उठा, जाल बिछाने वाले !

उस कपटी, घिनौने शत्रु का चरित्र-चित्रण जो मित्र का वेश बना कर आता है, इस तरह खोल कर किया गया है कि उसके सिक्के उसके 'एहसान' उसके 'प्यार' के जाम, सबका भरम खुल जाता है।

इतना नजदीक न आ साँस घुटी जाती है !
तूने सोने के कटोरे में ये क्या शै पी ली--
गर्म साँसों से सड़े खून की बू आती है !
मुँह उधर फेर ज़रा प्यार जताने वाले !

कहते हैं कि "तेरा एहसान जो लें, अपनी बहारें भूलें ! खेत में क़हर उगें, बाग़ में संकट फूलें !..." क्योंकि--

खून बहता है तो बन जाती है तस्वीर तेरी !

जंग इस हाथ में उस हाथ में वीराना लिये !
तुझ सा देखा न सुना खून बहाने वाले !
...क़िस्मतें बन के तेरे दम से बिगड़ जाती हैं !
मंडियाँ तेरी भनक पा के सुकड़ जाती हैं !
सिक्का खोटा है तेरा, दाँव लगाने वाले !

अंत में पूरे दम-खम और आत्मविश्वास से उसको खबरदार करते हैं, कि, देख, समझ रख :

हम वो राही हैं जो मंजिल की खबर रखते हैं !
पाँव काँटों पे, शिगूफ़ों पे नज़र रखते हैं !
कितनी रातों से निचोड़ा है उजाला हमने :
रात की क़ब्र पे बुनियादे-सहर रखते हैं !
ओ अँधेरे के खुदा, शम्अ बुझाने वाले !

इसी संदर्भ में 'बँगला देश' शीर्षक नज़्म भी देखी जा सकती है। इसमें बँगला देश एक व्यापक प्रतीक के रूप में उभरता है--अदम्य मानव-संघर्ष का प्रतीक, जिसे किसी भी युग में कुचला नहीं जा सकता है :

मेरी तारीख[5] ही तारीख है जुगराफ़िया[6] कोई नहीं !
और तारीख भी ऐसी जो पढ़ायी तो नहीं जा सकती !
लोग छुप-छुप के पढ़ा करते हैं !

क़ातिलों को कभी सूली पे चढ़ाया मैंने
और कभी आप ही मस्लूब हुआ।[7]
फ़र्क़ इतना है कि क़ातिल मेरे मर जाते हैं,
मैं न मरता हूँ न मर सकता हूँ !

'नौजवान' शीर्षक कविता की ओजस्वी पंक्तियाँ याद आ जाती हैं। स्वदेश को संबोधन करते हुए कवि कहता है :

हम बचायेंगे, सजायेंगे, सँवारेंगे तुझे !
हर मिटे नक़्श को चमका के उभारेंगे तुझे !
अपनी शह-रग[8] का लहू दे के निखारेंगे तुझे !
दार पे चढ़ के फिर इक बार पुकारेंगे तुझे !
राह इमदाद[9] की देखें ये भले तौर नहीं !
हम भगत सिंह के साथी हैं, कोई और नहीं !

हम वो दीपक हैं जो आँधी में जला करते हैं !
हम वो गुँचे हैं जो बिजली पे हँसा करते हैं !

फिर कहते हैं कि जिंदगी हमसे आग्नेय वाणी की माँग करती है, और ज्ञान-विज्ञान हमीं से सब कुछ जानना चाहते हैं ! हम तो ऐसी ललकार है :

ऐसी ललकार कि तलवार भी पानी माँगे !
ऐसी रफ्तार कि दरिया भी रवानी माँगे !

मगर यही नौजवान जब एक बड़ी में बेकार होता है, तब ?!...तब वह देखता है कि :

मेरी हड्डियों से बने हैं ये ऐवाँ।[10]
मेरे खून से है य' सैले-बहाराँ।[11]
मेरी मुफलिसी[12] से खज़ाने हैं ताबाँ।[13]
मेरी बेज़री[14] में हैं सिक्के दरख़्शाँ।[15]
इस आईनए-ज़र[16] का ज़ंगार[17] हूँ मैं।
बड़ा दुख है मुझको कि बेकार हूँ मैं !

जो मौक़ा मिले सर फलक[18] का झुका दूँ !
ज़मीं पर सितारों की शमएँ जला दूँ !
खज़फ[19] को दमक दे के सूरज बना दूँ !
तरक्क़ी को कुछ और आगे बढ़ा दूँ !
कि चालाको-हुशियारो-बेदार हूँ मैं !

अंत में जब हर तरह से परेशान हो जाता है तो अपनी दशा देख कर उसके मुँह से यही निकलता है :

कहाँ तक ये बिलूजब्र मर-मर के जीना !
बदलने लगा है अमल का क़रीना !
लहू में है खौलन, जबीं पर पसीना !
धड़कती हैं नब्जें, सुलगता है सीना !
गरज ए बग़ावत ! कि तैयार हूँ मैं !

सामंतशाही से मोर्चा लेने वाले ये ही तथाकथित 'बाग़ी' किसान थे जिन्होंने निज़ामशाही का तख्ता पलटने की भूमिका अदा की। उनके संघर्ष का चित्र खींचते हुए कवि हमें बताता है, कैसे "ज़ईफ माएँ, जवान बहनें...लहू-भरी चोलियों से परचम बना रही हैं। तरानए-जंग गा रही हैं..."

चमक रहे हैं गठीले शानों पे फावड़े, बेलचे, कुदालें।
उड़ा रही हैं हवा में चिंगारियाँ तुफंगों की गर्म नालें।
वो गोलियाँ बेझिझक, लहू में जो बादशाहों के भी नहा ले !
वो गोफनें, ताज को गिरा लें !

उनका अटूट विश्वास कहता है :

वो खेत कौन उजाड़ेगा, कौन लूटेगा,

उगी हुई हैं मुंडेरों पे जिनके शमशीरें !
वो खेत जहाँ :
जगा के खाक़ की किस्मत शहीद सोये हैं !

मगर मध्यवर्ग अपनी सुविधाओं से कभी मुश्किल से ही मुक्त हो पाता है। 'कशमकश' (वर्ग संघर्ष में मध्यवर्ग की दुविधा) शीर्षक कविता इसी संदर्भ में पढ़ने से ताल्लुक़ रखती है। और 'उलझनें' भी; जिसमें कवि पूरी हिम्मत के साथ नया मोड़ लेता है। इस नज्म के अंत में वह स्पष्ट रूप से कहता है कि उस रास्ते पर से मैं अब स्वयं कैसे पीछे लौट सकता हूँ, जिस पर आने के लिए मैंने औरों का आह्वान किया है। यह, और 'जौहर' भी, कवि के आरंभिक संग्रह ('झंकार') की सशक्त रचनाओं में से है।

इसी नयी दृष्टि को लेकर जब वह ताजमहल देखने जाता है तो वहाँ देर तक उससे रुका नहीं जाता। बस, वह यही कहता है कि--"दोस्त, मैं देख चुका ताजमहल ! वापस चल !"

चाँदनी और य' महल ! आलमे-हैरत[21] की क़सम
दूध की नहर में जैसे कि उबाल आ जाये !
ऐसे सय्याह[22] की आँखों में खुपे क्या ये समाँ,
जिसको फरहाद की क़िस्मत का खयाल आ जाये !

वह कहता है कि देखने योग्य यह ताजबीबी का रौज़ा नहीं, जिसके दरो-बाम पर मलिका का शबाब हँस रहा है,--जिसकी हर एक तह से 'मज़ाक़े-तफरीक़' (भेद-भाव की अभिरुचि) जगमगा रहा है ;

बल्कि ध्यान देने योग्य बात तो यह है कि--

फैल जाये इसी रौज़े जो का सिमटा दामन,
कितने जाँदार जनाज़ों को भी मिल जाय मज़ार

प्राचीन परंपरा, कला और संस्कृति के साथ खिलवाड़, आदर्शों का व्यापार, स्वार्थी राजनीतियों के अंदर चरित्रहीन दल बंदियाँ...इन सब का बहुत दिलचस्प खाका, व्यंग्यविद्रूप के बिंबों द्वारा, कैफी ने अपने 'खिलौनें' शीर्षक कविता में खींचा है। यह सन् 71 की रचना है :

रेत की नाव। झाग के माँझी।
काठ की रेल। सीप के हाथी।
...नहर जादू की। पुल दुआओं के।
झुनझुने, चंद योजनाओं के।
सूत के चेले। मूँज के उस्ताद।...
आलिम आटे के; और रवे के इमाम।
और, पन्नों के शाइराने-किराम।
ऊन के तीर। रुई की शम्शीर।

रुद्र मिट्टी का; और रबर के वजीर।

कैफी की गजल के दो शेर मानो इस कविता पर, सार-रूप में, बहुत अच्छी संक्षिप्त टिप्पणी हैं :

इसको मज़हब कहो, या सियासत कहो !
खुदकुशी का हुनर तुम सिखाओ तो चलें !
बेलचे लाओ, खोलो जमी की तहें !
मैं कहाँ दफन हूँ कुछ पता तो चले !

दूसरा शेर हमें हठात् मुक्तिबोध की याद दिला देता है।

प्रकृति चित्रण-आँधी, तूफान, वर्षा, कुहरा आदि के सजीव दृश्यों का...और संगीत लोक में कवि के तन्मय विहार का...अलग से उल्लेख आवश्यक नहीं। संग्रह में यथास्थान उनका आनंद लिया जा सकता है। यहाँ प्रकृति-चित्रण के ये तीन छोटे-छोटे उद्धरण पर्याप्त होंगे :

फज़ा झूमती है ! घटा झूमती है !
दरख्तों को जौ[23] बर्क़[24] चूमती है !
थिरकते हुए अब्र[25] का जज्ब,[26] तौबा !
--कि दामन उठाये ज़मीं घूमंती है !

चमकता है, बुझता है, थर्रा रहा है !
भटकने की जुगनू सज़ा पा रहा है !
अभी जेहन[27] में था ये रौशन रुखैय्युल[28]
फज़ा में जो उड़ता चला जा रहा है !

'आँधी' में उसका पूरा ज़ोर इस व्यंजना में व्यस्त होकर और आगे बढ़ता है :

...बढ़ी आती है तामीरी[29] तबाही!
झुकी पड़ती है नूरअफ्ज़ा[30] सियाही!
झकोले खा रहा है तख-शाही !
बला जन्जोरे-दर खड़का रही है...
    उठो, देखो, वो आँधी आ रही है !...

बिठा रक्खे हैं पहरे बेकसी ने !
खज़ानों के फटे जाते हैं सीने !
जमीं दहली, उभर आये दफीने ![31]
दफीनों को हवा ठुकरा रही है !
    उठो, देखो, वो आँधी आ रही है !

नानाविध शैलियों में, व्यक्ति और समाज के नाना भाव-स्थितियों के वर्णन पर कवि के

पूर्ण अधिकार का यथेष्ठ परिचय हम पिछले पृष्ठों में पा चुके हैं। अपने समकालीन श्रेष्ठ कवियों में कैफी का नाम बहुत सम्मान के साथ लिया जाता है। इन सबों ने मिलकर प्रगतिशील उर्दू कविता का माथा ऊँचा किया है और उसको बहुत शक्ति-संपन्न बनाया है। सबका अपना-अपना विशिष्ट व्यक्तित्व और आकर्षण है। मसलन् सरदार जाफरी स्वभाव से दार्शनिक हैं। मार्क्सीय दृष्टि और सफल ओजस्वी र्‌हेटरिक के प्रभाव से शोषण और संघर्ष के...बंबई और अवध के...उन्होंने विस्तृत चित्र पेश किये हैं। उनके यहाँ शानदार मार्मिक कल्पनाओं के सिलसिले, जैसे लंबे लिरिक ड्रामो के लिए मौजूं हों, मिलेंगे। या मसलन् फैज़। फैज़ की नज्मों में ग़ज़ल की सी लाक्षणिकता, शिल्पलाघव और प्रतीकों के व्यंग्यार्थ मिलते हैं; इसलिए विषम वर्ग-संघर्ष भूलने वालों की कसक, पीड़ा और उम्मीद की चमक...जैसे चिन्गारियाँ उड़ती हों...अपनी त्रासदिक मोहिनी से हमें कुछ और भी विकल कर देती है। या मखदूम...मखदूम मुहीउद्‌दीन का अपना खरा समर्पित व्यक्तित्व अनायास ही हर इन्क़लाबी का प्रतिनिधि व्यक्तित्व-सा बन जाता है, और तब शायरी की जमीन से वह कुछ ऊपर उठ जाता है...शायरी की ज़मीन को भी शायद कुछ और ऊपर उठाते हुए। ...और भी कई बहुत अच्छे-अच्छे शायर इनके अलावा हैं, जो बहुत मशहूर और लोकप्रिय हैं। जैसे अख्तरुल्-ईमान, जाँनिसार अख्तर, मजरूह, साहिर, वग़ैरह; या जिन्होंने इधर सबका ध्यान अपनी ओर खींचा है जैसे खुर्शीदुल् इस्लाम।

मगर कैफी का अंदाज़े बयाँ कुछ और है। इन सबों से न्यारा। वह भावनाओं की पवित्रता, मुहाविरे की शुद्धता और भाषा के स्वाभाविक सौंदर्य और सौष्ठव और उनकी परंपरा की खूबसूरती को बरक़रार रखते हुए, एक आम इंसान से एक आम दर्दमंद इंसान की तरह मिलता है...अपनी कविताओं में...एक जाने-पहचाने रफीक़ और दोस्त की तरह...बिल्कुल हमारे दिल की बातों को गुनगुनाते हुए; कुछ हमारे ही दिल के लहजे में। और सबसे बड़ी बात यह है कि उसके पास, इन सारी कैफीयत में, एक साफ दृष्टि और साफ-स्पष्ट दिशा है...वह हमें कभी नहीं भटकाएगा, हम आश्वस्त हैं।

वह एक साथी शायर है! हमें हैरत में डाल देने की जुगत नहीं करता...न तो गूढ़ चिंतन द्वारा, न चित्र-विचित्र कल्पनाओं के अनोखेपन से। उसकी नज्मों के तेवर बेतकल्लुफ हमें मोह लेते हैं। वह जो बात करता है, लगती हुई; और साफ-मुहब्बत की बात हो, या जुदाई की, जोशो-खरोश और इन्कलाब की, या कोमल संगीत की और वर्षा के फुहारों की...वह आस-पास के माहौल से दुखी हो या पुर उम्मीद--वह जिस भी तरंग में हो, मूड में हो--हर हाल में हम अपने आपको गोया उसके साथ पाते हैं। हाँ, वो तेंलगाना हो कि फरग़ाना, अस्पताल हो कि घर की देहलीज़, 'मैखाना' हो कि 'वीराना'...सब जगह वह हमारे साथ है और हमें अपनी परिचित शैली में हमारे माहौल की हक़ीक़त से, रास्तों के पेचों-खम से (स्वार्थी सियासत के दाँव-पेंच हों चाहे धर्म का ढोंग और मज़हब की आड़) बराबर आगाह करता चलता है और किस मज़े के साथ !

ऊँचे दर्जे की शायरी पर फिल्म व्यवसाय का असर...बाज़ शायरों पर कैसा पड़ा

और बाज़ों पर कैसा-इसकी चर्चा होती ही रही है। और यह सवाल मेरे दिल में भी उठता रहा है। (कैफी के सिलसिले में इसका जवाब ऊपर आ चुका।) गौर से देखने पर मैंने कैफी को, ब-हैसियत शायर, आज भी ताजादम पाया है। बल्कि मैंने पूछा तो उन्होंने कहा :

"एक तवील नज्म (लंबी कविता) जल्दी ही लिखने का इरादा है।"

"उसका मौजूअ (विषय) क्या होगा ?"

"मनुष्य की सामाजिक चेतना का विकास।"

' मगर इस चीज को लेकर कुछ नज्में तो लिखी जा चुकी हैं।"

"हाँ, मगर जो कुछ लिखा गया मार्क्सिज्म के नज़रिये से कामियाब नहीं।" फिर थोड़ी देर रुक कर, कुछ सोचते हुए बोले :

"एपिक लिखना चाहता हूँ। सबसे ज्यादा वियतनाम इंस्पायर करता है। आउट-लाइन बना चुका हूँ।... (घटना स्थलों पर) जाना भी चाहता हूँ।"

निश्चय ही, शुभकामनाओं और भरसक धैर्य के साथ पाठक इन भावी महत्वपूर्ण कृतियों की प्रतीक्षा करेंगे।

संदर्भ

1. जो दार्शनिक ज्ञान, कला और सौन्दर्य का प्रतीक और आदर्श, माने जाते रहे हैं
2. निर्माणकारी हाथों का उत्साह
3. दृढ़ संकल्प
4. अटल पर्वत
5. इतिहास
6. भूगोल
7. सलीब (या सूली) पर चढ़ाया गया
8. प्राण धमनी
9. सहायता
10. महल
12. बसन्त ऋतु (सुख-समृद्धि) की धारा
13. विपन्नता
14. चमकदार
15. धनहीनता
16. चमकते हुए
17. धन का दर्पण

18. कांच को दर्पण बनाने वाली सिन्दूरी पालिश
19. आकाश
20. ठीकरा
21. आश्चर्य-जगत
22. पर्यटक
23. चमक
24. बिजली
25. बादल
26. (बादलों का) आकर्षण, चुंबकत्व
27. मन, ध्यान
28. कल्पना (का रूप)
29. रचनात्मक
30. प्रकाश बढ़ाने वाली
31. खजाने, गड़ा धन

एक सच्चा लिरिक कवि

घनश्याम अस्थाना बहुत दिलचस्प व्यक्तित्व रखते हैं। उनको गद्य क्षेत्र 'फ़ारेन् टैरिटरी' लगता है--यानी परायी ज़मीन। 'चित्रकला में ख़ास दिलचस्पी है।' 'घूमने फिरने का भी शौक़ है। लंका तक की दूरी साइकिल से नापी जा चुकी है।''सिनेमा देखना जरूरी प्रोग्रामों में से है, आदि। आप आगरे में अंग्रेजी विभाग में अध्यापक हैं।'

डॉ. रामविलास शर्मा के 'दो शब्द' पढ़कर ज्ञात हुआ कि ये 'आगरे के सबसे अच्छे कवि हैं। मुझे याद आया कि आगरे में तो रांगेय राघव भी हैं, और स्वयं रामविलास, जो "दो शब्द के आखीर में कहते हैं कि इस संग्रह को 'मेरे कविता-संग्रह के प्रकाशित होने तक रुकना चाहिए था।' मगर घनश्याम अस्थाना इस संग्रह को डा. रांगेय राघव के 'अनुरोध से ही प्रकाशित करा रहे हैं।' डॉ. रांगेय राघव को विश्वास है कि 'आज न सही, अध्यापक आलोचकों को एक दिन यही कविताएँ संदर्भ-सहित व्याख्या करके पढ़नी-पढ़ानी पड़ेंगी।'

'एक दिन' जो भी हो, आज ख़ुद ये कविताएँ पाठक से क्या कहती हैं ?

वह एक बात तो साफ़ कहती हैं कि--'शिल्प के प्रति मेरा कवि सजग है।' शिल्प का अर्थ अनोखे शब्द और 'इमेज' के बहाने दूर के तारे तोड़कर लाना नहीं; बल्कि भावों की सच्ची भाषा और नैसर्गिक अभिव्यक्ति में काव्य का रस भर सकना। इसीलिए अक्सर इन कविताओं का प्यारापन सचमुच मोह ही लेता है।

प्राण, देखो वह तुम्हारी चाँदनी का गीत
    सोने ही नहीं देता।
मत निहारो चाँद तारों को,
तुम्हारे नील नयनों की तरल छाया
गगन की नीलिमा को और गहरा कर रही है...

(शिकायत)

स्वाति के बूँद सीप तक आये,
चाँद के होठ दीप तक आये,

तेरी साँसों की गर्म वर्षा में--
मेरे चुंबन समीप तक आये !

और श्री अस्थाना के गीतों में भी हम देखते हैं कि उनके स्टैंजा बिखरे हुए असंबद्ध भावों को किसी प्रकार एक साथ नाथने का उद्योग नहीं है, जिनकी टीप के सारे तुक महज़ गलेबाज़ी में 'रस' भरने के लिए लाये गये हों। वे सचमुच आंतरिक रूप से भावों के साथ संश्लिष्ट हैं। मसलन, 'चुंबकों में प्यास भी है, तृप्ति भी है' गीत में कठिन तुक-विन्यास को बड़ी सहज सरसता के साथ निबाहा गया है। या 'याद के पल' लीजिए जिसमें लय के प्रवाह को स्वरों की गति में बाँधने के लिए भाषा के नैसर्गिक रूप को बिगाड़ा नहीं गया है--मुहावरों की मार्मिक कोमलता पर तथाकथित 'प्रयोग' का ऊबड़खाबड़ पलस्तर नहीं चढ़ाया गया है (जिनसे केवल उन्हीं कुछ किशोरवय पाठकों को संतोष हो सकता है, जो भाषा के स्वाभाविक सौंदर्य और सच्ची और असली मिठास से वस्तुतः परिचित नहीं)।

इसीलिए मुझे विश्वास है कि राग में बँधकर ये गीत पाठकों के हृदयों को उसी प्रकार छूएँगे जिस प्रकार कि आज के अक्सर हिन्दी 'गीत'--चाहे वे रेडियो से प्रसारित हों, चाहे सम्मेलनों से--नहीं छूते। उदाहरण :

पूनम की रात--
उजले-उजले आँगन में नाचे रैन बावरी,
तारक मंजीर बजे री !
कजरारी आँखों की अलसाई कोरों में
सपनो के चित्र सजे री !
निदियारी पलकों में
याद बसी, किंतु--

हारी अनजान प्यारभरी जीत री !
पूनम की रात लिखे चाँदी के गीत री !

कहीं-कहीं भावुक विचारों का छंदोबद्ध प्रवाह श्री अस्थाना की प्रतिभा का एक दूसरा पक्ष प्रस्तुत करता है; जैसे, 'अंतर्द्वंद्व' में या 'आज वह कैसा प्रभंजन उठ रहा है,' में : जहाँ श्री भारतभूषण अग्रवाल का-सा 'प्रगति-पथ' वाला अंतर्द्वंद्व नज़र आता है; पर यहाँ छंद की गति भावनाओं पर किंचित छा-सी नहीं जाती, बल्कि उनके अधीन ही रहती है। फिर भी भाव भूमिका संदर्भ वही है। Rhetoric (शब्दों का ओज) ऐसे में बहुत काम आता है; प्रभावकारी लगता है। देखिए :

... ...
और
बंधनहीन, सीमाहीन होकर
हँस पड़ूँ विद्रूप से फिर

विश्व की
चिर बेबसी पर
... ...
युगों से त्रस्त मानव के
अमर कल्याण के हित
मैं उसे अमृत समझ लूँ,
जो कि है
संहार-स्रष्टा, नाश का मूलक
हलाहल,
और
मैं युग की प्रगति में दूँ सहारा।
कर हलाहल-पान मृत्युंजय बनूँ,
शंकर बनूँ
मैं चिर-प्रतीड़ित मानवों की
मुक्ति दर्शन हेतु !
बुज़दिली होगी अगर मैं
डर गया बस
मृत्यु के प्रतिबिंब भर से
और भागा
यदि शरण लेने अमरता की,
अमृत की
जो कि हैं उपहास--
मानव की महत्तम साधना के,
और--
लघु-सी एक सीमा मात्र !

यह अंतर्द्वंद्व न दुरुह है, न गहरा। मगर यह जहाँ एक हद तक सच्चा है, वहाँ कल्पनामूलक या निरा 'साहित्यिक' ('Literary') भी है।

अब इस लिरिक कवि के विशेष क्षेत्र में आइये।

यहाँ चाँद और तारों से कवि का भावुक हेल-मेल कोरी भावुकता नहीं है। उसमें नौजवान हृदयों के हेल-मेल हैं; उनकी धड़कनें, विछोह-मिलन की तरलता और माधुर्य है। यह इसलिए है कि ये सब आलंबन भावों की दुनिया में आसमान से बरबस खींचकर नहीं लाये गये हैं, बल्कि वहीं हृदयों में बसे हुए हैं। इसमें संदेह नहीं, कवि ने अपनी परवर्ती और समकालीन कवियों की अच्छी कृतियों से अपनी प्रतिभा को पुष्ट करने के लिए बड़े कौशल से, और बहुत कुछ, सीखा है। इसका असर उसकी पंक्तियों में बोलता है; और

वह अच्छा लगता है। क्योंकि वह सुथरा, सुसंस्कृत और सचमुच अपना बनाया हुआ है : जो कुछ उसने औरों से लिया है, वह उसकी कविताओं में उसी का हो गया है। हम उसे पहचान लेते हैं और पसंद करते हैं। कुछ पंक्तियाँ इधर-उधर से उदाहरणार्थ देता हूँ :

लहर ने बड़ी आस से दृग उठाये :
'नहीं चाँद आये !'
विफल रास सारा--
गगन में किरन के कन्हैया न आये,
कहो कौन गाये !
हँसी सृष्टि सारी,
नयन में नयन भर चिबुक जो उठाई,
अधर पर अधर झुक गये, मैं लजाई,--
कहा-- 'मैं तुम्हारी !'
गगन मुस्कुराया;
उलझ कर मदिर शरबती चितवनों में
तुम्हीं कह उठे बाँध भुज-बंधनों में--
'बड़ा प्यार आया !'
मगर सब भरम था--
नयन के गगन में सघन मेघ छाये,
बटोही न आये !
लहर ने बड़ी आस से दृग उठाये।
'नहीं चाँद आये !'

--'लहर और चाँद से'

X X X

सोने की लीकों-सी अनगिनत परछाइयाँ
झिलमिल-झिलमिल कँपती हैं नीली झील में;
हल्का पीला,
सोने के पानी-सा फिरा
बादरी लदा आकाश है।
धुँधले सपने-सी इस बरसाती रात में;
बिखरे ओलों के माणिक-मणियों से जड़ी
आकाश तले की मख़मली पहाड़ियाँ
ख़ामोश भींगतीं
अलस अमंद फुहार में।
इस दूर देश की तेरी पावन याद-सी

उड़ती आती मदहोश अधीर बयार है !
ये बादल दल
पिछली खिड़की की राह से
चोरी-चोरी कुछ आँख मिचौनी खेलते
मेरे कमरे में तैर रहे ख़ामोश से
जैसे मेरी जलती सिगरेट का धूम्र हो;
--'कैण्डी (लंका) में वर्षा की एक रात' से

नृत्य करे मेघों की रानी
गूँजे रिमझिम की सरगम पर
क्वणन् करे
नुपूरवा !
पल न चकित तड़ित थिरकन पर
झूम उठे
बादरवा !
अमराई में पागल पिकदल गाये मधु विहाग रे !
नृत्य करे मेघों की रानी, गूँजे द्रिम-द्रिम राग रे !
--'मेघों की रानी' से

इस संग्रह की बहुत-सी कविताएँ पढ़ चुकने के बाद, मैं अनायास ही डॉ. रामविलास शर्मा के इस वाक्य से--जो मुझे अब कुछ अधिक गंभीर भी लगता है--सहमत होने-होने को होता हूँ कि 'घनश्याम अस्थाना आगरे के सबसे अच्छे कवि हैं'। निःसंदेह कविता की भाषा और शिल्प को उन्होंने डॉ. रांगेय राघव से तो अधिक ही तन्मयता के साथ साधा, परखा और अपनाया है, और डॉ. रामविलास शर्मा की भी कुछ थोड़ी-सी कविताओं को छोड़कर, शेष के स्तर की घोर असमानता इनमें कहीं नहीं पायी जाती; और चाँदनी से इन दोनों कवियों का जो सच्चा मोह है वह पुराने और नये के अंतर से भी कुछ अधिक अंतर रखता है। निःसंदेह, इसे डॉक्टर साहब के "कविता संग्रह के प्रकाशित होने तक रुकना ही चाहिए था !" डॉक्टर रामविलास का कवि (जिसे उसके पार्टिजन आलोचक ने बुरी तरह दबा रखा है) कहीं अगर उन्मुक्त होकर अपनी नैसर्गिक भावनाओं की दुनिया को कभी शिल्पसाधना प्रदान करने का अवसर निकाल पाता (या अब भी निकाल सके) तो आज हमारे युग के बहुत बड़े कवियों में वह होता (या शायद अब भी हो जाय)। ख़ैर। इस विलक्षण आलोचक के रूढ़, मगर सीधे और सच्चे शब्दों में मैं भी कवि के "इस पहले कविता संग्रह का...हृदय से अभिनंदन करता हूँ।" मुक्त हृदय से। उम्मीद है यह कवि अपनी territory यानी विषय के विस्तार को भी (अपने नगर के दोनों कवि गद्यकारों से प्रेरणा लेकर) कुछ और बढ़ाये और स्पष्ट करेगा; यद्यपि उसका पूरा व्यक्तित्व एक लिरिक और भावुक कवि का ही है और मैं चाहता हूँ कि रहे।

[नया पथ. (मासिक) लखनऊ, वर्ष-3, अंक-10, अगस्त 1956 ई.]

जीवन जो हारा नहीं खत्म हो गया

किसी ने मुक्तिबोध की बरगद से तुलना की है। बरगद अवश्य ही उनका प्रिय इमेज है। मगर मुक्ति-बोध बरगद नहीं, चट्टान था, एक ऊँची सीधी चट्टान...

जैसे शिलाओं पर शिलाएँ। झरने कहीं बिरले हों। केवल गहरी बावलियाँ, सूखे कुएँ, झाड़ झंखाड़ ऊँची-नीची अनंत पगडंडिया...जैसे मालवा का पठार और मध्यप्रदेश की ऊबड़-खाबड़ धरती, और इस धरती के आतंकमय-रहस्यमय इतिहास और उनके बीच लहू-लुहान मानव...

13 नवंबर 1917 को शिवपुरी (ग्वालियर) में जनमे। आरंभिक शिक्षा उज्जैन में हुई। घर में विपन्नता थी, और सन् 1938 में इंदौर के होल्कर कालेज से बी.ए. करके उज्जैन में माडर्न स्कूल में अध्यापक हो गये। दो वर्ष बाद शुजालपुर के शारदा शिक्षा सदन में आ गये। 1945 में लगभग बनारस में 'हंस' के संपादन में। 60 रु. वेतन था और काम संपादन से डेस्पेचर तक का। 1946 में वहाँ से आ गये। कुछ दिन जबलपुर रहे, फिर नागपुर इलाहाबाद। 1954 में मित्रों के परामर्श पर उन्होंने एम.ए. किया और राजनाँदगाँव के दिग्विजय कालेज में प्राध्यापक हो गये।

पिता प्रारंभ से चाहते थे कि बेटा वकील बने, खूब कमाये, और सामाजिक प्रतिष्ठा में उनसे भी ऊँचा उठे। मगर उनकी जिज्ञासाएँ तो उसे बौद्धिक हलचलों में खींच ले गयीं। वह कमाना चाहता था ज्ञान, धन नहीं। वह खोज रहा था--सम्मानों की रुढ़ियाँ नहीं, नयी दृष्टि और नये युग का अनुभव, काव्य के विलक्षण अनुभव। और आधुनिक काव्य की प्रवृत्तियों पर शोध करनेवाली बहुभाषाविज्ञ विदुषी पोलिश कवयित्री श्रीमती अगन्येष्का सोनी का मत है कि मुक्तिबोध सहज ही हिंदी के आधुनिक युग का सबसे शक्तिशाली कवि हैं।

मुक्तिबोध हमेशा एक विशाल केनवास लेता है। जो समतल नहीं होता, जो सामाजिक जीवन के 'धर्मक्षेत्र' और व्यक्ति की युग चेतना की रंगभूमि को निरंतर जोड़ते हुए समय के कई कालक्षणों को प्रायः एक साथ आयामित करता है।

बड़ी मेहनत से, हफ्तों बल्कि महीनों, वे अपनी लंबी कविता के टुकड़ों को धीरे-धीरे

चिंतन और कल्पना की ऊर्जा से पुष्ट करते जोड़ते और बढ़ाते और उसकी अंतरयोजना को दृढ़ करते जाते। उनका शिल्प एक ऊँची इमारत उठाने वाले भवन-निर्माता का शिल्प था।

उनकी कविता अद्‌भुत संकेतों भरी, जिज्ञासाओं से अस्थिर, कभी दूर से ही शोर मचाती कभी कानों में चुप-चुप राज की बातें कहती चलती है; हमारी बातें हमी को सुनाती है और हम अपने को एकदम चकित होकर देखते हैं, और पहले से और अधिक पहचानने लगते हैं। क्या बात है यह और क्यों है ?...

मुक्तिबोध ने सब कुछ अपने ऊपर झेला था...अंग्रेजी शासन, युद्ध कालशांति-सांप्रदायिक प्रकाशकों की चरम व्यावसायिक वृत्ति। जहाँ भी गये वह हलचलों के रेले में कुछ-न-कुछ खोते ही गये; हासिल किया, उन्होंने केवल गहरा काव्य-मर्म। उनका सारा जीवन बाहर से असफल रिक्त, किंतु अंदर से रचनाकार की प्रतिभा से खूब समृद्ध। जीवन के बन बीहड़ में जो पलास के क्षेत्र सुलग उठे थे उनमें मानव रक्त की पवित्र गंध थी, और एक निर्मलता; जैसी उनके समकालीनों में कहीं न मिलेगी।

सबसे बड़ी बात उनमें यह है कि उनके अंदर मस्तिष्क ही कोरी भावुकता नहीं है। उनके भावों में ज्वार के पीछे विचारों का दीर्घ दोहन है वह युग के उस चेहरे की तलाश करते हैं जो आज के इतिहास के मलवे के नीचे दब गया है, अगर मगर मरा नहीं है। जिन अनुभूतियों को इस कड़ियल कवि ने झेला है उनमें लगातार जी कर, उनकी अग्नि परीक्षा देकर वह आ खड़ा हुआ है जहाँ वह प्रत्येक संघर्पशील देश और जनता का अपना हो गया है।

7 फरवरी 1964 पक्षाघात का पहला प्रहार। दिल्ली से मध्यप्रदेश के मुख्यमंत्री डॉ. मित्र के नाम : मुक्तिबोध की चिकित्सा शासकीय स्तर पर हो।

तार भेजने वाले : श्री मैथिलीशरण गुप्त, काका कालेलकर, मामा अरेरकर, जैनेन्द्रकुमार, आर.आर. देशपांडे, अनिस, बच्चन, प्रभाकर माचवे, भारतभूपण अग्रवाल, नेमिचंद्र जैन, रघुवीर सहाय, श्रीकांत वर्मा, सुरेश अवस्थी आदि।

भोपाल के हमीदिया अस्पताल में दाखिल। मध्यप्रदेश के श्रेष्ठ चिकित्सकों द्वारा इलाज। सेरिब्रश प्राम्बोसिस निदान। 6 जून को डाक्टर ट्यूबर्कुलर मेनिन्वाइटिस बताते हैं। 15 जून को बेहोशी बढ़ती है। थोड़ी-थोड़ी पहचान शेप है। जैसे गये जन्म के परिचय को टटोल रहे हों।

17 जून की शाम को श्री लालबहादुर शास्त्री के ऐलान पर बच्चन, माचवे, अक्षयकुमार जैन, अन्य अनेक कवि। बच्चनजी पूरी स्थिति से शास्त्रीजी को अवगत कराते हैं। मुक्तिबोध को दिल्ली बुला लेने की बात तय होती है। मध्यप्रदेश के प्रमुख चिकित्सक को ट्रंककाल। पाँच सौ रुपये सहायतार्थ।

26 जून दिल्ली स्टेशन। ग्रांड ट्रंक आती है। एअरकंडीशंड डब्बे में मुक्तिबोध बेहोश पड़े हैं। डॉक्टर और परिचारक स्ट्रेचर पर बाहर लाते हैं। चेहरा काला हो रहा है, आँखें

बंद हैं। बीच-बीच में होंठ हिलते अर्थहीन बुदबुदाते हैं। किसी को नहीं पहचानते किसी को नहीं जानते।

मेडिकल इंस्टीच्यूट के कमरा नं. 208 में नाक के सहारे ट्यूब लगाकर गिरा दी जाती है।

बेहोशी बराबर बेहोशी। बीच-बीच में कष्ट से कराहते हैं। कभी बुदबुदाहट।

अब जुलाई...फिर अगस्त...और फिर सितंबर का पहला हफ़्ता...देश के सबसे बड़े चिकित्सा संस्थान के डॉक्टरों ने भी कह दिया कि... । और आखिर 11 सितंबर रात को 9 बजकर 10 मिनट पर। अंतिम विदा।

मैं यही कहूँगा यह जीवन हारा नहीं, खत्म भले ही हो गया।

नामवर

"धीरे-धीरे क्या, जल्द ही नामवर के युवा कवि को उसके वयस्कतर होते मार्क्सिस्ट आलोचक ने दबा दिया। निश्चय ही व्यक्तिगत भावनाओं से अधिक महत्वपूर्ण थीं व्यापक सांस्कृतिक समस्याएँ।"

मैं दिल्ली में आने से पहले तक डॉ. नामवर सिंह को कभी-कभी सैयद कह दिया करता था।[1] अकबर इलाहाबादी का वो शेर है न--

हमारी बातें ही बातें हैं--सैयद काम करता था।
न भूलो फ़र्क़ जो है कहनेवाले करनेवाले में।

मुझे ये सदा बड़े कर्मठ और व्यवस्थाप्रिय लगा किये हैं। सन् 50-51 के आसपास की बात है। इलाहाबाद में जहाँ मैं नरेश मेहता के साथ हेस्टिंग्ज रोड पर रहता था ये कभी-कभी दो-एक दिन के लिए आकर ठहर जाते थे। एक रात मेरी आँख खुली, क्या देखता हूँ--कोई ढाई या तीन बजे होंगे नामवर एक आसन से बैठे दत्त-चित्त होकर लेनिन ग्रंथावली के किसी खंड में लीन हैं। पूछने पर मालूम हुआ यह उनका नित्य का अभ्यास था।

मगर इससे पहले ही, सन् '48 में, उन्होंने मेरा ध्यान खींच लिया था। उनके एक लेख को पढ़कर तुरंत मैंने पास बैठे अपने मित्र, प्रगतिशील उपन्यासकार, से कहा (मुझे अच्छी तरह याद है) : "भैरव भाई, हिंदी आलोचना के क्षेत्र में एक नयी प्रतिभा ने पदार्पण किया है।" (वह लेख तुलसीदास पर था।)

बहुत लोग लिखते हैं तुलसी पर। मगर इसमें खास बात मैंने यह पायी थी कि...बातों को थोड़े में कहा गया था, हालाँकि बातें बहुत-सी कही गयी थीं, और तर्कसंगत, स्पष्ट शैली लेखक के बहुत व्यवस्थित मननशील अध्ययन का पता देती थी। साथ ही यह भी स्पष्ट था, कि यह विद्यार्थी पीछे नहीं, आगे के युग की ओर देख रहा है। फिर उनके विद्यार्थी-जीवन की ही पहली किताब 'बक़लम ख़ुद' देखी। दिलचस्प थी। उसमें एक लेख था साहित्यकारों के भाँति-भाँति के समर्पणों पर। अब शायद ही कहीं वह मिले। शुरू से ही उनके लेखों में एक मार्के की बात यह होती थी कि उद्धरण जहाँ भी आते इस तरह सटीक आते कि पूर्व

कथ्य उनसे चमत्कृत हो उठता, और संबद्ध संदर्भ जीवंत।

एक ऐसे ही उद्धरण ने, मुझे याद है, उन दिनों मुझ पर गहरा असर डाला। त्रिलोचन के 'धरती' की एक कविता थी। तारों की किरणें, तारों का प्रकाश, लगातार हम तक आ रहा है, आ रहा है, आ रहा है। लगातार आ रहा है, आ रहा है... । यही चित्रण था कुछ इन्हीं शब्दों में। (मूल कविता इस समय सामने नहीं।) एक सामान्यतम अनुभव को बोल-चाल के सहजतम क्रियापदों ने हठात् ही एक अजब असामान्यता-सी प्रदान कर दी थी। और कवि की शैली के इस असामान्य-सामान्य जादू की तरफ पहले पहल मेरा ध्यान नामवर ने ही दिलाया था। अपनी 'राग' शीर्षक कविता में जब मैंने लिखा "सरलता का/आकाश था/ जैसे त्रिलोचन की रचनाएँ", तो अवचेतन रूप से, हो न हो, अनुभूति में इसी उन्मेष का प्रभाव काम कर रहा था। इसके बाद त्रिलोचन को मैंने ज़्यादा ग़ौर से पढ़ना शुरू किया। त्रिलोचन की सामान्य-सी कविताओं के बीच-बीच में ऐसी अद्वितीय अनूठी कविताएँ बिखरी हुई हैं। मेरा खयाल है कि त्रिलोचन की प्रतिभा और उनके विशिष्ट स्वस्थ प्रगतिशील काव्य की ओर ध्यान दिलाने वालों में श्री शिवदान सिंह चौहान और डॉ. नामवर सिंह पहले आलोचक हैं।

हठात् और एक बात याद आ रही है। सन् 49-50 के आस-पास त्रिलोचन अपने एम.ए. (अंग्रेजी फाइनल) के इम्तहान में बार-बार कतराने की कोशिश में कामयाब हो रहे थे। (यह दोस्तों का और विशेष रूप से पत्नी का आग्रह था जिससे वह दबसट में आये हुए थे, कि वो एम.ए. की सनद तो हासिल कर ही लें।) बहरहाल, कोर्स की किताबों का ढेर तो ज्यूं-का-त्यूं पड़ा रहता, हाँ सॉनेटों, रुबाइयों और ग़ज़लों का ढेर वह बिला-रुके लगाते जा रहे थे। ग़ज़लों रुबाइयों का एक संग्रह 'गुलाब और बुलबुल' तो छपकर बाजार से देखते-देखते ग़ायब भी हो गया। उन्हीं दिनों वह इलाहाबाद में मेरे यहाँ आकर ठहरे तो मैंने उन्हें आड़े हाथों लिया। बताया, कैसे नामवर अपनी अकेडमिक असफलता और हीन-भावना पर भारी और दबीज़ पर्दा डालने और खुद अपने को बरग़लाने के लिए ही ताबड़-तोड़ सॉनेट और ग़ज़लों का अम्बार लगाये जा रहे हैं। मैंने कहा कि अपनी इस अद्‌भुत प्रतिभा को जरा और गंभीरता से लो। इसी रौ में न जाने क्या-क्या बकता चला गया...कोई दो-तीन घंटे तक। वह बिचारे दम-बख़ुद बैठे सुनते रहे। कुछ दिनों बाद नामवर आये। बोले, "शमशेर भाई ! आपने क्या ग़ज़ब किया ! वह तो कहिये कि मैंने त्रिलोचनजी को रोका कि वह आवेश में आकर अपनी कविताओं, सॉनेट और ग़ज़लों को नष्ट न कर दें। आपने जाने क्या-क्या उनको सुना दिया !"

मैं यह सुनकर सन्न रह गया। मुझे क्या मालूम कि मेरी मासूम-सी ख़ुदाई ख़िदमतगारी बैठे-बिठाये कितना बड़ा अनर्थ और आधुनिक हिंदी साहित्य की कितनी बड़ी हानि करने जा रही थी। दोस्ती का मतलब एकदम बेतकल्लुफी है, माना ! मगर ऐसी भी बेतकल्लुफी क्या कि विश्लेषण इतना निर्मम और कठोर हो जाये कि एक कवि दोस्त की सारी रचनाओं को ही सिरे से खत्म कर दे ! और कैसी रचनाएँ ! जिनका चयन आज

सर आँखों से लगाने के क़ाबिल है। यह डॉ. नामवर सिंह का बहुत बड़ा एहसान है जो उन्होंने उसकी रक्षा कर ली, और मुझे आइंदा के लिए बहुत सही आगाह किया। तबसे उनकी बात मैंने गिरह बाँधी ! अगर्चे मैं अपने दोस्तों का ही कठोर आलोचक रहा हूँ मगर इस घटना के बाद से मैंने अपने आपको बहुत सँभाला है। अब मैं कठोरतम आलोचक केवल अपना ही हूँ।...मगर शमशेर ! म्याँ, तुम आलोचक कब से !

खैर ! त्रिलोचन और नामवर के अपने संबंधों ने भी मुझे उनके कुछ और निकट ला दिया। त्रिलोचनजी को तो आरंभ से ही पुस्तकों की चाट थी। नामवर को भी नयी-नयी पुस्तकें प्राप्त करने, पढ़ने और उन्हें जमा करने का शौक़ था। भुक्तभोगी जनों का कहना है कि ये दोनों हजरात उधार ली हुई पुस्तकें कभी कम ही वापस करते हैं। यह भी विद्वज्जनों का एक फ़लसफ़ा है। बहरहाल। शौक़ तो शौक़। अब से पच्चीस-तीस साल पहले नयी से नयी पुस्तकों के लिए यह तीव्र लालसा, पश्चिम के आलोचना साहित्य और नये-नये कवियों और कलाकारों की कृतियों के लिए अदम्य उत्साह, बौद्धिक विकास और रचनात्मक संभावनाओं के नये क्षितिज प्रस्तुत कर रहा था। नामवर उस ज़माने में कविताएँ भी लिखते थे, जिन्हें सुनाते हुए वो कुछ सकुचाते थे। उन कविताओं की तरह उनका सकुचाना भी अच्छा लगता था। क्या वो पर्सनल हो गयी थीं इसलिए ? मगर इसीलिए तो वे दो तीन कविताएँ जो मैंने सुनी (और 'कवि' में) पढ़ी हैं, आज भी मुझे खींचती हैं। मगर एक की नौस्टैल्जिक ध्वनि का पुनरावर्तन :

डोलना, डोलना, डोलना...

उसका भाव-भीना वातावरण, और दूसरे का वह चित्र जिसमें शाखों की एक फाक के बीच से पूर्णचंद्र का दृश्य वर्णित है...आज भी जैसे मैं सामने ही देख रहा हूँ और अनुभव कर रहा हूँ। मुझे हमेशा उनकी थोड़ी-सी कविताएँ विशुद्ध इमेजिस्ट कविताएँ लगी हैं, और सफल इमेजिस्ट कविताएँ।

धीरे-धीरे क्या, जल्द ही, नामवर के युवा कवि को उसके वयस्कतर होते मार्क्सिस्ट आलोचक ने दबा दिया। निश्चय ही व्यक्तिगत भावनाओं से अधिक महत्वपूर्ण थीं व्यापक सांस्कृतिक समस्याएँ।

बनारस के हलचल-भरे वातावरण में नामवर का कवि और आलोचक दोनों ही उस समय बनारस कम्युनिस्ट पार्टी की सक्रिय राजनीति से अनिवार्यतः घिरे हुए थे। सांस्कृतिक विवाद और बौद्धिक ऊपापोह में साथियों की दिलचस्पी कम नहीं थी। इनमें निर्भीक लोकप्रिय मजदूर-नेता साथी रुस्तम सैटिन ने कभी कुछ प्रेमगीत की पंक्तियाँ भी लिखी थीं। नाज़िम हिकमत की कविताओं के सफल अनुवादक डॉ. चंद्रबली सिंह भी साथ-साथ थे। और अन्य अनेक उत्साही साथी जो बुद्धिजीवी भी थे और यूनियन कार्यकर्ता भी। ये सब स्वातंत्र्योत्तर नये दशक के नये माहौल को गर्म किये हुए थे। क्या कोई आश्चर्य की बात है कि ठाकुर नामवर सिंह उसी दौर में कम्युनिस्ट पार्टी की ओर से एक एलेक्शन भी लड़े। अगर वह विजयी हो जाते तो कौन कह सकता है कि हम साहित्य

और आलोचना की बीच-धारा से उन्हें खो न देते।

यह बात नहीं कि साहित्य का राजनीति से कोई बैर है। बिलकुल नहीं। बल्कि, देखा गया है कि दोनों का गठजोड़ दोनों के लिए वास्तव में लाभकर ही होता है, शायद साहित्य के लिए अपेक्षाकृत कम उपादेय और राजनीति के लिए अधिक उपयोगी। यह सच है कि सामाजिक यथार्थ को गहराई से देखनेवाले कलाकार को दोनों पक्षों के बीच में सत्य की एक ही इकाई नज़र आयेगी। सफलतम उदाहरण ब्रेष्ट के नाटक और कविताएँ हैं। अभी तक प्रेमचंद्र, गोर्की और लू सुन की मिसाल हिंदी लेखन के सामने रही है। प्रेमचंद राजनीति से कम संपृक्त नहीं थे। मगर वह एलेक्शन नहीं लड़े। क़लम की मर्यादा ने ही उनके 'राजनीतिक' मोर्चे भी संभाले। यह सब सच होते हुए भी कोई दो-टूक नियम हर किसी साहित्यकार के लिए निर्धारित नहीं किया जा सकता। निश्चय ही साहित्य-क्षेत्र के प्रगतिशील विचारकों को राजनीति के क्षेत्र में अपना निर्णयकारी आलोचनात्मक प्रभाव भरसक डालते ही रहना चाहिए। इस दायित्व को निभाने की उनसे अपेक्षा होना स्वाभाविक है। मगर इतना और स्पष्ट होना चाहिए कि वस्तुतः ये दो कार्य-क्षेत्र हैं। जरूर कहीं न कहीं ये मिल भी जाते हैं--किसी एकाध बहुत बड़े लेखक या चिंतक में, काफी हद तक मिल जाने से मेरा मतलब सार्थक सृजनात्मक रूप में मिल जाने से है। वरना आम तौर पर इससे निर्माणकारी चेतना कभी-कभी ऐसी दिग्भ्रमित भी हो सकती है जो अंत में लेखक को कहीं का भी न छोड़े। नवीनजी का उदाहरण ले लीजिए। लेखक नवीनजी मार्क्सिस्ट नहीं थे, एक भावुक, शायद दक्षिणपथी कांग्रेसी थे। अस्तु मैं यह शिद्दत से महसूस करता हूँ कि राजनीतिक कार्यक्षेत्र और साहित्यिक कार्यक्षेत्र वहीं मिल सकते हैं जहाँ निर्माणकारी आदर्शों को कार्यरूप में परिणत करने की संभावना विशेष बलवती हो सके। जहाँ राजनीति अंधी हो, यानी केवल सत्ता-शक्ति की पूजा करती जाये, जनसाधारण के भावनालोक को रौंदती जाये, जनवादी घोषणाओं के पर्दे में शोषण को ही प्रोत्साहित करती जाये, वहाँ सच्चा साहित्य और सच्चे साहित्यकार दोनों ही शोषितों के साथ-साथ कुचले जाते हैं। ऐसे ही अवसरों पर खरे साहित्यकार की परीक्षा होती है। जनवादी साहित्यकार और विचारक ऐसे प्रसंगों संदर्भों को अपनी वाणी में प्रखरता से स्पष्ट करता चलता है। बहरहाल, नामवर को इस दृष्टि से भी परखा जायेगा तो मुझे पूरा यकीन है कि वह माशा तोले के मतभेदों के बावजूद खरे उतरेंगे।

डॉ. नामवर और डॉ. शिवप्रसाद सिंह दोनों के साथ अपने संपर्कों में अपभ्रंश का थोड़ा-सा अमल-दखल निजी तौर पर मेरे लिए खासा महत्व रखता है। यह कुछ अजीब- सी बात है। और इसका कारण मुझे खुद बहुत स्पष्ट नहीं है। सन् 48 में डॉ. रघुवंश के मित्र डॉ. रामसिंह तोमर ने एक बार कुछ बहुत दिलचस्प बातें अपभंश के संदर्भ मुझे बतायी थीं जो मेरी भावनाओं में कुछ-न-कुछ सजग रही चली आयीं। फिर सन् 53,54,55, के दिनों में

न जाने क्यों मैं यह सोच-सोचकर उल्लसित होता कि अप्रभंश के वीर और प्रेम-काव्य के संपादन कार्य को हिंदी साहित्य के अध्ययन में सोत्साह मान दिया जा रहा है...कि इस भाषा और साहित्य के साधक दो नये पहलवान और अखाड़े में अतर आये हैं, और शोध-कार्य की बहुत-सी शुद्ध सौंधी मिट्टी उनके कंठ, भुजा और वक्ष से लिपट गयी है। उनमें एक रासो के मूल रूप को, दूसरा विद्यापति को 'कीर्तिलता' के भावस्वरूप को पूरे रागात्मक उत्साह से उजागर कर रहा है। डॉ. हजारीप्रसादजी के निर्देशन में, मुझे लगता था, जैसे शोध और आलोचना का इतिहास कोई नयी करवट बदल गया है। जब कभी इन स्नेही बंधुओं का इलाहाबाद आना होता, तो कभी-कभी मेरे ग़रीबख़ाने पर पधारकर मुझे अपभ्रंश के मार्मिक अंश सुना-सुनाकर विह्वल करते, और कुछ देर के लिए मैं उस, ऊपर से अक्खड़-सी लगनेवाली, भाषा के स्वस्थ, स्वाभाविक पुष्ट सौंदर्य से मोहित हो उठता। अहर्निश अपने शोध और अध्ययन में डूबे हुए इन बंधुओं की प्रेरणा से यद्यपि मैं अपभ्रंश के रसास्वादन की ओर कुछ-कुछ मुड़ा...मैं बानी मेरा अंतर का कवि...मगर अनेक झंझटों में घिर जाने के कारण, अफसोस, मैं अपना शौक आगे न बढ़ा सका। बात शायद यह हो कि मेरे पूर्वजों की मातृभाषा यानी जाटाशाही या हरियाणवी--जिसे अपनी जगह पर मैं खड़ी बोली का ही देशज आधार मानता हूँ--मुझे अपभ्रंश के काफ़ी करीब लगती रही है। यही नहीं, इस भाषा क्षेत्र के वासियों के लिए दकनी का आनंद लेना भी कहीं अधिक सुगम पड़ता है, क्योंकि वह भी यहीं की एक क़लम थी जो दक्षिण में जाकर लगी और फली-फूली।[2]

अस्तु यह एक अजब-सा अंदरूनी रिश्ता चुपचाप कुछ इस तरह क़ायम हुआ, धीरे-धीरे, मेरे बग़ैर जाने, कि मैं आज तक उससे अपने आपको कहीं-न-कहीं बँधा हुआ पाता हूँ। खंडकाव्य जैसी किसी कथा के फ्रेम में तो आचार्य हजारीप्रसाद द्विवेदी ही इस कालखंड के जादू को शीशे में उतार सके हैं : मगर मैंने स्वयं बारहा अपने आपसे पूछा है कि क्या अभिव्यक्ति का ऐसा सुदृढ़ सुस्पष्ट और टकसाली-जैसा क्लासिक रूप, जिसकी अपनी एक अलग ही आन है...जैसे सच्ची तलवार की या सच्चे मोती की आब होती है...क्या उसको आज के खड़ी बोली पद्य में उपलब्ध करना सचमुच असंभव है ? इस समय तो इसी भावनात्मक चिंतन की रौ में बहने को मन करता है, और मैं अपने आपको बहने देता हूँ।...तो दिनकर के यहाँ वह कुछ-कुछ झलकी, वह आब, मगर भाषा का मर्म गंभीर नहीं था। या कि खड़ी बोली उस स्टेज पर अभी नहीं पहुँची है ? एक सुभद्राकुमारी चौहान में--साहित्यिक बनावट से दूर--वह सीधा तेवर, वह सच्चापन जरूर था, अपने असर के लिए कभी रेटरिक का मंच उधार नहीं लेगा। निराला के यहाँ उसका ओज मिलता है, मगर शायद वह सादगी तो कम ही कम। वैसी बोलती हुई सादगी !

जब युग का वैसा मिजाज नहीं तो वैसी भाषा कहाँ से आयेगी ! कोई मेरे कान में कुछ नाम दुहरा रहा है। केदारनाथ अग्रवाल, नागार्जुन, धूमिल, कभी-कभार त्रिलोचन। कहने की बातें हैं। कितनों की जबान पर अनायास ही इनके पद आ जाते हैं ? हमारे इन

कवियों ने आधुनिक हिंदी कविता को बहुत-कुछ दिया है, इसमें शक नहीं। मगर कोई एक ऐसा तत्व भी है जो आज हम खड़ी बोली की कविता में नहीं पाते, मगर जो वहाँ आठ दस सदी पहले मिलता है। हाँ, नागार्जुन की मैथिल कविताएँ मैंने उनकी जबानी सुनी हैं (वह अर्थ समझाते गये) : उनमें बेशक वह क्लासिक तेवर मैंने महसूस किया, वही सहज स्वाभाविकता, अभिव्यक्ति में भावों का दो टूक सार-संक्षेप। वही बात जो आख़िर में रत्नाकर के यहाँ हमें मुग्ध कर देती और विकल बना देती है (मगर, शायद उतनी नहीं)। 'शायर और शमा' नामक अपनी कविता में इकबाल शमा की जबानी आज के शायर की आलोचना करते हैं : शमा शायर से कहती है :

मैं तो जलती हूँ कि मुज़मर है मिरी फ़ितरत में सोज़
तू फ़रोजां है कि हर महफिल में हो चर्चा तिरा !

तो, यह अंतर है, बस, और कुछ नहीं। हाँ, भाषा के विकास की मंज़िलों को भी देखना चाहिए। पुष्ट साहित्यिक भाषा के विकास की दृष्टि से शायद अभी असली पड़ाव आगे ही है। सवाल अपभ्रंश और आज की खड़ी बोली की तुलना का नहीं है। सवाल 'क्लासिकी' भाषा के जादू का है। जो आज, कहीं नहीं मिलता। (विज्ञ पाठक और आलोचक मेरी बातों को बहुत सीरियसली न लें : यह मात्र मेरी कल्पना की अपनी रौ है।)

एक अरसे तक, लगभग सन् पैंसठ-अड़सठ तक, मेरी यही मान्यता थी कि कम-से-कम प्रगतिशील ख़ेमे के अग्रज कवियों को इसकी ज़रूरत नहीं कि कोई उनकी सफलताओं और उपलब्धियों को उजागर करे। ना ही उनमें से किसी ने कभी भूले भी किसी से कहा, या इशारा तक किया, कि उन पर कोई लेख आदि लिखे। ऐसा करना मुझे हमेशा उनकी आन और मर्यादा के विरुद्ध लगता रहा। आप ही अपनी कविताओं के बारे में लिखें, इसका तो सपने में भी सवाल नहीं उठता था। हालाँकि प्रगतिशील कवियों के चारों तरफ आत्मप्रचार का बाजार गर्म था, जिसमें कि (ऊब के मारें) मैंने कभी कोई दिलचस्पी नहीं ली। बेशक, अपनी कविताओं की भूमिकाएँ और व्याख्याएँ छायावाद के महारथियों ने स्वयं ही प्रस्तुत की थीं। और उसकी परंपरा भी--नयी कविता के दौर के बाद तो--और भी खूब-खूब चली, और हर नया कवि व्याख्या सहित अपनी कविताएँ लेकर मंच पर आने लगा। मगर यह सब कुछ मुझे बड़ा अजब-सा लगता आया है। क्योंकि, आलोचनात्मक और सर्जनात्मक अनुशासन के क्षेत्र अलग-अलग हैं। उनकी मर्यादाएँ अलग-अलग हैं। जो बात एक से अपेक्षित है, वह दूसरे से कैसे होगी।...माना, कि दोनों में रिश्ते और संबंध अब गहरे होने लगे है।

खैर, तो एक बार जब नामवरजी ने इसरार किया कि मैं केदारनाथ अग्रवाल पर जरूर एक लेख 'आलोचना' के लिए लिखूँ, तो अव्वल तो मैंने अपनी मजबूरियाँ जाहिर कीं--कि, न तो समय, न सामग्री, न केदार के साहित्य पर चिंतन का अवकाश...दफ्तर

की दौड़ और थकान के मारे, --बात कैसे बनेगी ! और फिर केदार एक प्रतिष्ठित कवि--उन पर योग्य मर्मी आलोचकों ने जरूर ही कुछ तो महत्वपूर्ण लेख लिखे ही होंगे मेरी नजर से न गुज़रे हों, यह अलग बात है, मैं पढ़ता ही कितना हूँ। सैयद ने कहा--नहीं, ऐसा नहीं है। मैंने कहा, हो नहीं सकता। उठते-बैठते हम प्रगतिशील धारा के शीर्ष कवियों में बराबर केदार-नागार्जुन का नाम लेते आये हैं। सैयद अपनी हठ पर थे। नहीं, शमशेर भाई, यह लेख तो आपको लिखना है। मैंने कहा, तो, खैर, फिर मैं अपने निजी अनुभव और लाभ के लिए एक विश्लेपणात्मक आलोचना लिखता हूँ, जिसमें, अपने बड़े प्रगतिशील कवियों को अच्छी तरह समझने के लिए, उनके दोष और गुण दोनों साफ-साफ बयान होंगे। और चूँकि केदार मेरे पुराने दोस्त और साथी हैं, इसलिए लेख में दोषो की परख कुछ अधिक विस्तृत विश्लेषण के साथ होगी। उनकी कविता की खूबियाँ तो सब पर अच्छी तरह रोशन ही हैं। दरअसल, हमें अब आलोचना का ढर्रा बदलना चाहिए, तकल्लुफ़ बहुत हुआ। सैयद ने कहा, हाँ, हाँ ! कहीं ऐसा न कर बैठना। आपको मालूम नहीं केदार भाई को पत्र-पत्रिकाएँ और विश्वविद्यालयी क्षेत्र सब ब्लैक आउट ही करते आए हैं। केदार को हिंदी दुनिया से बहुत शिकायत है। मुझे दुख हुआ कि कभी इस यथार्थ को मैंने ठीक से जाना नहीं, महसूस नहीं किया ! बहरहाल, सैयद ने मुझे राजी कर लिया। और मैंने लगभग तीन महीने के अध्ययन और विश्लेषण के बाद, जैसा कुछ मुझसे बना, एक लेख लिखा, जो 'आलोचना' में छपा। बाद में मैंने अमृतराय का एक बहुत अच्छा लेख भी, जो वह पहले ही लिख चुके थे, पढ़ा। जरूर और भी कुछ अच्छे लेख इधर-उधर बिखरे पड़े होंगे, जिनकी खबर सैयद ने मुझे नहीं होने दी। मेरे लिए लेख, और वह भी आलोचना, लिखना हमेशा एक मुसीबत हो जाती रही है। मगर सैयद की हिकमत अमली को मैं मान गया। पहले हर हफ़्ते, फिर हर तीसरे दिन, फिर लगभग हर शाम को 'तगादा' लेकर आ खड़े होते, और एक हथेली पर दूसरे हाथ से कुछ मलते हुए, हँसती मुद्रा में पूछते, कहो शमशेर भाई, लेख कितना हुआ।...ख़ैर, इन बातों से तो हमेशा लेखक और खासकर कवि को लाभ ही होता है : मैं केदार के शिल्प को अधिक अच्छी तरह समझने के काबिल हुआ, और उनके जोरे-बयान और प्रगतिशील व्यक्तित्व का और भी क़ायल हो गया। इसके लिए भी क्या मैं सैयद का ही एहसानमंद नहीं हूँ ?

डॉ. नामवर सिंह के नये काव्यकलात्मक प्रतिमानों का मूल्यांकन क्या मेरे लिए संभव हो सकता है ? --जबकि मेरा कोई सम्यक अध्ययन मार्क्सिस्ट सिद्धांतों का भी नहीं : न ही भारतीय और पाश्चात्य आलोचना शास्त्रों का। बहुत इसरार के साथ डॉ. रणवीर सिन्हा पूछते हैं कि काव्य के नये प्रतिमानों के संदर्भ में आपके विचार क्या हैं ? विचार ? भावनाओं की उलझनें तो एक कवि के पास हो सकती हैं, शायद उनके कूट संदर्भ भी, मगर विचारों की पूँजी ? रणधीरजी, वह मैदान दूसरा है। हाँ, अगर काव्य के सर्जनात्मक

अनुभव कुछ रहनुमाई कर जायें तो शायद अपनी काव्यात्मक समझ के प्रतिमानों का एक कच्चा ग्राफ़ पेश कर सकूँ, और फिलहाल काम चल जाये। वरना इस एस्से में तो यों भी उसकी गुंजाइश नहीं। मुझे बराबर ऐसा लगा है कि मुक्तिबोध ने नये मार्क्सवादी आलोचक से जो-जो अपेक्षाएँ की हैं, डॉ. नामवर सिंह ने उन पर बहुत ध्यान से मनन किया है। दरअसल नामवर की स्थापनाओं के सन्दर्भ-रूप में मुक्तिबोध का अध्ययन, और उसके बाद फिर नयी कविता के प्रतिमान का मूल्यांकन करने की ज़रूरत है। कुछ विद्वानों ने यह दायित्व निश्चय ही लिया होगा। कोई अजब नहीं जो मैं वही बातें दुहराने लगूँ जो मुक्तिबोध बहुत युक्तियुक्त ढंग से कह गये हैं और जिन्हें डॉ. नामवर सिंह ने अनेक स्थलों पर अपना आधार बनाया है।

निश्चय ही, सारे कवि कलाकार व्यक्तियों सहित, हम सब, यानी समान रूप से, एक गतिशील इतिहास का अंग है। इस इतिहास के हर दौर में उसके हर क्षण में, द्वंद्वात्मक स्थिति मौजूद मिलेगी। आज का हर महत्वपूर्ण कवि कलाकार इससे न केवल अवगत होता बल्कि इसकी विशिष्ट चेतना रखता है। यथार्थ की गतिशील द्वंद्वात्मकता का दर्शन कर पाना ही, मेरी समझ से, कृतिकार और आलोचक दोनों की सफलता का प्रतिमान है। डॉ. नामवर सिंह ने इस बात पर अनेक बार ज़ोर दिया है कि कलाकार को राजनीति से कतराना नहीं चाहिए। मैं उनसे सहमत हूँ मगर--

साहित्यकार कलाकार के सामने राजनीति का एक स्वरूप तो नाना राजनीतिक दल पेश करते हैं--वो सुसंगठित हों या ढुलमुल, और उसका दूसरा सार्थक रूप वह है जो कलाकार ख़ुद अपने अध्ययन और परीक्षण से अपने लिए स्पष्ट करता है। राजनीतिक यथार्थ का अन्वीक्षण-परीक्षण सामाजिक-राजनीतिक कार्यों में भाग लेकर भी किया जा सकता है, और अक्सर किया भी जाता है। पूरी राजनीतिक स्थिति का यथार्थ सभी राजनीतिक विचारों और हलचलों के सापेक्ष अध्ययन द्वारा ही स्पष्ट हो सकता है और जो साहित्यकार कलाकार द्वंद्वात्मक ऐतिहासिक दृष्टि से इस श्रम के लिए तत्पर होगा, वही अपनी कला के यथार्थ संदर्भों तक पहुँच सकेगा। मेरे विचार से इसके लिए किसी दल या पार्टी से 'कमिटेड' होना जरूरी और लाज़िमी नहीं। किसी भी प्रकार की निष्ठापूर्ण सामाजिक कार्यशीलता साहित्यकार कलाकार के लिए हमेशा बहुत उपयोगी सिद्ध हुई है।

अपनी कलात्मक सृष्टि के लिए मुक्तिबोध औरों की अपेक्षा अधिक जागरूकता के साथ अपना रास्ता टटोलते हुए अनुभवों और भावनाओं की जिस ज़मीन की ओर बढ़ रहे थे, वह यही द्वन्द्वात्मक यथार्थ की सचेतन रूप से ग्रहण की जानेवाली ज़मीन थी,--निरंतर संघर्ष द्वारा अमल दखल में लायी जानेवाली सामाजिक यथार्थ की यही बौद्धिक ज़मीन। उसी दिशा में वह बढ़ रहे थे लगभग अकेले। उनके बाद वैसा सक्रिय सजग व्यक्तित्व और कोई नहीं आया। हाँ, नागार्जुन पर इस संदर्भ में सार्थक बहस हो सकती है।

इसी को डॉ. नामवर 'अस्मिता की खोज' कहते हैं तो बिल्कुल दुरुस्त है। यही अपनी अस्मिता की खोज...व्यक्तिगत, सामाजिक, राष्ट्रीय और उससे अधिक व्यापक

भी...देशकाल के सभी संदर्भों के अर्थ में अपनी अस्मिता और यह खोज हमारे साहित्य के रूपों में बराबर प्रतिबिंबित होती है। भाषा के विकसित रूपों और शिल्प के कसते या खुलते गठन में। मेरी ज़ाती दिलचस्पी काव्य के इस फ़ार्मल पक्ष पर ही अधिकतर रही है। और यह चीज़ अक्सर मुझे बहुत नौस्टैल्जिक बना देती है।

बल्कि कभी-कभी तो मैं सोचने लगता हूँ कि कहीं ऐसा तो नहीं कि सठयायी वय में आगे बढ़ते हुए मैं उसी अपनी सर्किल को पूरा करने जा रहा हूँ जो इस सदी के दूसरे दहाये में शुरु हुई थी ? जब होश संभालते, मैंने देखा कि हिंदी साहित्य के गगन पर रत्नाकरजी की सौम्य प्रभा, और श्रीधर पाठक और अयोध्यासिंह उपाध्याय की अपने-अपने बिरले रंगों की आभा छायी हुई है, और श्री मैथिलीशरण गुपत का सितारा बुलंद हो रहा है। यानी छंदोबद्ध कविता का बोलबाला है। फिर, कालेज में पहुँचते-पहुँचते तक, देखता हूँ कि पंत और निराला और जयशंकर प्रसाद और महादेवी की प्रतिभाएँ भी अपनी नवीन चमक-दमक से मेरी पीढ़ी को मोहमुग्ध करने लगी हैं, और अब छंद ने लिरिक यानी गीति का रूप ले लिया है। मगर अब और भी खुले मंच पर भगवतीचरण वर्मा, रामकुमार वर्मा और उनके बाद बच्चन, नरेन्द्र और दिनकर आदि अपने सामान्य मध्यवर्गीय श्रोताओं के सामने आ विराजे हैं।...

और अब बारी मुक्त छंद की आती है। जिस ठाठ से मुक्त छंद को निरालाजी लाये, और फिर उसमें जो नागर घड़त अज्ञेयजी ने दिखायी, और उन्मुदत-सी स्वस्थ प्रक्रिया केदारनाथ अग्रवाल ने प्रकट की, और उसमें जो कड़े द्वंद्वादी स्वर मुक्तिबोध ने कस-कस के निकाले, और फिर और भी उन्मुक्त जनवादी या आत्मस्थ प्रयोगवादी गूँजें साहित्य के वातावरण में फैलीं और फैलती चली गयीं, वो ठाठ, वो घड़त, वह सहज उन्मुक्तता, वो संघर्षों भरा कड़ा स्वर, तो सब...शीघ्र ही एक अजीब गद्यमय स्फार और मनोवैज्ञानिक दबावों और मानसिक ऊहापोहों के विश्रृंखलित और प्रायः आरोपित काव्याभास के बहाने रिपोर्ताजी विचरणों की बाढ़ में, अर्थात आज की समसामयिक कविता में खो गया। शायद सब नहीं खो गया। मगर एक ऐसा युग आ गया जब आक्रोश और हँसी, व्यंग्य विद्रूप और अवरुद्ध व्यक्तित्व का दर्द और चीख एक ही मंच पर हमारे जीवन का नाटक बन गये। यानी आज की कविता। गौर से देखिये तो इस नाटक का शिल्प और निर्देशन उतना ही भारतीय है जितना कि विदेशी। अगर वह विदेशी ही अधिक निकले तो आश्चर्य नहीं। हाँ...क्या आज का कोई साहित्यकार, कवि या कलाकार अन्तर्राष्ट्रीय प्रभावों से मुक्त भी रह सकता है ? नहीं। ...ताहम।

दो तीन साल हुए कि 'लोटस' के भारतीय संस्करण के एक अंक में किसी अफ़्रीकी विद्वान आलोचक का एक बड़ा मार्मिक लेख छपा था, जो मेरे खयाल में काफ़ी मनन योग्य है। उसमें यह दृष्टिकोण व्यक्त किया गया था--जिससे मैं सौ फ़ीसदी सहमत हूँ--कि अफ़्रीक़ी और एशियायी साहित्य और कला की अपनी निजी, विशिष्ट बुनियादें हैं, जिनके प्रतिमान पश्चिमी और अमरीकी कला के प्रतिमानों से मौलिक रूप में इतने अधिक भिन्न हैं

कि इनका वास्तविक मूल्य उनके निष्कर्षों पर कसा ही नहीं जा सकता। और दरअस्ल पश्चिम के आलोचक एशिया और अफ़्रीका की कला और साहित्य के असली रूपों को, उसके विशेष उत्स को (फ़िलहाल) सही-सही समझ ही नहीं सकते। हम जो एशियायी अफ्रीकी देशों के साहित्कार कलाकार हैं, हमें अपनी ही सभ्यता और कला की गहरी बुनियादों की तरफ़ देखना चाहिए। पश्चिम और अमरीका की साहित्यिक, कलात्मक समस्याएँ बिलकुल हमारी समस्याएँ नहीं हैं। और मुझे ऐसा लगता है कि हमने अभी तक अपनी समस्याओं के असली आधारों और रूपों की तरफ़ सम्यक रूप से ध्यान नहीं दिया है--दे नहीं सके हैं। कारण वही है जो अनेक संदर्भों में हजार बार दुहराया जा चुका है (अगर्चे उसको फिर पाँच सौ बार और दुहराने की जरूरत है) वह यह कि : चूँकि हम साम्राज्यवाद के चंगुल से...हाल ही में कहिये...मुक्त हुए हैं--या क़रीब-क़रीब मुक्त हुए हैं, तो अभी तक हमारी आँखों से पश्चिम के जाले पूरी तरह से कटे नहीं हैं।

दरअस्ल मेरी मान्यता तो यह है कि उनकी वजह से हम न तो अपनी भाषा के असली रूप ही सही-सही पहचान सके, न ही अपनी कला के असली शिल्प-आधार। बल्कि हमने दोनों को खासा गड़बड़ कर दिया है। मैं यह कहाँ कहता हूँ कि, (मुक्तछंद की आधुनिक कविता के बजाय) हरिऔध, श्रीधर पाठक या रत्नाकरजी हमारे लिए आज कोई आदर्श हैं। नहीं, एक रत्नाकरजी को छोड़ कर, भला हो ब्रज भाषा का--शेष ने तो छंदों का केवल अभ्यास किया है, और भाषा के स्वाभाविक तेवर और लहजे को भुला देने की काफी सफल कोशिश की है। (डॉ. रामनरेश त्रिपाठी के सम्मुख भाषा का यह स्वरूप एक हद तक स्पष्ट था, यह कहा जा सकता है।)... उनके बाद, छायावादी कविता, रीतिकालीन अनुप्रासों की क्षीण-सी झनकार लिए हुए, अनेक अंशों में कालिदास और रविंद्र का चर्बा ही पेश करती है, जिसमें इंग्लिश, रोमानी कवियों का शिल्प-कौशल स्पष्ट झलक मार रहा है। तमाम छंद खड़ी बोली के स्वाभाविक स्वराघात से रहित छंद हैं।...उनके बाद की कविताएँ इन कृत्रिम जकड़बंदियों और उच्छ्वासों से मुक्त होने का संघर्ष प्रस्तुत करती हैं-(सुभद्राकुमारी चौहान का नैसर्गिक स्वर, और बच्चन की अभिव्यक्ति का स्वाभाविक प्रतिक्रिया के रूप में)। मैं कहता हूँ, वह कविता ही क्या जिसमें भाषा के जीवंत, नैसर्गिक तेवर और लहजे बोलते हुए से न लगे। अभी तो हम ऐसा बहुत ही कम पाते हैं।

यह स्पष्ट है कि ये मेरे 'एकदम से ही' स्वीपिंग रिमार्क्स हैं। मैं बहुत सारी व्यक्तिगत उपलब्धियों को जो ऐसे माहौल के बावजूद, मगर प्रायः उसकी सीमा में ही, प्राप्त की जा सकी है--अनदेखा नहीं कर रहा हूँ। बहुत सुंदर मिसाल मेरे सामने एक ओर भवानीप्रसाद मिश्र की है, और दूसरी ओर धूमिल की, और स्वयं नागार्जुन की अनेक कविताओं की है, दुष्यंत की गजलों के कई शेर हैं। मगर मैं जिस बात पर बल देना चाहता हूँ वह वस्तुतः अपनी भाषा और उसके सही सामाजिक आधारों में अपने गहरे अस्ल व्यक्तित्व की नयी खोज है। इसे 'अस्मिता की खोज' कहने में बात जितनी अधिक व्यापक हो जाती है, सार्थक ही है। यही, डॉ. नामवर सिंह के उद्धृत शब्दों में "आधुनिक मानव की

सबसे ज्वलंत समस्या है !" मैं कहूँगा कि विशेष रूप से आधुनिक एशियायी-अफ्रीकी मानव की, और उसके कलाकारों की। इस संदर्भ में डॉ. नामवर सिंह ने मुक्तिबोध के 'अँधेरे में' की अंतिम पंक्तियाँ उद्धृत की हैं :

खोजता हूँ पहाड़...प्रस्तर...समुंदर
जहाँ मिल सके मुझे/मेरी वह खोयी हुई
परम अभिव्यक्ति अनिवार/आत्मसंभवा।

स्वर यहाँ व्यक्तिवादी लगता है, बेशक, पर संदर्भित आशय निश्चय ही अपने पूरे समाज के ऐतिहासिक व्यक्तित्व या 'अस्मिता' का है। बच्चन की प्रसिद्ध पंक्तियाँ हैं--यह महान दृश्य है !/चल रहा मनुष्य है/अश्रु स्वेद रक्त से लथ-पत, लथ-पत लथ-पत !

[आलोचक नामवर सिंह नामक ग्रंथ से संकलित]

संदर्भ

1. 'सन्' 57 की असफल राष्ट्रीय 'क्रांति' के बाद उन्नीसवीं शताब्दी के अंत में, नये युग के मोड़ पर सर सैयद अहमद खाँ बड़ी कर्मठता और लगन से अपनी क़ौम को साइंस और नयी तालीम की ओर फेर रहे थे, पर्दे को तिलांजलि देने का आह्वान कर रहे थे : इत्यादि। अकबर इलाहाबादी इस 'विलायत' की हवा को अच्छा नहीं समझते थे।
2. हठात् मुझे याद आ रहा है कि डॉ. रामविलास शर्मा ने आल्हा छंद का खासा प्रयोग अपनी राजनीतिक कविताओं में किया है, और नागार्जुन ने बरवै का (भस्मांकुर में) और त्रिलोचन ने आठ दस संस्कृत छंदों का। यहाँ यह बात जोर देकर बताने की है कि इन कवियों के यहाँ ये 'प्रयोग बराय प्रयोग' नहीं किये गये, बल्कि यह प्राचीन प्रभावशाली शैलियों की पुनरुपलब्धि और एक तरह से नये संदर्भों के लिए उनका नवीकरण था। और इनके द्वारा हमारे रिश्ते भी अगले आचार्यों के साथ रचनात्मक रूप में जुड़ जाते हैं।

भाषा और साहित्य पर एक नये दृष्टिकोण की माँग

रूस की गतिविधि पर अमरीका की ज़िम्मेदार संस्थाएँ बहुत कड़ी निगाह रखती हैं। एक-एक बात की गहरी छान-बीन होती है। युद्ध-विज्ञान और राजनीति की ही नहीं, बल्कि सभी विज्ञानों और भौतिक प्रगति के प्रत्येक क्षेत्र का लेखा-जोखा बड़े विस्तार और गहराई से लिया जाता है। अतः रूसी भाषा एकाएक महत्वपूर्ण हो गयी है। अणु-विज्ञान, जैविकी और चिकित्सा-शास्त्र में रूस की नयी-नयी सफलताओं का पता तुरंत पा लेने के लिए तो वह पहले ही अपरिहार्य हो गयी थी, अब अंतर्राष्ट्रीय भावनाओं के क्षेत्र में सांस्कृतिक संबंधों के महत्व ने उसे और रेखांकित कर दिया; विशेषकर आधुनिक कूटनीति के विद्यार्थियों के लिए।

स्पष्ट है कि विदेश की--और उस पर विरोधी देश की--भाषा के प्रति यह दृष्टिकोण एकदम व्यावहारिक है, एकदम 'आधुनिक'। अब से कुछ साल पहले ऐसा जागरूक नहीं था यह दृष्टिकोण। इसका तो विकास और विस्तार रूस और चीन की ही नीतियों को देख कर हुआ है। रूस ने बहुत पहले ही इस व्यावहारिक दृष्टिकोण को अपना कर विदेशी भाषाओं और उनके साहित्यों का अध्ययन आरंभ कर दिया था, और इन भाषाओं में उसने अंग्रेज़ी को प्रमुखता दी थी। इसके अलावा ख़ास तौर से पड़ोसी देशों की भाषाओं का अध्ययन जिस दृष्टिकोण से हो रहा था, और हो रहा है, वह भी एकदम व्यावहारिक है। आज हिंदी, उर्दू और चीनी ही नहीं, बल्कि सभी 'तटस्थ' अफरो-एशियाई देशों की भाषओं और साहित्यों के अध्ययन का अभियान भी इसी का परिचायक है। इस दिशा में भी अमरीका ने रूस से सबक़ लिया है। और ख़ूब प्रमाण मिलते हैं कि चीन की भी 'छल' ' वाली योजनाओं में इसी प्रकार के अध्ययन शामिल हैं।

यह समझने के लिए बहुत ऊहापोह की जरूरत नहीं कि उपर्युक्त देशों का यह दृष्टिकोण वास्तव में राष्ट्रीय है--राष्ट्रीय हितों के साथ काफ़ी गहराई से जुड़ा हुआ। अगर इसकी घोषणा 'अन्तर्राष्ट्रीय संबंधों को मजबूत करने' के लिए होती है, तो वह सिर्फ़ सिक्के का दूसरा रुख है। इस दूसरे पक्ष का भी उद्दिष्ट है अपने देश के राष्ट्रीय व्यक्तित्व को जागरूक, धारदार, ठोस और सशक्त बनाना। उद्दिष्ट के साधन-रूप में

है--विदेश के राजनीतिज्ञ और राजनीति को नहीं, बल्कि उससे पहले विदेशी राष्ट्र और जाति के रूढ़ संस्कारों के मनोविज्ञान को पकड़ना और गहराई से पकड़ना, ताकि विदेशी राष्ट्र के समकालीन संदर्भ में उसकी राजनीति को मनोवैज्ञानिक रूप से प्रभावित किया जा सके, उसके राजनीतिज्ञ को अपने और अधिक निकट खींचा जा सके--उसकी जातीय कमज़ोरियों और शक्तियों को तोला जा सके, और इस जानकारी के अनुसार अपने राष्ट्रीय (कूटनीतिक) दृष्टिकोण को तैयार किया जा सके। जितनी ही एक जाति दूसरी जाति को अंदर से समझने में समर्थ होती है, उतनी ही वह स्वयं अंदर से सशक्त होती है और उस दूसरी जाति से भी तुलना में ठोस पड़ जाती है। निंसन्देह, यह बहुत-कुछ अंतर्राष्ट्रीय मेल-जोल के हित में भी होता है। पर राष्ट्रीय हित में तो यह वाणिज्य, व्यापार और अपने सैद्धांतिक प्रचार और प्रभाव-प्रसार के लिए अत्यंत ही लाभदायक सिद्ध होता है। इस तथ्य को दृष्टि में रख कर हम आसानी से समझ सकते हैं कि किसी भी देश के लिए कौन-सी प्रधान भाषाएँ (और उनके अधुनातन साहित्य) महत्वपूर्ण होंगे। हम समझ सकते हैं, क्यों आज रूस, चीन और अमरीका के लिए हिंदी हिंदुस्तानी महत्वपूर्ण हो गयी है : निश्चय ही सूर और तुलसी के कारण नहीं।

'पूर्व' और 'पश्चिम' कहें, चाहे 'वाम' और 'दक्षिण', इन दोनों के आज दुनिया में अपने-अपने स्पष्ट प्रभावक्षेत्र बन गये हैं। और इन प्रभाव-क्षेत्रों के बीच है एक खुली होड़ : एक ज़बरदस्त खुली होड़। (इस होड़ के अनेक छिपे हुए पहलू भी हैं : हुआ ही चाहें !) उदात्त भावना से मुस्करा कर आज चाहें तो इस होड़ को "ओलंपिक खिलाड़ियों की 'स्वस्थ' परंपरा" भी कह सकते हैं... 'सह-अस्तित्व' के मैदान में !

इस अणु-वैज्ञानिक, शीत-सामरिक, राजनीतिक-सांस्कृतिक रस्साकशी के बीच आ पड़ते हैं एशिया-अफ्रीका के तटस्थ देश। और उनके बीचोबीच में खड़ा है भारत : भारत के राजनीतिज्ञ, विचारक और उसकी प्राचीन-अर्वाचीन संस्कृति के वाहक--विज्ञान, दर्शन, कला और साहित्य के उन्नायक, नायक। हम साहित्यिकों की यथार्थ स्थिति आज यही, दोनों ओर के खिंचावों के बीच की है। इस बात पर कोई बहस परदा नहीं डाल सकती।

अब जरा भारतीय साहित्य की अर्वाचीन परंपरा को देखिए। उसमें दो-एक बातें प्रमुख रूप से सामने आती हैं। एक तो निरंतर अपनी संस्कृति पर, अपने साहित्य पर, गर्व और अभिमान। उचित ही। (और आज तो यह और भी समीचीन है कि हम अपनी संस्कृति की ओजस्वी शक्तियों को पहचानें, और परखें।) साथ ही एक ख़ास बात जो हम देखते हैं, वह यह है कि, मित्र हों चाहे शत्रु, अपने पड़ोसियों की सांस्कृतिक परंपराओं की छान-बीन में हमारी अपनी क़तई कोई दिलचस्पी नहीं रही है। हमारी सारी ऐसी 'दिलचस्पियाँ' अधिकांश उधार-खाते ही हैं : प्रमुखतः अंग्रेजों की ही आँखों से हमने विदेशों को 'देखा' या 'समझा' है। अतः हमारा देखना-समझना विदेशियों के ही अनुकूल पड़ा है; विशेषतया इंग्लैंड के। स्वयं हमारी अपनी अनुभूतियाँ उनके विषय में कोरी ही रही हैं। विदेशों का हमारा निजी अनुभव और ज्ञान अब तक इंग्लैंड तक ही सीमित रहा है। पड़ोसी

दुनिया के बारे में हम वास्तव में कितने अंधकार में रहते आये हैं, यह बात चीनी आक्रमण ने साफ़ दिखा दी। (क्या अब भी सचमुच हमारी आँखें खुल सकी हैं ?) आख़िर इसके क्या मानी होते हैं--कि हमें कई साल महज़ यह समझने में लग जायें कि हमारे पड़ोसी का क्या इरादा है !--जब कि वह दोस्तनुमा दुश्मन हमारी एक-एक बात को परखता और अध्ययन करता चलता है; हमारे चरित्र को सीधे हमारी मूल भाषाओं के माध्यम से आँकता है, अपने कूटनीतिक विश्लेषण को त्रुटिहीन बनाने के लिए। और मालूम होता है, ऐसे अध्ययन की सुविधाएँ वहाँ तेज़ी से व्यापक की जा रही हैं।

हिंदी, बंगला, तमिल, तेलुगू, असमी और पंजाबी भाषाओं का महत्व चीन में आज बहुत अधिक है। चीनी विद्यार्थी अत्यधिक परिश्रम से ये भाषाएँ (मगर विशेष रूप से हिंदी और उर्दू : पाकिस्तान का भी ख़याल है न !)--और इनकी बोलचाल की शैलियों को आश्चर्यजनक सफलता और तेज़ी के साथ सीख रहे हैं। अपनी भाषा के इस प्रचार-प्रसार पर हमें अवश्य खुशी से फूल जाना चाहिए, क्योंकि यह हमारे स्वभाव की एक दूसरी विशेषता है--अपनी परंपराओं की प्रशस्ति के ही आकांक्षी होना--और वह भी प्रायः अपने अलग विशिष्ट साहित्य, विशिष्ट भाषा, विशिष्ट जाति या धर्म-परंपरा के संदर्भ में। अपनी सभी परंपराओं को एक सूत्र में पिरोने की प्रवृत्ति या क्षमता साहित्यिकों में तो कहीं विरल ही मिलेगी। आज भी। यह एक ठोस सत्य है। अपनी भाषा और साहित्य पर गर्व होना उचित है; पर आज एक शक्तिशाली शत्रु हमारे, और अपने अन्य पड़ोसियों के, भाषा-साहित्य के अध्ययन में डूबा हुआ है--और क्यों डूबा हुआ है : क्या हम समझ सकते हैं ? हम साहित्यिकों का भी दायित्व है कि इस बात को अच्छी तरह समझें, और इससे कुछ सीखें। आज के अंतर्राष्ट्रीय संदर्भ में अपनी सांस्कृतिक स्थिति दृढ़ करने के लिए; अपनी आंतरिक रक्षा के निमित्त। युद्ध के मोर्चे पर भी एक 'सांस्कृतिक (कूटनीतिक) आदान-प्रदान' होता है। प्रत्येक बड़े देश की आधुनिक राष्ट्रीय नीति हमें यही सिखाती है।

जब अंग्रेज़ों ने हमारे यहाँ आ कर पहले-पहल संस्कृत सीखनी शुरू की, तो हम घबरा गये। हमने समझा कि हमारा धर्म गया, हमारी अलग-थलग रहने वाली आज़ादी गयी। लेकिन संस्कृत ही नहीं, हमारे देश की तमाम भाषाओं और बोलियों का अध्ययन शुरू हुआ; और धीरे-धीरे हमने उनकी सारी उपलब्धियों का स्वयं अध्ययन किया, और कर रहे हैं : उनके माध्यम से स्वयं को पहचाना, और पहचान रहे हैं। और विदेशियों के अध्ययन में हमारा भी योगदान हुआ है। और उस पर हमें उचित ही गर्व भी है। किंतु हमें याद रखना है कि आज हम बीसवीं शताब्दी के मध्य को पार कर रहे हैं; और एकाएक ऐसे नये युग में ढकेल दिये गये हैं, जिसकी एकदम नयी माँगें हैं, नयी ज़िम्मेदारियाँ हैं।

भाषा और साहित्य के महत्व का आज जो अर्थ है, वह चीनी आक्रमण से बहुत पहले, बल्कि हिरोशिमा के धमाके से भी पहले, दूसरे विश्वयुद्ध की आरंभिक भूमिका में ही, स्पेन के गृहयुद्ध और अबीसीनिया पर फाशिस्त अभियान के समय ही खुल जाना चाहिए था।

और हमारे यहाँ कुछ व्यक्ति थे जिन्होंने उसका अर्थ समझा : रवींद्रनाथ और प्रेमचंद; और जवाहरलाल नेहरू। समस्त यूरोप के जागरूक साहित्यिक कार्यकर्त्ताओं में तब जो सहज ही एक उदात्त सहयोग की, उत्सर्ग की, 'सहजातीय' भावना, सांस्कृतिक मूल्यों की रक्षा के लिए, जाग उठी थी, उसने तब से अब तक बहुत-सी मंजिलें तय कर ली हैं। यद्यपि, हमारे यहाँ प्रेमचंद के बाद, मुझे अब भी यही लगता है, उस अनुभूति को, उस विशिष्ट समझ और गहरी पकड़ को, बहुत उर्वर धरती नहीं ही मिल सकी। कम-से-कम हिंदी के बारे में मेरा यह स्पष्ट मत है। हम अब भी अपनी दुनिया में तीनों लोक से न्यारे हैं, और उसी में खुश हैं।

सोवियत संघ के बाहर, यूरोप और अमरीका में, मगर विशेष रूप से अमरीका में, और चीन और मिस्र में, साहित्य और भाषा के महत्व को जिस पृष्ठभूमि के साथ जोड़ कर समझा जा रहा है, उसका एहसास, और वैसा गहरा एहसास, यहाँ अभी तक लगभग नहीं है। मैंने प्रयाग के पिछले भारतीय लेखक सम्मेलन में भी देखा, और भारतीय पी. ई. एन. की पिछले सम्मेलन की 'रिपोर्ट' में भी पाया, एक अलग-थलगपन-सा; एक दिखावा, यानी रस्म अदायगी; और बस। या फिर खोखली गतिशीलता के नारों के साथ छोटी-छोटी बलबंदियाँ हैं ! एकाध जगह, और वह भी केवल दो-चार नये युवा साहित्यकारों में इस नये एहसास की झाँकी थोड़ी-बहुत मिलती है। किंतु टटोलने पर फ़ौरन ज्ञात होगा कि वास्तविक बौद्धिक चेतना प्रायः आज भी बीस-पच्चीस साल पहले की ही है; अपनी बात को रखने की 'शैली' और 'शब्दावली' भले ही आज की-सी लगे। संप्रति, आधुनिक कार्यकारिणी चेतना के, जिसे हम राष्ट्रीय कह सकें, कहीं दर्शन नहीं होते।

मैं सच्चे 'एकेडेमिक' दृष्टिकोण का महत्व रंचमात्र भी कम नहीं करना चाहूँगा। पर यथार्थ परिवेश से कट कर जिस संस्था या संस्थान में भी हमारे सांस्कृतिक कार्यकर्ता अपने ऊँचे विभागीय पद की आर्थिक सुविधाओं और ऊँचे प्रकाशकों के व्यापक लाभ की रक्षा करने के बाद ही, मात्र कागज़ी प्रचार में, लोक-भावना और सुरक्षा के संदर्भ से नाम-मात्र के लिए अपने आपको जोड़ते हों, उसकी बुनियादी नीति के आधार भला क्या हो सकते हैं ? वे सही अर्थ में राष्ट्रीय तो कदापि नहीं हो सकते। वे स्वार्थपरक, संकुचित, और कोरे 'ऐकेडेमिक' ही हो सकते हैं। इनके कार्य-कलाप अब तक हमारे पढ़े-लिखे जन-साधारण को भी कितना आकृष्ट कर सके हैं ? और कैसे कर सकते हैं ? उनके सब काम महँगे, दिखाऊ, और एक 'कोल्ड स्नॉबरी' से आविष्ट हैं। इसलिए जनसाधारण में भी उनके लिए प्रत्युत्तर में उपेक्षा है--उसी जनसाधरण में, जिसने दिल खोल कर अपनी पाई-पाई सुरक्षा-कोश में दी है। प्रायः आज की जरूरतों का कोई जीता-जागता एहसास ये संस्थाएँ नहीं दे रही हैं; बावजूद प्रचार के। उनके रहते, एक अजीब परेशानी, बौद्धिक खीज, सांस्कृतिक भटकाव, अफ़रातफ़री ही फैलती नज़र आ रही है। यदि नयी राष्ट्रीय सांस्कृतिक चेतना, जिसकी आज आवश्यकता है, ये नहीं जगा सकतीं, तो ये आखिर किस मरज़ की दवा हैं ?

आज हमारा उद्देश्य अपने सीमावर्ती देशों के भाषा-भाषियों के हृदय और मस्तिष्क के निकट से निकटतर पहुँचना है (नेपाली भाषा में आज उच्चकोटि का साहित्य रचा जा रहा है, कितने भारतीय इसकी परवाह करते हैं !)--ताकि हम अपने चारों ओर के यथार्थ परिवेश को समझ सकें। उदाहरण के लिए आज आवश्यकता है हमारे यहाँ भारत की हर भाषा में दस-दस पाँच-पाँच ऐसे नौजवान साहित्यिकों की, जो चीनी, तिब्बती, बर्मी, नेपाली, पश्तो-फ़ारसी और सिंहली भाषाओं में से एक-दो को अच्छी तरह पढ़, लिख और बोल सकें: जो हमारी सीमा-पार के नये वैचारिक संदर्भ और साहित्य को, सांस्कृतिक रूढ़ियों और गतिविधियों को सीधे मूल से पकड़ कर हमारी राष्ट्रीय आवश्यकताओं के संदर्भ में अपने पाठकों के सामने रख सकें। मात्र जीविका के लिए कुछ भी दैनिक समाचारों की तरह झट-पट अनुवाद कर सकने वाले नहीं : मात्र प्राचीन ग्रंथों के भाष्यों का उल्था करने वाले नहीं; बल्कि जागरूक हृदय और मस्तिष्क रखने वाले आधुनिक साहित्यिक, जो पुराने और नये साहित्य में आज की समस्याओं का रूप देखने की क्षमता रखते हों; जो भाषा और साहित्य की समस्याओं में उनके बोलने वालों की सांस्कृतिक आवश्यकताओं का--और किस तरह से उनको पूरा किया जा सकता है, इसका सही अंदाज़ा रखते हों।

चीन आज एक शक्तिशाली और बहुत चालाक और होशियार देश है। किसी भी शत्रु से मोर्चा लेने के लिए आज आवश्यक है--एक ओर आधुनिक विज्ञान में दक्षता प्राप्त करना, और दूसरी ओर आधुनिक कला-कौशल में। यह बात विशेष रूप से उन्हें हृदयंगम कर लेनी है जो हमसे अधिक युवा हैं, और जो कला और ज्ञान-विज्ञान के दुस्तर क्लिष्ट मार्गों से हो कर साहसपूर्वक आगे बढ़ रहे हैं, बिना दंभ के, बिना बुर्जबाई 'स्नॉबरी' का कवच ओढ़े, बिना पंडिताऊ या लखनवी तकल्लुफ़ के, बिना किताबी और निरर्थक अहमन्यता के--जो साहित्यिक आज अपने देश के और पड़ोसी देशों के जनसाधारण की मनोभावनाओं को समझने का अनथक प्रयास करते हैं और अपनी ताज़ा और ज़िंदा समझ को सजीव आधुनिक साहित्य के नाना रूपों में ढाल सकते हैं।

इसी तर्कपूर्ण स्थिति से यह भी स्पष्ट हो जाता है कि हम आज अपनी प्रादेशिक और क्षेत्रीय भाषाओं और साहित्यों का अध्ययन भी इसी लक्ष्य और ध्येय से आरंभ करें; यानी उनकी (अपनी) शक्तियों को पहचानने और कमज़ोर रूढ़ियों से बचने के लिए; उनका व्यवहार करने वाले अपने देशवासियों से निकटतम संबंध स्थापित करने के लिए; देश की एकता को उजागर करने, मजबूत करने, और उसे एक शक्ति बनाने के लिए।

इस दृष्टिकोण को ग्रहण करने के बाद भाषा की बहुत-सी आज की समस्याएँ इतनी हल्की, बल्कि निरर्थक, हो जाती हैं कि उनका आज--चीन के आक्रमण के बाद--कोई महत्व नहीं रह जाता। मसलन् : लिपि की समस्या। मैं इसे समस्या नहीं मानता। मैं इसे दृष्टिकोण का विकार मानता हूँ। इस 'समस्या' को उठाना मैं प्रगति में अपने पिछड़ेपन का सबूत देना समझता हूँ। क्यों सोवियत संघ में और स्वयं चीन में कोई किसी भी प्रमुख

भाषा की लिपि बाधा उपस्थित नहीं करती, न कोई 'समस्या' बनती है (--सिवाय चीन की स्वयं अपनी लिपि के : और उसकी समस्या वे स्वयं वैज्ञानिक ढंग से सुलझा चुके हैं)। महज तीस-पैंतीस अक्षर और उनकी आठ-दस मात्राएँ किसी भाषा के सीखने में एक प्रमुख 'समस्या' बन जायें ! यह केवल दृष्टिकोण का विकार है। 'एकेडेमिक' विकार। लिपियाँ स्वयं अत्यंत मूल्यवान सांस्कृतिक उपलब्धि हैं। श्रेष्ठ से श्रेष्ठ, प्राचीन से प्राचीन लोकगीत या मंत्र से किसी भी हालत में कम महत्वपूर्ण ये लिपियाँ नहीं हैं। उनको सीखने और ग्रहण करने का वैज्ञानिक दृष्टिकोण होना चाहिए: जिसे मैं भारतीय लिपियों के संदर्भ में राष्ट्रीय दृष्टिकोण भी कहूँगा।

इस वैज्ञानिक और अत्यंत आधुनिक, और सच्चे अर्थों में राष्ट्रीय दृष्टिकोण--अर्थात जो हमारी भौतिक और सांस्कृतिक सुरक्षा को दृढ़ करता है--देशी-विदेशी भाषा का प्रश्न एकदम दूसरा और नया रूप ले लेता है।

इंग्लैंड और अमरीका की राष्ट्रभाषा अंग्रेज़ी है, लेकिन दोनों राष्ट्रों की अंग्रेज़ी भाषाएँ एक नहीं हैं। दोनों में अंतर है, जो साहित्य में महत्वपूर्ण है। दोनों देशों के गंभीर साहित्यक अपनी-अपनी भाषा के विशिष्ट रूप की रक्षा करते हैं। अमरीकी अंग्रेज़ी बहुत ही तेज़ी से उन्नति कर रही है, और आज वह अंग्रेज़ों की अंग्रेज़ी से निस्संदेह अधिक जानदार, शक्तिशाली और सक्षम लगती है। आज जब हम अंग्रेज़ी की ओर देखते हैं तो इन दोनों के अलावा भी उसकी अनेक परंपराओं के रूप हमारे सामने आते हैं। एक रूप और परंपरा उसकी है जो हमारी राष्ट्रीय भावनाओं के विरुद्ध है और दूसरा रूप वह है जो हमारी भावनाओं और संघर्षों का समर्थन करने वाला और उसे बल देने वाला है। अर्थात अंग्रेज़ी भाषा की शैली और साहित्य में एक रूप हमारा मित्र है, और दूसरा हमारा अमित्र। किसी साम्राजी शासक की भाषा का विरोध एक बहुत सीमित अर्थ में सही ज़मीन पर हो सकता है मगर विरोध का एक रूप उसकी मित्र परंपरा का भी विरोध बन सकता है। इसलिए ऐसा विरोध अक्सर अंतर्विरोध बन कर रह जाता है।

आज भाषा के प्रति, वह देश की हो या विदेश की, सही व्यावहारिक दृष्टिकोण अपनाने पर हम अंतर्विरोधों से बच सकते हैं। और जहाँ विरोध सही है, वहाँ उसे मज़बूत कर सकते हैं। राज के कामकाज में कोई भारतीय अंग्रेज़ी का व्यवहार कभी दिल से पसंद न करेगा। मगर इसके व्यावहारिक पहलू को हमें नहीं भूलना है : अपना फ़ायदा करते-करते हमें अपना नुक़सान नहीं करना है। अंग्रेज़ी विदेशी भाषा है; मगर विदेश की कोई दूसरी भाषा और अंग्रेज़ी हमारे लिए एक ही दर्जा नहीं रखती। अंग्रेज़ी के माध्यम से हम न केवल यह कि इंग्लैंड के हृदय और मस्तिष्क, उसकी कूटनीति, उसकी चालाकियों और उदार नीतियों, उसकी स्वस्थ और अस्वस्थ परंपराओं को अच्छी तरह समझ सकते हैं, बनिस्बत किसी और विदेशी भाषा के माध्यम के। बल्कि, यह भी एक ऐतिहासिक तथ्य है कि यहाँ के राजनीतिक इतिहास और वातावरण में वह एक अनिवार्य स्थिति रखती है। बेशक राजगद्दी से उसे हटाना चाहिए, और हटाना होगा। मगर प्रश्न है : कैसे और

किस प्रकार ? एक गुंजान बस्ती के बीच में खड़ी किसी पुरानी और ऊँची इमारत को अगर हमें गिराना है तो इस तरह, एहतियात के साथ, कि आसपास के घरों पर उसका पत्थर-मलबा न गिरे। आज हिंदी देश के मेल-जोल की एक भाषा है; और चाहे यह अजब बात हो, मगर प्रत्यक्ष है, कि अंग्रेज़ी भी है। दोनों की वास्तविक होड़ और उनका वास्तविक विरोध कहाँ है--हमें यह देखना है। मेल-जोल को बढ़ाने में हिंदी को कल अंग्रेजी का स्थान ले लेना है, निश्चय ही। मगर विरोध को बढ़ाने में नहीं। अंग्रेजी की जहाँ क़तई जरूरत न होगी, वहाँ वह आप न रहेगी। जब तक हिंदी वैसी सुविधा अपने शांत सक्रिय प्रयत्न से पूरे देश में प्राप्त नहीं कर लेती, हम बैठे-बिठाए, ख़ामख़ाह, कुछ अपने ही सच्चे दोस्तों को बद्‌दिल करते हैं। एक कलह का वातावरण देश में पैदा होता है; और जान पड़ता है जैसे देश का कोई शत्रु छिप कर यह वातावरण पैदा कर रहा है, और हम अनजाने तौर से उसका हाथ बटा रहे हैं। जो भाषा मिश्री घोल सकती है, वह जहर भी घोल सकती है। अख़बारी व्यापार के साथ संबद्ध कुछ वैतनिक पत्रकार और लेखक या राजनीतिक दलों के साथ सीमित-संकुचित हितों को ले कर चलने वाले कुछ पत्र प्रायः यही ज़हर घोलने का काम करते हैं। नतीजा वही होता है, जिसका आकांक्षी देश का दुश्मन ही हो सकता है : कटुता, वैमनस्य, शक्तियों का बिखराव। इसके लिए राजनीतिक पार्टियाँ जो भी दलीलें पेश करें, यह मनोवृत्ति और दृष्टिकोण साहित्य और साहित्यकार का तो वास्तविक मानमूल्य घटा ही देते हैं। कलात्मक कृतियों में एक तंगनज़री आ जाती है। 'साहित्यिक' होते हुए भी--वर्ण, अर्थ, छंद, रस और मंगल के कर्ता वाणी-विनायक की वंदना करते हुए भी--हम व्यर्थ के ऐसे मोह-जाल में फँस जाते हैं, जिससे दरअसल हमें अपने पाठकों को मुक्त करना चाहिए।

विदेशी लेखक हमारे देश को 'जातियों और भाषाओं का अजायब घर' कहते हैं। इस अलंकार के व्यंग्य को मैं साम्राजी 'स्नॉबरी' का विशेषण दूँगा। अगर इस 'अजायब घर' की प्रत्येक मूर्ति जड़ नहीं है, और 'संग्रहालय' के सुव्यवस्थित कक्षों में रखी हुई ये मूर्तियाँ हमारी चेतन भावनाएँ हैं--तो वे मिल कर अपनी कुल संख्या से कहीं बड़ी एक समृद्धशालिनी शक्ति हैं; क्योंकि प्रत्येक के पीछे इतिहास की एक 'शक्ति' है, एक गरिमा है; क्रियात्मकता और आधुनिकता का संदर्भ--बशर्ते कि हम उस प्रकार उसे देखें और पहचानें। हमारी भाषाएँ और समस्त भाषाएँ--सबसे पहले माध्यम हैं मानवीय संवेदनाओं के सहज, स्वस्थ आदान-प्रदान के; एक दूसरे के हृदय के निकट पहुँचने के; उसके बाद ही हैं वे माध्यम एक-दूसरे के प्राचीनतम वाङ्मय को समझने के । जो व्यावहारिक, आधुनिक, राष्ट्रीय पक्ष है, वही सहज सरल है, स्फूर्तिदायक और शक्तिप्रद है। जो अव्यावहारिक, 'एकेडेमिक', 'क्लासिकल' दृष्टिकोण है--वह वास्तव में सिर्फ़ शोधशालाओं के ही काम का है (वह अंततोगत्वा देश के भी काम का होगा, कौन इनकार करता है); पर आज सीधे जनसाधारण के, हमारे-आपके, काम का नहीं। क्योंकि, वह अव्यावहारिक है। व्यावहारिक पक्ष अपना कर तो हम बाद में 'क्लासिकल' दृष्टिकोण के भी निकट पहुँच

सकते हैं; मगर इससे उल्टी दिशा में चलकर हम ऐसा ही दृष्टिकोण अपना सकेंगे, और बहुत हद तक अपना रहे हैं, जो आज सही अर्थों में राष्ट्रीय नहीं है। हम साहित्यिक भी यदि व्यावहारिक जीने से ही चढ़कर प्राचीन 'क्लासिकल' ज्ञान मंदिर तक पहुँचें तो अधिक श्रेयस्कर होगा; और सुगम भी।

संप्रति भाषा-शिक्षण में अव्यावहारिक दृष्टिकोण का एक ही उदाहरण देना काफ़ी होगा। विदेशों के विद्यार्थी हमारी उच्च संस्थाओं में अक्सर जिस हिंदी भाषा को सीखते हैं, उससे उन्हें बाज़ार में सौदा-सुलुफ़ ख़रीदने, और आम हिंदुस्तानी से बातचीत करने में काफ़ी कठिनाई होती है। उसके लिए उन्हें प्रायः अपने निजी प्रयत्न से हाट-बाज़ार और घर-आँगन की वह बोलचाल वाली मिली-जुली हिंदुस्तानी सीखनी पड़ती है, जो हिंदी की साहित्यिक पुस्तकों में बहुत ही कम मिलती है, मगर मिलती है। यह नतीजा है अव्यावहारिक और पुराना 'एकेडेमिक' दृष्टिकोण अपनाने का। आधुनिक बदले हुए परिवेश में भी आज साहित्य का सारा अध्ययन पुराने ही साँचे-ढाँचे में चल रहा है। पूरा प्रश्न बुनियादी आधुनिक दृष्टिकोण का है। इसी दृष्टिकोण की कमी संप्रति साहित्य के मूल्यांकन में भी दिखायी जा सकती है।

आज हम फ़्रांस के लेखकों के बारे में ज्यादा जानते हैं; सुदूर चिली के नये कवियों के बारे में ज्यादा उत्साह से पूछताछ करते हैं, बनिस्बत कन्नड़ या मलयालम के कवियों और उपन्यासकारों के। बेशक कई छोटे-मोटे (अधिकांश अपर्याप्त और ऊपर से रूखे-फीके) परिचय-ग्रंथ हिंदी में इन भाषाओं पर निकल चुके हैं। मगर फ़िज़ा क्या है ? और उसका कारण क्या है ? मैं जानता हूँ कि भारत की दूसरी भाषाओं के आँगन में भी हिंदी साहित्य की चर्चा उतनी न होती होगी, जितनी अमरीकी और फ़्रांसीसी और रूसी साहित्यकारों की। कारण वही है : कि हम अपने विभिन्न प्रदेशों के देशवासियों की विचार-पद्धतियों में, उनकी कथाओं-किंवदंतियों में, उनको स्वर और लहजों में, सच्ची दिलचस्पी नहीं रखते, 'एकेडेमिक' दिलचस्पी रखते हैं। नाम दो-चार गिना देंगे, उदाहरण भी पेश कर देंगे। मगर इतना भी हममें से कितने साहित्यिक कर सकेंगे ? सरकारी पत्र-पत्रिकाओं में भी जो लेखादि प्रादेशिक भाषाओं पर निकलते हैं वे देखिए तो कितने बेजान होते हैं !

हमारा इतना बड़ा देश है, और भावात्मक एकता की हम इतनी बातें करते हैं; क्या हम ऐसा खूबसूरत एक भी मासिक पत्र निकाल सकते--यद्यपि आवश्यकता अलग-अलग भाषाओं में कई ऐसे मासिक पत्रों की है--जैसा 'सोवियत लिट्रेचर' है, या उनका रूसी भाषा में 'अन्तर्राष्ट्रीय साहित्य' है, या जैसा स्वयं चीन का सांस्कृतिक मासिक 'चायना रिकंस्ट्रक्ट्स'--जिसकी सबसे बड़ी विशेषता यह है कि एक साधारण अंग्रेजी जानने वाला भी उसके निबंध, जो सब विशेषज्ञों द्वारा लिखवाये हुए होते हैं, दिलचस्पी से पढ़ सकता है; कारण कि वे व्यावहारिक दृष्टिकोण से, रोचक, सरल, आकर्षक शैली में, संक्षेप में लिखे हुए होते हैं। निस्संदेह पूरी पत्रिका में चीन का अपना दृष्टिकोण झलकता है। पर क्या हम भी अपने राष्ट्रीय दृष्टिकोण से ऐसा कोई जनप्रिय मासिक या पाक्षिक अपने लाखों

पाठकों के लिए नहीं निकाल सकते ? ज्ञात हो कि 'चायना रिकंस्ट्रक्ट्स' संसार के लगभग सभी प्रमुख देशों में पहुँचता है। रूसियों और चीनियों की कार्यविधियों का क्या हम कुछ भी मुक़ाबला नहीं कर सकते हैं ? मैं यह मानने को तैयार नहीं। अमरीका ने भी एक अच्छा मासिक पत्र हाल में भारत में ही प्रकाशित कराना आरंभ किया है--'स्पैन।' ये सब नमूने हमारे लिए एक दिशा इंगित करते हैं कि हमारे विशेषज्ञों और साहित्यकारों और कल्पनाशील संपादकों का एक प्रमुख कर्तव्य और दायित्व आज क्या है।

जब मैं दूसरे प्रमुख देशों के अपने-अपने सांस्कृतिक प्रचार के इस व्यापक मानचित्र को देखता हूँ तो तबीयत में एक ग़ुस्सा-सा आ जाता है; अपने देश की सांस्कृतिक फ़िज़ा पर एक खीज-सी उठती है। यहाँ अगर फ़िक्र है तो और दीवारें उठाने की, एक को दूसरे से दूर हटाने की, अपने ज्ञान को अधिक से अधिक क्लिष्ट बनाने की। और एक ऐसी 'स्नॉबरी', एक ऐसी बेरुख़ी-सी हमारे अच्छे प्रचार और आपसी व्यवहार में भी है कि चिंता होती। ये लक्षण अच्छे नहीं ! अगर हम इसी रुख़ से, इसी नज़र से, चीज़ों को देखते रहे, और अपने ध्येयों को पूरा करने के लिए व्यावहारिक दृष्टिकोण न अपनाया; अपने ज्ञान, अपनी कला को जनसाधारण के सामने, जनसाधारण से घुलमिल कर, उनके बीच जा कर न रखा, तो इतिहास हमें बेशक पीछे ढकेल देगा।

आज की नयी पीढ़ी में जो एक दबी हुई बेचैनी, एक बेबसी, और अंदर ही अंदर कसमसाती हुई आग है; वह जो हर पुरानी चीज़, हर पुराने चेहरे, पुरानी शैली, पुराने रुझान, पुरानी दलीलों और दृष्टिकोणों से भरपूर ऊब है, जिसे वह चाह कर भी पूरी तरह व्यक्त नहीं कर पा रहा है-- वह, मुझे डर है, कोई गुल न खिलाए। अगर मैं वक़्त की आवाज़ को सही सुन रहा हूँ, और उसके तक़ाज़े को सही समझ रहा हूँ, तो हमें इस नये इंतज़ार को, इन नयी उम्मीदों को धोखा देने से बचना होगा। उनके हृदय और मस्तिष्क किस चीज़ के भूखे हैं, किस चीज़ के प्यासे हैं, यह अच्छी तरह समझ लेना होगा; और उनके साथ होना होगा।

वरना इतिहास तो अपना फैसला देता ही है। इस फ़ैसले को भारी-भारी किताबों में अध्ययन करने का समय तो बाद में तब आता है जब दूसरी नयी समस्याएँ अपना उत्तर बाद के अपने समकालीन विचारकों से माँगती होती हैं, जिस तरह आज की समस्याएँ अपना स्पष्ट उत्तर अभी, आज के विचारकों से माँग रही हैं। समय की रफ़्तार के साथ अगर हम अपनी रफ़्तार नहीं बदलेंगे, तो वह हमें एक, न समझ में आने वाले, आश्चर्य में पीछे डालता हुआ, आगे निकल जायेगा; इतिहास रुकेगा नहीं।

[कल्पना, (मा.) हैदराबाद वर्ष-14, अंक-6, जून 1963 ई.]

अमूर्त कला

कला की अभिव्यक्ति व्यक्ति और समाज की आशाओं-आकांक्षाओं और क्षणिक समर्थताओं का एक सजीव और गतिशील दर्पण है। इस दर्पण में हम अपनी शक्लें देखते नहीं--पहचानते और समझते हैं।

और जितना इस पहचान और समझ को अपने काम का--और इसलिए अपनी दिलचस्पी का--पाते हैं, उसे अपनाते हैं।

यह अपनाना ही कला से अपना संबंध जोड़ना, यानी उस संबंध से अवगत होना है।

आज विभिन्न कलाएँ और ज्ञान-विज्ञान निरंतर एक दूसरे से टकराते, एक दूसरे में घुलते-मिलते, एक दूसरे की सीमाओं को बनाते-मिटाते, सिकोड़ते-फैलाते हुए आगे बढ़ रहे हैं।

इसलिए हम कह सकते हैं कि एक चित्रकार तान लेता है, एक गायक चित्रण करता है, एक कवि मूर्ति और मंदिर बनाता है।

इसीलिए हम कह सकते हैं कि आकाश सीप है और जब शफ़क़ फूलती है, हम कह सकते हैं कि रंग तार सप्तक है।

हम साँप की लीक देखकर कह सकते हैं कि इधर से साँप गया है, और दूसरे निशानों को देखकर कह सकते हैं फलाँ जानवर इधर से गुजरा है।

ये लीकें और निशान, और इन्हीं की तरह विभिन्न आवाज़ें हमारे लिए चित्र और मूरत-घर का-सा अर्थ रखते हैं।

और ये चित्र और मूरत और घर हमारे सुख-दुख के चित्र और उनकी मूरत और उनका घर हो सकते हैं।

अगर ये वह नहीं हैं, तो बेकार हैं, खिलवाड़ हैं, कूड़ा-करकट हैं।

इससे हमें यह भी मालूम होता है कि जिसे हम टेकनीक या कला की अभिव्यक्ति का ढंग-ताल, छंद, तोल, विन्यास का हिसाब रखना कहते हैं,--वह सिर्फ़ जीवन की गुंजलक अनुभूतियों की गति का परतौ, उनकी परछाँई, उनका आभास मात्र है। वह स्वयं अपने अंदर कोई अंतिम नियम नहीं हैं। वह सिर्फ मोटे-मोटे इशारे हैं, मोटे तौर से अनुभूतियों के

प्रवाह को समझने के लिए--उन्हें अपने हृदय में, अपनी समझ के प्रवाह में मिलाने के लिए। वह ख़ुद अपने आप में कुछ नहीं ।

अपने आपमें जीवन ही है, अगर कुछ है तो। अगर कला को हम रेल का सफ़र फर्ज करलें तो टेकनीक के उसूल रेल के डिब्बे नहीं बल्कि तार के खंभे, स्टेशन, सिगनल्ल, रेल की पटरियाँ वग़ैरह हैं।

इनके आधार पर सफ़र के मोड़ और मंज़िल को नापा और समझा जा सकता है मगर सफ़र को नापने और समझने के बहुत से दूसरे निशान भी हो सकते हैं जैसे, रास्ते के दरिया, पहाड़, गाँव वग़ैरह ऊपर से एक बँधा हुआ क्रम--यानी कटी छँटी हुई रेखागणित वाली तरतीब या गिनती-जैसी सीधी बात उनमें चाहे नज़र न आये, मगर सफर को नापने, समझने के लिए वह उतनी ही संगत चीज़ें हैं, जैसे फुट, गज़, मिनट, सेकेंड वग़ैरह, जैसे छंद, ख़ास कंपोज़ीशन, ताल, सुर से बँधे राग वग़ैरह।

हम कह सकते हैं कि वास्तव में लय, गति, कंपोज़ीशन, संतुलन के जो रूल और कटे-छँटे उसूल हैं उनके अलावा भी और बहुत से हैं, जिन्हें हर नया कलाकार खोजता है, जो शायद पहले से भी ज़्यादा लचीले, नाज़ुक और मार्मिक हैं।

अमूर्त का विधान लेने वाली कला ख़ास तौर से हमारे मन की अंदरूनी सच्चाइयों के जितना निकट होती है, उतना--उस ढंग से--मूर्त यानी साफ़ सीधी सामने नज़र आने वाली सच्चाई नहीं होती क्योंकि हम अपनी भावनाओं में बहुत कुछ अपने अंदर का ही जीवन जीते हैं।

सामने नज़र आने वाली चीज़ को देखते हुए हम दरअस्ल उसको देखते नहीं बल्कि अपने अंदर की संज्ञा या चेतना से पकड़ते हैं और जिस रूप में हम सामने नज़र आने वाली चीज़ को पकड़ते हैं वह रूप हमारे मन और मस्तिष्क के लिए ज़्यादा अर्थपूर्ण होता हैं। और असलियत तो यह है कि वही रूप हमारे जीवन पर असर छोड़ता है, यानी हमारे संस्कार बनाता और उनका हिस्सा बनता चलता है।

इसीलिए जब कलाकार उस सामने नज़र न आने वाली अंदर की छाप को हमारे सामने लाता है--रंगों के ताल-मेल रेखाओं की तरंगों और बहावों और गतियो में--तो वह हमें चीज़ों के ज़्यादा नज़दीक ले जाता है। हमें ख़ुद अपनी छिपी हुई चेतनाओं से अधिक परिचित कराता है।

बेशक, शर्त यह है कि यह अमूर्त कला-रूप उसी तरह अपनी छाप हमारे मन पर डालें जिस तरह विचारों और सपनों के सिलसिले कुछ साफ़ कुछ बेसाफ़ तरीक़े से हमारे मन पर स्वाभाविक ढंग से डालते हैं।

सबसे बड़ा यथार्थ वह है--जो हमारे अंदर है--जो शब्दों में नहीं रखा जा सकता। शब्दों में कभी-कभी क्या, बल्कि अक्सर, उसका उपहास-सा हो जाता है। शब्दों में आकर वह बदल्ल जाता, ग़लत-सा हो जाता, और अपना पूरा मतलब खो देता है।

वह यथार्थ इशारों में व्यक्त होता है। वह आह, ओइ, हूँ-हाँ, आँ, ऊँ आदि में--और

इस हाँ-हूँ की भाषा के अनंत प्रकार हैं--उन अनंत प्रकारों में व्यक्त होता है, और ज्यादातर व्यक्त नहीं होता, सिर्फ़ समझ लिया जाता है, महसूस कर लिया जाता है। जैसे अलग-अलग स्थानों का वातावरण दिल पर अपने आप अपनी छाप-सी छोड़ता और मन को प्रफुल्लित, उत्साहित, या उदास और खिन्न करता है, उसी तरह मन की सैकड़ों बातें आपसे आप हो जाती हैं। आदमी का उठना, बैठना, झुकना, पड़ना, खड़ा होना, चलना-भागना उलझना, कूदना, हाथ-पाँव झटकना या इधर-उधर घुमाना--यानी, जो ऊँचा उठकर कला में नाच और मुद्रा की भाषा हो जाते हैं, उनका अपना अलग ही एक कोश है जिसके द्वारा कि हम एक दूसरे को समझते और एक दूसरे के पास आते, या एक दूसरे से दूर जाते हैं। सारांश यह कि हमारे सामाजिक संबंधों की डोरियाँ सिर्फ़ शब्द या स्वर या रंग या हरकत या वेशभूषा या रीत-रिवाज ही नहीं, बल्कि इन सबके मिले-जुले इतिहास की गति भी है, जिसको कि एक चित्र में रखा या एक सिम्फनी में संगीत का रूप दिया जा सकता है।

इस ज़िंदा, प्रति दिन के, इतिहास को अपने-अपने माध्यम से हर कलाकार पकड़ता है और भरसक व्यक्त करने की कोशिश करता है। जहाँ कलाएँ अमूर्त होने लगती या हो जाती हैं वहाँ दरअस्ल वही कोशिश काम करती पायी जायेगी जिसका ऊपर ज़िक्र किया गया है।

यथार्थवाद का झंडा उठाने का मतलब अगर सिर्फ़ यह हो जाता है कि प्रतीक, रहस्य या केवल गति के ताल छंद को व्यक्त करने वाली कला के हम सिरे से विरोधी हैं, तो यह मेरे ख़याल से यथार्थवाद के साथ भी अन्याय होगा। कोई यथार्थवादी आलोचक अगर यह कहे, मसलन कि हिंदी कविता में छायावाद एक निरर्थक चीज़ थी, तो वह न यथार्थवाद को समझता है न छायावाद को।

वास्तव में हम जिस रूप में दुनिया की चीजों, व्यक्तियों ओर घटनाओं को जानते और समझते, उनको अपनाते या उनसे बचते हैं, वह रूप न तो पूरा का पूरा यथार्थवादी होता है और न पूरा का पूरा आदर्शवादी--अमूर्त और अप्रत्यक्ष की ओर इशारा करने वाला। संसार का पूरा यथार्थवादी रूप तो सिर्फ़ गणित-विज्ञान के अंकों और दूसरे विज्ञानों के चार्ट ग्राफ़ और फार्मूलों में ही व्यक्त हो सकता है। और उसकी भी इतनी सीमाएँ हैं, कि आये दिन वैज्ञानिक स्वयं अपने कच्चे और अधूरे ज्ञान का रोना रोते हैं।

कला के क्षेत्र में यह यथार्थ और अयथार्थ का झगड़ा व्यर्थ ही बहुत-सी भ्रांतियों को जन्म देता है। जो चीज़ हमारे लिए महत्वपूर्ण है, वह केवल यह कि कलाकार अपने विषय के अंदर किन तत्वों, किन विशेषताओं को दिखाना चाहता है और वह कहाँ तक उन्हें दिखाने में सफल होता है। कलाकार ने किस शैली का सहारा लिया है, यह उतना महत्वपूर्ण नहीं। शैली का यथार्थवादी या प्रतीकात्मक होना किसी कलाकृति का मूल्य निर्धारित नहीं करता। कोई कलाकृति किसी अनुभूति को कितनी सच्चाई और सफलता से व्यक्त करती है इस पर उसका मूल्य है। विभिन्न शैलियों के पीछे विभिन्न दार्शनिक

दृष्टिकोण हो सकते हैं। लेकिन किसी विशेष दृष्टिकोण के होने से ही कोई-कोई कलाकृति अधिक निर्दोष या दोषपूर्ण नहीं हो जायेगी। कलात्मक अनुभूति की सच्चाई और शक्ति ही शैलीगत दृष्टिकोण की सार्थकता को प्रमाणित करेगी। शैली (अथवा टेकनीक) और विषयवस्तु के संबंध को हम अनुभूति की विशेषता से अलग रखकर नहीं समझ सकते। अगर अनुभूति नहीं है, या कच्ची है, तो टेकनीक भी बेकार है और विषयवस्तु भी। कलात्मक अनुभूति ही कलात्मक रस या आनंद प्रदान करती है। केवल मात्र मनोवैज्ञानिक दशाओं का चित्रण भी कलाकृति हो जायेगा, ज़रूरी नहीं। उस चित्रण के पीछे कलात्मक भावना का होना आवश्यक है। कलात्मक भावना के अंदर कलाकार की अनुभूति जितनी सच्ची और शक्तिशाली होगी, उतनी ही सफल उसकी कृति होगी--चाहे जिस शैली में उसका निर्माण हुआ हो। हाँ, जिस तरह सूर्य की रोशनी आईने पर लेकर अँधेरे में फेंकी जा सकती है, उसी तरह उधार ली हुई अनुभूति और अनुकरण में अपनायी हुई शैली दोनों की सराहना की जा सकती है, मगर अँधेरे में कुछ उजाला हो जाना ज़रूरी है। कितनी ही सुंदर क्यों न लगे, उधार और अनुकरण की कला, और अधिक नहीं। सच्ची अनुभूति की एक किरण भी उससे कहीं अधिक मूल्यवान है--चाहे वह अटपटी शैली और साधारण-सी विषयवस्तु में ही क्यों न झलकती हों।

इसीलिए मैं कहता हूँ कि शैली यथार्थवादी है या प्रतीकात्मक, विषय रामायण का है या इन्क़लाब का,--मुख्य चीज़ कलात्मक अनुभूति की सच्चाई और शक्ति है, शैली या विषय नहीं।

शैलीगत विशेष दृष्टिकोण और विशेष क्षमता, और चतुराई के साथ विषय का चुनाव एक मामूली सीमा तक उपयोगी हो सकते हैं, बस इतना ही। मसलन् एक अतीव सुंदर स्त्री को चित्रित करते समय एक कलाकार विशेष महत्व उसके बाह्य रूप और रूप की केवल फूल-सी कोमलता पर दे सकता है, दूसरा, केवल बाह्य रूप में उसके अंगों के सुंदर ढलाव और विभिन्न अंगों के कलात्मक संतुलन (harmony of composition) पर, तीसरा आर्टिस्ट बाह्य के डिटेल पर इतना ज़ोर न देकर उसके लास्य, उसकी आभा, उसकी छवि पर, या उस रूमानी भाव पर ही जो वह एक भावुक हृदय पर छोड़ती है, ज़ोर दे सकता है। चौथे कलाकार का ध्यान सौंदर्य के अपने विशेष आदर्श के इस प्रस्तुत सौन्दर्य के सम्बन्ध पर हो सकता है--वह इसको अपने आदर्श के सौन्दर्य लोक में इस तरह खड़ा करता है कि दर्शक देखें और समझ सकें कि कलाकार के cosmos में इसका स्थान कहाँ है और सौंदर्य से वह स्वयं क्या समझता है। एक दूसरा आर्टिस्ट उसको देखते हुए केवल उन रेखाओं और उभारों के सौंदर्यात्मक संबंधों को ही चित्रित करता है, जिसमें स्वयं वह नारी अपने बाह्य प्रकट रूप में खो जाती है। हम केवल कुछ रेखाएँ और रंग और उनकी लयात्मकता या उनकी कोई विशेष संगति या 'मूड' ही देखते हैं। कोई और दूसरा आर्टिस्ट उसी स्त्री की आँखों में और उसकी मुद्रा में किसी असुंदर और भयानक कैरेक्टर को झलकता हुआ देखता है, और वह बाह्य के सुंदर आवरण में उस असुंदर के

सत्य को चित्रित करता है। इसी प्रकार किसी को उसमें इतिहास की आधुनिक गति का मूर्त क्षण मिल सकता है, किसी को प्राचीन आदर्श टाइपों का प्रतिबिंब, किसी को कुछ, किसी को कुछ।

अब यह कहना कि केवल वही कलाकार जो बाह्‌य या डिटेल को चित्रित करते हैं, या केवल वही जो एक विशेष 'ऐतिहासिक' दृष्टिकोण या 'आध्यात्मिक' दृष्टिकोण रखते हैं--सच्चे कलाकार हैं, शेष अपने माडेल के साथ अन्याय कर रहे हैं, ग़लत होगा।

किसी एक आर्टिस्ट में ऊपर गिनाये हुए दृष्टिकोण एक दूसरे को प्रभावित करते हुए कमोबेश एक साथ भी पाये जा सकते हैं और अक्सर पाये भी जाते हैं।

अस्तु हमारे लिए पहले महत्व की बात यह है कि कलाकार अपने विषय के प्रति सचमुच गंभीर है या नहीं--और यह कि वह वास्तव में हमें देना क्या चाहता है, और अपनी उस कोशिश में वह कहाँ तक सफल हुआ है।

इसलिए कम-से-कम इतना तो स्पष्ट है कि अलग-अलग विभिन्न शैलियों से चाहे वह किसी रूप में यथार्थवादी हों--चाहे प्रतीकात्मक--हमारा परिचय ही नहीं, एक हद तक सहानुभूति का होना आवश्यक है। ये शैलियाँ जो अक्सर एक दूसरे की विरोधी लगती हैं, जरूरी नहीं कि सदा एक दूसरे के विरोध में ही पायी जायें। इनके अंतर से हम रुचि, स्वभाव, संस्कार और पृष्ठभूमियों के अंतर को पहचान सकेंगे, और अक्सर उनके मिले-जुले प्रभावों को भी। इस प्रकार हम चाहें तो जीवन को भी और अच्छी तरह समझ सकेंगे जो कहीं भी ख़ानों में बँटा हुआ नहीं है।

इन विरोधों को अगर हम नैतिक और राजनीतिक समस्याओं के आधार पर समझेंगे, तो हमारी नैतिक और राजनीतिक समझ तो ज़रूर बढ़ सकती है, मगर यह जरूरी नहीं कि हम कलात्मक उपलब्धियों को भी गहराई तक आँक सकें।

हमारे ही यहाँ की सांस्कृतिक परंपरा में देखिए--सत्य या यथार्थ की व्यंजना जिस रूप में पायी जाती है--उसमें यथार्थ और अयथार्थ, मूर्त और अमूर्त का मिश्रण मिलता है। शिवलिंगों और देवियों के ध्यान के जो रूप हैं वह अमूर्त के श्रेष्ठ और सरलतम उदाहरणों में रखे जा सकते हैं। इसी तरह ईसाइयों का क्रास और इस क्रास के अनेक रूप, मुसलमानों का हिलाल और तारा, बौद्धों का धर्मचक्र और हिंदुओं का स्वस्तिक चिह्‌न।

इनके आधार पर हम उन अमूर्त चित्रों के अंदर की स्पिरिट को भी एक हद तक पकड़ सकते हैं जो रेखा और रंग के विभिन्न पैटर्नों में व्यक्त होती है, तो ये पैटर्न अक्सर क्लिष्ट या कठिन पाये जायेंगे। पर एक अच्छी तस्वीर में ये उतने ही मार्मिक होंगे जितना कि उनके पीछे का यथार्थ।

जब इस विषय को व्यक्त करने की गंभीरता की अनिवार्यता को मान लेते हैं, तो यह स्पष्ट हो जाता है, कि अपनी-अपनी जगह पर मूर्त कलाकार और अमूर्त कलाकार दोनों का काम एक-सा मुश्किल या आसान है। दोनों ही जिस चीज़ को व्यक्त करना चाहते हैं, वह ज़ाहिरी रूप-रेखा नहीं हैं बल्कि वह कलात्मक रूप है जो कलाकार स्वयं अपने पर्दे में

महसूस करता है।

इससे कौन इनकार करेगा कि प्रकट संसार को अच्छी तरह हृदयंगम करने के लिए उसके वास्तव रूप के अंकन की मश्क़ बहुत ज़रूरी है और उपयोगी है और प्रतीक और संकेत और मर्म की रेखाएँ इन्हीं में से खोज कर सीधे या परोक्ष रूप से उपलब्धि होती हैं।

लेकिन इस संबंध में कलाकारों--सच्चे कलाकारों के लिए सख़्ती से कोई नियम बनाना, कि वे उसी का अनिवार्य रूप से पालन करें, लगभग असंभव है।

कला और साहित्य में 'प्रयोगवाद'

'प्रयोगवाद' लफ़्ज ग़लत है; मगर इससे कुछ समझा जाने लगा है आज के हिंदी साहित्य और ख़ास तौर से कविता में । इससे जो समझा जाने लगा है, वह हमेशा नहीं होता आया है; यानी जो कुछ 'प्रयोगवाद' से समझा जाने लगा है (Symbolism और Formalism का कोई भी रूप), उसको अज्ञेयजी की 'प्रयोग' की व्याख्या 'दूसरा सप्तक' की भूमिका साफ़ नहीं करती। आत्म-सत्य की खोज करना और उस खोज की पहचान करना--यह जो 'प्रयोग' है वह ज़रूर उतना ही पुराना है जितना कि कविता या कोई भी कला; और इस आत्म-सत्य में बाहर के यथार्थ को भी अज्ञेय ने बाहर नहीं रखा है, आत्मसात किये हुए सत्य में शामिल किया है। यहाँ तक तो कोई दिक्कत नहीं होती। मगर :

दिक़्क़त होती है, जब हम यह सोचते हैं कि कलाकार को आत्म का सत्य कहाँ से खोजना है ? और उस सत्य को रूप देना (यानी उसका साधारणीकरण) किस तरह और कैसे संभव होता है कि जिससे वह साफ़, गहरा और व्यापक हो सके; और अगर वह ऐसा नहीं होता है तो इसका क्या कारण है ?

इस सवाल के जवाब में अज्ञेयजी ज्ञान के विशेषज्ञों में बँट जाने, उसकी सामूहिकता के टुक़ड़े-टुकड़े हो जाने का ज़िक्र करते हैं। --इस परिस्थिति में जो कला आज पैदा हो रही है या गढ़ी जा रही है,वह पहले किसी युग में देखने को नहीं मिलती। इसीलिए यह आज की 'प्रयोगवादी' कला उस अर्थ में प्रयोग नहीं है जो अर्थ अज्ञेयजी ने प्रयोग की व्याख्या करके समझाया है--चाहे 'खोज' (अन्वेषण) इस कला में पाई जाय, मगर वह सच्ची 'खोज'बहुत कम है; लगभग नहीं है। ख़ुद कविता में प्रयोग की जो मिसालें अज्ञेयजी के 'तारसप्तक' और 'दूसरा सप्तक' में बहुत सुरुचिपूर्वक जमा की हैं, और जो हम 'प्रतीक' और कभी-कभी 'हंस' में भी देखते हैं, उनमें 'प्रयोग' का वह अर्थ पुष्ट नहीं होता जिसको वह काव्य की परंपरा मे शुरू से देखते हैं।

जब वह आत्मसात् हो सकने वाले सामूहिक ज्ञान के अलग-अलग दायरों में बँट जाने का ज़िक्र करते हैं (जो कि अपनी जगह पर ग़लत नहीं है), तब मैं साफ देखता हूँ कि जहाँ एक ओर वह कला में छिपी अनुभूति की सचाई को कलाकार के सामाजिक अनुभव

के दायरे की तरफ़ से देखते हैं, वहाँ दूसरी ओर वह कला को कलाकार-व्यक्ति की ऐसी वैज्ञानिक-सी प्रयोगशाला में ले जाते हैं, जहाँ वह औरों की प्राप्त अनुभूतियों को अपने अंदर इकट्‌ठा करके मिलाने की कोशिश करता है। वहाँ खोज भी होती है, इसमें कोई शुबह नहीं ; वहाँ इस खोज का रूप और ढ़ग भी स्पष्ट होता है, यह भी सही है; और वहाँ यह खोज ऐसे प्रयोगशील कलाकार के आत्मा की एक उपलब्धि भी बन जाती है, और हम उसे वैसा महसूस भी करते हैं। (इलियट, और अज्ञेय की कविता इसका सबसे अच्छा उदाहरण है), मैंने ऊपर 'मिलाने की कोशिश' का जिक्र किया; क्या चीज़ इनको मिलाती है ?--कलाकार की अपनी मौलिक अनुभूतियाँ जो समाज में अपने 'संकुचित' जीवन से ही उसको मिलीं।

चूँकि ऐसा कलाकार,जिसका सामान्य रूप से हम इस समय जिक्र कर रहे हैं, 'अपनी अनुभूतियों' पर पहले ज़ोर देता है, उस जीवन पर बाद को या बिल्कुल नहीं, जो वह समाज में बिताता है; इसलिए जब वह उन अपनी अनुभूतियों में सत्य की खोज करता है तब यह स्वाभाविक है कि उन अनुभूतियों को और पुष्ट करने के लिए वह ज्ञान के विशेष दायरों में पहुँचकर उनसे मदद ले (यह सच है कि उनसे ऐसी मदद वह अपनी भावनाओं के ही माध्यम से लेता है); और तब यह भी स्वाभाविक है कि उसकी अभिव्यति में एक प्रयोग करने वाले वैज्ञानिक की-सी परेशानी या चिंता प्रकट हो, जिससे उबरने के लिए उसे असाधारण धीरज के साथ 'रूप' और 'प्रकार' की बहुत कठोर साधना करने की ज़रूरत होगी।

यह साधना स्वयं कलाकार के एकाकी जीवन में लगभग वही स्थान रखेगी जो समाज के जीवन में भरपूर हिस्सा लेने वाले कलाकार का गहरा अनुभव और उससे पैदा होने वाली अनुभूतियों की मार्मिकता रखेगी। हालाँकि इस मार्मिकता से वह अद्‌भुत रूप-साधना वाली मार्मिकता हमेशा दूसरे या तीसरे दर्जे पर रहेगी; क्योंकि उसमें जीवन का गाढ़ा और गर्म रस हमें कभी नहीं प्राप्त हो सकेगा--सिर्फ़ एक पतला नर्म और ठंडा-सा रस हमें मिलेगा, जो अपनी सफ़ाई के कारण हमें कभी-कभी 'क्लासिक' रचनाओं के रस का आभास भी देगा।

विस्तार में जाने की ज़रूरत नहीं कि इस कला-साधना में सभी ललित कलाओं और ख़ास-कर संगीत का बहुत महत्व होगा; और उसका भी कारण है। संक्षेप में यह कि- - संगीत में ही, स्वर के माध्यम से साँस का योग होने के कारण, वाहर के जीवन का (भावना की लय में बद्ध) एक स्निग्ध और गर्म अनुभव हमें हो जाता है। प्रयोगशाला के घेरे में एक मात्र संगीत ही खुली मुक्ति का आभास हमें देता है। इसलिए कलाकार, ख़ासकर ऐसा कलाकार, जिसका हम यहाँ ज़िक्र कर रहे हैं, दौड़कर उसको अपने हृदय से लगाता है और उसे अपनी कला का--चाहे वह पेंटिंग हो, चाहे मूर्ति, चाहे कविता--अभिन्न अंग बनाता है। उसमें उसकी स्थिर-सी भावना को एक गति मिलती है।

चाहे जो कला हो, उसमें एक तरह का नशा होता है, जो कि दूसरों पर भी छा जाता

है, कमोबेश। और हर कलाकार अपनी कला के एक ख़ास तरह के नशे का आदी हो जाता है। सिर्फ़ चोटी के महान कलाकार ही अपनी रचना में एक नहीं बहुत तरह के कलात्मक नशों का समावेश कर सकने की क्षमता रखते हैं, और उन नशो पर उनका अधिकार होता है, और उन नशो से वे अपने देश और युग को झुमा देते है। इसका कारण क्या है ?

इसका कारण यह है कि उनकी प्रयोगशाला होता है उनका अपने देश और समाज के विस्तृत जीवन में भरपूर हिस्सा लेना। और उसी में वह अपनी आत्मा का पूरा विकास पाकर ऐसी मार्मिक अनुभूतियाँ इकट्ठी कर लेते हैं जो उनकी रचना का इतने आश्चर्यजनक रूप से सजीव अंग होती हैं। हमारे आज के बँटे हुए समाज में--जहाँ ज्ञान की अनुभूतियों का साधारणीकरण संभव नहीं, बल्कि विशेषीकरण होना ही स्वाभाविक है --कलाकार के लिए सच्चे अर्थ में उबरने का एक ही रास्ता है: और वह यह कि वह पूरे समाज के जीवन में अपने आपको मिला दे : खो न दे, मिला दे। तब वह नाना विशेषज्ञों के ज्ञान के उन स्रोतों तक आप ही पहुँच जायेगा, जहाँ वे एक दूसरे से दूर-दूर नहीं हैं, अलग-अलग नहीं हैं, बल्कि एक-दूसरे में मिलकर बह रहे हैं। जहाँ-जहाँ भी कलाकार ने अपने जीवन में इस सामाजिकता को गहरा और सार्थक किया है, वहाँ-वहाँ उसको असाधारण शक्ति, मार्मिकता और गहराई मिली है। जिनकी आस्था, जिनका विश्वास अपने-अपने देश के समाज ही नहीं बल्कि सारी दुनिया के समाज की न सिर्फ़ धन-दौलत बल्कि ज्ञान-विज्ञान और सांस्कृतिक अनुभव के (कलात्मक अर्थ में भी) साधरणीकरण में है, उनके लिए अपनी कला को मुक्त करने का रास्ता वही है जो अरागों और नेरूदा-जैसे सुर्रियलिस्ट कवियों ने अपनाया, न कि इलियट और एज़रा पाउंड का, जिनकी काव्य-परंपरा दुर्बोध और क्षीण होते-होते अब संसार के अधिकांश देशों में समाप्त-प्राय है।

[2]

श्री स. ही. वात्स्यायन को इसका श्रेय देना लाज़मी है कि उन्होंने 'तार सप्तक' और 'दूसरा सप्तक' नामक कविताओं के संग्रह और मासिक 'प्रतीक' के द्वारा हिंदी की कुछ अच्छी प्रतिभाओं से आधुनिक कविता के प्रेमियों को परिचित किया। इन प्रतिभाओं में डाक्टर रामविलास शर्मा, मुतिबोध, नेमिचन्द्र जैन, भवानीप्रसाद मिश्र और नरेशकुमार मेहता विशेष उल्लेखनीय हैं। कुछ कवि न सिर्फ़ कम्युनिस्ट हैं, बल्कि अधिकतर मार्क्स की विचार-धारा से अनुप्रेरित हुए हैं। और प्रगतिशील साहित्यिक आंदोलन के अंग हैं, 'हंस' और 'नया साहित्य' के 'अपने' लेखक: जिनकी विषय-वस्तु से तो पाठक परिचित थे, पर जिनकी टेकनीक की विशेषताओं की ओर आम तौर पर लोगों का ध्यान नहीं गया था।

ऐसा लगता था जैसे साहित्य में, विशेषकर कविता में शिल्प का महत्व अच्छी तरह भुलाया जा चुका है।

यह बात नहीं है कि श्री स. ही वात्स्यायन अपनी पीढ़ी की सभी अच्छी प्रतिभाओं को समझ सके हों। केदारनाथ अग्रवाल, नागार्जुन, शकंर शैलेन्द्र की प्रतिमाएँ विषयवस्तु के अलावा टेकनीक की दृष्टि से भी कम महत्व की नहीं हैं; एक और बहुत महत्वपूर्ण कवि त्रिलोचन शास्त्री हैं। ये नाम मैंने इसलिए गिनाये ताकि दो बातों की तरफ ध्यान जाय: एक यह कि जिसे प्रयोगवादी कविता कहा जाता है उसका बहुत बड़ा हिस्सा प्रगतिशील कवियों की देन है। दोयम यह कि 'प्रतीक' या उपरोक्त कविता-सग्रहों के बाहर जो नये काव्य-शिल्पी हैं उनको लिये बिना प्रयोगशील साहित्य की बहस अधूरी रहेगी।

प्रयोग की जो व्याख्या अज्ञेयजी ने 'दूसरा सप्तक' की भूमिका में दी है वह महत्वपूर्ण है। प्रयोग है आत्म्-सत्य का अन्वेषण (कलाकार के आत्म-सत्य का)। प्रयोग विषय-वस्तु और शिल्प दोनों दृष्टि से फलप्रद होता है और अन्वेपण में प्रयोग के साधन (स्वयं अन्वेषण) को जानना भी शामिल है, इस प्रयोग में साधारणीकरण की मौलिक आवश्यकता है।

इस व्याख्या से मैं नहीं समझता कि किसी को आपत्ति हो सकती है। कलाकार का धंधा ही वस्तु और शिल्प के प्रयोग से कलात्मक सत्य के यथार्थ को पाना है। प्रयोग इसी धंधे का नाम है।

फिर 'प्रयोगवाद' का हल्ला किसलिए है ?

जी !

मैं अगर दो शब्दों का प्रयोग करूँ तो ज्यादा अच्छा होगा। प्रयोग और 'प्रयोग'। प्रयोग, जैसा कि अज्ञेयजी ने स्पष्ट किया है, निरंतर होते आये हैं। 'प्रयोग' के अंतर्गत मेरा निवेदन है कि यह वह रुझान है, जो उपरोक्त दो कविता-संग्रहों और आम तौर से 'प्रतीक' की कविताओं में पाया जायेगा, और वह हिंदी में नयी आज की चीज़ है। यह चीज़ योरप में उन्नीसवीं शताब्दी के अंत में पैदा हुई; पहले विश्व-युद्ध के आस-पास परवान चढ़ी और अब अमरीका को छोड़कर अन्य जगहों में कमजोर पड़ गयी है। उर्दू में भी यह चीज़ आयी थी मगर मजाज़, सरदार, साहिर, मखदूम, कैफ़ी और जोश की कविताओं ने उसे बिल्कुल दबा दिया। इस रुझान में 'सिम्बॉलिज़्म' (प्रतीकवाद) और 'फॉर्मलिज्म' (रूप-प्रकारवाद) के नाना रूप और छायाएँ हैं। दुनिया के साहित्य (विशेषकर काव्य) और कला पर इसका जबरदस्त असर हुआ है, अच्छा और बुरा दोनों तरह का। योरप में ये आंदोलन लगभग अपना काम पूरा कर चुके। हिंदी में इसका युग आना बाकी था, सो आया। इसने शिल्प और प्रकार में अद्‌भुत संभावनाओं, ललित कलाओं के आपसी आंतरिक संबंध और कलाकार के दायित्व की एकनिष्ठा पर जोर दिया। छंदों में बोल-चाल, बोलियों और नाटकीय तत्व का समावेश करके कला-वस्तु को पहले से कहीं अधिक मार्मिक ढंग से उजागर करने की अद्‌भुत और अपार संभावनाएं उपस्थित कीं।

कलाकार को अपने क्षेत्र में अगलों की तुलना में आश्चर्यजनक मुक्ति, साथ ही गंभीर दायित्व का अनुभव होता है यह चीज़ 'प्रगतिशीलता' के 'विरुद्ध' नहीं, यह वाल्ट हिटमैन, कार्ल सैंडबर्ग और अर्न्स्ट टोलर के नाम लेने से ही स्पष्ट हो जायेगा। नेरुदा ने हिटमैन और मायाकोव्स्की के प्रति अपने ऋण को बहुत भावुक और उन्मुक्त स्वर से स्वीकार किया है। ख़ुद मायाकोव्स्की की कलात्मक भूमिका को देखिये।

इन नामों का ज़िक्र करने से यह बात भी स्पष्ट हो जाती है कि आत्म-सत्य का अन्वेषण सच्चा कलाकार अपनी अनुभूतियों में नहीं उनके मूलों में करता है--उन मूलों में जो उसके समाज और संस्कृति की परंपरा में बहुत गहरे चले गये हैं। उसको शक्ति, बल, प्राण इन्हीं के गुंफति वैभव से प्राप्त होता है। ऊपर के महान नामों को सोचकर वह अमर दोहा जबान पर आ जाता है । उसकी वह पहली कड़ी--जिन ढूँढ़ाँ तिन पाइयाँ गहरे पानी पैठ।

वह पानी कौन-सा है ?

इस दोहे की दूसरी कड़ी भी याद आती है और इलियट और पाउंड और उनके अनुयायी याद आ जाते हैं। इन्होंने शिल्प में बड़ी मेहनत की, बड़ा श्रम किया। अद्भुत इनकी पकड़ है छंद, गति, लय, ताल की। अक्षर का 'मर्म' ये जानते हैं, मगर फिर भी जैसे कुछ नहीं जानते। ज्ञान-विज्ञान की नाना कलाओं के सागर में ग़ोते लगाये हैं, पर जैसे ख़ूबसूरत बहुत ख़ूबसूरत सीपों के अलावा कोई मोती इन्हें न मिला हो। यहाँ मोती का ज़िक्र है, यों सीपों को भी हम प्यार करते हैं, क्योंकि इन्हीं में से मोती भी निकल आता है।

मुझे बहुत आकृष्ट करते हैं ये कवि, इन्हीं की तरह पर कुछ काफ़ी कम दर्जे पर श्री अज्ञेय, श्री मीम नून राशिद (मीराजी नहीं) शुरू का फैज़ और डायलन टामस, जुकोफ़स्की, मैरियन मूर, पैचन वग़ैरह। मगर फिर लगता है कि जैसे ये काग़ज़ के फूल न होकर भी सच्चे फूल न हों। इनमें शायद वह कुछ है जिसके विरुद्ध मेरा स्वस्थ मन विद्रोह करता है, पर जिन्हें बड़े आश्चर्य से भी देखता है--शायद इसलिए कि इनमें जीवन के रोग-शोक, आत्मा की हाय, दैन्य, पराजय, भ्रम, कुहा, क्रूरता आदि उघारकर रख दिये गये हों।[1] काश कि अक्सर यह काम सचेत रूप से कलाकार करता। शुक्र है कि हिंदी के प्रयोगशील कवि प्रयोगशील विचार-धारा से विमुख भी हैं, दांतें की डिवाइन कॉमेडी के पाताल लोकों के दृश्य अपने आत्म-सत्य के आईने में नहीं झलकाते। कारण है हमारा समाज सब कुछ होने पर भी नैतिक रूप से उतना जर्जर नहीं जितना योरप और अमरीका का पूँजीवादी समाज हो गया है। ये 'विशेपताएँ' अब हट रही हैं, नये कवि सफलताओं के उत्कर्ष की ओर देख रहे हैं। वह युग-प्रतीक धड़कन आप सरदार जाफ़री की 'एशिया जाग उठा' में साफ़-साफ़ सुन सकते हैं। वही स्वर हमारे कितने ही प्रयोगशील प्रगतिशील कवियों की वाणी में है, चाहे उतना मँजा हुआ, सशक्त नहीं, मगर साफ़ है वह भी । त्रिलोचन के नये सॉनेट, नरेशकुमार के 'समय देवता', मुक्तिबोध, नागार्जुन और केदार की कितनी ही मार्मिक भाव-गुंफित कविताओं के ओज में वह तड़प है जो हमारे जीवन की

सुंदरतम प्रभात की अगुवानी कर रही है।

संदर्भ

1. नोट की जरूरत है। लंबे नोट की--यानी सन 52 में जैसा कुछ मैं देखता समझता था, वह बहुत कुछ, या काफी कुछ भ्रम भी था: और साहित्यिक समझ की कमी। अत:... यह नोट।

एक विलक्षण प्रतिभा

एकाएक क्यों सन् '64 के मध्य में गजानन माधव मुक्तिबोध विशेष रूप से महत्वपूर्ण हो उठे ? क्यों 'धर्मयुग', 'ज्ञानोदय', 'लहर' 'नवभारत टाइम्स'--प्रायः सभी साप्ताहिक, मासिक और दैनिक उनका परिचय पाठकों को देने लगे और दिल्ली की साहित्यिक, हिंदी दुनिया में एक नयी हलचल सी आ गयी ?

इसलिए कि गजानन माधव मुक्तिबोध एकाएक हिंदी संसार की एक घटना बन गये। कुछ ऐसी घटना जिसकी ओर से आँख मूँद लेना असंभव था। उनकी एकनिष्ठ तपस्या और संघर्ष, उनकी अटूट सचाई, उनका पूरा जीवन, सभी एक साथ हमारी भावना के केंद्रीय मंच पर सामने आ गये। और हमने अब उनके कवि और विचारक को एक नयी आश्चर्य-दृष्टि से देखा।

गत फ़रवरी से पक्षाघात। मई के अंत में 'गर्दन तोड़' (मेनिंजाइटिस) की बीमारी। और तब से--यह अगस्त है--अचेतनावस्था। कहना आवश्यक नहीं कि यद्यपि मुक्तिबोध को अधिक लोग अभी नहीं जान सके हैं, राहुल और निराला के अंतिम चित्र चुनौती बन कर एक प्रश्न-चिन्ह से हमारे सामने खड़े हो गये। लेकिन इस बार एक ज़रा-सा अंतर था। जो चुनौती आयी थी उसे आगे बढ़कर स्वीकारा- श्रीकांत वर्मा और हरिशंकर परसाई जैसे उन अनेक युवा साहित्यकारों ने जो स्वतंत्र भारत में बढ़कर जवान हुए थे। और कह सकते हैं कि भारत सरकार ने भी अपनी जगह पर बहुत देरी नहीं की । फिर भी, फिर भी... यह मर्द कवि बड़ी कड़ियल जान रखता है।

सचेत लेखक वर्ग और नयी सरकार के इस कर्तव्यबोधी सहयोग की एक बहुत संक्षिप्त झाँकी ले लेना यहाँ समीचीन ही होगा :

"7 फरवरी, '64। पक्षाघात का पहला प्रहर । दिल्ली से मध्यप्रदेश के मुख्यमंत्री मिश्रजी के नाम एक तार। मुक्तिबोध की चिकित्सा शासकीय स्तर पर हो !" तार भेजनेवाले। मैथिलीशरण, काका कालेलकर, मामा वरेरकर, जैनेन्द्र कुमार, आ.रा. देशपाण्डे 'अनिल', बच्चन, प्रभाकर माचवे, भारत भूषण अग्रवाल, नेमिचन्द्र जैन, अशोक वाजपेयी, रघुवीर सहाय, श्रीकांत वर्मा, सुरेश अवस्थी, कमलेश्वर, अजित

कुमार, भीष्म साहनी, निर्मल वर्मा, इत्यादि।

मार्च में भोपाल के हमीदिया अस्पताल में मुक्तिबोध का दाखिला। मध्यप्रदेश के श्रेष्ठ चिकित्सकों द्वारा इलाज। स्वास्थ्य में कुछ सुधार। सेरिब्रल थाम्बॉसिस निदान। 27 मई को बिस्तर में कमजोर पड़े मुक्तिबोध पूछ रहे हैं : "नेहरू की तबीयत कैसी है ?" शांताबाई कहती हैं, "अच्छी है, अच्छी है। आप सो जाइए।..."

प्रत्येक मनु के पुत्र पर विश्वास करनेवाले की आँखों में अविश्वास झलकता है।

6 जून को डॉक्टर 'ट्यूबर्कुलर मेनिंजाइटिस' (मस्तिष्क शोध क्षय-सहित) बताते हैं। 15 जून को बेहाशी बढ़ती है। थोड़ी-थोड़ी पहचान शेष है ! क्षीण ! जैसे गये जन्म के परिचय को टटोल रहे हो।...

17 जून की शाम को लालबहादुर शास्त्री के बँगले की लॉन पर। बच्चन, माचवे, अक्षय कुमार जैन और नये सब कवि ।...10-11 बजे नये प्रधानमंत्री,दिन भर काम से थके-उसी आस्थापूर्वक विनम्रता से दोनों हाथ जोड़े आते हैं--"आप तो सब साहित्य के पुजारी हैं। मैं क्या कर सकता हूँ।"

(बच्चनजी पूरी स्थिति से उन्हें अवगत कराते हैं। मुक्तिबोध को दिल्ली बुला लिये जाने की बात तय होती है।) दूसरे दिन मध्यप्रदेश के प्रमुख चिकित्सक को ट्रंक-कॉल गया। सहायतार्थ 500 रुपये पहुँचे। यह भी व्यवस्था कर दी गयी कि वे यहाँ वातानुकूलित डिब्बे में लाये जायें। अखबारों में तीन-चार अपीलें निकलीं। कई लेखकों द्वारा हस्ताक्षर दिये हुए वक्तव्य : सब नये लेखक । एक नये आत्मबोध से बँधे। यहाँ नहीं हैं भाषा-भेद (मराठी-हिंदी के, पुराने सामंती मध्यभारत-मध्यप्रदेश के भेद) प्रान्त-भेद (बिहार यू.पी.- राजस्थान-मध्यप्रदेश-महाराष्ट्र के), जाति-भेद, आय-भेद (यह दिल्ली की खास बीमारी है), प्रगतिवादी-वाद विरोधी भेद : सब मिट गये हैं।

19 जून को श्रीकांत वर्मा और रघुवीर सहाय फिर शास्त्रीजी से मिले।

24 जून को फ़ोन आया। 25 को सवेरे ग्रांड ट्रंक से आ रहे हैं, मुक्तिबोध। स्टेशन पर सब जमा हैं।...गाड़ी आती है। मुक्तिबोध नहीं हैं। गहरी निराशा होती है। टेलीफ़ोन से ट्रंक होते हैं। पता लगता है कल आयेंगे।

26 जून को दिल्ली स्टेशन पर डेढ़ घंटा लेट ग्रांड ट्रंक। भयानक गरमी और उमस।...गाड़ी आती है । एअरकंडीशंड डिब्बे में मुक्तिबोध बेहोश पड़े है। साथ में हरिशंकर परसाई आये हैं। शांताबाई से छोटे बच्चे गिरीश को हम लेते हैं। डिब्बे के बाहर एक स्ट्रेचर बिछाया जाता है प्लेटफार्म पर । उन्हें उठाकर डॉक्टर और परिचारक लाते हैं, उनका चेहरा काला हो रहा है, आँखें बंद हैं। बीच-बीच में होंठ हिलते अर्थहीन बुदबुदाते हैं। हाथ-पैर सूख कर कितने पतले हो गये हैं। किसी को नहीं पहचानते। किसी को नहीं जानते।

स्ट्रेचर ऐंबुलेंस कार में चला गया । कमरा नं. 208 में मेडिकल इंस्टीटयूट में पहुँचाये

गये। अब डॉक्टरों ने उनका चार्ज ले लिया है। नाक के सहारे ट्यूब लगाकर गिज़ा दी जा रही है।

बेहोशी, बेहोशी। बीच-बीच में कष्ट से कराहते हैं । ज़ोर से एक चीख़ उठती है। कभी बुदबुदाहट...राम-राम राम-राम...राधे कृष्ण "...[1]

और अब अगस्त का दूसरा सप्ताह। भारत के सब से बड़े चिकित्सा-संस्थान के डॉक्टरों ने आख़िर...डॉ. विग, डॉ. विरमानी, डॉ. टंडन, डॉ. बजाज आदि ने आख़िर...कहीं बड़ी भारी चूक हो गयी थी ? बड़ी देर कर दी गयी थी ? फिर भी मैं कहूँगा, यह जीवन हारा नहीं, 'ख़त्म' (?) भले ही हो गया। वह जीवन । वास्तव में तो अब शुरू हुआ है ! मगर कैसा जीवन था वह ? और ऐसे उसका अंत क्यों हुआ ? और, वह समुचित ख्याति से अब तक वंचित क्यों रहा ?

जीवन-कथा

ऋग्वेदी कुलकर्णी ब्राह्मणो में किसी पूर्वज ने 'मुग्ध-बोध' या 'मुक्त-बोध' नाम का ('दास-बोध' की तरह का, या जवाब में ?) कोई आध्यात्मिक ग्रंथ संभवतः ख़िलजी काल में लिखा था। कालांतर में उसी पर वंश का नाम चल पड़ा । अंग्रेज़ों का राज आने पर गजानन मुक्तिबोध के परदादा वासुदेव जलगाँव (खान्देश) से नौकरी के लिए ग्वालियर राज्य आये । वह अपने साथ स्वप्नदर्शन के फलस्वरूप प्राप्त एक शिवलिंग भी लाये थे, जिसकी आज तक परिवार में श्रद्धा से पूजा होती है। कवि के दादा टोंक में दफ़्तरदार थे और अपने फ़ारसी ज्ञान के कारण 'मुंशीजी' के नाम से मशहूर थे । पिता, माधव मुक्तिबोध को भी बहुत शुस्ता फसीह उर्दू बोलते मैंने सुना है । ये कई स्थानों में थानेदार रह कर उज्जैन में इंस्पेक्टर पद से रिटायर हुए। पूजापाठी, न्यायनिष्ठ, मगर बहुत दबंग और निर्भीक। ड्यूटी के कठोरता से पाबंद, राजभक्त। खासी धाक। रिश्वत नहीं ली, न पैसा जमा किया। अपनी आन पर जिये। फाक़ेमस्ती के जीवन में कुछ यही आन, मूक हठ सी, हम गजानन मुक्तिबोध के व्यक्तित्व में भी देखते हैं। उनकी माँ बुंदेलखंड की हैं, ईसागढ़ के एक किसान परिवार की।

गजानन चार भाई हैं। इनसे छोटे शरच्चन्द्र मराठी के प्रतिष्ठित कवि हैं। गजानन का जन्म 13 नवम्बर 1917 को श्यौपुर (ग्वालियर) में हुआ। आरंभिक शिक्षा उज्जैन में हुई। इनका एक सहपाठी था शान्ताराम, जो गश्त की ड्यूटी पर तैनात हो गया था। गजानन उसी के साथ रात को शहर की घुमक्कड़ी को निकल जाते। बीड़ी का चस्का शायद तभी से लगा। रात का सन्नाटा, पुलिस की सीटियाँ, एक अकूत रहस्य का वातावरण। सामंती, और उसकी आड़ में कहीं छिपा, बन्दूक़ सँभाले, गोराशाही का आतंक। जुर्मों, भीषण अत्याचारों, जघन्य कृत्यों और सज़ाओं की कहानियाँ उन की जिज्ञासा को प्रखर करतीं। पिता चाहते थे कि बेटा वकील बने, बड़े-बड़े मुक़द्दमे हाथ में ले, ख़ूब कमाये और सामाजिक

प्रतिष्ठा में उनसे भी ऊपर उठे।

मगर उसकी जिज्ञासाएँ तो उसे शीघ्र ही बौद्धिक हलचलों में खींच ले गयीं--ये तीसरे दशक के अंतिम वर्ष थे : राष्ट्रीय और सांस्कृतिक बेचैनी और ऊहापोह के वर्ष। अस्तु, वह कमाना चाहता था ज्ञान--धन नहीं, खोज रहा था--सम्मानों की रूढ़ियाँ नहीं, नयी दृष्टि, और अनुभव, नये युग के अनुभव, और काव्य की विलक्षण अनुभूतियाँ।

गजानन के सहपाठी-मित्रों में रोमानी कल्पना के कवि वीरेन्द्र कुमार जैन थे; और प्रभागचंद्र शर्मा, अनंतर 'कर्मवीर' में सहकारी संपादक, और उस समय के एक अच्छे, योग्य कवि । कविता की ओर रमाशंकर शुक्ल 'हृदय' ने गजानन को काफी प्रोत्साहित किया था। 'कर्मवीर' में उनकी कविताएँ छप रही थीं। माखनलाल और महादेवी की रहस्यात्मक शैली मालवा के तरुण हृदय को आकृष्ट किये हुए थी, मगर दास्तायवस्की, फ्लाबेअर और गोर्की में भी कम खोये हुए नहीं रहते थे। मनोविज्ञान तर्कशास्त्र और दर्शन की समस्याओं में उन्हें रस मिलने लगा था। बीस-इक्कीस साल का यह सरलहृदय भावुक और जिज्ञासु युवक एक ढहती परंपरा और आने वाले युग के बीच खड़ा अपने चारों ओर देख रहा था। उपेक्षितों-दलितों के लिए उस की सहानुभूति तेजी से बढ़ रही थी । --कि, उसे आमूल हिलाता, अचानक, उसके जीवन में आया प्रेम । एक जनून, गहरा और सुंदर, और स्थायी। गजानन ने बहुत साहस से काम लिया : जाति-कुल और सामाजिक वैषम्य के अवराधों को एक तरफ़ ठेलकर उसने प्रेम-विवाह कर लिया, और स्पष्ट है कि पूरे परिवार एवं संबंधियो का घोर विरोध झेला ! शायद यह विरोध कभी कम नहीं हुआ । हाँ, माता-पिता के प्रति पुत्र और वधू के सेवाभाव में अणु-मात्र कमी न आयी । पिता इंस्पेक्टरी से रिटायर हो चुके थे। घर में विपन्नता थी। उसी साल, सन् '38 में, इंदौर के होलकर कॉलेज से बी. ए. करके गजानन मुक्तिबोध उज्जैन के माडर्न स्कूल में अध्यापक हो गये।

साल भर पहले प्रभाकर माचवे उज्जैन के माधव कॉलेज में अध्यापक होकर आ गये थे। गजानन से इनका परिचय नया नहीं था। इनकी शैली तो माखनलाल और महादेवी के प्रभाव से मुक्त न थी, पर उसमें कहीं एक बुद्धिवादी अनास्था का स्वर था और सहज फक्कड़पन (कुछ 'नवीन' का सा, कुछ 'बाउलों' का सा), इनके छंद और मुक्तछंद के धारा-प्रवाह प्रयोग भी तब विलक्षण लगते थे। पर उस समय उज्जैन के वातावरण में सब से अधिक महत्व की बात थी इन युवा साहित्यकारों के बीच दार्शनिक और राजनीतिक विचारों का मंथन । शॉ, इब्सन, बर्गसाँ, रसेल,मार्क्स, रवीन्द्रनाथ, गांधी... बड़ी उत्कंठा से पढ़े जा रहे थे । अंग्रेज़ी राज में 'ग़ैर-क़ानूनी' रूसी क्रांति-संबंधी साहित्य और भारतीय क्रांतिकारियों के कारनामों की कहानियों में रोमांचकारी आकर्षण था । मगर गांधीजी का प्रभाव भी कुछ कम नहीं, बल्कि कहीं अधिक व्यापक था । डॉ. माचवे उस जमाने की याद करते हुए लिखते है :

"माधव कॉलेज के सामने की पनवाड़ी की दूकान पर 'विप्लव' (यशपाल,लखनऊ

वालों का मासिकपत्र) बिकने लगा था।...हमारी बहस गांधी और मार्क्स को लेकर होती। 'संघर्ष' पाक्षिक (आचार्य नरेन्द्रदेव द्वारा संपादित) के 26 जनवरी '40 के अंक में मेरी 'गांधी और मार्क्स' नाम की लंबी 300 पंक्तियों की कविता छपी थी, और मुक्तिबोध मेरी आध्यात्मिक शब्दावली का ख़ासा मज़ाक़ उड़ाया करते थे ।...मुक्तिबोध रवींद्रनाथ को मूल में पढ़कर अभिभूत हुए थे। हमारी कई संध्याएँ लंबी-लंबी तार्किक बहसों में बीती थीं।"

यूरोप में फ़ॉसिज़्म का दबदबा, स्पेन का गृहयुद्ध, भारत में बढ़ती हुई बेचैनी, और सत्याग्रह की तैयारियाँ... ये सब बातें पढ़े-लिखे नौजवानों को उत्तेजित कर रही थीं।

सन् '40 में मुक्तिबोध शुजालपुर के शारदा शिक्षा सदन में अध्यापक हो गये। सन् '40 से '42 तक के ये दो-तीन साल प्रयोगवाद और कई 'तार-सप्तक' कवियों के विकास में केंद्रीय महत्व रखते हैं।

सदन के हेडमास्टर थे डॉ. नारायण विष्णु जोशी (बर्गसाँ के अध्येता), गांधीजी के रचनात्मक कार्यक्रमों के प्रचार में दत्तचित: ग्राम जनता के सादे जीवन को पूरी तरह अपनाये हुए। रोज़ शाम को उनका भाषण होता। नवीन जागरण का एक अनोखा वातावरण था। यद्यपि मुक्तिबोध के भी हृदय में आदर्शों के रोमान घर किये हुए थे, उनके विचार भौतिकवाद की ओर तेज़ी से झुक रहे थे। उन्होंने युंग और ऐड्लर को ख़ूब पढ़ा था । वस्तुतः वे बौद्धिक और मनोवैज्ञानिक ऊहापोह में ही जीते थे। मन की सरलता और आत्मिक निष्ठा में कौन अधिक था, कहना कठिन है। दोनों के मानववादी दृष्टिकोण में एक स्तर पर कहीं समानता थी, यद्यपि समस्याओं के राजनैतिक समाधानों के बारे में वे एकमत नहीं थे।

सन् 1941, जब आगरे से नेमिचंद्र जैन इस माहौल में आये तो उसमें एक गुणात्मक परिवर्तन आ गया। नेमिचंद्र भी बहुत अध्ययनशील थे। सेण्टजॉन्स कॉलेज में श्री प्रकाशचंद्र गुप्त के प्रभाव से गहरी धार्मिक आस्थाओं की जगह वह मार्क्सवाद को अपना बौद्धिक आधार बना चुके थे। वह भी अपनी पैतृक समृद्धि की छत्रच्छाया छोड़कर स्वतंत्र नया जीवन बिताने निकले थे । ये तीनों बुद्धिवादी, और कभी-कभी उनके साथ डॉ. माचवे जब बहस में जुट जाते तो समय जैसे रुक जाता था। दस-दस बारह-बारह घंटे बहसें चलतीं। बहस के दौरान मुक्तिबोध सब कुछ भूल जाते थे।

धीरे-धीरे शुजालपुर के बौद्धिक वातावरण पर मार्क्सवाद छा गया । शाम को विद्वत्तापूर्ण भाषण होते। स्त्रियों की भी क्लासें लगतीं। डॉ. जोशी ने द्वंद्वात्मक भौतिकवाद की सभी स्थापनाएँ स्वीकार कर लीं। मुक्तिबोध के उत्साह का पूछना क्या ! वह तो जिस स्थिति को अपनाते थे उसको पूरे प्राणपण से ।.यद्यपि कविता के अंदर इस मोड़ को लाना बहुत कठिन था । फिर भी आज यह देखा जा सकता है कि प्रयोगवादियों में इसको लाने का सबसे अधिक उद्योग मुक्तिबोध ने ही किया, विशेषकर जहाँ भाषा की परंपरा में छायावादी शैली मिली थी प्रसाद, निराला और माखनलाल की: जहाँ मनोवैज्ञानिक चित्रण की पृष्ठभूमि में दास्तायवस्की हों, साथ ही वातावरण के सूक्ष्म चित्रण में गोर्की का प्रभाव

अपनी ही दिशा में खींचता हो। इस उद्योग की सफलता--जो धीरे-धीरे उन्हें प्राप्त हुई--आश्चर्यजनक है । मुक्तिबोध के प्रिय लेखक प्रायः यूरोप के महान् उपन्यासकार ही थे--बाल्ज़ाक, फ़्लाबेयर, दास्तायवस्की, गोर्की; इनमें गोर्की सर्वोपरि था। नेमिचंद्र जैन बताते हैं कि भाषा, शिल्प, छंद, बिंब, लय गति आदि सब पर बड़े विस्तार पर बहसें होती थीं। उनकी कविताएँ उस समय अकसर समझ में न आतीं, और उनको लेकर विवाद भी होता था; पर उनकी कुछ पंक्तियाँ अकसर मन में मुद्दतों गूंजतीं रहतीं। जैसे, यह पंक्ति--

मुझे पुकारती हुई पुकार खो गयी कहीं।

सन् '42 के आंदोलन में जब यह शारदा शिक्षा सदन बंद हो गया, तो यह शीराज़ा बिखर गया। डॉ. जोशी बंबई चले गये। नेमिचंद्र जैन को भारतभूषण अग्रवाल, उनके मित्र और आप्त ने कलकत्ते बुला लिया--'समाज सुधारक' के संपादन के लिए। मुक्तिबोध उज्जैन चले गये।

शुजालपुर और उज्जैन ने सबसे मूल्यवान् चीज जो हिंदी को दी वह 'तार-सप्तक' है। इसकी मूल परिकल्पना प्रभाकर माचवे और नेमिचंद्र जैन की थी। नाम 'तार-सप्तक' प्रभाकर माचवे का सुझाया हुआ था । भारतभूषण अग्रवाल तब नेमिजी के बड़े घनिष्ठ मित्र थे, अतः उनका संपर्क भी शुजालपुर और मुक्तिबोध से हो गया था। आरंभ में प्रभागचंद्र शर्मा और वीरेन्द्रकुमार जैन भी इस सप्तक-योजना के स्वर थे। अज्ञेयजी से सम्पर्क बढ़ने पर योजना को कार्य-रूप में संपन्न करने के लिए उसमें संपादन का भार उस पर डाल दिया गया । नेमि और भारत जब कलकत्ते में थे, योजना ने अंतिम रूप लिया। अज्ञेयजी ने डॉ. रामविलास शर्मा और गिरिजाकुमार माथुर के नाम सुझाये । सात की सीमा निश्चित होने के कारण नामावली में परिवर्तन अनिवार्य था। '43 में जब यह ऐतिहासिक संग्रह प्रकाशित हुआ, उसने एक लंबे विवाद को जन्म दिया जो किसी न किसी संदर्भ या अर्थ में अब भी जारी है। उस संग्रह में मुक्तिबोध का योग उस समय सबसे प्रौढ़ चाहे न हो, मगर शायद सबसे मौलिक था। दुरुह होते हुए बौद्धिक, बौद्धिक होते हुए भी रोमानी।

उज्जैन में मुक्तिबोध ने मध्य भारत प्रगतिशील लेखकसंघ की बुनियाद डाली। इसकी विशिष्ट मीटिंगों में भाग लेने के लिए वह बाहर से डॉ. रामविलास शर्मा, अमृतराय आदि साहित्यिक विचारकों को बुलाते थे । उन्होंने सन् '44 के अन्त में इन्दौर में फ़ासिस्ट-विरोधी लेखक कांफ्रेंस का आयोजन किया जो राहुलजी की अध्यक्षता में हुई । लेखकों के दायित्व पर मुक्तिबोध ने स्वयं भी एक निबंध उसमें पढ़ा था।

मुक्तिबोध नवोदित प्रतिभाओं का निरंतर उत्साह बढ़ाते रहते और उन्हें आगे लाते। हरिनारायण व्यास, श्याम परमार, जगदीश वोरा आदि उनके प्रभाव में थे। मुक्तिबोध ने मजदूरों से वास्तविक संपर्क स्थापित किया और उनसे घुल-मिल कर रहे । अकसर कष्ट

में पड़े साथियों और साहित्यिक बंधुओ के लिए दौड़-धूप करते। मसलन 'नटवर' जी के लिए उनकी दौड़-धूप की, बात चलती है तो, लोग याद करते हैं।

सन् '43 में 'तार-सप्तक' निकल चुका था । यह अपनी तरह का पहला सहयोगी प्रयास था । युगीन चेतना और प्रयोगवादी शिल्प, और प्रत्येक कवि का विशिष्ट मौलिक स्वर : यह इस संकलन की विशेषता थी । इसमें सन्देह नहीं कि मध्य भारत से बाहर तीन और कवियों--भारतभूषण अग्रवाल, डॉ. रामविलास शर्मा, अज्ञेय को शामिल करके 'तार-सप्तक' हिंदी काव्य की नयी दिशा का एक प्रतिनिधि संकलन हो गया।

उज्जैन से सन् '45 के लगभग मुक्तिबोध बनारस गये ओर त्रिलोचन शास्त्री के साथ 'हंस' के संपादन में शामिल हुए। वहाँ संपादन से लेकर डिस्पैचर तक का काम वह करते थे; साठ रुपये वेतन था। उनका काशी-प्रवास बहुत सुखद नहीं रहा। भारतभूषण अग्रवाल और नेमिचंद्र जैन ने उन्हें कलकत्ते बुलाया। पर अध्यापकी या संपादकी का कहीं कोई डौल नहीं जमा। हार कर मुक्तिबोध सन् '46-'47 में जबलपुर चले गये। वहाँ हितकारिणी हाई स्कूल में वह अध्यापक हो गये। सांप्रदायिक दंगे ज़ोरों से शुरू हो गये थे। उस ज़माने में वह दैनिक 'जयहिंद' में भी कुछ समय काम करते थे। रात की ड्यूटी देकर कर्फ़्यू के सन्नाटे में वह घर लौटते।

जबलपुर में बसंत पुराणिक के संपादन में 'समता' द्वैमासिक में इन्होंने प्रमुख योग दिया। दो अंकों में एक ही प्रकाशित हो सका, दूसरा अर्थाभाव के कारण प्रेस में ही बंद रहा। उन दिनों जबलपुर में मेरा उनसे कभी-कभी मिलना होता था, और मैं देखता था--कैसी मेहनत से, हफ्तों बल्कि महीनों वे अपनी लंबी कविता के टुकड़ों को, धीरे-धीरे चिंतन और कल्पना की ऊर्जा से पुष्ट करते, जोड़ते, और बढ़ाते, और उसकी अंतर्योजना को दृढ़ करते जाते। उनका शिल्प एक ऊँची इमारत उठाने वाले मेमार का शिल्प था। वह इमारत अनेक पुश्तों, चौकियों और बुर्जियों से सुदृढ़ किया हुआ क़ोई छोटा-मोटा क़िला होती थी, महल या मक़बरा या मंदिर नहीं । उनकी रचना से स्पष्ट लगता था कि वह और सबों से कितनी भिन्न, अनोखी और गुंफित भावना और कल्पना के कवि थे; यद्यपि कुछ खुरदरे। उनका कवि व्यक्तित्व तब भी सबसे अलग और अकेला लगता था। मगर उनकी भावनाओं की जड़ें मध्यवर्गीय समाज में हम सबकी समस्याओं से उलझी हुई थी।

जबलपुर से मुक्तिबपेध नागपुर गये । यहाँ उन्होंने अपनी कुछ सर्वश्रेष्ठ कविताएँ लिखीं। यहाँ उन्होंने दारिद्रय और दैन्य का कष्ट भी सबसे अधिक भोगा। परिवार में सदस्य भी बढ़ रहे थे, बाज़ार में महँगाई भी, और नौकरी में टोटा भी। नागपुर रेडियो में वे कुछ दिनों समाचार विभाग में सम्पादक थे । फिर उनका तबादला भोपाल हुआ, पर किसी भ्रमवश उन्होंने वहाँ जाना मंज़ूर नहीं किया, और उनकी यह नौकरी जाती रहीं। नागपुर में उन दिनों कृष्णानंद 'सोख़्ता' एक सनसनीख़ेज़ साप्ताहिक 'नया ख़ून' निकालते थे। मुक्तिबोध उसी में कुछ कॉलम लिखने लगे। यह पत्र बड़ी निर्भीकता से मजदूरों का पक्ष लेता था और भ्रष्ट तत्वों का परदाफ़ाश करता था। इसमें मुक्तिबोध ने कई जोरदार स्केच

लिखे।

इसी काल में उनकी 'कामायनी : एक पुनर्मूल्यांकन' महत्वपूर्ण आलोचनात्मक कृति प्रकाशित हुई । इसमें उन्होंने प्रसाद के रत्न, स्वर्ग आदि प्रतीकों को लेकर उन्हें बूर्ज्वाजी का अन्तिम मुमूर्षु कवि कहा है। दूसरी मार्के की चीज़ उनकी,'एक लेखक की डायरी' थी जो जबलपुर की 'वसुधा' में धारावाहिक रूप से निकलती रही। (पुस्तकाकार रूप में भारतीय ज्ञानपीठ से अभी-अभी प्रकाशित हुई है।) इन दोनों चीज़ों ने मुक्तिबोध को आलोचना के क्षेत्र में एक विशिष्ट स्थान प्रदान कर दिया है।

मुक्तिबोध शुक्रवारी में तिलक की मूर्ति के पास ही गली में रहा करते थे। एम्प्रेस मिल के मज़दूरों पर जब गोली चली तो रिपोर्टर की हैसियत से वे घटनास्थल पर मौजूद थे । उन्होंने सिरों का फूटना और खून का बहना अपनी आँखों से देखा । 'अँधेरे में' शीर्षक उन की सशक्त और मार्मिक कविता उनके नागपुर जीवन के बहुत सारे संदर्भ अपने अंदर समेटे हुए है। मुक्तिबोध का सारा समय साधारण, श्रमशील लोगों के बीच और पत्रकारिता और राजनैतिक साहित्यिक बहसों में बीतता था। सन् 1953 में जब नरेश मेहता नागपुर रेडियो में गये तो दोनों कवियो में--जो एक दूसरे से काफी भिन्न संस्कारों और प्रवृत्तियों के थे--गहरी मित्रता हो गयी। दोनों ही मालवा के थे।

सन् '49 में मुक्तिबोध इलाहाबाद जा कर भी अपनी क़िस्मत आजमा चुके थे। एक छोटा-सा उपन्यास भी वहाँ लिखा था जो प्रकाशक के चक्कर में खो गया। ग़र्ज़े कि कोई काम न बना।

मित्रों के परामर्श से उन्होंने सन् '54 में एम.ए. किया ताकि कहीं प्राध्यापकी मिल सके। राजनाँदगाँव के दिग्विजय कॉलेज में उन्हें नौकरी मिल गयी और उनकी परिस्थिति में किंचित् सुधार हुआ। यहाँ आकर उन्होंने अपनी कुछ सफलतम कविताओं की सृष्टि की जैसे : 'व्रह्मराक्षस' 'ओराँग-उटाँग', 'अंधेरे में'

राजनाँदगाँव में सन् '61 में मै मुक्तिबोध से मिला था, और उनकी तीन बहुत लंबी, लाजवाब कविताएँ मैंने उनके मुख से सुनी थीं। एक 'अँधेरे में' थी, दूसरी, 'प्रेम', तीसरी 'एक कथा'। इतना गहरा असर डालने वाली आधुनिक दृष्टि से इतनी पुष्ट और स्वस्थ कविताएँ और इतनी ओजस्वी, मैंने निराला के बाद नहीं पढ़ी या सुनीं। आधुनिक हिंदी काव्य की प्रवृत्तियों पर शोध करने वाली, बहुभाषाविज्ञ, विदुषी पोलिश कवयित्री श्रीमती अगन्येप्का सोनी का मत है कि मुक्तिबोध सहज ही, हिंदी के आधुनिक युग का सबसे शक्तिशाली कवि है । राजनाँदगाँव में ही कवि के साथ टहलते हुए, बातचीत की रौ में अचानक ठिठककर देखा हुआ वह भटकटैया का फूल मैं कभी नहीं भूलूँगा। उजाड़ जगहों का यह अर्थहीन फूल मुझे अकसर कितना गंदा-सा लगा है, बिन बुलावे ही दरिद्र मेहमान बच्चे-सा। मगर मुक्तिबोध की सहानुभूति के गहरे शांत रस से भरी आँखों से देखकर, उनके वर्णन के रोमांचित शब्दों से उसे छूकर मैंने देखा, वही कँटीले पौदे का जंगली-सा फूल कितना कोमल, पारदर्शी, स्थायी, सचमुच कितना सुंदर...था। और अनोखे रूप से दृढ़

मैं उस वर्णन को स्मृति से दोहरा नहीं सकता ! मगर उस क्षण से वह कटौली का फूल मेरे लिए एक ऐसी स्थायी और अनोखी कविता है जो कभी न मुरझायेगी। मैं मुक्तिबोध के सीधे-सादे व्यक्तित्व में कहीं उसी सत्व को एक विशाल रूपाकार में देखता हूँ जो मुक्तिबोध ने मुझे उस जंगली फूल में दिखाया था--एक अनोखी, दृढ़ और स्थायी कोमलता, जो कभी नहीं मुरझायेगी।

दिसम्बर सन् '57 में इलाहाबाद के लेखक सम्मेलन में मुक्तिबोध आये थे। नयी पीढ़ी के सभी कवियों और काव्य-प्रेमियों को उन्होंने न केवल अपने सहज-स्नेहिल व्यक्तित्व से, बल्कि अपनी कविताओं की शक्ति, ओज, कल्पना-प्रसार और अर्थ-वैभव से अभिभूत कर दिया था, और मोह लिया था। हिंदी की नयी पीढ़ी का बिलकुल अपना कवि, सबसे प्रिय कवि और विचारक गजानन मुक्तिबोध ही है--यह निर्विवाद है। उसकी तुलना में किसी भी प्रकार और कोई नहीं ठहरता। यह और बात है कि साधारण पाठकवर्ग आज तक उस से प्रायः अपरिचित ही रहा है। कारण कि यदा-कदा विरल अपवादों को छोड़कर प्रायः ही प्रकाशकों, संपादकों, आलोचकों और साहित्यिक संस्थाओं ने--वे 'दक्षिणपंथी' हों या 'वामपंथी' या बीच के अथवा व्यवसायी--निरंतर भीरुता के साथ, और अज्ञान और प्रमादवश या राजनैतिक स्वार्थ और दलबंदियों के कारण (कारण कि यह व्यक्ति और कवि पद-लोलुप, सस्ता चाटुकार न था; किसी का भी स्वार्थ इससे सिद्ध न होता था) ...सबों ने मिलकर इसकी उपेक्षा ही की है। कारण यह भी रहा कि सर्वथा नयी और सच्ची, नितांत मौलिक प्रतिभाओं को समय से परखने वाले बिरले ही हुआ करते हैं, किसी भी युग में।

काव्य

गजानन माधव मुक्तिबोध मुझे खासतौर से शायद इसलिए ज्यादा अपील करता है कि वह मुझसे इतना भिन्न है ! एब्स्ट्रैक्ट नहीं, ठोस। बहती हवाओं-सा लिरिकल, अर्थहीन-सा कोमल, न कुछ नहीं बल्कि प्रत्येक पंक्ति में चित्र के उभार को और भी घूरती और भी ताड़ती हुई आँख से प्रत्यक्ष करता हुआ। अनुभूति के यथार्थ से कतराता हुआ नहीं बल्कि अपने तक और भावना के कुशल से अनुभव की कड़ी धरती को लगातार गहरे खोदता जाता। थककर बैठ जाता--अपने दायित्व को भूल जाता नहीं; कभी नहीं : बल्कि उनके सिलसिलों को कसकर बाँधता । थकने पर केवल चाय का एक प्याला चढ़ा और एक बीड़ी सुलगा कर फिर कर्म में जुट जाने वाला और अपने को भूल जाने वाला। एकांत खोजता हुआ नहीं : बल्कि साथियों, गरीब फटे-हाल भूखे और मुस्कराते चेहरों के बीच जोर से ठहाका लगाकर उनमें घुल-मिल जाता हुआ। अपने बारे में सशंक और उलझा हुआ नहीं: बल्कि एकदम खुला हुआ और साफ़ दिल ! किसी संस्था, दल, स्वार्थ आदि से बँधा हुआ नहीं : आजाद, जैसे कभी न चुकती सैलानी हवाएँ, उठती-गिरती घूमती

चक्कर खाती दुनिया भर को लपेटती हुई; या जैसे असंख्य अछोर पगडंडियाँ, आँधी, लू और जाड़े-पाले को हृदय से लगाती हुईं। मध्यवर्ग का निजी कवि वह भी है हाँ, और चूर-चूर : मगर चूर-चूर होकर भी, दुर्दांत संघर्ष से अचेत हो कर भी... किसी भी अर्थ में हारा हुआ नहीं है। "तुम क्यों उनका दमन कर रहे हो"। वह बेहोशी में भी बड़बड़ाकर पूछता है।... "अपने-आप आइडियाज़ हैं " वह उदार होकर विरोधी विचारों को, अपनी बेहोशी की बड़बड़ाहट में भी एक लंबी छूट देता है । मुझे लगता है उस का व्यक्तित्व किसी ठोस ज़मीन पर पड़ा है, आज की हालत में भी । मैं केवल उसको तकता हूँ , एक बौने थके-हारे हुए ठिगने उच्छ्वास की तरह । और उससे मुझे बल मिलता है। बराबर बल मिलता है।

किसी ने मुक्तिबोध की एक बरगद से तुलना की है, जो अवश्य ही उनका एक प्रिय इमेज है। मगर वह बरगद नहीं--चट्टान एक ऊँची, सीधी चट्टान है। शिलाओं पर शिलाएँ। झरने कहीं बिरले हों। केवल गहरी बावलियाँ, सूखे कुएँ, झाड़-झंखाड़, ऊँची-नीची अनंत पगडंडियाँ ।...जैसे मालवा के पठार और मध्य प्रदेश की ऊबड़-खाबड़ धरती--और इस धरती के आतंकमय, रहस्यमय इतिहास--और उनके बीच लहूलुहान मानव।

मुक्तिबोध हमेशा एक विशाल विस्तृत कैन्वास लेता है : जो समतल नहीं होता : जो सामाजिक जीवन के 'धर्मक्षेत्र' और व्यक्ति चेतना की रंगभूमि को निरंतर जोड़ते हुए समय के कई काल-क्षणों को प्रायः एक साथ आयामित करता है । लगता है।...इतिहास के संघर्ष--एक षड्यंत्र का-सा जाल फैलता-सिमटता है । और इस जाल में हम और आप, अनजाने तौर से, और अनिवार्यतः, फँस गये हैं--और निकलने का रास्ता खोज रहे हैं--मगर कहीं कोई रास्ता नहीं है--और फिर भी पक्का विश्वास है कि रास्ता है, रास्ता है... ।

कतिपय प्राचीन युगविजेताओं ने नंगे पहाड़ो पर दूर तक विशाल चटटानी आकार में अपनी गाथाएँ खुदवायी थीं, जो आज भी बहुत मुश्किल से पढ़ी जाती हैं। अभी सदियों तक वे शिलाएँ प्रत्येक आने वाले युग को घूरती रहेंगी; जैसे उनकी परीक्षा करती रहेंगी--कि एक निगाह ऊपर उठाकर हमें पढ़ो, पढ़ सको तो। हम बंजर अमूर्त लिपियाँ नहीं हैं। जीवन की कठोर विजय संघर्ष का आईना है। हमें ग़ौर से देखो और पढ़ो और सोचो। बहुत कठिन और कठोर परिश्रम से यह जीवन का मर्म जीता गया था जो यहाँ अंकित है।

इनमें लय और सुर और ताल की बारीकियाँ न ढूँढो । ये लिपियों की भावुकता नहीं, इनमें विचार गुनगुनाते हैं। इनमें तसवीरें बहुत ही जागे हुए होश की हैं। इनका अर्थ ...प्रेम का आलिंगन नहीं, विलाप नहीं, पैमानों के इशारे नहीं; भीगती रातों, करवटें लेती सुबहों की अंगड़ाइयाँ और कसमसाहटें नहीं। यहाँ देश-विदेश के इमेजों के उलझाव नहीं। 'फरार' नहीं; 'इन्क़िलाब' नहीं। इनका रोमान दर्दनाक है और आज का है। बिल्कुल आज का है और बहुत पुराना भी है।

अगर कविता में ऐसी कोई गाथा उभर-उभर उठे, तो... कितनी ही लम्बी वह हो, कितनी भी लंबी वह हो, अखरेगी नहीं।

मुक्तिबोध की कविता, अद्‌भुत संकेतों भरी, जिज्ञासाओं से अस्थिर--कभी दूर से ही शोर मचाती, कभी कानों में चुपचाप राज़ की बातें कहती चलती है। हमारी बातें हमी को सुनाती है और हम अपने को एकदम चकित होकर देखते हैं और पहले से और भी अधिक पहचानने लगते हैं।

क्या बात है यह ? और क्यों है ? मुक्तिबोध ने सब कुछ अपने ऊपर झेला था । अंगरेज़ी शासन : युद्ध काल। सामंती-सांप्रदायिक प्रतिक्रिया। प्रकाशकों की व्यावसायिक वृत्ति की चरम सीमा। मुक्तिबोध न तो 'हंस' की संपादकी में कुछ कर सके, न 'नया खून' (नागपुर) में ही कुछ बना सके--सिवाय विरोधियों और उपेक्षा करने वालों की संख्या बढ़ाने के। आकाशवाणी में भी उनकी अव्यावहारिक सरलता और खुलेपन ने उन्हें टिकने नहीं दिया। जहाँ गये वह हलचलों के रेले में कुछ-न-कुछ खोते ही गये। हासिल किया उन्होंने केवल गहरा काव्य-मर्म । उनका सारा जीवन बाहर से असफल, रिक्त, किंतु अंदर से रचनाकार की प्रतिभा से खूब समृद्ध हो चुका था। जीवन के वन-बीहड़ में जो पलाश के क्षेत्र सुलग उठे थे, उनमें मानव रक्त की पवित्र गंध थी, और एक निर्मलता--जैसी कि उसके समकालीनों में कहीं न मिलेगी।

हम सबों के बीच यह अकेली सख्त जान, और कैसी सख्त जान ! ग़ालिब के जैसी :

कावे-कावे-सख्तजानीहाए-तनहाई न पूछ,
सुबह करना शाम का लाना है जूए-शीर का।

यही हासिल, एक लुटी-पिटी जिंदगी का सब से बड़ा हासिल है, जो हमारे युग के हृदय और दृष्टि को समृद्ध करता है। हमने देख लिया कि ''क़तरे 'पे' गुहर (मुक्ता) होने तक'' ''क्या गुज़रे हैं।'' मौजों में क्या-क्या निहंग उसे लीलने के लिए मुँह बाये हुए थे। मगर वह सच्चा, खरा, खुला हुआ व्यक्तित्व तोल में सबसे भारी और मूल्य में सबसे बड़ा निकला। हम अपने साहित्य के पिछले दौर पर नजर डाल कर देखें तो पायेंगे कि :

हुए मदफ़ूने-दरिया जेरू दरिया तैरने वाले।
तमाचे मौज के खाते थे जो, बन कर गुहर निकले।

(इक़बाल)

समुद्र की तूफानी मौजों के थपेड़े खाकर आज हमारे बाह्यानुभूत जीवन की नयी दिल्ली में गजानन माधव मुक्तिबोध अचेत-प्राय पड़ा है; पर उस की आँखों में, वास्तव-जीवन के कस-बल , विश्वास और अनोखे तेवर देखने और विजयी वर्तमान और सुदृढ भविष्य की एक झाँकी लेने हम उसके गिर्द जमा होते हैं। उसको पढ़ते हैं, और अपने-आप को पढ़ते है।

मुक्तिबोध की कविताओं में सदैव एक साथीपन का अभाव है । सबसे बड़ी बात उन में यह है कि उनके अंदर 'मस्तिष्कहीन कोरी भावुकता' (माइंडलेस फीलिंग) नहीं है। उनके

भावों के ज्वार के पीछे विचारों का दीर्घ दोहन है।

कभी-कभी विशुद्ध से काव्य-तत्व के साथ-साथ विद्रूप का भाव, अतल के गलित गर्त के साथ-साथ, उतुंग शिखरों के दर्शन, व्यक्ति की निजी हाय और तड़प के साथ उसका राजनैतिक-सामाजिक संघर्ष पाठक को कई स्तरों पर एक साथ उद्वेलित करता है।

मुक्तिबोध युग के उस चेहरे की तलाश करते हैं जो आज के इतिहास के मलबे के नीचे दब गया है, मगर मर नहीं गया है। बहुत नीचे की तहों से भी वह कहते है :

कोशिश करो
कोशिश करो
कोशिश करो
जीने की--ज़मीन में गड़ कर भी...!

जिन अनुभूतियों को इस कड़ियल कवि ने झेला है, उनमें लगातार जी कर उनकी अग्नि-परीक्षा देकर वह वहाँ आ खड़ा हुआ है, जहाँ वह प्रत्येक संघर्षशील देश और जनता का अपना हो गया है। भले ही हम हिंदी प्रदेशवासी इस तपे हुए सोने को अभी न पहचानें, देश से बाहर उसके व्यक्तित्व ने चौंकाना शुरू कर दिया है।

मुक्तिबोध की कविता को किसी राज़दाँ की बातों की तरह सँभल-सँभल कर सोच-सोच कर, बल्कि कभी-कभी दोहरा-दोहरा कर, पढ़ना चाहिए। किसी-किसी कविता के कई अंश जासूसी उपन्यासों की भी याद दिलातें हैं मगर वह हरगिज एक सपाटे में पढ़ लिये जाने वाले उपन्यास के अंश नहीं हैं। नरेश मेहता को मुक्तिबोध की कविताओं से दॉस्तॉयवस्की के 'बिरादरान करामॅजोव' की याद आती है, जहाँ बड़ा भाई एक लंबी कविता के भावों का विस्तार से वर्णन कर रहा है। दॉस्तॉयवस्की में एक 'हॉरर' है, एक अजब मानसिक यातना और मनोवैज्ञानिक तड़पन। मुक्तिबोध के यहाँ जलती हुई आग पर चलने वाले की मनोदशा का चित्रण देखिए--और यह आग क्या है, इस पर भी सोचते हुए

अधूरी और सतही ज़िंदगी के गर्म रास्तों पर
अचानक सनसनी भौंचक-
कि पैरों के तलों को काट खाती कौन सी वह आग ?
जिस से नच रहा हूँ,
खड़ा भी हो नहीं सकता, न चल सकता।
भयानक हाथ अंधा दौर !!
ज़िंदा छातियों पर और चेहरों पर
कदम रख कर
चले हैं, पैर !
अनगिन अग्निमय तन-मन व आत्माएँ
व उनकी प्रश्न मुद्राएँ

हृदय की द्युति प्रभाएँ,
जन-समस्याएँ
कुचलता चल निकलता हूँ।
इसी से पैर-तलुओं में
नुकीला एक कीला तेज
गहरा गड़ गया औ' धँस गया इतना
कि ऊपर प्राण-भीतर घुसा आया,
लगी है झनझनाती आग,
लाखों बर्र-काँटों ने अचानक काट खाया है।
व्रणाहत पैर को दे कर
भयानक नाचता हूँ
शून्य मन के टीन छत पर गर्म।
हर पल चीख़ता हूँ शोर करता हूँ
कि वैसी चीख़ती कविता बनाने में लजाता हूँ।

मुक्तिबोध के हर इमेज के पीछे शक्ति होती है। वे हर वर्णन को दमदार, अर्थपूर्ण और चित्रमय बनाते हैं । संग्रह को कहीं से भी उलटिए, सर्वत्र इसके उदाहरण मिलेंगे। कुछ कवि अभिव्यक्ति के लिए विशिष्ट शब्द की खोज करते हैं, मुक्तिबोध विशिष्ट बिंब, बल्कि उससे अधिक विशिष्ट प्रतीक की योजना लाते हैं। उनके प्रतीक भी 'कथा' (या 'गाथा', 'मिथ')सृष्टि की भूमिका बनाने लगते हैं। मुक्तिबोध की रचनात्मक प्रक्रिया में अद्‌भुत-अनोखे को विद्युत्प्राण चमकता है। रूढ़ि और परंपरा से वितृष्णा उनसे विद्रोह और नयी मानवता का साग्रह आह्वान उनकी शब्दावली को उत्तेजना से, रेटॅरिक से, भर देता है, और चित्र विद्रूप तक हो उठते हैं। पर वस्तुतथ्य के आधार पर वे कभी कष्टकर नहीं होते। यह सच है कि कभी-कभी मुक्तिबोध अपने ही सिरजे 'मिथ' के प्रवाह में शायद आवश्यकता से अधिक दूर तक बह जाते हैं।

इनके यहाँ सूक्ष्म और स्थूल दोनों के चित्रण में सर्वत्र एक अद्‌भुत स्पष्टता होती है। सब कुछ जैसे हम स्पर्श कर सकते है। बाहर से ही नहीं अंदर से भी । सूक्ष्म और स्थूल, वैज्ञानिक और रोमानी, 'वायवीय' और नपे-तुले का विचित्र और अद्‌भुत योग मिलता है (जैसे कि जीवन में ?)--बुद्धि के सचेतन--अर्धचेतन स्तरों का नाटकीय विश्लेपण। एक छोटा-सा उदाहरण :

सपने में दीखते गणित के
गुप्त अर्थवाचक विचित्र
आँकड़े सरीखा
मैं अब अपने को दीखा...

कभी-कभी इनकी कविताओं में साधारण जिज्ञासा के संग-संग असाधारण रहस्यमयता

का योग रहता है; हू-ब-हू जैसे यथातथ्यपरक चित्रण के संग कभी-कभी गुंफित-सी कल्पना शैली का रेटॅरिकल योग। फिर भी, न जाने कैसे, इन सब में एक सादगी-सी होती है--शायद पारदर्शी व्यक्तित्व की। रूपाकार, रंग-रेखा, यह सब स्पष्ट, सीधे, सदैव आँखों देखे से लगते। कहीं-कहीं ऊपर से लगने वाली गद्यात्मकता : जो बिल्कुल निजी है--पाठक की स्वयं अपनी, यानी ठेठ है--ऐसी कि परोक्ष वायवीयता से जिसे चिढ़ हो। और मुक्तिबोध का मुक्तछंद कैसा है ? ऐसा, जो निराला के ठेठ मुक्तक छंदों से हाथ मिलाकर आगे आता है। वही सीधी अभिव्यक्ति, तरल मानवीय व्यंजना; मगर उससे अधिक भी कुछ। निरालापन के साथ मुक्तिबोधपन । यानी वह एक नया, गहरा, साक्षीपन का भाव। सब के ऊपर नहीं सब के साथ, यद्यपि विशिष्ट । एक विशिष्ट अपनाव।

मुक्तिबोध ने छायावाद की सीमाएँ लाँघकर प्रगतिवाद से मार्क्सी दर्शन ले, प्रयोगवाद के अधिकांश हथियार सँभाल, और उसकी स्वतंत्रता महसूस कर, स्वतंत्र कवि--रूप से, सब वादों और पार्टियों से ऊपर उठकर, निराला की सुथरी और खुली मानवतावादी परंपरा को बहुत आगे बढ़ाया। संघर्षक्रांत मानव का यह चित्र देखिए--(यद्यपि उदाहरण की जरूरत नहीं) जो बरबस ही निराला की एक प्रसिद्ध कविता की याद दिलाता है :

काठ के पैर
ठूँठ सा तन
गाँठ सा कठिन गोल चेहरा
लंबी उदास लकड़ी ठाल से हाथ क्षीण
वह हाथ फैल लंबायमान,
दूरस्थ हथेली पर अजीब,
घोंसला
पेड़ में एक मानवी रूप
मानवी रूप में एक ठूँठ ?
घोंसला उलझ कर बदहवास
बेबस उदास
क्यों लटक रहा झूल कर !
मैं काँप उठा वह दश्य देख,
यह असंदिग्ध वह मैं ही हूँ।

और भी पंक्तियाँ देखिए :

दिल के भीतर गर्म ईंट है, गर्म ईंट है
जले हुए ठूँठ के तने-सी स्याह पीठ है।
ज़माने की जीभ निकल पड़ी है।
ज्यों कोई च्यूँटी शिलालेख पर चढ़ती है।
अक्षर-अक्षर रेंगती नहीं कुछ पढ़ती है

त्यों मन
भीतर के लेखों को छू लेता है
बेचैन भटकता है बेकार ठिठकता है
पर पकड़ नहीं पाता उस के अक्षर...

मुक्तिबोध के सारे प्रयोग विषय-वस्तु को ले कर हुए हैं। यह कुछ उनकी सीमा भी है और एक भारी विशेषता भी।

आधुनिकतम छंद में शब्द-स्वर और पदगतियों, परंपरा से हटकर एक नवीन असाधारण व्यक्तिगत और विशिष्ट व्यंजन की सृष्टि करते हैं, जिसका तर्क अपने में ही, अपने लिए मात्र है। वैसा कुछ मुक्तिबोध के यहाँ क्यों मिलेगा। मगर उनके यहाँ मुक्तछंद की निरालीय गति में प्रस्तुत राजनैतिक-सामाजिक इतिहास का मूल्यांकन जो काव्य तत्वों के माध्यम से होता चलता है, वही कवि की मुख्य शक्ति है। अपनी शैली में मुक्तिबोध में अमूर्त को मूर्त करने की सहज शक्ति है।

यह जरूर है, कभी-कभी ऐसा महसूस होता है कि पेड़ों के जंगल में अकेले पेड़ का अस्तित्व खो जाता है; लेकिन तब उस जंगल का व्यक्तित्व इतना सजीव चित्रित होता है कि व्यक्ति की सजीवता उस पर ईर्ष्या करे। मुक्तिबोध की शक्तिशाली मानवतावादी रोमानियत में अमूर्त का सविस्तार मूर्तीकरण, समाजवादी के धरातल पर प्रतिष्ठित किये जाने के कारण एक ऐसी प्रखर स्पष्टता धारण कर लेता है जिसमें भयानक से भयानक, विद्रूप से विद्रूप (और कोमल से कोमल भी), फैंटेसी को हम मानो अपनी साँस में महसूस करते हैं।

मुक्तिबोध की कुछ लंबी कविताएँ आधुनिक हिंदी काव्य की विशिष्ट देन हैं, जिनमें 'अँधेरे में' प्रमुख है जो इस संग्रह में संकलित है। यह कविता देश के आधुनिक जन-इतिहास का, स्वतंत्रतापूर्व और पश्चात का एक दहकता इस्पाती दस्तावेज़ है। इस में अजब और अद्‌भुत रूप से व्यक्ति और जन का एकीकरण है। देश की धरती,हवा, आकाश, देश की सच्ची मुक्ति-आकांक्षी नस-नस इसमें फड़क रही है...और भावनाओं के अनेक गुंफित स्तरों पर। डा. प्रभाकर माचवे का कहना है कि यह Guernica in Verse है : इसके बहुत से अंश पिकासो के विश्व-प्रसिद्ध चित्र जैसा ही प्रभाव डालते हैं। 'अँधेरे में' मुक्तिबोध की एक ऐसी ही कविता है, जिसमें उनकी काव्यात्मक शक्ति के अनेक तत्व घुल-मिल कर एक महान् रचना की सृष्टि करते हैं, जो रोमानी होते हुए भी अत्यधिक यथार्थवादी और एकदम आधुनिक है। और किसी भी कसौटी पर उसको जाँचा जाये, मैं कहूँगा कि वह आधुनिक युग की कविताओं में सर्वोपरि ठहरती है। उसके बिंब और प्रतीक और संकेत और संदर्भ, शब्द और ध्वनिचित्र, बड़ी गहरी और विविध गूँजें हमारी भावनाओं में भर जाते हैं। उसमें मुक्तिबोध का कवि व्यक्तित्व वॉल्ट व्हिट्‌मैन और मायकॅवस्की के शिल्प और शक्ति से टक्कर लेता है, और अपनी जमीन पर अप्रतिहत और अद्वितीय रहता है। इस कविता का हमारी अमर राष्ट्रीय कविताओं में शुमार होगा,

मुझे इसमें किंचित् भी संदेह नहीं। हिंदी के स्वस्थतम आधुनिक काव्य-सृष्टि का यह सर्वोपरि विजय-चिन्ह है। इसमें उद्धरण देने की आवश्यकता नहीं। पाठक सीधे स्वयं इसका आस्वादन करें।

फूल नहीं रंग बोलते हैं

पौने दो साल हो गये केदार के प्रतिनिधि संकलन 'फूल नहीं रंग बोलते हैं' को निकले और सुनता हूँ अभी तक उसकी कोई रिव्यू कहीं नहीं निकली, न कोई चर्चा कहीं हुई। केदार के पहले दो संग्रह--'नींद के बादल' और 'युग की गंगा' सन् '45-'46 में प्रकाशित हुए थे, और तीसरा 'लोक और आलोक' सन् '56 में। केदार सन् '30 से भी पहले से लिख रहे हैं।

नाम गिनाने के लिए आज तक प्रगतिशील धारा के जिन दो प्रमुख कवियों का उल्लेख सबसे पहले किया जाता रहा है वह यही हैं, केदार और नागार्जुन। कभी-कभी त्रिलोचन का भी तीसरा नाम इनके साथ जोड़ दिया जाता रहा है। चौथा नाम पिछले दो-तीन वर्षों से मुक्तिबोध का शामिल हो गया है। मगर मुझे वास्तव में नहीं मालूम कि इन चारों में से किसी पर भी कोई अच्छा गंभीर लेख आज तक कहीं लिखा गया। छिट-पुट तौर से निबंधों में एकाध पैरा में ज़िक्र कभी-कभार ज़रूर हुआ है; उसके आगे कुछ नहीं। सन् '43 या सन् '50 या सन् '60 के बाद से लिखने वाले अनेक छोटे-बड़े कवियों पर बार-बार कुछ-न-कुछ लिखा जाता रहा, उन पर बहसें भी उठाई जाती रहीं, और यह बहुत अच्छा हुआ; मगर उपरोक्त चारों कवियों को प्रमुख प्रगतिशील कवि मान लेने के आगे उन पर कभी कोई गंभीर विचार नहीं किया गया, आज तक !

इस स्थिति की तह में क्या कारण हो सकते हैं ? थोड़ा-सा इस पर विचार कर लेना क्या समीचीन न होगा ?

प्रगतिशील साहित्य आंदोलन का विरोध अंग्रेजी और उसके उत्तराधिकारी पूँजीवादी शासक वर्ग के लिए स्वाभाविक ही था--और है। अतः उस वर्ग के लिए भी यह विरोध स्वभावतः अनिवार्य हुआ जिसके स्वार्थ शासक-वर्ग से चिपके हुए थे और हैं यानी नौकरीपेशा मध्य वर्ग, और साहूकारी सभ्यता का दास मध्यवर्ग। कांग्रेस संस्था से प्रगतिशील तत्वों के अलग होने के बाद (सन् '45 से यह क्रम आरंभ हुआ), दक्षिणपंथी कांग्रेस जनों के प्रभाव-क्षेत्र में भी प्रगतिशील विचारों के प्रति शंकाएँ उठना-उठाना स्वाभाविक हो चला। इसके अलावा, पाँचवें दशक के अंत में कम्युनिस्ट पार्टी की

राजनीतिक ग़लतियों और कमजोरियों के कारण, वे प्रगतिशील तत्व भी जो उससे प्रेरणा प्राप्त करते थे तेज़ी से बिखरने लगे। इस बिखराव और आंतरिक ह्रास के कारण समाजवादी विचारधारा का विरोध प्रतिक्रियावादी शक्तियों के लिए और भी आसान हो गया।

हिंदी-भाषा-भाषी क्षेत्र के अनेक भागों में सांप्रदायिक मध्ययुगीन मूल्य और नवोत्थानवादी विचार नौकरीपेशा भीरु-नागर बाबू-संस्कृति को और भी संकुचित करते जा रहे थे। इस स्थिति की अनुकूलता में रूस और कम्युनिज़्म का हौवा खड़ा करके और अमरीका को व्यक्ति की स्वतंत्रता का मसीहा और 'आज़ाद' देशों का नेता और त्राता मानकर पुरानी-नयी पूँजीवादी पत्र-पत्रिकाएँ धीरे-धीरे मध्यवर्ग (विशेषकर निम्न-मध्य वर्ग) की प्रायः अर्धशिक्षित जनता का सामूहिक मनोबल खोखला कर रही थीं। राष्ट्रीय आदर्शों के मान गिर रहे थे। भ्रष्टाचार बढ़ रहा था। ऐसे वातावरण में--'मेरा व्यक्ति ही सब-कुछ है, समाज कुछ नहीं' अथवा 'मेरे एकाकी व्यक्ति के बाहर सब-कुछ विसंगत है' की 'आउट साइडर' वाली भावना, अथवा 'क्षण की उत्तेजना में ही जीवन और कला की चरम सफलता है'...जैसे दृष्टिकोणों ने व्यक्तित्वहीन साहित्यकारों के लिए बहुत तेज़ अफ़ीम या ठर्रे का काम किया। संप्रति हम इसी दौर से गुज़र रहे हैं।

बँगला, उर्दू, मराठी, मलयालम, पंजाबी और कश्मीरी भाषाओं में समाजवादी विचारधारा ने प्रगतिशील साहित्य की रीढ़ बहुत हद तक मजबूत की थी। मगर हिंदी का प्रगतिशील साहित्य आंदोलन सन् '37-38 से लेकर लगभग '52 तक अपना जैसा-तैसा रोल पूरा करके ख़ासा निःशक्त हो गया। इस आंदोलन के पंत, निराला, नरेन्द्र, सुमन और कुछ लोक-कवियों के बाद जो चार कवि दृढ़ता से बराबर जनता के मनोबल में विश्वास रखते हुए अपना नाता उसकी आंतरिक रचनाशील शक्तियों से जोड़े रहे, वे मात्र केदारनाथ अग्रवाल, त्रिलोचन, मुक्तिबोध और नागार्जुन थे। शेष सभी कवि व्यक्तिगत साधनाओं की ओर उन्मुख होकर साहित्य की प्रगतिशील धारा के लिए खो गए।

ऐसे माहौल में किन कवियों को मान्यता मिल सकती थी, सहज ही अनुमान किया जा सकता है। क्या ऐसे माहौल में केदार की चर्चा होती या त्रिलोचन की ? इससे लाभ किसका था ! एक अन्य कारण, जो बुनियादी नहीं है, इन कवियों का गहरा स्वाभिमान भी है। इन्होंने बड़े-बड़े आलोचकों, संपादकों, प्रकाशकों और रेडियो आदि सरकारी संस्थाओं की उसी प्रकार उपेक्षा की जिस प्रकार बड़े-बड़े आलोचकों, संपादकों, प्रकाशकों और सरकारी संस्थाओं ने इनकी की।

इनके साहित्य का उद्देश्य था : वर्ग-संघर्ष के सामाजिक मर्म को उघारते जाना। बस इसी को पूरा करने में एक अजब खामोश आन के साथ, इन्होंने अपने-आपको पूरी तरह खपा दिया।

एक छोटा-सा सवाल यहाँ उठता है। पाठकों के साथ सीधे संपर्क-माध्यमों की अपनी ओर से उपेक्षा--क्या इसमें एक प्रकार के रोमानी अहंवाद का लेश नहीं मिलता ? बात

यह है कि हिंदी प्रगतिशील कवियों ने मुख्यतया अपने को निरालाजी की परंपराओं से जोड़ा। इसी स्रोत से रूमानी आदर्शवाद हमारे कवियों के मार्क्सवादी दृष्टिकोण में चुपके-चुपके आ मिला। अतः मेरी दृष्टि में दृष्टिकोण की वैज्ञानिक आधुनिकता संदिग्ध हो जाती है। यह माना कि कविता विज्ञान नहीं है; मगर उसे आधुनिक युग का तो फिर भी होना ही है। कठिनाई आलोचक की नहीं, कवि की है। इस समस्या को भी आलोचक नहीं, कवि ही सुलझाएगा। इन कवियों को अच्छी तरह ज्ञात है और वे आश्वस्त हैं कि इनके भी अपने पाठक सभी हिंदी प्रदेशों में मौजूद हैं! पत्रिकाओं में इनकी चर्चा हो न हो। मौन और गंभीर, सजग पाठक: उन्हें इनकी भावनाओं और विचारों तथा इनकी आन और टेक में वह कुछ मिलता है जो उनके अन्य समकालीनों और बाद के कवियों में नहीं मिलता।

दरअस्ल हमारी खड़ी बोली का पूरा साहित्य बाबू-संस्कृति की देन है और हमारी आज़ादी भी। यद्यपि यह आज़ादी हमें कभी प्राप्त न होती अगर देश का किसान और मजदूर मध्यवर्गी नेताओं का साथ न देता। उसके घोषित आदर्शों में विश्वास करके संघर्ष में उसके साथ न जूझता। मगर आज़ादी के बाद अब बाबू-संस्कृति की असली हक़ीक़त, उसके आदर्शों की ढोल की पोल खुल गयी है। पिछले 'एलेक्शन' के बाद तो और भी।

इस नागर बाबू-संस्कृति के हम सहज ही दो भेद कर सकते हैं। एक वह जो अपेक्षाकृत 'स्वाधीन' जीवन-यापन करते हैं, जैसे, वकील-डॉक्टर, बड़े-छोटे व्यापारी, भूमिधर, प्रकाशक, कोई इक्का-दुक्का लेखक-कलाकार। दूसरे, वह जो संस्थाओं या संस्थानों (सरकारी या प्राइवेट) के अधीन जीवन-यापन करते हैं: सरकारी नौकर, अध्यापक वर्ग, संपादक, पत्रकार; अधिकांश लेखक-मैनेजर, एजेंट, मुनीम-गुमाश्ता, दलाल, क्लर्क आदि।

जनता इन सबको 'साहब', 'बाबू सहाब', 'बाबूजी', या केवल 'बाबू' कहकर सम्बोधित करती है। कितना स्वाभाविक है और उपयुक्त भी। हमारे सांस्कृतिक समारोहों के प्रतिनिधि किसान या मजदूर तब कैसे नहीं आते हैं। पत्र-पत्रिकाओं में भी देखिए, किनके फ़ोटो बिखरे हुए हैं। आज किसान-पुत्र भी 'बाबू' ही होने की 'महत्वाकांक्षा' रखता है।

लेखकों में बहुत-थोड़े निकलेंगे जो अपनी बाबू संस्कृति की दयनीय सीमाओं की वास्तविक चेतना रखते हों। केदारनाथ अग्रवाल निश्चय ही उन थोडे-से लेखकों में हैं। वह वकील हैं, यानी 'बाबू साहब' हैं मगर 'बाबू साहब' और 'बाबूजी' की यथार्थ स्थितियों से बखूबी परिचित हैं।

दयालु हो गया दीन
    दान देते-देते
दीन हो गया है क्षीण
    दान लेते-लेते
असह्य है यह व्यवस्था

दयालु और दीन की मर्म-कथा !

वेतन उड़ जाता है।
जैसे गंध कपूर।

वह औद्योगिक नगर की बुनियाद, गाँव के महाजन की हक़ीक़त, बिके हुए बुद्धवादी की हार, ऊब और विघटन, भूखे किसान के बेटे की पैतृक संपत्ति और बुंदेलखंड के दैनंदिन जीवन का नक़्शा अच्छी तरह पहचानते हैं। मसलन्--

धोबी गया घाट पर,
राही गया बाट पर,
मैं न गया घाट और बाट पर,
बैठा रहा हाट पर,
दोनों हाथ काट कर,
जीता रहा ओस चाट-चाटकर।

पैतृक संपत्ति

जब बाप मरा तब यह पाया
भूखे किसान के बेटे ने:
घर का मलबा, टूटी खटिया,
कुछ हाथ भूमि--वह भी परती।
चमरौधे जूते का तल्ला,
छोटी, टूटी बुढ़िया औगी,
दर की गोरस, बहता हुक्का,
लोहे की पत्ती का चिमटा।
कंचन सुमेर का प्रतियोगी
द्वारे का पर्वत घूरे का
बस यही नहीं, जो भूख मिली
सौगुनी बाप से अधिक मिली।
अब पेट खलाए फिरता है,
चौड़ा मुँह बाये फिरता है,
सबसे आगे
हम हैं
पाँव दुखाने में;
सबसे पीछे
हम हैं
पाँव पुजाने में;
सबसे ऊपर

हम हैं
व्योम झुकाने में;
सबसे नीचे
हम हैं
नींव उठाने में।

केदार मध्यवर्ग की जाति-पाँति, धर्म-गोत्र और वर्ग-विभाजित संस्कृति की दारुण दशा से परिचित हैं। आज नागर मध्यवर्ग का बहुत बड़ा हिस्सा अंधी गलियों में ही अपनी अर्द्ध-चेतना में किलबिला रहा है। उससे बाहर आने की उसमें वैज्ञानिक प्रेरणा नहीं है, न साहस। आज वह अपने खोखलेपन, ऊब और आत्मप्रताड़ना आदि के ही मुक्तछंद सुनाने को विवश है। आज के साहित्य की नकारात्मकता नैराश्यपूर्ण फ़िज़ा में केदार का स्वर एक ऐसे सजग मध्यवर्गी बुद्धिजीवी का है जिसे श्रम से, कर्मठता से, किसान और श्रमिक की अंततोगत्वा एकजुट जीवंतता से--जो प्रकृत्या कभी हार मानना नहीं जानती; और साथ ही शक्तिगर्भा प्रकृति के सौंदर्य, नैकट्य और बंधुत्व से--और इन सबसे उपलब्ध अपने दुर्दमनीय आशावाद से मर्दानावार जीने की प्रेरणा ले रहा है, और दूसरों को दे रहा है। इस ज़िद की आज हमें कितनी आवश्यकता है, और वह कितनी कम उपलब्ध है।

[2]

केदार बुनियादी तौर पर एक 'नार्मल' रोमानी कवि हैं, छायावादी-रोमानी नहीं। शायद इसीलिए छायावादोत्तर काल में वह शीघ्र ही प्रगतिशील, और फिर मार्क्सवादी विचारधारा के कवि हो गये। अल्पकाल के लिए नहीं, बल्कि स्थायी रूप से। उनकी कवि-भावनाओं की रेख छायावादी इलाहाबाद में नहीं फूटी।

छायावाद के चौराहे पर आने से पहले वह द्विवेदीकालीन उस आखिरी लीक पर कुछ थोड़ी-सी दूर चल आये थे, जिस पर श्रीधर पाठक के सैलानी प्रकृति-प्रेम के स्वर और कानपुर की यथार्थ-प्रिय अल्हड़ मस्ती के रंग अभी बहुत हल्के नहीं पड़े थे--सन् '30 के आसपास। उनके बाँदा के ही कवि-कहानीकार मित्र ठा. वीरेश्वरसिंह का उनका साथ इलाहाबाद यूनिवर्सिटी में उन्हीं दिनों तीन-चार साल रहा; वह प्रेमचन्द के भक्त थे और कविता में सीधी-सजीव शैली पसंद करते थे। ठा. वीरेश्वरसिंह की मौसी सुभद्राकुमारी चौहान 'मुकुल' लेकर तब कवि-रूप में सामने आयी-आयी थीं, और काफी सुथरा और सजीव उनका नया-नया काव्य था। और उनकी भी पृष्ठभूमि बुंदेलखंड की ही थी, जिसके प्राकृतिक सौंदर्य का चित्रण केदार ने भी नवीन कुशलता से बार-बार किया है।

सन् '30-31 से पहले ही लखनऊ की माधुरी में उनके छोटे-छोटे गीत (जैसे : धीरे उठाओ मेरी पालकी) बराबर छप रहे थे। इंटर-बी.ए. विद्यार्थी के लिए यह कुछ कम

गौरव की बात न थी। केदार की प्रतिभा एक विशेषता रही है सहज सजगता। अपने लिए सही रास्ता चुनने में वह कभी नहीं गड़बड़ाए। स्वस्थ रोमान की जवान रंगीनी : मुझे याद है होस्टल के दिनों में अपनी पत्नी पर एक लंबी कविता उन्होंने लिखी थी। इसके कुछ ही साल बाद की उनकी कविताएँ ('चंद्र गहना से लौटती बेर' और 'बसंती हवा' जो उनके प्रतिनिधि संकलन के आरंभ में ही हैं) आज भी वही मस्ती और ताजगी लिये हुए हैं; प्रकृति--और समाज के भी--आईने में जब वह सौंदर्य के दर्शन करते हैं (नैसर्गिक या श्रमसंपुष्ट), तो वह उसमें उसी तरह मगन हो जाते हैं जैसे तैराक नदी में कूदकर या परिंदे हवा में नाचकर। केदार के इस उत्साह और आनंद में हम सदैव एक सहज अनारोपित मर्यादा का अनुभव करते हैं। यह केदार का बहुत प्रसिद्ध प्रकृति-चित्रण हैं :

एक बीते के बराबर
यह हरा ठिंगना चना,
बाँधे मुरैठा शीश पर
छोटे गुलाबी फूल का,
सजकर खड़ा है।
पास ही मिलकर उगी है
बीच में अलसी हठीली
देह की पतली, कमर की है लचीली,
नील फूले फूल को सिर पर चढ़ाकर
कह रही है, जो छुए यह
दूँ हृदय का दान उसको।
और सरसों की न पूछो--
हो गई सबसे सयानी,
हाथ पीले कर लिए हैं,
ब्याह-मंडप में पधारी;
फाग गाता मास फागुन
आ गया है आज जैसे।
देखता हूँ मैं : स्वयंवर हो रहा है,
प्रकृति का अनुराग अंचल हिल रहा है
इस विजन में
दूर व्यापारिक नगर से
प्रेम की प्रिय भूमि उपजाऊ अधिक है।...

(चंद्र गहना से लौटती बेर)

इसी तरह की ताजगी लिए हुए पंक्तियाँ ये भी हैं, जो बीस-बाईस साल बाद की अनुभूति :

धूप चमकती है चाँदी की साड़ी पहने
मैके में आई बेटी की तरह मगन है
फूली सरसों की छाती से लिपट गयी है
जैसे दो हमजोली सखियाँ गले मिली हैं
भैया की बाँहों से छूटी भौजाई-सी
लहँगे को लहराती लचती हवा चली है
सारंगी बजती है खेतों की गोदी में
दल के दल पक्षी उड़ते हैं मीठे स्वर के... (धूप)

मैं नहीं जानता कि डॉ. रामविलास शर्मा से केदार का संपर्क पहले-पहले कब हुआ। मगर सन् '38 के आसपास नरोत्तम नागर ने जब जैनेन्द्र-विरोधी, गांधीवाद-विरोधी और छायावाद विरोधी (मगर-निराला समर्थक) 'उच्छृंखल' निकाला, तो उसके सहयोगी लेखकों में ये दोनों भी थे। पंतजी ने तभी प्रगतिशील साहित्य आंदोलन के आरंभ के साथ-साथ करवट ली थी। उसका असर और कवियों पर भी पड़ रहा था जिनमें नरेन्द्र मुख्य थे। सन् '39 में पंतजी ने नरेन्द्र शर्मा के साथ मिलकर 'रूपाभ' मासिक निकाला था। ग्राम्या की यथार्थवादी कविताएँ जब 'रूपाभ' में निकलीं, तो केदार की भी 'बसंती हवा' उसमें प्रकाशित हुई। आज भी वह वैसी ही ताजी, उत्फुल्ल, चुहल-भरी और मस्त लगती है।

काव्योचित दीक्षा ग्रहण करने के लिए आरंभ से ही यह युवक कवि नये पत्ते के निराला की ओर गया; और सीधे उन अंग्रेजी रोमानी कवियों की ओर जिनसे स्वयं पंतजी ने अपने शिल्प के कुछ गुर सीखे थे : कीट्स और वर्डसवर्थ। बाद में डॉ. रामविलास ने अपने कवि-मित्र के लिए कीट्स को रेखांकित करते हुए भी, कालिदास और विशेष रूप से वाल्मीकि की ओर उसे उन्मुख किया। इनके प्रभाव केदार की सन् पचपन के बाद की कविताओं में यत्र तत्र विशेष रूप से अनुभव किये जा सकते हैं।

विशेष रूप से प्रकृति-चित्रण में पश्चिम के कुछ आधुनिक कवियों से भी उन्होंने अपना कुछ-न-कुछ संबंध रखा है। सन् '52 में नेरूदा की लंबी कविता 'Let the Rail Splitters Awake' का अनुवाद किया था। दो अनुवाद उनके प्रतिनिधि संकलन में भी हैं, और भी होने चाहिए थे। विशेषकर कीटस के 'हाइपीरियन ' के आरंभिक अंश का अनुवाद।

केदार ने वकालत बाँदा में ही शुरू की। घर में थी एक मध्यवर्ग की सुखी-सी कार्यव्यस्त गृहस्थी और बाहर एक ईमानदार वकील की कड़ी मेहनत। ऊपर से सफल-प्रसिद्ध वकील चचा का अनुशासन और मर्यादाओं का परंपरासम्मत बंधन। केदार का चुपके-चुपके बाँदा के इस व्यस्त एकांत में अपना अध्ययन और काव्य-प्रेम जारी रहा और बढ़ता गया। कविताएँ वह रात को ही लिख पाते।

केदार के चारों ओर था रूढ़ियों और अंधविश्वासों से जकड़ा, निरंतर ठगा जाता

शोषित-दलित किसान, मुकदमों के चक्करों में तबाह। दूसरी ओर अर्द्धसामंती जमींदारी सभ्यता थी, उसका खोखला आडंबर और पाखंड और क्रूर दाँव-पेच। साथ था साम्राजी शासन का, उसके सहयोग से, नवीन विचारों और आंदोलनों का निरंतर दमन। इसी दौर में केदार का अपना खास व्यक्तित्व पुष्ट हुआ और निखरा। एक ओर वर्ग-संबंधों की क्रूर-कटु पृष्ठभूमि को समझने के लिए अध्ययन और मनन चलता था, तो दूसरी ओर उनके मन और मस्तिष्क के श्रम को दूर करने वाली रम्या प्रकृति थी : आँख-मिचौनी खेलते उसके ऋतु-परिवर्तन, उसके मस्त झूमते पेड़-पौधे, उसकी रंग-बिरंगी फूल-पत्तियाँ और उनके बीच में उनकी सबसे प्रिय सखी-सी केन-नदी। यही दो क्षेत्र रहे हैं कवि केदार की मुख्य भावनाओं के। अपने गार्हस्थ्य जीवन की भी सहज भाव-प्रवण झाँकी कवि ने यदा-कदा दी है।

[3]

केदार आँखों से पान किये हुए सौंदर्य के कवि और कलाकार हैं। ध्वनियों को भी जब किसी विशेष प्रभाव के लिए इन्होंने बाँधा है तो अच्छा बाँधा है। मगर उनके लिए वास्तव में रंग ही बोलते हैं।

जल रहा है
    जवान होकर गुलाब !
खोलकर होंठ
    जैसे आग
गा रही है फाग
  X   X
खिला है अग्निम प्रकाश
    संध्या प्रकाश में...
  X   X
न यह याद रहता है मुझे
न वह;
बस याद रहता है मुझे
रंग रोर...
फैलता फूलता फलता : अछोर;
डूबता हूँ जिसमें मैं
और डूबती हो तुम :
एक दूसरे को अंक में समोये

भाव से विभोर!
रंग नहीं, रथ दौड़ते हैं।
रंगीन फूलों के :
सांध्य गगन में!
ध्वज फहरते हैं।
रंगीन स्वप्नों के।
...नट नाचते हैं रंगीन छंदों के।
सांध्य गगन में!

प्रायः ही पाया जायेगा कि रंगों के साथ सदैव कोई-न-कोई क्रियात्मकता संबद्ध है।

ऐंद्रिय अनुभूतियों को पैना धारदार करना; रूप को चटक रेखांकित करना; रोमानी भावना के विशेष नाटकीय क्षण को स्पष्ट आकारों में मूर्त करने का आग्रह होना--यह ढंग और अंदाज केदार में बार-बार मिलता है। इसमें 'र्‌हटरिक' को अक्सर दखल होता है; और अक्सर बेजा दखल भी नहीं। पर यह 'रहेटरिक' बाद की--प्रायः सन्‌ '57-58 के बाद की कविताओं की प्रभावकारिता में पूर्णतया छिप गया है। छठे दशक से केदार के यहाँ भाव-स्तरों में अधिक गुंफन, भावनाओं में एक गूढ़ता-सी मिलने लगती है, जो पहले उनके मिजाज और शैली की विशेषता कोई अधिक न थी। इस प्रकार की पंक्तियाँ उनके यहाँ नयी चीज हैं :

अंधकार में खड़े हैं
आकाश के स्तंभ
एक नहीं, हजार
इस पार--उस पार
कुएँ के मौन में डूबे स्तब्ध;
भूल में डूबी नदी
हंस की चोंच में दबी
आकाश में चली जा रही है उड़ी
न जाने कहाँ--न जाने कहाँ;
रुई ओटती है दुनिया,
स्वप्न देखती है दुनिया।

यह कोमल अंतरमानसी चित्रण केदार की इधर की कविता की विशेषता है :

वह
सुबह की चाँदनी है
ओस से भीगी हुई
धूप का दर्पण लिए
ओट में गूँगी खड़ी।

वह
नदी के नील जल की वासना है
जो कगारों को
डिगाए जा रही है।

मगर जब कवि कहता है :

मेरे मन की नदी
सदी के वृहत सूर्य से चमक रही है।

तो हम पाते हैं कि स्पष्टोक्ति और जीवन में यथार्थ के नैतिक पक्षों के प्रति आग्रह आज भी केदार की कविता के विशेष गुण हैं। नई कला-चेतना के इस दौर में भी उनका वह अपना विशेष गुण कम नहीं हुआ है। (मगर कवि के मिजाज में एक घुलावट, एक तरलता पहले से कुछ अधिक जरूर आ गयी है।) इधर की कविताओं में भी कवि का विशिष्ट रंग देखिए :

न टूटो तुम
वरन झुकों यों
कि चूम लो मिट्टी
और फिर उठो।
कोई है देखे
मेरा मनुष्य पत्थर हो गया है
बहार के दिनों में।

X X

फिर उपजेगा उन्नत-मस्तक सिंह-अयाली नाज।
फिर गरजेगी कष्ट-विदारक धरती की आवाज।

सीधे संक्षिप्त उपादानों से एक भरपूर चित्रण पेश करना--यह भी केदार के यहाँ देखते बनता हैं :

चोली फटी सरस सरसों की।
लहँगा गिरा फागुनी नीचे।
चूनर उड़ी अकासी नीली।
नंगी हुई पहाड़ी देखो।

उत्प्रेक्षा में पूरा प्रतीक सांगोपांग खड़ा कर दिया गया है। कम-से-कम शब्द--और एकदम यथास्थान।

'इमेज' के लिए 'बिंब' शब्द लाना यहाँ मुझे उपयुक्त नहीं जान पड़ता। मैं यह कहना चाहता हूँ कि केदार की कुछ बहुत अच्छी कविताओं में 'इमेजिस्ट' शिल्प की प्रधानता है। (इस शिल्प में कोई खतरा है तो यही कि कभी-कभी कविता चित्र-मात्र होकर रह जाती है। चित्र बराय चित्र।) एक सफल रचना का प्रधान आकर्षण इस बात में होता है कि

चित्रों की मूर्त्त प्रखरता काव्यात्मक अनुभूति की इकाई को एक अतिरिक्त-सी आभा या 'हाइ-लाइट' प्रदान करती जाये। सभी प्रकार की काव्यात्मक स्थितियों के लिए यह शिल्प आवश्यक हो--ऐसा नहीं हैं। पर निश्चय ही केदार की यथार्थपरकता के बहुत अनुकूल पड़ता है इस प्रकार का शिल्प। 'फूल नहीं रंग बोलते हैं' में से दो सुन्दर उदाहरण द्रष्टव्य हैं :

रात
दिन हिरण-सा चौकड़ी भरता चला।
धूप की चादर सिमिटकर खो गयी।
खेत, घर, वन, गाँव का
दर्पण किसी ने तोड़ डाला।
शाम की सोना-चिरैया
नीड़ में जब सो गयी ।
पेड़-पौधे बुत गए जैसे दिये।
केन ने भी जाँघ अपनी ढाँक ली।
रात है यह, रात, अंधी रात।
और कोई कुछ नहीं है बात।

एक दूसरी छोटी-सी कविता :

झाड़ी के एक खिले फूल ने
नीली पंखड़ियों के
एक खिले फूल ने
आज मुझे काट लिया
ओठ से,
और मैं सचेत रहा
धूप में।

या यह चित्र और उसका भाव देखिए :

आज नदी बिलकुल उदास थी,
सोई थी अपने पानी में।
उसके दर्पण पर
बादल का वस्त्र पड़ा था।
मैंने उसको नहीं जगाया,
दबे पाँव घर वापस आया।

यहाँ 'इमेज' का शिल्प कविता के प्रभाव में कैसा घुल-मिल गया है। प्रकृति कवि के लिए एक आत्मीया-जैसी है। केदार की ऐसी कविताओं में भावनाओं की एक अजब सुसंस्कृत कोमलता का अनुभव होता है :

चली गयी है कोई श्यामा,
आँख बचाकर, नदी नहाकर,
काँप रहा है अब तक व्याकुल
विकल नील जल।

इधर जरूर केदार के यहाँ एक 'नौस्टैल्जिया' सा आता जा रहा है, और प्राकृतिक या मानवीय सौंदर्य की एक करुण शांत-सी परख विशिष्ट होती जा रही है। कभी-कभी ऊब और उदासी का चित्रण तक :

लिपट गई जो धूल पाँव से
वह गोरी है इसी गाँव की
उसे उठाया नहीं किसी ने
इस कुठाँव से। ('58)

या

दिन है कि
हंस हलाहल पर
मंद-मधुर तिर रहा है ('61)

या

यह उदास दिन
पेंसन पाए चपरासी-सा,
और जुए में हारे जन-सा,
आपे में खोए गदहे-सा,
मौन खड़ा है।... ('56)

मगर केदार उन्मुक्त आनंद और उल्लास के कवि और श्रम-शक्ति के सौंदर्य के गायक पहले रहे हैं और कुछ बाद में। भरे-पूरे ऐन्द्रिय अनुभूतियों के कवि। मसलन् 'खेत का दृश्य', गीत में देखिए। ऋतु के राग-रंग में विभोर कवि कह उठता है :

'मैंने ऐसा दृश्य निहारा, मेरी रही न मुझे खबरिया'--
आसमान की ओढ़नी ओढ़े
धानी पहने फसल घघरिया
राधा बनकर धरती नाची
नाचा हँसमुख
कृपक सँवरिया।
माती थाप हवा की पड़ती
पेड़ों की बज
रही ढुलकिया,
जी-भर फाग पखेरू गाते,

ढरकी रस की
राग-गगरिया।

जहाँ हमने 'दिन' का एक मूड ऊपर देखा, वहाँ यह सहज-उष्ण अनुभूति भी देखिए :

भूल सकता मैं नहीं
ये कुच-खुले दिन,
ओठ से चूमे गये,
उजले, धुले दिन,
जो तुम्हारे साथ बीते
रस-भरे दिन,
बावरे दिन,
दीप की लौ-से
गरम दिन।

सहज स्नेह-बंधन का एक विहल चित्र जो आत्मीय पत्र-शैली के साथ पूर्ण होता है :

हे मेरी तुम !
आज धूप जैसे ही आई
और दुपट्टा
उसने मेरी छत पर रखा,
मैंने समझा तुम आयी हो।
दौड़ा मैं तुमसे मिलने को।
लेकिन मैंने तुम्हें न देखा।
बार-बार आँखों से खोजा
वही दुपट्टा मैंने देखा
अपनी छत के ऊपर रखा।
मैं हताश हूँ,
पत्र भेजता हूँ, तुम उत्तर जल्दी देना।
बतलाओ क्यों तुम आयी थीं
मुझसे मिलने
आज सवेरे
और दुपट्टा रखकर अपना
चली गयी हो बिना मिले ही ?
क्यों ?
आखिर इसका क्या कारण है ?

[2]

ऐसा जान पड़ता है, हिंदी के कुछ प्रौढ़ आधुनिक आलोचक और साहित्यिक, केदारनाथ अग्रवाल को 'फार्मलिस्ट' कवि मानते हैं। अर्थात रूपप्रकारनिष्ठ। मेरे खयाल में बहुत ऊपरी अर्थ में इनको 'फार्मलिस्ट' कह सकते हैं, वास्तविक अर्थ में नहीं। मैं समझता हूँ कि इस धारणा को सुलझाना जरूरी है। (मै 'फार्मलिज्म' के लिए 'रूप प्रकारवाद' शब्द का प्रयोग करूँगा।)

रूपप्रकारवाद के कई अर्थ हैं, जिनमें कई एक-दूसरे के विरोधी भी पड़ते हैं। ऊपरी, रूपप्रकार की, स्थूल योजना पर अतिरिक्त ध्यान देना--बल्कि उसमें उलझ जाना, या उसी के फेर में ज्यादा रहना : यह एक तरह का रूपप्रकारवाद है। एक-न-एक स्टेज पर इस तरह का रुझान सब नहीं तो अधिकांश कवियों में पाया जायेगा: मगर आरंभिक दौर में यह ज्यादा मिलेगा, जो की अभ्यास और प्रभावों का दौर होता है। दूसरे तरह का रूपप्रकारवाद है--कला (कृति) की आंतरिक रूप-योजना पर 'रूपयोजना के लिए' बल देना। इसमें भी कवि अपनी भावनाओं को किसी विशिष्ट 'क्लासिक' या रायज समसामयिक पैटर्न पर बाँधता है। जबकि उसकी अपनी भावनाओं का अपना वैशिष्ट्य, प्रखर और स्वतंत्र रूप से, पिछले या समसामयिक अन्य कलाकारों के वैशिष्ट्य से काफी अलग नहीं हो चुका होता--तब इस प्रकार का रूपप्रकारवाद प्रस्तुत होता है। अगर उद्देश्य अपनी भावनाओं को 'कल्चर' करने--अधिक अर्थपूर्ण और गहरा करने--अर्थात् अपनी ही जमीन पर उठाने और अपनी व्यक्तिगत अनुभूतियों से ही समृद्ध करने का है, तो कालांतर में यह दूसरे प्रकार का रूपप्रकारवाद कवि के व्यक्तित्व में अंतर्हित हो जायेगा, विलीन हो जाएगा, जैसा कि सभी संसार के महान् कवियों के यहाँ देखा जा सकता है। मेरा खयाल है कि संसार के महान कवियो को रूपप्रकारवादी कहना एक तरह का अतिशयोक्ति अलंकार हो जाएगा।

त्रिलोचन या केदार के यहाँ अभ्यास के रूप में, या कहीं-कहीं केदार में 'क्लासिक' के अनुसरण में --मसलन् कालिदास या वाल्मीकि के--यह दृष्टिगत होगा: मगर उनका लक्ष्य, खासकर केदार का, कभी भी किसी विशिष्ट रूप-प्रकार को अपने में एक उद्देश्य बनाना नहीं है : बल्कि, रूप-प्रकार की बुनियाद में जो प्राथमिक अनुभूति का तथ्य होता है, उसके सहारे अपनी ही विशिष्ट अनुभूति को जोड़ना है। इस बात को ध्यान में रखकर अगर हम केदार की कविता परखें तो वह उन अर्थों में रूपप्रकारवादी नजर न आयेंगे जिन अर्थों में आम तौर से रूपप्रकारवादी को लिया जाता है। त्रिलोचन के यहाँ अलबत्ता रूप-प्रकार के, और 'क्लासिक' शिल्प के, प्रति आकर्षण है : यद्यपि उस रूप और शिल्प को साधने के बाद वह उससे कलात्मक मुक्ति उपलब्ध करना चाहते हैं, ताकि अनुभूति अपनी स्वतंत्र प्रखर स्थिति की शक्ति प्राप्त कर सके। [छंद और मुक्त छंद--'नयी कविता' और 'गीत'--को लेकर जो भ्रांतियाँ आज पत्र-पत्रिकाओं में व्याप्त हैं, उनके

कारण एक अनावश्यक विरोध दोनों में ढूँढ़ा और घोषित किया जाता है। अपनी आंतरिक योजना में दोनों के अंदर किंचित्मात्र कोई महत्वपूर्ण या बेसिक विरोध नहीं है।]

अगर कुछ आलोचक केदार और त्रिलोचन को रूप-प्रकारवादी कवि समझते हैं, तो फिर तो उनकी दृष्टि से केदारनाथ अग्रवाल और केदारनाथसिंह में कोई बुनियादी अंतर नहीं रह जाता। त्रिलोचन के मामले में शायद सॉनेट पर उनके विलक्षण अधिकार से धोखा हुआ हो। केवल रूप-प्रकार (फॉर्म) पर भरपूर अधिकार होना कवि को 'सच्चा फॉर्मलिस्ट' नहीं बना देता। एकाएक किसी कवि के संदर्भ में 'रूपप्रकार' शब्द को लेकर 'रूपप्रकारवाद' की ओर दौड़ पड़ना कभी-कभी भ्रामक परिणामों तक पहुँचा सकता है।

रूपप्रकारवादी कलाकार कला के रूप (रूपप्रकार) के लिए जीता है। रूप की उपलब्धि में ही अपने व्यक्तित्व की उपलब्धि करता है। अगर एक हद तक 'रूप' की नोक-पलक के बिगड़ने-सँवरने में कवि के प्राण डूबते-उतराते हैं, तो दूसरी हद पर रूप या रूपों (रूपप्रकारों) के सहज उद्भव और उनकी गतियाँ 'ऑटोमेटिक राइटिंग' और स्वप्न-अंकन को भी साहित्य में जगह देती हैं। एक ओर अज्ञेय की गंभीर सुघरता और गिरिजाकुमार माथुर की नाजुकमिजाजी और भाँति-भाँति के प्रयोग हैं, तो दूसरी ओर 'फार्मलिस्ट' प्रभाकर माचवे के रूपप्रकारों का बगटुट सैलाब है और उस सैलाब में उनकी तैराकी की कला; या रघुवीरसहाय के निहायत 'सेंसेटिव' व्यक्तित्व के निहायत 'सेंसेटिव' रूपप्रकारवादी 'बैरोमीटर चार्ट' हैं या 'ऑटोरिपोर्ट'।

केदार और त्रिलोचन निःसंदेह 'रूपप्रकार' को भली प्रकार समझते हैं। मगर वे इसलिए रूपप्रकारवादी नहीं हैं: क्योंकि वे रूपप्रकार के अंदर के रूप का अन्वेषण नहीं करते हैं, यानी उस 'रूप का' जिसमें वे अपने को उपलब्ध करें : यह उद्देश्य उनका नहीं है। उनके कवि की आत्मोपलब्धि जहाँ हो चुकती हैं वहाँ वह सहज ही उस अधिकृत 'रूपप्रकार' को लाते हैं, ताकि उसमें उसे ढाल सकें। रूपप्रकार बराय रूपप्रकार नगण्य । हाँ, रूपप्रकार के अंदर जिस 'रूप' में वह अपने-आपको कसते हैं वह रूप उनके सृजन-क्षण में तेजी से 'बदलते हुए' आगे आते नव-उपलब्ध व्यक्तित्व का ही होता है। जो कुछ वह खोजते हैं वह और चीज है : वह है अपने व्यक्तित्व का सामाजिक व्यक्तित्व से (जैसाकि वे उसे अपने जीवन के सचेत अनुभवों में प्रत्यक्ष जानते हैं) सार्थक रचनात्मक सामंजस्य और उस सांमजस्य का अपने कवि-मानस के लिए कलात्मक-रचनात्मक मूल्यांकन। और फिर उनका यह व्यक्तित्व उस अंदर के 'रूप' को भी तोड़ता हुआ-सा लगता है, उसमें बँध न पाता, समा न पाता हुआ। (सृजन का एक संघर्ष यहीं प्रत्यक्ष होता है। कलात्मक उद्देश्य भिन्न रखते हुए रूपप्रकारवादी कलाकार भी अपनी भिन्न सीमा में इस 'संघर्ष' के क्षण से गुजरता है।)

रूपप्रकारवादी कवि के व्यक्तित्व से उसकी उपलब्धियों का उद्दष्टि कलात्मक रूपप्रकार हमेशा दूर और बड़ा ही होगा, जिसको प्राप्त करने के लिए वह बढ़ रहा होता, उठ रहा होता है।

मुझे शब्द न दो, न दो।
फिर भी मैं कहूँगा!

अनिर्वच् का जो 'शब्द' है--उसकी तलाश।

केदार या त्रिलोचन या मुक्तिबोध किसी एक रूप प्रकार या फॉर्भ को अपना लेते हैं : और उसी के माध्यम में, जो कुछ कवि के नाते देखते और अनुभव करते हैं, व्यक्त करते हैं। इस अभिव्यक्ति की प्रक्रिया में, निश्चय ही, रूपप्रकार को वे अपने व्यक्तित्व से प्रभावित करते हैं--कभी-कभी अत्यधिक प्रभावित करते हैं, जैसे मुक्तिबोध। उस रूपप्रकार का उनका अपना ठप्पा लगता है। मगर उस 'फॉर्म' का आधारभूत वैशिष्ट्य पूरी तरह सुरक्षित रहता है। मैं एक पुरानी मिसाल दूँ। मसलन्, केशव रूपप्रकारवादी हैं, तुलसी नहीं; यद्यपि चौपाई और दोहे पर तुलसी को अतुलनीय, असाधारण अधिकार है, जितना कि केशव सपने में भी प्राप्त नहीं कर सकते। रूपप्रकार पर यह अधिकार तुलसी को रूपप्रकार से मुक्त कर देता है। तुलसी 'प्रयोग' करते हैं, मगर रूपप्रकारवादी नहीं हैं। रूपप्रकार के प्रति केशव का मोह--रूपप्रकार का ही केशव के लिए कला की सीमा होना--उन्हें उसी के 'चमत्कार' में सीमित कर देता है।

(आधुनिक हिंदी कविता का चौथे-पाँचवें दशक का 'प्रयोगवाद' वस्तुतः रूपप्रकारवादी दृष्टिकोण ही प्रस्तुत करता है। इस दृष्टिकोण के अंतर्गत रूपप्रकार की रचनात्मक (प्रैक्टिकल) उद्‌भावना मूलतः पश्चिम की है। साहित्य की प्रगतिशील धारा--आधुनिक रूप में वह भी मूलतः पश्चिम की है--रूपप्रकारवाद की मुख्य दिशा पर उसका तोड़ थी। कुछ कवियों में एक अर्से तक दोनों 'दिशाओं' या प्रवृत्तियों के प्रति आकर्षण एक आंतरिक संघर्ष पैदा करता रहा। इस संघर्ष ने--जो अनिवार्य नहीं था--उनकी मौलिक शक्तियों को काफी क्षीण किया। प्रयोगवादी काव्य की मुख्य विशेषता या तत्कालीन आकर्षण अगर रूपप्रकारवाद न होता, तो निश्चय ही 'प्रयोगवाद' प्रगतिशील काव्यधारा को कई गुना और अधिक प्रभावित करता, कई गुना अधिक पुष्ट करता। मगर परस्पर-विरोधी बहुत गहरे रंगों की सांस्कृतिक-राजनीतिक ऐनकों से काम लिया जा रहा था। अपनी खुली आँखों से कुछ भी देखने का अभ्यास किसी को नहीं था। खैर!)

शब्द समाज के दैनंदिन भरपूर जीवन-संघर्ष से उद्‌भूत होते और वहीं अपने अर्थ-वैभव को प्राप्त करते हैं। उन्हीं के विद्वत्समाज-सम्मत आकलन की परंपरा--साहित्यिक रूप--कवियों की पूँजी होती है। लेकिन अगर केवल उसी को वह अपनी पूँजी समझकर, समाज में व्यवहृत, जीवंत, अहर्निश आंदोलित, परिवर्तनशील अर्थसमूहों की ओर से उदासीन रहते हैं, तो वह रूपप्रकारवादी--फॉर्मलिस्ट--कवि हो जाते हैं। (सामान्य बहुव्यवहृत और अपने पूरे गहरे अर्थ में।)--दूसरा रास्ता उनके लिए असंभव है। एक और दिलचस्प मिसाल महाकवि बिहारी की है। बिहारी दोहे के रूपप्रकार पर मिटा हुआ है। यह सही है कि बिहारी ने दोहे के आंतरिक रूपप्रकार की भी बहुत गहरी उपलब्धि की है। दूसरी ओर रहीम हैं और कबीर, या तुलसी। गहरे संस्कारी

व्यक्तित्व--जीवन का हर ऊंच-नीच झेले हुए। जिनके दोहे रूपप्रकारवाद से मुक्त हैं। उनके दोहों में एक ऐसा सहज-स्पंदन है जिसने रूपप्रकार को मोम कर दिया है, उनमें कलात्मक रस की उपलब्धि से कुछ अधिक हमें प्राप्त होता है।

यह बात हजार बार दोहराने की नहीं है कि प्रत्येक सफल कलाकृति में रूप और कथ्य अंतिम 'स्टेज' पर एक ही होते हैं। मगर सफलतम रूपप्रकारवादी कला में अंतिम को छोड़कर सभी 'स्टेजों' पर रूप ही कथ्य होता है। रूपप्रकारवादी कला से अन्य प्रकार में आरंभिक 'स्टेजों' के बाद ही रूप कथ्य के अंदर विलीन होने लगता है। देखने में सहज-सामान्य-सा लगने वाला कला का रूप वस्तुतः अतिशय असाधारण और गुंफित भी हो सकता है। जैसे, तुलसी की चौपाई का रूप-शिल्प। यानी उसका वह रूपप्रकार जो कथ्य की गरिमा के अंदर, और उसी के कारण, इतना अलोप-सा हो गया है कि महसूस नहीं होता।

कला में अंतगोगत्वा रूप या रूपप्रकार सफल कला का--कला के अंदर सफल कलाकार का--व्यक्तित्व ही है। कैसा व्यक्तित्व, सवाल यही है : कैसा रूप ?--रूप, जो बाह्य स्थूल रूप के अंदर से उपलब्ध किया जा रहा है, वह कैसा !

केदार अपनी किसी सफल कविता में रूपप्रकारवादी नहीं हैं।

[5]

केदार, नागार्जुन और त्रिलोचन को 'दूसरे सप्तक' में सहयोगी कवि बनने के लिए आमंत्रित किया गया था। केदार और नागार्जुन ने तो दो-टूक शब्दों में सहयोग देने से इन्कार कर दिया था; त्रिलोचन को शामिल न होने के लिए पर्याप्त कारण निकल आये थे। जरा देर के लिए हिंदी-आलोचना-जगत् कल्पना करे कि ये तीनों कवि 'दूसरे सप्तक' में शामिल हैं। फौरन प्रयोगवादी कविता के विवाद-हाल में तीन खिड़कियाँ और खुल जाती हैं और झाँककर गौर से देखते हैं तो--'व्यक्तित्व की खोज' के तीन रास्ते और हाँ, ये रास्ते और रास्तों से अलग हैं जरूर--मगर प्रयोगवादी दौर के रास्ते हैं ये भी। इनको छोड़ देने से प्रयोगवादी युग का नक्शा अधूरा रह जाता है, बल्कि बहुत भ्रामक हो जाता है। इतनी बात तो आईने की तरह स्पष्ट है।

इस भ्रम की पोषक यह व्यापक-सी धारणा है कि प्रयोग और प्रगतिशीलता विरोधी चीजें हैं। पिछले दशकों की साहित्यिक धाराओं की चर्चा प्रायः इसी धारणा की पृष्टभूमि में हुई है। 'प्रगतिशीलता' का संबंध विचारों से है--प्रायः समाजवादी या मार्क्सी : जिनमें मुख्य तत्व साम्राज्यवाद और पूँजीवाद का विरोध और मजदूर-किसान के अपने स्वत्वाधिकार के आंदोलनों के लिए समर्थन है। 'प्रयोग' का संबंध शिल्प और कथ्य में भावनाओं के नवयुगीन संदर्भों की खोज से है, और इस 'खोज' का उद्‌देश्य कलाकार के

सृजनात्मक व्यक्तित्व का परिष्कार और विशेष स्पष्टीकरण है। मार्क्सवादी कवि प्रयोग के क्षेत्र में उतनी ही दिलचस्पी ले सकता है, और लेता है, जितना कि मार्क्सवाद-विरोधी कवि। केदार की एक छोटी-सी प्रसिद्ध कविता है :

मैंने उसको
    जब-जब देखा
    लोहा देखा,
    लोहा जैसा--
    तपते देखा,
    गलते देखा,
    ढलते देखा,
मैंने उसको
    गोली जैसा
    चलते देखा !

यह 'फार्मलिस्ट' कविता नहीं है। यह प्रगतिशील कविता है, और प्रयोगवादी कविता है। अंतिम दो पंक्तियों में एक विस्फोट जैसा है। स्थिति जो क्रम से परिवर्तित होती आगे बढ़ रही है सहसा अपने निशाने पर आकर बिजली की तरह स्पष्ट हो उठती है। यह किसी क्रांतिकारी का संक्षिप्त जीवन-चरित है। भगतसिंह ? आजाद ? पाठक जिसको चाहे इस चित्र में रखकर देखे। प्रखर बौद्धिक विकास के सार्थकतम जीवन का भी प्रतीक यह चित्र हो सकता है, या अनवरत उद्योगशीलता का यह चित्र लें :

तेज धार का कर्मठ पानी,
चट्टानों के ऊपर चढ़कर,
मार रहा है
घूंसे कसकर
तोड़ रहा है तट चट्टानी !

या अंधड़ का यह चित्रण, जो प्रथम पाठ में रूपप्रकारवादी लगता है--एक सशक्त चित्रण, चित्रण के लिए; आँधी की अपनी आवाज में :

मैं घोड़ों की दौड़
    बनों के सिर पर तड़-तड़ दौड़ा,
पेड़ बड़े से बड़ा
    चिरौटे-सा चिल्लाया चौंका,
पत्तों के पर फड़-फड़ फड़के--
    उल्टे, उखड़े, टूटे,
मौन अँधेरे की ढालों पर
    साँड़ पठारी छूटे !

यह प्रकृति की एक दुर्दम्य शक्ति का चित्रण है। उसकी अहंता का एक रूप। पर, जब हम फिर गौर से देखते हैं तो यह प्रथम पत्रिका 'मैं' का स्वयं मनुष्य की ही अहंता, अपनी शक्तिमत्ता का एक उल्लासमय प्रदर्शन नहीं ? 'ओलिम्पिक' खेलों के पदक प्राप्त करने वाले और उनके प्रेमी (दर्शक या समाचार-पाठक) इस भाव का सर्वाधिक आनंद ले सकेंगे।

जब केदार एक अन्य प्रकार का, चिंताकुल मौन भाव का चित्र पेश करते हैं, जो प्रायः वह नहीं करते, तो हम उसमें भी एक स्वस्थ जिम्मेदार नागरिक को ही चिंतारत देखते हैं। उसके 'मूड' ने प्रकृति को रंग दिया है। 'इमेज' अपनी मार्मिकता में इस 'मूड' को और गहरा करते जाते हैं, जो एक व्यक्ति का ही नहीं, शायद पूरे परिवेश का है :

गींज गये कपड़ों-सा उतारा हुआ अम्बर है,
मैली हुई मौन शाम फैली है
    अनकही बातों को,
और हवा डूब गयी नावों की,
    पाल लिए चलती है।
नाटकीय रंगों का रंगमंच सूना है
न ही कोई नर्तक है,
    न ही कोई वादक है,
        न ही कोई गायक है;
हर्ष की हिलोरों को
    पाँव से दबाए खड़ा सैनिक है।
काई मढ़े पानी में सोई कहीं शोभा है,
चंचला अचंचल है--चारों ओर--
केश खोले चिंता है।
धुएँ की अवस्था में देश-काल धुँधला है।
मेरा मन ऐसी शाम देखकर सिहरता है,
रात जाने कैसी हो, मेरा मन डरता है।

कुछ चीजें कविता का भाव होती हैं, कविता नहीं। कभी-कभी इन दोनों में अंतर बहुत थोड़ा होता है, मगर उतना ही दोनों को दो ख़ानों में रखने के लिए काफ़ी हो जाता है। सचेत रूप से एक उद्देश्य रखकर कवि-कर्म में प्रवृत्त होने में कोई हानि नहीं,--कई बड़े कवियों ने ऐसा किया है--मगर (पंतजी के शब्दों में) 'तार सधे हुए होने चाहिएँ' इतने, कि हर चीज 'कसी हुई' निकले। जिसका निर्माण सचेत रूप से उद्देश्यपरक हुआ हो--ऐसे साहित्य के बारे में मतभेद अवश्यंभावी है। मुझे तो उद्देश्यपरक साहित्य प्रायः पसंद है; मैं जान-बूझकर उसकी कलात्मक ख़ामियों को नजरअंदाज कर जाता हूँ--मगर उसमें मानववादी आस्था और विश्वास के स्वर सचमुच विशेष दृढ़ और सच्चे हैं, और

शैली में व्यक्तित्व का ओज है। फिर अगर कभी-कभी 'र्हेटरिक' प्रत्यक्ष है, शिल्प प्रभावकारी है, मुहावरा टकसाली नहीं है, तो भी मैं विरस बहुत नहीं होता। यद्यपि कुछ तो मज़ा किरकिरा ज़रूर होता है। निरालाजी का 'कुकुरमुत्ता' मुझे इसी लिए पसंद नहीं। और भी कई कविताएँ। दरअसल प्रत्येक अच्छे और बड़े कवि में ऐसी अनेक कविताएँ निकल आयेंगी जिन्हें शिथिल और असफल कहा जायेगा।

हिंदी खड़ी बोली साहित्य भाषा पूरी तरह अभी तक स्थिर नहीं हुई है। कारण यह भी है कि उसने संप्रति उर्दू से कुछ भी लाभ उठाने की कसम खा ली है। अतः अब उसके अपने मुहावरे ढल रहे हैं--लिखित साहित्य में जो छपकर सामने आता है, उसमें जनता की बोलचाल उससे अलग है। केदार के यहाँ मुझे इस दृष्टि से कई चीज़ें खटकती हैं। मसलन् इसमें :

समुद्र वह है
जिसका मौन टूट गया है
चोट पर चोटें सहे-सहे !...

'चोट पर चोट सहते-सहते' अधिक शुद्ध होता। कभी-कभी शब्दों का जोड़ (कम-से-कम मुझे) अनमिल-सा लगता है। जैसे 'गायक पखेरू' (पृष्ठ 110), या 'रात-दिवस'(पृष्ठ 39) इस तरह के टोप बाद की और इधर की कविताओं में नहीं हैं। गद्यात्मकता की शिकायत भी की जा सकती है, किसी-किसी रचना में। (पृष्ठ 112, 113, 114)।

'तुम साथ थे, मैं चल रहा था, मैदान में, नंगे पाँव, पिता के साथ, पुत्र की तरह' इत्यादि (पृष्ठ 113)

'हमारी आँखें जहाँ जिस किसी फूल को देखती हैं' (पृष्ठ 112) में किंचित अतिरिक्त-सी भावुकता है, भावना का विज्ञापन-सा; एक 'स्टेटमेंट' है; इसीलिए रचना ललित काव्यमय गद्य-मात्र होकर रह गयी है।

केदार की अभिव्यक्ति में एक भोलापन (naivite) कभी-कभी उनके तथ्य को सपाट और प्रभावहीन कर देता है; जैसे 'लेखक की स्वतंत्रता' (पृष्ठ 79) में। पूरी कविता मात्र 'स्टेटमेंट' है। स्वतंत्रता संघर्ष से अर्जित की जाती है; माँग कर नहीं मिलती। बहरहाल इस तरह की चीज़ें सहज ही पत्रकारिता की शैली में ढल जाने का खतरा मोल लेती हैं। यह प्रायः वहाँ अधिक होता है जहाँ अति-परिचित प्रतीकों और उपमाओं को ही मुख्य रूप से बाँधा गया हो। मसलन् 'अंधकार' और 'प्रकाश' के विरोधी प्रतीक किसी भी प्रकार की सार्थक नवीनता पैदा करने के लिए बहुत कठिन पड़ेंगे। (पृष्ठ 116)

कभी-कभी किंचित लापरवाही भी दृष्टिगत होती है--'हथौड़े का गीत' की प्रारंभिक पंक्तियाँ मुझे अच्छी लगती हैं :-

मार हथौड़ा
कर कर चोट

लाल हुए काले लोहे को
जैसा चाहे वैसा मोड़।
मगर

जब कहते हैं :

थोड़े नहीं--अनेकों गढ़ ले
फ़ौलादी नरसिंह करोड़।

तो मैं 'अनेकों' और 'करोड़' को रेखांकित करता हूँ--और देखता हूँ कि 'करोड़' 'अनेकों' की परिभाषा में आया है। बात नहीं जमती। ऐसी लापरवाही का सबूत अंतिम पंक्ति है :

जल्दी छवि से नाता जोड़ !

फौलादी नरसिंह से कहा जा रहा है--जल्दी कर, छवि से नाता जोड़ ! स्पष्ट है कि 'छवि' का आशय यहाँ मात्र छायावादी होकर रह गया है। और भी कुछ उदाहरण शिथिल मुहावरों, अशक्त शब्द-योजनाओं आदि के दिये जा सकते हैं। पर वे सब कवि के स्वस्थ शक्तिशाली व्यक्तित्व के मुख्य प्रभाव को इस प्रतिनिधि संकलन में विशेष कम नहीं करते।

कोई आठ साल हुए 'कृति' के कविता-विशेषांक में मैंने नागार्जुन के संबंध में लिखा था :

'भावनाओं का सामाजिक परिवेश में विश्लेषण, हृदय को छूने वाला स्वर, उसके स्वर की निर्भीकता, उसका दो-टूकपन, और पूरे नाटकीय 'फोर्स' के साथ अनेक चरित्रों के संग-संदर्भ चित्रण...यही कुछ है जो नागार्जुन की तगड़ी चीज़ों को मेरे लिए अत्यंत प्रिय और महत्वपूर्ण बना देती है।'

और फिर--

'केदारनाथ अग्रवाल भी शायद मुझे इसीलिए प्रिय है।...मैं उसकी कविताओं में उसका दिल जैसे आर-पार देखता हूँ और वह दिल कितना हर तरह के 'हम्बग' और 'स्नॉबरी' से पाक है ! वह सहज ही किसी जादूगरी में फँसता नहीं...जो बात या उक्ति समझ में नहीं आती, वह उसे खामखाह ही गूढ़ नहीं लगती। एक होता है कविता का अपना मर्म, शब्द जिसका माध्यम मात्र होता है : वह मर्म जैसे चमकती हुई आँखें रखता हो--स्पष्ट, गम्भीर और सहज-तरल ! केदार उसी को खोजता है।

'उसके छंद में एक ठेठपन मिलेगा, जो ठोस अनुभवों का तेवर लिए हुए होता है। उसकी वाणी में एक कस-बल है जो बुंदेलखंड का ही नहीं; उसका तो है ही; हर स्वस्थ मेहनतकश नौजवान का भी है। उसके शिल्प में 'बारीकियाँ' न होते हुए भी, उसके अंदाज़ में जोर और असर है, और एक अजीब-सी ताज़गी। इधर की उसकी कविताएँ, प्रेम और प्रकृति से संबंधित, अपने ढले हुए सौंदर्य में हजार शिल्पगत बारीकियों को शर्माती हैं।

'केदार जिस खोज की तरफ़ बढ़ा है वह है, समाज का सत्य और प्रकृति का खुला नैसर्गिक सौंदर्य। अन्याय के ख़िलाफ़ और मेहनत के पक्ष में वह बेझिझक बोलता है। उसके

व्यंग्य में दोहरी-तिहरी धार नहीं, सीधी एक धार। मगर वही बहुत काफ़ी होती है। ऐसा खुले हृदय का उन्मुक्त साहसी कवि सौंदर्य और प्रेम की सुषमा और सौष्ठव पर दृष्टि डालता है तो सहज ही अपनी अनुभूतियों से हमें मोह लेता है। इतना खुला प्यारापन जिसमें दिखावट और बनावटीपन का नाम नहीं; साथ ही इतना गंभीर और मर्यादित जितना कि गहरा प्रेम वास्तव में होता है; एक ऐसा उघरापन भी, जैसा कि प्रकृति के खुले-फैले प्रांगण में सब ओर मिलेगा।...नदी, पेड़, पत्ती, फूल, टहनी, चट्टान, हवा वातावरण-विशेप--सब हमारी आँखों में खुब-सा जाता है। किसान और मज़दूर के हाथ और रग-पुट्ठे कहीं हमारे हाथों और रग-पुट्ठों को रगड़ते हुए से लगते हैं और अपना वेग और सहज शक्ति बरबस ही हमें महसूस कराते हैं। उनके यथार्थ वातावरण की गृहिणी, उनके किसान, युवक और युवती, और खेतों की सजीव हरियाली और भोली-भाली रंगीनी अपना परिचय हमेशा के लिए हमसे दृढ़ कर लेती हैं। क्यों न फिर यह कवि मुझे विशेष प्रिय हो--सादगी की कुछ लग़ज़िशों और कहीं-कहीं (कुछ पहले तक की कविताओं में) सपाटपन के भी बावजूद।'

मोहभंग का साक्षात्कार और संघर्ष

मेरी पीढ़ी के साहित्यकारों को आज के कवियों में 'दोष' तो अनेक दिखायी दे सकते हैं, मगर जो युगीन विशेषताएँ आज के अनेक नये कवियों के यहाँ हैं। मसलन् रुग्ण अंधविश्वास के विरुद्ध आलोचनात्मक साहसिक अभिव्यक्ति...या मसलन् युद्धोत्तेजना पैदा करने वाली शक्तियों, प्रक्रियाओं और नीतियों का विरोध...यानी, विशेषताएँ जो वास्तव में मेरी पीढ़ी की रचनाओं में विरल ही हैं : या वे मिलती भी हैं तो प्रायः र्‌हेटरिक की स्फीति के साथ। प्रमुख अपवाद अलग हैं। यहाँ अलंकृत शब्द-योजनाएँ नहीं, समासबद्ध झनकारों की गूँजे नहीं,--बल्कि आज के जीवन के बीच से उठकर आज की कविताएँ उस गहरी वास्तविक चिंता को व्यक्त करती हैं, जिसका संबंध मानव-मात्र के जीने-मरने से हो उठा है। उनमें संस्कृति और राजनीति के ठोस आधारों को स्पष्ट करने की माँग होती है। क्योंकि 'आदर्शों' और आश्वासनों के आडंबर और ललित प्रचार से युवा पीढ़ी बहुत ऊब चुकी है।

दिविक रमेश इसी युवा पीढ़ी का कवि है। अपनी अभिव्यक्ति में भले ही उसकी कविताएँ कहीं-कहीं मुझ जैसे लोगों को किंचित् अटपटी भी लगें, मगर हिंदी की सभी श्रेष्ठ पत्र-पत्रिकाओं में उसने अपना निश्चित स्थान बना लिया है, और यह उसका पहला ही संग्रह नहीं, उनका जो तेवर है वह ईमानदार और सच्चा है और कविता में जान इसी से आती है। इनमें एक इमेज जो बार-बार उभरकर सामने आता है वह ऐसा दायित्व-भार ढोने का है, जिसका अर्थ आज की पीढ़ी के सामने स्पष्ट नहीं।...नामहीन -सी कोई सड़क है...या दिशा है वह । और युवा पीढ़ी, युवा कवि, उसमें दिग्भ्रमित-सा डोल रहा है, डोलने को बाध्य है । और उसके मन में प्रश्न उठता है कि इस स्थिति के लिए कौन उत्तरदायी है ? क्या वही नेतृत्व, वही गुरुजन और नेता नहीं, जो उसे गुमराह करते आये और आज भी गुमराह करते जाना चाहते हैं ? कविताएँ पढ़िएँ तो लगता है कवि पलटकर उनसे जवाब तलब कर रहा है।

इन कविताओं में एक निश्चित व्यक्तित्व उभरता है। साफ लगता है कि अभी उसे उभरना और निखरना है; और भी स्पष्ट और 'तीखा' होना है। होना भी चाहिए : क्योंकि

उसके और अपने समाज के जीवन में दबी हुई बहुत-सी तल्खियों को वह प्रकट कर रहा है। शुरू की कविताओं को आखीर की कविताओं से गौर से मिलाकर देखें तो मालूम होगा कि दिविक रमेश ने काफ़ी शक्ति अर्जित की है। मगर मैं फिर भी एक और ऊँचे स्तर को लक्ष्य कर इसको एक सबल शुभारंभ ही कहूँगा। हार्दिक प्रसन्नता के साथ। अपनी अनुभूतियों को और भी सबल अभिव्यक्ति प्रदान करने के लिए अपनी भाषा के साथ उसे अभी और बहुत कुछ संघर्ष करना है। उसकी पीढ़ी के अनेक कवियों के लिए भी यही बात कही जा सकती है।

इस कवि की समस्या क्या है ? इसे हम शायद इस प्रश्न के रूप में स्पष्ट कर सकते हैं जो वह अपनी कविताओं में पूछता हुआ-सा लगता है : 'आज हमारी राजनैतिक-सांस्कृतिक-सामाजिक विडंबनाओं के साथ हमारी युवा पीढ़ी के व्यक्तित्व का समीकरण क्या है ? सीधे-सीधे : आज किन मूल्यों से नयी पीढ़ी अपना सामंजस्य स्थापित करे... वह 'नेताओं' की मोहक आदर्शवादी उद्घोषणाओं में अटूट विश्वास रखकर चली, प्राणपण से उनके दिखाए पथ पर आरूढ़ हुई। मगर बहुत दूर नहीं गयी थी कि उसने क्या देखा कि आदर्शों के पर्दे में कुछ व्यक्तियो और गिरोहों के अपने छिपे हुए स्वार्थ काम कर रहे हैं। इस प्रकार युवा पीढ़ी केवल उनके स्वार्थ-साधन का माध्यम-भर बना ली गयी। यह विस्फोटक ज्ञान प्राप्त कर, आज का युवक एक अजब वितृष्णा, खीझ और आक्रोश से भर उठता है। और उसी तीखे मोहभंग को वह अपनी कविता-यात्रा में व्यक्त करने को बाध्य होता है। यही उसकी रचनाधर्मिता का लक्ष्य हो जाता है--अपने व्यक्तित्व को अक्षुण्ण रखने, उसे बचाने और पुष्ट करने के लिए युवा व्यक्ति का एक नया संघर्ष । यह संघर्ष उस अभिव्यक्ति को प्राप्त करने की ओर भी अग्रसर होता है, जिसमें यह अनपेक्षित रूप से हताश करने वाला युगीन यथार्थ, यही सहसा ही चौंकाने वाला साक्षात्कार, व्यक्त हो सके... यह मोहभंग।

अनेक स्थलों पर, इस प्रकार, सीधे-सीधे कहने की जो बातें होती हैं, वे इन कविताओं में आधुनिक पाठक के सामने आती हैं। अभिव्यक्ति की मनोवैज्ञानिक प्रक्रिया इस पाठक को अनेक स्थलों पर बाँधेगी, और उसे सोचने के लिए मजबूर करेगी। मुझे इस संग्रह में नयी पीढ़ी के मन और मस्तिष्क की एक ऐसी झांकी मिली जो सच्ची है और अर्थपूर्ण।

['रास्ते के बीच', नामक काव्य-संकलन, की भूमिका, से (1977 ई.]

एक आधुनिक विदेशी हिंदी विद्वान का मौलिक हिंदी काव्य-संग्रह

शायद किसी भी देश की चेतना में उसकी राष्ट्र भाषा का इतना गहरा और व्यापक महत्व न होगा जितना कि चेक भाषा का अपने देश में। आरंभ से ही इस देश के इतिहास में दो संघर्ष लगभग समानांतर चले और एक-दूसरे पर बराबर गहरा प्रभाव पड़ता रहा । एक तो था राष्ट्रीय स्वतंत्रता का संघर्ष, दूसरा राष्ट्रीय चेक भाषा की अस्मिता को सुरक्षित रखने का, यानी रोमन के साम्राज्य, लातीनी प्रभुत्व, से मुक्ति का संघर्ष।

इस गहरी भावना का प्रभाव हम डॉ. ओडोनेल स्मेकल महोदय के प्रस्तुत कविता-संग्रह में भी स्पष्ट देख सकते हैं। मातृभाषा के प्रति यह समर्पित भाव यहाँ हिंदी के प्रति भी भरपूर लक्षित होता है। इसे देखकर स्वाभाविक है कि हम हिंदी भाषा-भाषी गदगद हो उठें, और इस विदेशी कवि के प्रति सांस्कृतिक कृतज्ञता से भर उठें।

डॉ. ओडोनेल स्मेकल ने एक शोधार्थी के उत्साह के साथ हिंदी की स्तरीय साहित्यिक भाषा का अध्ययन किया है। तीस वर्षों से आधुनिक परिनिष्ठित स्तरीय हिंदी ही उनका ओढ़ना-बिछौना रही है। भारत और हिंदी के लिए अपनी भावुकता और भावना में साहित्यिक पुस्तकों की नर्मी और गर्मी को घुला-मिला कर इन्होंने अपनी पद्य रचनाएँ तैयार की हैं। जो 'मेरी प्रीत तेरे गीत' में संग्रहीत हुई है। कवि ने इन कविताओं को अपनी 'स्नेहमयी धर्मपत्नी हेलेना' को समर्पित किया है।

लगता है प्रो. स्मेकल ने सुमित्रानंदन पंत की 'ग्राम्या' और 'युगवाणी' की छोटी-छोटी कविताओं को सुविधाजनक माडेल के रूप में चुन लिया है। इसी प्रकार समानांतर बिंबो और उपमाओं वाली कटी-छटी-सी पंक्तियों की कविताएँ भी, जो नयी कविता युग के मध्य में, और उसके बाद, प्रचलित हुईं, उनके सामने रही होंगी । कभी कभार ये कविताएँ प्रगतिशील कवि केदारनाथ अग्रवाल की छोटी-छोटी कविताओं की भी कुछ याद दिला देती हैं खुशी की बात यह है कि इसके बावजूद कवि किसी हद तक अपना निजी व्यक्तित्व, और किंचित निजी शैली भी प्रस्तुत करने में सफल हुआ। यह शैली अभी पुष्ट तो नहीं हुई है, पर आगे चलकर हो सकती है--अगर कवि को समझदार सहायक और संशोधन कर्ता मिलते गये।

आश्चर्य की बात यह है कि केदार या नागार्जुन या भवानीप्रसाद मिश्र या रघुवीर सहाय और सर्वेश्वरदयाल सक्सेना के यहाँ हमारी व्यावहारिक हिंदी को जो पुष्ट आधुनिक आधार मिलता है उससे 'मेरी प्रीत तेरे गीत' कोसों दूर है। यह माना कि हर सच्चे कवि की अपनी अलग शैली को हम तभी स्वीकार करते हैं जब वह भाषा के मूल स्वरूप को खंडित न करती हो । इस स्वरूप के भ्रष्ट होने पर हम उसे शैली न कहकर भाषा का विकृत प्रयोग ही कहेंगे। यह एक सामान्य तर्कसंगत दृष्टिकोण है। इस दृष्टि से देखने पर हमें स्मेकल महोदय की कविताओं की भाषा जगह-जगह पर उखड़ी हुई और अस्वाभाविक लगती है। हिंदी बोलने वाले उस ढंग से बात को कभी नहीं रखेंगे जिस ढंग से अनेक स्थलों पर स्मेकल महोदय ने रखा है । जैसे, देखिये, यह कितना खटकने वाला प्रयोग है :

भला पिलाओ तो
मुझे कोई पान (पृ.78)

'पान' यहाँ पेय के अर्थ में आया है। पूरा छंद इस प्रकार है :

भला पिलाओ तो
मुझे कोई पान
तृष्णा में चिड़िया
चहकने जब लगती
होता मैं तृपालु
नादान

'जब चिड़िया तृपा में चहकने लगती' इस तरह हिंदी में कोई नहीं बोलेगा। वास्तव में यह हिंदी है ही नहीं। संग्रह की अन्य अनेक कविताएँ भी हिंदी के सामान्य पाठक को सहज ही ग्राह्य न होंगी। मेरी जानकारी में तो जिन्होंने भी इस संग्रह को उलट-पलट कर देखा है, मेरी ही जैसी उनकी भी प्रतिक्रिया हुई है

हमें कुछ कविताएँ (विशेषकर खंड पाँच और छः की) अपेक्षाकृत अधिक स्वाभाविक, बल्कि कहीं-कहीं मर्मस्पर्शी भी लगती हैं। खंड तीन की कविताओं में मातृभाषा हिंदी के प्रयोग पर बल और विदेशी भाषा अंग्रेजी के बहिष्कार पर आग्रह का भाव मुख्य है। उदाहरण के लिए।

मरीचिका भारत की

'निर्जल हो गयी वह सुजला भूमि/स्वदेशी
लोकाचार बिसरा/ परदेशी भूषाचार ओढ़े/
इठलाती/हलकी फुलकी नर्तकी के समान

'निष्प्राण हो गया वह सार्वभौम प्राणी/

विदेशी बोली में प्रवीण/निजी माता की
वाणी को/तुतलाता/लंगड़े-लूले तोते
के समान

'नेत्रहीन हो गया वह मृगनयनी महल/
जहाँ वातायन बंद किये मालिक/खगोल
के आलोकी वेश में/ अपने को विश्व
नागरिक/बतलाता/काग़ज़ी पहलवान
के समान

इस कविता में व्यक्त दृष्टिकोण बहुत उचित और सही है। अभिव्यक्ति प्रभावशाली है। इस कविता की जब मैं अन्य अनेक कविताओं से तुलना करता हूँ तो यह महसूस किये बिना नहीं रह सकता कि इस कविता को निश्चय ही किसी के बहुत सधे हुए हाथों ने सँवारा-सुधारा है। इसके विपरीत देखिये ये अनगढ़-सी पंक्तियों।

प्रेम है तुमसे/माता की वाणी/प्रेम है/
चाहता हूँ तुमको/पंछी जैसे चाहते हैं/
चतुर्विम समष्टि में/निज घोंसले...
इस निर्जल मरुभूमि में/देता हूँ अपने प्राण-/
लो मेरी नाड़ियों में छिपा है तुम्हारे लिए/
सलिल से त्राण

रेखांकित शब्दों का आखिर क्या अर्थ है ? इसके विपरीत, खंड पाँच में ही ये पंक्तियाँ निश्चय ही कविता लगती हैं :

'मेरी आँखें यहाँ नहीं है अब/ वहाँ हैं
दूर--/हिमवंत महापर्वतों की ढलानों
में/दीपकों तपे ताँबे-सी देह के बहते/
पसीनों के देश में/ वहाँ-/ बिना खिड़की
मिट्टी के झोपड़ों /अँगीठियों के द्वार पर/
लपट के/दहकते सूरज के देश में

'मेरा जीवन यहाँ नहीं है अब/वहाँ है--
दूर-पुरातन भाई बांधवों के करघों में/
दीपकों/पयोधरा गंगा के देश में/वहाँ--

'संतरे नारंगी के ऊँचे/झोपड़ पट्टों के नीचे/
ताड़ कुंजों के तले/प्यासे लोगों/दुख के

झुंडों/हडीले हाथों की मुट्ठियों में

इसमें 'पयोधरा गंगा' और 'हडीले हाथों की मुट्ठियों में' प्रभावकारी प्रयोग है। मगर 'भाई-बांधव' सही नहीं है। सही होगा 'भाई बंद' या 'बंधु-बांधवों' महासागर के लिए 'घाट' शायद ही कभी आता हो। 'घाट' नदी का ही होता है; सागर का तो 'किनारा' ख़ैर। एक विदेशी की रचना होने के हिसाब से कविता अच्छी है। यहाँ भी किसी कुशल कवि-मित्र का हाथ थोड़ा-सा झलकता है, जिसने कविता में ज़रा सलीक़ा पैदा कर दिया है। ऐसा मेरा अनुमान है। इसी प्रकार और भी कुछ कविताएँ इस खंड में हैं, जो पठनीय हैं।

मेरा ख़याल है कि अधिक विस्तार में जाने की जरूरत नहीं है। किसी विदेशी भापा में मौलिक सृजन के बहुत ही थोड़े ऐसे उदाहरण मिलते हैं जो वास्तव में सफल हुए हों। यों किसी भी भापा के गंभीर अध्ययन के क्रम में उसमें गद्य-पद्य लिखने का अभ्यास करना बहुत उपयोगी होता है। लातीनी, अरबी, फ़ारसी और संस्कृत के विद्यार्थी और विद्वान युगों से बराबर ऐसा अभ्यास करते आये हैं। यही हाल अंग्रेजी और फ्रांसीसी का है। बीसवीं शताब्दी के आरंभ तक भारत में एक अरसा रह जाने वाले अंग्रेज़ फारसी और उर्दू में शेर कहने का काफ़ी सफल प्रयास करते थे। मो. अब्दुल हक के एक प्रसिद्ध लेख के अनुसार न केवल पुरुप बल्कि दो-एक अंग्रेज स्त्रियाँ भी ग़ज़ल के कुछ शेरों में अपनी यादगार छोड़ गयी हैं। कुछ अंग्रेज़ उर्दू कवि मुशायरों में जाकर ग़ज़ल भी पढ़ते थे। बेशक ये सब उस्तादों से इस्लाह लेते थे, जैसा कि हिंदुस्तानी शायर भी करते थे। 'माधुरी' के पुराने अंकों में ग्रियर्सन और अन्य कुछ अंग्रेज़ हिंदी विद्वानों की हिंदी पद्य पंक्तियाँ पढने को मिल जायेंगी वे लगभग द्विवेदीकालीन ढंग के रोचक नमूने हैं।

अभी जब तक हिंदी का स्वरूप स्थिर नहीं होता और आज तो गद्य-पद्य दोनों में लापरवाही काफ़ी बढ़ गयी है--तब तक, आप चाहें तो कह सकते हैं कि हिंदी में लिखना सबसे आसान है । क्योंकि आम तौर पर कोई रोकने-टोकने वाला नहीं रह गया है। छंदोबद्ध कविताएँ तो छंद की दृष्टि से प्रायः ही ग़लत होती हैं। यह तो अवांतर प्रसंग आ गया। कहने का तात्पर्य यह था कि विदेशियों को तो और भी अतिरिक्त रूप से सावधान होने की ज़रूरत है। मेरी राय में भापा के जिस स्वरूप को भापा बोलने वाले अस्वीकार करते हैं, उससे यथाशक्ति बचना ही चाहिए । हिंदी का आज का दौर बीस-तीस साल पहले के दौर से भी काफ़ी बदल चुका है।अब लिखने और पढ़ने वाले दोनों सरल स्वाभाविक जानदार भापा ही पसंद करते है। जिस भापा में 'साहित्यिकता' की अतिरिक्त बू आये, वह हास्यास्पद-सी लगती है। बीस-तीस साल पहले ऐसा नहीं था। चूँकि डॉ. ओडोनेल स्मेकल महोदय हिंदी के एक समर्पित सेवी हैं, मेरी राय में उन्हें हिंदी के आज के जीवंत मुहावरे के निकट आना चाहिए।

उल्लेखनीय है कि संग्रह की चार-पाँच पृष्ठ की भूमिका राज्यसभा सदस्य श्री रामचंद्र भारद्वाज ने लिखी है, जो संसदीय साहित्य संस्कृति संगम, नयी दिल्ली के

संयोजक भी हैं। इन्होंने भाषा-प्रयोग या शिल्प की दृष्टि से नहीं केवल भावपक्ष से, और अत्यंत सहानुभूतिपूर्वक, विचार किया है। यही एक तरह से उचित भी था । आरंभ में भारत के विदेश मंत्री श्री पी. वी. नरसिंहराव ने जिन बातों को रेखांकित किया है वह भी दृष्टव्य हैं : प्रो. स्मेकल ने देश के जनजीवन को समीप से निरखने-परखने की चेष्टा की है... । यह नया संग्रह...इस बात का प्रमाण है कि प्रो. स्मेकल को स्वाधीनता सर्वाधिक प्रिय है तथा मानव जगत में व्याप्त विषमताओं के प्रति उनके मन में सच्चा आक्रोश है। स्थान-स्थान पर व्यंग्य की पैनी धार और अभिव्यक्ति की विशिष्टता मन को छू जाती है। "इस विदेशी भारत प्रेमी विद्वान के सच्चे उत्साह को देखते हुए श्री राव के साथ उदार भाव से मैं भी हिंदी कविता के क्षेत्र में उनका स्वागत ही करता हूँ । केवल इतना और जोड़ना अपना कर्तव्य समझता हूँ कि प्रो. स्मेकल यदि सचमुच गंभीरता से हिंदी में कविता लिखने का संकल्प रखते हैं तो उन्हें अपनी 'कविता' की भाषा पर एक बार फिर तटस्थता और गंभीरता से विचार करना होगा। यों कभी-कभी तफ़रीह के लिए शौक़िया कुछ पद्य रच लेना अच्छा ही है; कुछ बुरा नहीं। मगर उसे छपाने की जल्दी नहीं करनी चाहिए।

यह संग्रह सचित्र है। और चित्र विशिष्ट हैं। अतः अंत में हाना उर्वानोवा के चित्रों का जिक्र न करना जुल्म होगा। कुल छः एचिंग हैं--संग्रह के हर खंड के आरंभ में एक-एक। प्रथम खंड का शीर्षक ही संग्रह का नाम है, यानी 'मेरी प्रीत तेरे गीत' : और यही आवरण चित्र का विषय है। प्रेम संगीत का उठान, बाँके मेहराबों की उपमा जैसे। उन्हीं के नीचे धुँधले वातावरण में खोया-खोया सा कवि या प्रेमी । दूसरा खंड : 'एक से बढ़कर एक सुंदरी': यहाँ घूँघट के पट की तहों बीच एक नारी मुख है जो किसी रवींद्रीय नायिका के साँवले नक्श की याद दिलाता है । ऐसे ही तीसरा भी । मगर यहाँ प्रतीक्षा का गूढ़ रहस्य होंठों में, पतले हाथों की ओट, दबा हुआ है, और आँखों में प्रतीक्षा का करुण धीरज। शेष खंड 'हरे कृष्ण हरे राम' छायाओं के बीच कीर्तननृत्य की फिसलती दीर्घ बाँहें; 'रामराज्य'--पूरे चित्र के बीचोबीच एक विशाल मगर खंडित जर्जर खड्ग और पार्श्व से क्षितिज तक 'आदर्श प्रजा के धुँधले शिरों का समुद्र-सा अंतिम खंड 'अनंत क्षितिज के देश मेरे' हैं : इस चित्र में सुदीर्घ विस्तार, काल और स्थान की नाना ऊर्ध्व और समतल ज्यामितिक गतियों के बिंबात्मक प्रतीक हैं । भारत की संस्कृति के अनेक आयामों को घेरने की चेष्टा यहाँ हुई है। ये चित्र देर तक मनन की अपेक्षा रखते हैं। निश्चय ही उर्वानोवा कोई सामान्य आर्टिस्ट न होंगी। रवींद्र के गीतों और दूर तक डुबा ले जाने वाले चित्रों का गहरा प्रभाव उनमें परिलक्षित होता है। बहुत हद तक पुस्तक के 'दाम वसूल हो जाते हैं।'

अश्क आधी मंज़िल पर

इस नाविल का हीरो कौन है--बस्ती गजा, जालंधर, लाहौर और शिमला की तंग बोसीली गलियों के नीचे-नीचे मकान और उनकी दीवारें (जो उनके बीच रहने वालों की किस्मत पर हर तरह से छा जाती है) या, इन बस्तियों का तंगदस्त, तगंदिल छोटे बाबू लोंगों का दबा-घुटा तबका (जिस पर हाय-हाय की फटकार बरसती ही रहती है) या कि इसी तबके की कहानी सुनाने वाला उस तबके का एक भावुक नमूना, खुद चेतन ?

मध्य वर्ग का यह व्यक्ति, चेतन, अपनी अकेली हस्ती को बहुत बड़ी चीज़ समझता है। यह बड़ी और क़ीमती चीज जब ठोस हक़ीक़त की चट्टानों से टकराती है, तो जतन से पाले हुए उसके सपने, प्यारी-प्यारी विडंबनाएँ, और सुनहरे आदर्शवाद सिसकियाँ लेने लगते हैं। ठोकरों पर ठोकरें। जहर के घूँट पर घूँट, अंदर ही अंदर नफ़रत और ग़ुस्से के उबाल पर उबाल; और आख़िर हार थक कर सजीले सपनों का ज़िंदगी के बाट-बटखरों से समझौता। --और तब वह क़ीमती चीज बड़ी दर्दनाक हो जाती है। 'ईश्वर' और 'धर्म' की तरह 'मनुष्यता' 'संस्कृति', 'कला', और 'प्रेम', और 'मान-प्रतिष्ठा'--पूँजी के बाज़ार में ही अपनी असली क़ीमत रखते हैं; इस सच्चाई को चेतन बहुत-सी कारी चोटें खाकर सीखता है। चुपचाप अपने आँसू घूँट कर वह सीखता जाता है।

वह पहले 'प्रकृति' की गोद में अपनी चोटें छिपाता था, तो अब 'कला' की शरण में आ जाता है। --क्योंकि इसमें, 'अपने कटु वातावरण से उसके पलायन' में, 'आत्माभिव्यक्ति' का सुख है; और तभी उसको कुछ त्राण मिलता है; कुछ... मगर 'कला' में भी उसको नजात का असली रास्ता नहीं मिलता । क्योंकि वह अभी तक अपनी अकेली हस्ती को बहुत बड़ी चीज़ समझता है। हाँलाकि वह पूरे सिलसिले की एक कड़ी है, उससे अलग कुछ नहीं--है ही नहीं।

--मगर अभी उसने सारी कड़ियों कहाँ गिनी ?

चेतन अस्ल में 'गिरती दीवारें' का हीरो नहीं। इसका असली 'हीरो' एक-के-पीछे एक लगा हुआ इन कड़ियों का वह सिलसिला है, जिनके बग़ैर चेतन महज़ हवा में

हाथ-पाँव मारने वाली एक छाया की तरह रह जाता है । इस सिलसिले के सबसे भरे-पूरे और सजीव व्यक्ति हैं--चेतन की माँ, सब्र और संतोष की देवी; उपन्यास में शायद सबसे कामयाब चित्र उसका बाप, नशे और क्रूरता का देव; उसके बड़े भाई साहब, जो हर ख़रख़शे से बचने के लिए छड़ी उठाकर बाहर निकल जाते हैं; कुंती उसके प्यार की पहली चीज़; और उसके सबसे गहरे प्रेम को पाने वाली नीला; और इस प्रेम की आड़, उसकी भोली-भाली बीवी, चंदा। और चेतन की समाजी ज़िंदगी को बनाने बिगाड़ने वाले और दूसरे लोग; जैसे, 'हुनर' साहब, गाँवों में आ कर शहर का रंग जमाने वाले शायर; सरदार जगदीश सिंह, समाज के शरीफ़ लुटेरों के हाथ का खिलौना; ख़ास तौर से कविराज रामदास, चेतन जैसे होनहार नवयुवकों का 'भला करने' और उनकी प्रतिभा को 'चूसने वाली' एक सबसे मोटी, सबसे चिकनी, और चालाक और अच्छी भली जोंक; और प्रकाशो और नन्नी और दुर्गादास और इनके अलावा लाहौर के म्यूज़िक कालेज के प्रोफ़ेसर और गेटी थिएटर का पूरा हलक़ा; वग़ैरह वग़ैरह। इन सब लोगों का पूरा फिल्म जिस पर्दे पर चलता है, चेतन वह पर्दा है। इस हंगामे से अलग वह सिर्फ़ एक छाया है, जो आपको कभी-कभी उदास कर देती है! कभी-कभी बहुत उदास कर देती है। क्योंकि वह सारा फ़िल्म उसी पर अंकित हुआ है। अश्क ने ख़ुद उसको एक कैनवस का स्थान, और दर्जा, दिया है वह कैनवस खासा बड़ा है, इसमें संदेह नहीं।

'गिरती दीवारें', इस कैनवस पर, हर उस घटना, दुर्घटना, आशा, आकांक्षा, सफलता-असफलता, प्यार और चोट का, उनकी ऊहा-पोह का, उपन्यास है, जो निचले मध्यवर्गी जीवन का ताना-बाना कसते और ढीला करते हैं--या बुनते हैं। हर गली कूचे और मकान-ड्योढ़ी के परिचय, और घर-बाहर के अपने-पराये के संबंध से एक सस्ते ओछेपन की बू आती है, ज़िंदगी के हर मोड़ पर सीलन की-सी ठहरी हुई ग़लीज़ बेशर्म बू; और हर चीज़, हर बात के अंदर एक हाय-हाय भरी बेकार-सी जी-तोड़ और जान-मार कोशिश...जिसका नतीजा आखिर में एक दीन, विपन्न, दयनीय रूप से मुस्कराती हुई हार, लाचारी, और समझौता।

बस यही रंग है हर तरफ़ इस निचली मध्यवर्गी दुनिया का। चेतन के व्यक्तित्व के ऊपर से एक समझौते की खुरंड जब उतरती है, तो नीचे से दूसरी खाल समझौते के लिए तैयार होकर निकल आती है। ये खुरंड भी इस व्यक्ति में उन दीवारों का नमूना है, जो उसे समाज में हर तरफ़ से, और बहुत दूर तक, एक-के-बाद एक, घेरे चली गयी है। चेतन ने इन दीवारों के नक़्शे बहुत तफ़सील के साथ बनाये हैं। बस्ती-बस्ती इनकी नींवें गल चुकी हैं...सीली बदबू भरी, तंग, अँधेरी, नीची दीवारें-चंमोडों का मोहल्ला, बस्ती गज़ां, रुल्दू भट्टा...और इनके निवासी, रूढ़ियों के कमज़ोर पुतले। गाली-गलौज, पाखंड, व्यभिचार, ढकोसले, दिखावे, रूढ़ ईर्ष्याएँ, पल-छिन सस्ती बेइमानियों... । बीसियों दीवारों की तो एक-एक ईंट तक अपनी कहानी कलाकार चेतन को सुना चुकी है। हर घटना; हर बात एक कहानी । यह सही है कि इनमें बाज़-एक कुछ ज़रूरत से ज्यादा तूल खींच जाती है;

जैसे गेटी थिएटर के सिलसिले में एक अध्याय तो नाटक पर निबंध ही हो गया है । या इससे पहले सरदार जगदीश सिंह जी का क़िस्सा।

मगर मध्य वर्ग का पाठक इस उपन्यास में अपने वर्ग के एक परिवार का नमूना इतनी नज़दीक से देख लेता है उस परिवार का अंदर-बाहर उसके पीछे और आगे का भरा-पूरा 'क्लोज़अप' चित्र, और इतनी तरफ़ों से लिया हुआ, उसकी आँखों के सामने आता है, कि इसका जोड़ उसे हिंदी के किसी एक नोविल में कम--और शायद ही कहीं--मिलेगा !

इस नाविल का संतुलन यानी सँभाल इसलिए मुश्किल भी हो जाता है और इस मुश्किल ज़िम्मेदारी को 'अश्क' पार भी कर गये हैं, मेरी निगाहों में--कि चारों तरफ़ से डाली गयी लाइट में बार-बार चमक उठने वाले चेतन के आगे-पीछे और चारों तरफ़ के सीन और चित्र इतनी सारी कहानियाँ बन जाते हैं, कि नाविल के रूप में उनका तार, उनकी बंधी हुई लड़ी, टूटने-टूटने को और एकदम ढीली-ढाली सी होने को हो जाती है, ख़तरा यह पैदा होने लगता है कि एक-एक अध्याय कई छोटी-मोटी कहानियों का, और फिर पूरा नाविल ऐसी ढेर-सी कहानियों का, संग्रह बनने लगता है, और फिर आखिर में निबंध जैसे शुरू हो जाते हैं। (--'अश्क' उर्दू-हिंदी के एक बहुत सफल कहानी लेखक हैं और यह शायद उनका दूसरा, मगर महत्वपूर्ण पहला ही, नाविल है) मगर इन कहानियों के गुच्छों को ख़ासे लपेटे देकर, उनके तार अलग-अलग न लटकने देकर, उनका एक लंबा रस्सा--मुख्य कथानक का--बना दिया गया है। मुमकिन है उपन्यासकार की यह कोशिश--उपन्यास की यह जुज़बंदी--बाज़ पाठकों को कहीं-कहीं असफल-सी लगे, यानी ढीली। मगर, मेरा खयाल है कि दुबारा पढ़ने पर--और इसके कितने ही हिस्सों को फिर से पढ़ने की इच्छा भी होती है--नाविल काफ़ी कसा, हुआ मालूम होगा।

'गिरती दीवारें' का टेकनीक हमारे पुराने मंदिरों की मूर्तिकला की याद दिलाता है, जिनकी दीवारें मूर्तियों से भरी होती थीं। एक बीच की बड़ी मूर्ति, फिर अगल-बगल दो-चार, उससे छोटी, फिर इनके चारों तरफ़, इन मूर्तियों की कथा चित्रित करती हुई छोटी-छोटी अनेक मूर्तियाँ।...देवी देवता: उनके गुण: और उनके सेवक: और उनकी लीलाएँ।

दीवार हमारे सामने खड़ी है। मगर हम जानते हैं कि वह गिर रही है। रंग तो उड़ ही चुका, उसके पलस्तर भी सब ढीले हो चुके हैं। अब नये ज़माने की चोटों में वह और सँभल न सकेगी।...'गिरती दीवारें' के सभी पात्रों में मध्यवर्गीय जीवन का गया-बीतापन, उसकी सस्ती ढीला-पोली, उसका बासी रूखापन, उसका बेहँसी की हँसी लिये हुए चेहरा, उस जीवन के व्यक्तियों की कीड़ों-सी तड़पन, पतिंगों की-सी हाय-हाय, बिलबिलाहट... जिसका इलाज है, बस, फ़नैल का एक सैलाब।

दीवारें है कि दीमकों का भट: वैद्य रामदास, हुनर साहब, चेतन के बड़े भाई साहब सरदार जगदीश सिंह, ख़ुद चेतन के घर के लोग, दादी और माँ और बाप और ससुर, बीवी और भाई और चेतन ख़ुद--सबके सब जैसे कविराज रामदास की ही किसी नयी

पुस्तक के ('विवाह आदि के भेद' सिरीज़ में !) पात्र और उसके खरीदने वाले अलग-अलग रोगी हों। घुन का ढेर । रोग-कीटाणुओं के घर।

...टी. बी. के मरीज़ों का खाली किया हुआ जैसे कोई घर, जिसके कमरों में ज़रूरत है कि आग की लपट दिखाकर उसे 'शुद्ध' कर दिया जाय ।

ख़ुद चेतन, 'हीरो' जो इन सारी वास्तविकताओं से धीरे-धीरे सचेत होता जाता है, रोगी है। उसका रोग नीला, उसकी साली, नहीं--या ही नहीं। xxx कितनी सही फबती है, कि वह गेटी थिएटर में ज़ाफ़रान (बाँदी) बनता है और ऐनक पहने स्टेज पर चला आता है, और उसको खबर नहीं कि सारा हाल क्यों हँस रहा है। मध्यकालीन दरबार में इस बाँदी की नाक पर गलती से प्रतिभाशाली लेखक वाली ऐनक रखी रह गयी है, वह और नीचे खिसक आती है। और सारे हाल को भी खबर नहीं कि वह अपने ही ऊपर हँस रहा है। 'पैंटालून'।

नाविल भर में चेतन पर जो इस बेदर्दी से प्रहार हुए हैं, वे निम्न मध्यवर्ग के खोखलेपन को, उसके ख़ाली-पोलेपन को, आखिर में और भी आँखों के आगे मूर्त कर देते हैं।--जहाँ नीला की शादी दूर-पार बर्मा में एक अधेड़ से हो रही है; जिसके जवान भतीजे की आँखों में नीला खड़ी हँस रहीं है। वही ग़रीब नीला, चेतन की सबसे प्यारी 'चीज़' बेचारा चेतन,--आँखों से जीवन के उपहास का आख़िरी पर्दा उठ रहा है। 'गिरती दीवारें' का आख़िरी सफ़र ख़त्म हो जाता है। मगर 'गिरती दीवारें' ख़त्म नहीं हुई हैं। न उनका गिरना।

इसलिए यह उपन्यास खत्म नहीं होता है, अधूरा रह जाता है। जहाँ आकर यह उपन्यास 'खत्म होता है', वह आधा मंज़िल का विराम है। इसका 'परिशिष्ट' गिरी हुई दीवारें या नयी नींवें जिनमें मज़बूत मिट्टी कूट कर भरी जा रही हो, है; और चेतन (क्योंकि वह 'चेतन' है--लेखक का, स्पष्ट ही, स्थानापन्न) उनको देख रहा है। 'गिरती दीवारें' सन् 30-31 के आस-पास का निम्न मध्य वर्ग है। अभी तो--"लौट के 'बुद्धू' घर को आया" है।

...चेतन ने बुद्धिजीवी कलाकार की राह पकड़ ली है। यह राह असंतोष की है, झल्लाहट, और अपने और दुनिया भर के ऊपर क्रोध की है। इन झल्लाहटों--यानी उनके कारणों को दूर करने की है। अपने आप को बदलने की है; यानी समाज को बदलने की। भागने की नहीं...बग़ावत की है।

अभी चेतन के आगे बहुत से पर्दे उठने बाक़ी हैं। सन् 30-31 के बाद हमारा समाज एक बहुत तेज़रौ कहानी है।

सन् 30-38 के चेतन या तो अब तक ख़त्म हो लिये होंगे 'श्रीमान्', 'शर्माजी' या 'माननीय' बनकर, या वे सचमुच अपने समाज की नयी चेतन शक्ति बनकर, वे कलाकार बुद्धिजीवी, अपने समाज को उठा रहे होंगे अन्यथा वे ज़िंदा नहीं रह सकते उन गिरती दीवारों के बीच--जिनमें बहुत-सी तो सन् 48 तक आप ही गिर चुकी होंगी। अगर्चे

'गिरती दीवारें' के आवरण पर 'पहला भाग' कहीं नहीं लिखा हुआ है, मगर मैं समझता हूँ कि इसके बहुत से पाठक इसकी कथा के अंदर से साफ उसको पढ़ लेंगे, और अश्क के दूसरे नाविल का सब्र के साथ इंतज़ार करेंगे।

काल और सृजन

[It must be stated and recognized-if not realized immediately that the creator while he lives in time, deals with matter that are not outside time]

इस निर्धारित विपय में ऐसी व्यापकता है जैसी कविता में होती है। कुछ भी कहते चले जाइये, चाहे जितनी देर तक। केवल दार्शनिक और विशेपज्ञ ही अपने शब्दों का और अपने समय का नाप-तौल कर प्रयोग करेंगे। मैं न दार्शनिक हूँ न विशेपज्ञ। फिर भी यथा संभव कम समय लूँगा।

मेरा मुँह खोलना धृप्टता है। मगर जब-तब कविता का सृजन करता रहता हूँ इसलिए आधी बात कहने का हकदार अपने को मान लिया और गुस्ताखी करने बैठ गया। रही बाक़ी आधी बात काल की, सो उसे सर्जन के पक्ष से ही उठाऊँगा। और सृजन की प्रक्रिया की ज़मीन से ही।

'एलिस इन वंडरलैंड' में हैटर को क्यों सजा मिली थी, यह बड़ा दिलचस्प सवाल है मेरे लिये। ताल से बेताल होना इतना बड़ा पाप था कि उसके बाद से, हैटए के लिये समय ही रुक गया । दिमाग के आधे में ही छुट्टी हो गयी।

छोटे-से-छोटा भी कालखंड किसी अखंड काल-प्रवाह को इंगित करता है । छोटे-से-छोटा काल-खंड बड़े-से-बड़े काल-खंड के किसी-न-किसी अखंड प्रवाह का प्रतीक है। एक गति जहाँ हम उसे महसूस कर रहे हैं, वो केवल वहाँ ही नहीं है; उसके सिरे न जाने कहाँ तक हैं। यह टिम-टिम और दिप-दिप और धक्-धक् हमारे ही अंदर और बाहर और चारों तरफ़ नहीं है, वह न जाने कहाँ तक, न जाने कितनी दिशाओं और दशाओं में अनंत तक चले गये हैं।

कलाकार--वह किसी भी क्षेत्र का हो--उसी का एक खंड पकड़ता है। ना, पकड़ता नहीं है, अनुबिंबित करता है। वो समझता है कि वो उसे पकड़ता है। उसके उस पकड़ने या अनुबिंबित करने की प्रक्रिया स्वयं एक प्रवाह है किसी काल-खंड की किसी विशेष संश्लिष्ट धारा का।

मुझे जै. स्वामीनाथन की वह चिड़िया ध्यान में आ रही है जो प्रायः उनके हर कैनवास पर मिल जायेगी। तीर-सी तेज़ सीधी एक दिशा में, बस, चली जा रही है--इतनी तेज कि लगता है अगले ही क्षण पलक मारते में वह ओझल हो जायेगी। मगर वह वहीं है। वह एक गति है साक्षात्। वह इसलिए स्थिर लग रही है कि हम भी गति में हैं। इसके पैरेलल वह काल की गति का स्पष्ट रूपक है कम-से-कम मेरे लिये। भारहीन पत्थर जो अंतरिक्ष में स्थिर है, स्थिर नहीं है। हर कवि का एक अपना निजी ताल होता है जिसमें वह दूसरी गतियों से सामंजस्य में रहता है। कलाकार किसी भी क्षेत्र का हो, इसी सामंजस्य को खोजता है कहीं बाहर नहीं--अपनी गति में।

यहाँ एक और शब्द का मैं ज़िक्र कर दूँ जैसा कुछ वो मेरी समझ में आता है। ये दो शब्द हैं, 'काल' और 'समय'। काल-खंड जब मनुष्य की गति को इंगित करता है, हम उसे समय कह सकते हैं। 'काल' (जैसा कि मैं समझा हूँ ग़लत या सही) यह समय की यानी महीना, साल, सदी, युग आदि की परिधि से ऊपर है इस मायने में कि यह 'समय' एक-सी सापेक्ष संज्ञा है। अभी आपने पढ़ा होगा कि जमीन की रफ़्तार अब पहले से किंचित-किंचित सुस्त हो गयी है। और यह प्रक्रिया जारी है। इसका मतलब यह कि हमारा साल कुछ-न-कुछ बड़ा होगा, होता जायेगा। अब ज्योतिष के हिसाब में कुछ-न-कुछ फेरबदल आना ही चाहिए और शायद कुछ फेरबदल वैज्ञानिक दुनिया में किया भी गया है और आपको यह मालूम होगा कि यह कोई नयी बात भी नहीं है। मगर वह गति जो विश्व की सारी गतियों को लिये हुए है, पृथ्वी पर ही नहीं, अन्य ग्रहों पर ही नहीं,अनंत स्वर-गंगाओं के भी ताल-मेल को धारण किये हुए है, वह मेरी नाचीज समझ में 'काल' है।

कलाकार और साधक की चेतना शायद उसी काल से अपने गति के संबंध को ढूँढ़ने में सार्थक होती है। यह मेरे कवि का विचार है। विद्वद्जन इसे मेरी बाल-सुलभ कल्पना समझकर दर-गुज़र करें तो कोई हानि नहीं। ठीक होगा।

जो कुछ मैं कह रहा हूँ वह मेरा कवि कह रहा है। मेरे दार्शनिक की चेतना बिल्कुल भी उर्वर नहीं है। दर्शन की दुनिया का मैं वासी ही नही हूँ। काल को मैं समय से अलग समझता हूँ। मगर समय के अंदर कालखंड की और कालखंड में किसी अखंड काल की सूक्ष्म लय का आभास पाना कल्पना में ही सही, सुखद और अपनी आत्मा के लिये कहीं-न-कहीं पुरस्कार मानता हूँ।

शायद यह मेरा भ्रम-जाल है। मगर यह भ्रम-जाल भी, इसकी भी एक भारी लय है जिसका कला से वास्ता है। कविता हो या पेंटिंग या किसी भी प्रकार का सरगम--क्योंकि इसी वास्ते से ही हम उससे कुछ भी पाने में कामयाब हो सकते हैं जो भ्रम-जाल नहीं है। भ्रम-जाल में पड़ना तो ठीक नहीं मगर उसे सामने या चारों ओर से हटाना तो आवश्यक है। क्योंकि मैं मानता हूँ कि अपने सीमित मानव-जीवन में हम कभी भी भ्रम-जाल से पूरी तरह से मुक्त नहीं हो सकते। कलायें यही काम करती हैं। सौंदर्य और

असौंदर्य की कोटियाँ इसीलिए बनीं। उन पर सब सहमत हों न हों, वह दीगर बात है।

यह मेरा अति सरलीकरण हो तो हो। मगर मैं सोचता हूँ कि मेरे अपने सृजन के पीछे कुछ ऐसी ही धारणा काम करती आयी है। इसका अब तक कभी मैंने इसलिए जिक्र नहीं किया क्योंकि वह अपनी नादानी और नासमझी का ही ढिंढोरा पीटना होता। कलाकार बहुत सारी बातों का स्वयं कभी जिक्र नहीं करता। वह उन बातों को धीरे-धीरे समझता चलता है। यह उसकी समझ उसका अपना अंदरूनी निजी मामला होता है। बहुत-सी बातें होती हैं जो कहने में आ भी नहीं सकतीं, वो रंगों में नहीं खुल सकतीं वो गीत के स्वरों में भी पूरी-पूरी प्रकाशित नहीं हो सकतीं। इसीलिए कबीर के भजन गाने के लिए कुमार गंधर्व को पाँच साल, पहले विशेष अध्ययन और रियाज़ करना पड़ा । ये मंजिलें इसी तरह हर कलाकार को अपनी-अपनी जमीन पर तय करनी होती हैं।

गालिब ईद का चाँद देखकर इसी तरह अपना क़सीदा तय करते हैं :

"हाँ महे-नौ सुनें हम उसका नाम
जिसको तु झुक के कर रहा है सलाम।"

ये क़सीदा बादशाह ज़फ़र के दरबार में पढ़ा जा रहा है। स्पष्ट ध्वनि है कि वह बादशाह जफर को झुक के सलाम कर रहा है। मगर वो प्रशस्ति के पद बाद में आते हैं जहाँ बात और स्पष्ट की जाती है। मगर शुरू में ग़ालिब यह भी इशारा कर रहे हैं कि दरअस्ल ईद का चाँद धरती के किसी बादशाह को नहीं बल्कि हो न हो बादशाहों के बादशाह को सलाम कर रहा है झुक कर। यह पवित्र क्षण है, पावन मुहूर्त है। वह मौन रूप से विनीत मुद्रा में ईश्वर के आगे ही विनत है। सब जानते हैं और बादशाह भी, कि आगे आने वाली प्रशस्ति की ओर भी इशारा है । मगर आरंभ गंभीर और पवित्र संदर्भ से होना आवश्यक है ताकि बादशाहों के बादशाह का आदेश और आशीष हिंदुस्तान के बादशाह को मिले। बादशाह स्वयं मर्मज्ञ है। वह इस आरंभिक पद के इस विशिष्ट अर्थ-सौंदर्य को समझता है। और इसी कारण ग़ालिब अपने इस क़सीदे के बल पर इनाम अकराम प्राप्त करने का हक़दार भी होता है।

यहाँ निवेदन यह करना था कि देखिये ईद के चाँद की गति को भी किस परा-शक्ति से जोड़ा गया है। बाद में अपने स्थान पर इसी को भौतिक, शाही ऐश्वर्य की लय से जोड़ा गया।

निराला 'परिमल' की एक कविता में, जिसमें वो अपनी दिवंगता पत्नी को याद कर रहे हैं और उसे अपनी गहरी भावना के लोक में साक्षात् सामने पाकर पूछते हैं (सही-सही शब्द एकदम सामने नहीं हैं) कि बताओ--अब यह कैसा काल बीत रहा है और वह काल कैसा था इसकी तुलना में ? निराला को समय के सरकने और अखिल की काल-गति का बड़ा पैना एहसास था । एक और दूसरी कविता में वह एक दिवंगत आत्मा की केवल दो आँखें दूर से अपनी ओर आती हुई देखने का मार्मिक वर्णन करते हैं। ये एक दूसरे लोक की आँखें, करुणा और वेदना से भरी हुई हैं जो उनसे अपने मौन में ही बहुत

कुछ कह रही हैं। और भी बहुत कविताएँ निराला की आपको याद आ जायेंगी। "बैठ ले कुछ देर आओ एक पथ के पथिक से/ प्रिय अंत और अनंत के तम गहन जीवन घेर"। "कौन तम के पार, रे कह, कौन तम के पार, रे कह।" "गगन घन-घन भार--"। "निरंजन बने नयन अजंन"। 3.3

वह धरती और आकाश के रिश्ते मिलाते हैं। हमारे पार्थिव शरीर का समय का तार अखिल काल-गति से जोड़ते हुए लगते हैं। यह काल्पनिक जोड़-तोड़ नहीं, कल्पना की अद्भुत उड़ान भी नहीं है। यह भीतर की अनुभूतियों का लोक है। अपनी जीवन गति को किसी विशालतर काल-गति की लय में लीन करने का भाव है जो रह-रह कर निरंतर हमारे सामने आता है।

यह व्यष्टि और समष्टि का ही सवाल नहीं है। इन दोनों की सूक्ष्म और विराटगति के संबंध-सूत्र खोजने का भी प्रश्न है। दार्शनिक चिंतन में उतना नहीं जितना कि अपनी उजिस्वनी चेतना में, अपनी जीवेत अनुभूति में जो अपने तात्विक सत्य में और प्राणवत्ता में सभी मनुष्यों की अनुभूति में भी हो सकती है। और क्यों न होगी, उदाहरण के लिये देखिये "राम की शक्ति पूजा" का अंतिम अंश। शक्ति की पूजा के लिए वस्तु-तथ्य ये है। खंड-काव्य के नायक राम की साधना तो है ही, पर इस साधना के मूल में दरअस्ल कवि की ही साधना मूर्तमान है। यानी कथा-प्रसंग के पीछे ग़ौर से झाँक कर देखें तो वस्तुतः निराला की अपनी प्रतिभा की शक्ति-देवी को--जो हार रही-सी लगती थी--प्राणपण से पूर्णरूप में जगाने का संकल्प ले कर एकनिष्ठ भाव से साधना में दृढ़ आसन से जमकर बैठे हैं। साधना सफल होने तक कोई भी विघ्न उन्हें सह्य नहीं है।

श्रीकांत वर्मा की नगरों वाली कविताएँ पुराने ऐतिहासिक संदर्भों, पिछले युगों को आज की पृष्ठभूमि से जोड़ती हैं: काल के दो भिन्न खंड आमने-सामने आ बैठते हैं और हम अपने सामयिक पहलुओं को प्राचीन के दर्पण बिंब में देखकर उसे नयी दृष्टि से समझने में कुछ-न-कुछ कामियाब होते हैं। ये नयी दृष्टि हमें इतिहासकार नहीं बल्कि एक रचनाकार देता है। और एक दूसरे ही पहलू से बात को ज्यादा स्पष्ट किया जाता है।

हर कलाकार की सृजन-प्रक्रिया दूसरे की सृजन-प्रक्रिया से बिल्कुल जुदा होती है। और हुई ही चाहे । कब नया बीज पड़ता है और कब नया अकुंर फूटता है, कहा नहीं जा सकता। वो यकायक उबलकर फूटे या धीरे-धीरे कई साल में पल्लिवित हो, प्रत्येक स्थिति में उसके अनेक और संश्लिष्ट कारण होते हैं--अनुवांशिक सांसारिक, सामाजिक, और धार्मिक और राजनैतिक अनेक मनोवैज्ञानिक, अनेक सांस्कृतिक और रचनाकार की अपनी विशेष विधा के विगत और तात्कालिक समसामयिक सन्दर्भों आदि से जुड़े हुए कार्य कारण का दीर्घ सिलसिला होता है।

परिशिष्ट

कवि कर्म : प्रतिभा और अभिव्यक्ति-1

मेरी यह मान्यता है कि हिंदी का कोई भी नया कवि अधिक्-से-अधिक ऊपर उठने का महत्वाकांक्षी होगा, इसे और सबों से अधिक तीन विषयों में अपना विकास एक साथ करना होगा।

1. उसे आज की कम-से-कम अपने देश की सारी सामाजिक, राजनैतिक और दार्शनिक गतिविधियों को समझना होगा अर्थात् वह जीवन के आधुनिक विकास का अध्येता होगा। साथ ही विज्ञान में गहरी और जीवंत रुचि होगी।

हो सकता है इसका असर ये हो कि वो कविताएँ कम लिखें मगर जो भी वह लिखेगा व्यर्थ न होगा।

2. संस्कृत, उर्दू, फारसी, अरबी, बँगला, अंग्रेजी और फ्रेंच भाषाएँ और उनके साहित्य से गहरा परिचय उसके लिए अनिवार्य है। (हो सकता है कि उसका असर ये हो कि बहुत वर्षों तक वह केवल अनुवाद करें और कविताएँ बहुत ही कम लिखें या बहुत अधिक लिखें जो नक़्ल-सी होगी, व्यर्थ सिवाय मश्क के लिए लिखने के; या कविताएँ लिखना वो बेकार समझे) इस दिशा में अगर वह गद्य भी कुछ लिखेगा तो वह भी मूल्यवान हो सकता है।

3. तुलसी, सूर, कबीर, जायसी, मतिराम, देव, रत्नाकर और विद्यापति को, साथ ही नज़ीर और मीर, ग़ालिब, दाग़, इक़बाल, ज़ौक और फैज़ के चुने हुए कलाम और उर्दू के क्लासिकी गद्य को अपने साहित्यगत और भाषागत संस्कारों में पूरी-पूरी तरह बसा लेना इसके लिए आवश्यक होगा।

कला के विभिन्न अंगों के बारे में उसकी जानकारी उतनी ही गहरी होनी होगी जितनी छंद के बारे में, स्टाइल के बारे में, सबसे बड़ी चीज ये कि वह विनम्र होना सीखेगा, उसका व्यापक और गहरा अध्ययन स्वयं उसको सिखायेगा, अपनी भाषा, संस्कृति और विशेषकर अपने को लेकर। ये बातें मैंनें आज नहीं कल के होनेवाले महाकवि के लिए जरूरी समझी हैं। साधारण रूप से केवल अच्छे और केवल बहुत अच्छे होनेवाले कवियों को इन लाइंस पर इन चीज़ों पर सोचने की बहुत आवश्यकता नहीं। इनको ये चीज़ें भटका भी सकती हैं

और अभी 10-20 साल तक इन चीज़ों का ज़िक्र करना भी एक फ़िज़ूल-सी बात है। हर दृष्टिकोण के लिए एक पृष्ठभूमि और वातावरण होता है वो अभी चौथाई सदी बाद आयेगा। बल्कि मुझे अणुमात्र भी संदेह नहीं कि वो अगर हम अणुबमों के युद्ध में खत्म न हो गये तो वह आकर रहेगा तब तक भाषा-साहित्य और ज्ञान-विज्ञान की शिक्षा-पद्धतियाँ बदल चुकी होंगी। और उनके उसूल क्रांतिकारी परिवर्तन के बिना नया महाकवि और महान कलाकार सहज ही जन्म न ले सकेगा। अस्तु...

असल में महान प्रतिभा अनुभूतियों के गहरे स्तरों तक पहुँचने में स्वयं सक्षम हो जाती है। जो कार्य औरों के लिए असंभव और अत्यंत दुरूह होते हैं वह उसके लिए सहज ही द्रुततम विकास का आनंद देनेवाले हैं। कुछ...के समान हैं इसीलिये यह प्रत्यक्ष है। उपर्युक्त दिशाओं में विकास का प्रयत्न आज हमारे लिए उचित ही नहीं बल्कि उपहासास्पद भी लग सकता है, कवि के दृष्टिकोण से। अभी तो हम पंजाब में हिंदी रक्षा आंदोलन जैसे तंग दौर से गुज़र रहे हैं जो काशी की तंग गलियों से भी कहीं अधिक तंग और सँकरा है, अभी तो अराजकता (मोटे तौर से जिसे प्रयोगवाद कहा जा सकता है; इसमें अपवाद भी है काफ़ी) ने हमें गहरे धुँधलके में डाल रखा है।

भाषा की अवहेलना किसी भी रचना को सहज ही साहित्य के क्षेत्र से बाहर फेंक देती है और शिल्प की अवहेलना कलात्मकता के क्षेत्र से। अब तक शिल्प व भाषा की साधना में जो कुछ प्राप्त हो चुका है उससे अज्ञान अक्षम्य है । उसी को दोहराकर प्रस्तुत करना कोई माने नहीं रखता। उससे आगे जाने का संघर्ष ही सजीव साहित्य...और सफल कविता कहलाई जा सकती है, जो बहुत दिनों याद रखी जा सके। मुक्त छंद और गद्य में कविता लिखने वाले को छंद और गद्य के सौंदर्य से अच्छी तरह परिचित होना चाहिए। मुहावरे की ग़लती मैं अक्षम्य मानता हूँ।

मेरा ख़याल है कि अब तक के रचे साहित्य में बहुत कम ऐसा है जो क़ायम रहनेवाला है, इसका महत्व ऐतिहासिक ही रहेगा, जीवंत नहीं। जीवंत साहित्य में निराला, कुछ पंत, नरेन्द्र और थोड़ा-सा बच्चन, कहीं-कहीं से थोड़ा-सा मैथिलीशरण, फुटकर चीजें औरों की; बचा यही रहेगा बाक़ी लोकगीत के श्रेष्ठ पद होंगे। जिनके अध्ययन और प्रचार की तरफ़ विशेष ध्यान देना होगा और साथ ही उर्दू का खासा हिस्सा उस समय ज़िंदा होगा और पिछला रीतिकाल का भी, इसके अलावा महाकवि नवरत्नों के उर्दू और हिंदी का साहित्य एक हो जायेगा, गद्य उर्दू के अधिक निकट होगा, बहुत कुछ बदलेगा, अंग्रेज़ी, फ्रेंच, रूसी, चीनी, फ़ारसी, अरबी, बंगाली, जर्मन हमारे लिए अत्यंत आवश्यक भाषाएँ हो जायेंगी और इनके सीखने वालों के लिए ये विषय सबसे आसान होंगे। भाषाशास्त्र एक अनिवार्य विषय होगा जिसकी शिक्षा-प्रणाली कल्पनातीत रूप से आज से भिन्न होगी यह सब जभी संभव होगा...ले सकेगी और अपना भविष्य अपने आदर्शों के अनुरूप बना सकेगी।

कवि कर्म : प्रतिभा और अभिव्यक्ति-2

जिन कवियों की ओर हम बार-बार विशेष ध्यान देते हैं उनमें ख़ास गुण क्या होते हैं ? उनमें हम पाते हैं अभिव्यक्ति की अनिवार्यता, समकालीन नाना परिस्थितियों के प्रति नैसर्गिक संवेदना, उनमें कहीं-न-कहीं बौद्धिक, नैतिक या आध्यात्मिक रूप से अपने को गहराई से जुड़ा हुआ महसूस करना; और अभिव्यक्ति में विशेष जोर या बल। अभिव्यक्ति का रंग चाहे लोक-गीत का हो या प्रार्थनाओं का, उसमें कवि के व्यक्तित्व का गहरा डूबा होना अनिवार्य शर्त है। कविता को महज़ तफ़रीह से हमेशा ही कुछ बहुत अधिक होना चाहिए।

जैसे एक व्यक्ति, एक मैच्यौर व्यक्ति, किसी भी दूसरे से भिन्न होता ही है। उसे हम डील-डौल, रूप-रंग, बोल-चाल और व्यवहार के ढंग से देखते ही अलग पहचान लेते हैं। उसी तरह एक खरी और सच्ची विशिष्ट रूप से अर्थपूर्ण रचना को भी किसी भी दूसरी रचना से फ़ौरन अलग कर लेते हैं। विशिष्ट कवि होना यही है। अभिव्यक्ति में यथासंभव कम से कम और नितान्त आवश्यक शब्द ही होने चाहिएँ। सफल अभिव्यक्ति का चुस्त होना बहुत आवश्यक है। साथ ही बात को कहने का स्वाभाविक लहजा बरक़रार रहना चाहिए। नाटकीय और व्यंग्यात्मक रचनाओं में तो यह अत्यधिक महत्वपूर्ण है।

रचना चाहे छंदोबद्ध हो या मुक्त-छंद, उसमें अभिव्यक्ति को जहाँ तक हो सके ढला हुआ होना चाहिए। कुछ ऐसा कि सुनने के बाद उसे दोहराने का मन करे।

[2]

हर कवि का मोटे तौर पर, एक अपना निजी काव्य-संसार होता है जिसमें वह प्रायः रमा-सा रहता है। अगर ऐसा नहीं है तो वह वास्तव में कवि ही नहीं है। ज़रूरत इस बात की है कि कवि अपने इस निजी काव्य-संसार को निरंतर अधिक-से-अधिक समृद्ध करता चले। समृद्ध करने का मतलब है अपनी विषय-वस्तु को लेकर अंदर-ही-अंदर गहरा चिंतन। जो भी विषय-वस्तु या उस विषय-वस्तु की दुनिया उसे आकृष्ट करती है उसे

अपनी भावनाओं में जितना भी अधिक मूर्त कर सकता है उसे करना चाहिए। उसके हर पक्ष के विश्लेषण का काम भी उसकी चेतना में जारी रहना चाहिए। विषय के अनुरूप जो शब्द-समूह हों उनको सोचना चाहिए, उनको जमा करना चाहिए। दीर्घकाल तक मसलन् कुछ महीनों या बल्कि साल छः महीने या दो तीन साल तक भी यह मानसिक-भावात्मक (बल्कि कह सकते हैं कि आध्यात्मिक) निजी काव्य तत्व के अर्थ में ऊहापोह चलती रहे और धैर्य को हाथ से ने जाने दिया जाये, जल्दी न की जाये, कुछ हिस्सा अगर लिख लिया गया है तो उसे अंतिम कदापि न माना जाये, उस पर बराबर नजरेसानी की जाये; एक तरफ़ चुपचाप यह काम चलता रहे। जब यह काम चलता रहेगा तो फलस्वरूप एक अच्छी रचना की आशा हम कर सकते हैं।

अच्छी रचना हम किसे कहेंगे ? क्लास में जिस तरह बताया जाता है और श्रेष्ठ कविता के नमूने पाठ्य क्रम में होते हैं जिन्हें समझाया जाता है--यद्यपि वह भी उपयोगी है--पर एक सृजनशील कवि को अपनी विशिष्ट रचना के संदर्भ में देखना होगा और सोचना होगा कि उसके सामने, उसके लिये उपयोगी कौन से श्रेष्ठ नमूने पिछले महाकवियों के यहाँ उपलब्ध हैं। क्योंकि महाकवि तो अनेक हो गये हैं और उनकी शैलियाँ और विषय के निर्वाह के रूप अनेकानेक हैं। तो नया रचनाकार किसको अपने आदर्श रूप में अपने सामने रखे, जिससे उसको वास्तविक प्रेरणा और रचना में पूरा-पूरा उत्साह मिले ?

हर रचनाकार के कुछ अपने प्रिय कवि होते ही हैं जो दूसरे रचनाकारों के प्रिय कवियों से भिन्न भी हो सकते हैं और कुछ मिलते-जुलते भी। चूँकि हर सच्ची नयी प्रतिभा हर दूसरी नयी प्रतिभा से भिन्न होगी--अपने मिजाज, अपने तेवर, अपने रुझान और पसंद-नापसंद में काफ़ी भिन्न, इसीलिए प्रेरणा देने वाले महाकवियों का चुनाव हर नये कवि को अपने लिये स्वयं ही करना होगा । इस संदर्भ में जो सबसे महत्वपूर्ण बात है, जिसे हमें नहीं भूलना चाहिए, यह है कि इस पूरे प्रसंग में यह पहले से मान लिया गया है कि रचनाकार के पास अपनी निजी मौलिक अनुभूत कोई विषय-वस्तु अवश्य ही है। यदि नहीं है तो उसे कविता कार्य से ही हाथ खींच लेना चाहिए। यह उसके बस का राग नहीं है। रचनाकार के पास अपनी निजी विषय-वस्तु का होना पहली शर्त है; जो उसे कुछ-न-कुछ लिखने को निरंतर सोते-जागते, उठते-बैठते उकसाती रहती है।

[3]

एक अच्छे कवि के लिए यह ज़रूरी है कि वह अपने देश की और भाषा की काव्य परंपरा से अच्छी तरह परिचित हो और इस परंपरा में आने वाले श्रेष्ठ कवियों का उसने बार-बार प्रवचन और अध्ययन किया हो। तुलसी,जायसी, कबीर, सूर, घनानंद, देव और बिहारी के अलावा भारतेंदु हरिश्चंद्र, हरिऔध, मैथिलीशरण गुप्त, पंत, प्रसाद, निराला,

महादेवी, दिनकर, बच्चन, नरेन्द्र और अज्ञेय व मुक्तिबोध--इन सबके काव्य से पूरा काव्यात्मक व आलोचनात्मक परिचय होना आवश्यक है। एक महत्वाकांक्षी कवि को इन कवियों की जितनी भी पंक्तियाँ कंठस्थ हो और वह उनके जितने भी विभिन्न छंद सही-सही ज़ुबानी सुना सकता हो उतना ही यह उसके अपने काव्य-लेखन को पुष्ट करेगा। यह जाहिर है कि नये कवि को यह अवश्य मालूम होना चाहिए कि अज्ञेय और मुक्तिबोध के बाद उसके अपने समय तक कौन-कौन सी मुख्य काव्य धाराएँ आयी हैं, ऐसा न होने पर वह कवि पिछड़ा हुआ माना जायेगा। छंदों के प्रकार और छंदोबद्ध कविता के रूप और मुक्त छंद कविता की शैलियाँ उसके लिये अनजान नहीं होनी चाहिए। जितना ही एक कवि काव्य-भाषा के इन सारे रूपों और उनकी परंपरा से वाक़िफ़ होगा, उतना ही उसकी अपनी शैली, वो जैसी भी हो, अंदर से पुष्ट और भरपूर प्रभावकारी होगी।

इस संदर्भ में हम यह न भूलें कि बिना मौलिक प्रतिभा के हुए और बिना अपनी मौलिक काव्य-भूमि यानी विषय-वस्तु रखे, ये सारी जानकारी और उसमें उसकी गहरी दिलचस्पी मात्र जानकारी और दिलचस्पी रह जायेगी और अच्छा कवि होने की आकांक्षा मौलिक सृजन में समर्थ न हो कर केवल अनुकरणकर्ता ही होकर रह जायेगा। उसका अपना कोई वैशिष्ट्य अतः महत्व न होगा।

हिंदी, खड़ीबोली भाषा का एक रूप है। खड़ी बोली भाषा का दूसरा रूप उर्दू है। अपने साहित्यिक विकास में, मेरी अपनी मान्यता यह है कि खड़ी बोली के उर्दू रूप ने उसके हिंदी रूप की अपेक्षा अधिक विकास किया है। उस विकास से भरपूर लाभ उठाना भी एक महत्वाकांक्षी हिंदी कवि का फ़र्ज़ होना चाहिए। भाषा-शैली और मुहावरे के सही प्रयोग में और व्यंग्य ही नहीं, अनेक प्रकार की सूक्ष्म अभिव्यक्तियों के श्रेष्ठ नमूने उर्दू साहित्य में प्रचुर मात्रा में मिलेंगे। इनसे अच्छा परिचय होना हिंदी कवि की अभिव्यक्ति को चार चाँद लगा देगा। साथ ही उसकी रचना की प्रभावकारिता दुगुनी-चौगुनी बढ़ जायेगी। आधुनिक हिंदी कवि के लिए इस सिलसिले में सबसे उपयोगी नाम नजीर, हाली, इस्माइल मेरठी, अकबर इलाहाबादी, चकबस्त, इक़बाल, जोश, फ़िराक़, फ़ानी, हसरत, फ़ैज़, मख़दूम, सरदार जाफ़री, कैफ़ी आज़मी, साहिर लुधियानवी हैं। पुराने अमर कवियों में मीर, सौदा, दर्द, मीर हसन, ग़ालिब, अनीस, आतश, ज़फ़र, दाग़, अमीर, मोहसिन और शाद अज़ीमाबादी। इन कवियों के चुने हुए श्रेष्ठ काव्य से गहरा परिचय भाषा को काफी शक्ति प्रदान करेगा।

खड़ी बोली हिंदी में रचना करने वाले के लिये खड़ी बोली का उपर्युक्त काव्य-साहित्य अपरिहार्य है। लेकिन इसके साथ हमें यह याद रखना है कि हिंदी काव्य की परंपरा में, भाषा की मूल प्रेरणा में संस्कृत साहित्य और काव्य का बुनियादी हाथ है। सभी उच्च कोटि के हिंदी कवि वाल्मीकि, व्यास, कालिदास, भवभूति, आदि से प्रेरणा प्राप्त करते आयें हैं। हिंदी का सारा सौंदर्य शास्त्र--जिसके अंतर्गत नाटक, काव्य और अन्य कलाओं का विवेचन भी आता है--पूरा-का-पूरा संस्कृत नाट्य-शास्त्र और उसकी व्याख्या करने

वाले आचार्यों के ग्रंथों पर ही आधारित है। इस बात से यह स्पष्ट हो जाता है कि हिंदी काव्य संपदा में नया कुछ भी जोड़ने के लिये हमें यानी कवियों को यानी हर गंभीर और दायित्वपूर्ण कवि के लिये संस्कृत के महान काव्य साहित्य पर गहरी नज़र डालना जरूरी हो जाता है। एक स्पष्ट कारण यह भी है कि हिंदी कविता में संस्कृत मूल के शब्दों का प्रायः बाहुल्य अभी तक देखा जाता है या पाया जाता है। केवल पिछले 20-30 वर्षों से संस्कृत शब्दों का प्रयोग कम होना शुरू हुआ और होते-होते आज अधिकांश कवियों में एकदम कम हो गया है और बोलचाल की प्रवाहमय भाषा और मुहावरे में ही नया कवि अपनी अनुभूतियों को व्यक्त करने की कोशिश करता है। भाषा के इस बोलचाल वाले प्रवाहमय स्वाभाविक मुहावरे की जरूरत के संदर्भ में हम पहले विचार कर चुके हैं। यहाँ संस्कृत मूल के शब्दों के युक्तियुक्त प्रयोग के सिलसिले में बात हो रही है। हिंदी शब्दकोश में बहुत भारी संख्या संस्कृत मूल के शब्दों की ही है। एक बात और है जो महत्वपूर्ण है। विशेष रूप से कविता में जिसका बहुत महत्व है। सृजनात्मक साहित्य में, जैसे भाषा में, शब्द केवल अपना ऊपरी, अभिधात्मक अर्थ ही नहीं रखता, बल्कि उसकी व्यंजनात्मक शक्ति और उसके प्रयोग की परंपरा से भी कवि का अच्छा परिचय होना जरूरी है। जब कवि जानता है कि अमुक शब्द जो वह प्रयोग करने जा रहा है, वह पंत, प्रसाद, निराला में भी आया है, और रामायण में भी बल्कि कालिदास में भी--तो वो शब्द विशेष उसके लिए एक बहुत मार्मिक शब्द हो जाता है। उसकी व्यंजना में मानो अनेक व्यंजनाओं का इतिहास बोलता-सा लगता है। और एक सुविज्ञ और रसज्ञ श्रोता रचना में उस शब्द का प्रयोग देखता है तो उस प्रयोग के कौशल की दाद दिये बिना नहीं रह सकता। इस उदाहरण को आगे फैलाये बिना ही हम समझ सकते हैं कि अभिव्यंक्ति में शब्दों की अर्थ-परंपरा का महत्व कितना गहरा होता है।

हमने देखा कि काव्य-परंपरा से अच्छा और गहरा परिचय स्वयं कवि की रचना को शक्ति प्रदान करता है और उसकी अभिव्यक्ति में वजन आता है। परंपरा के इस क्लासिक क्षेत्र के अलावा एक और क्षेत्र भी है काव्य-परंपरा का, जो रचना की प्रभावकारिता को एक और गहरे स्रोत से जोड़ता हैं। यह स्रोत है--लोक-काव्य का क्षेत्र। लोक-काव्य किसी विशिष्ट कवि की रचना में ही नहीं होता है, बल्कि वह लोक-जीवन की आंतरिक अनुभूतियों का अत्यंत सहज नाटकीय और मार्मिक दिग्दर्शन होता है। उसमें शब्द, लय और अर्थ तीनों का अद्भुत सामंजस्य देखने में आता है। श्रेष्ठ लोक-गीतों की बराबरी बड़े-से-बड़े कवियों की विशिष्ट-से-विशिष्ट रचना भी मुश्किल से कर पाती है। जो कवि लोक गीतों के ख़ज़ाने से अपने भाव, संगीत और शब्दसंपदा को समृद्ध करते रहते हैं उनकी वाणी में धीरे-धीरे एक अनोखा ही जादुई असर आ जाता है। खड़ी बोली में शायद सबसे अच्छी मिसाल इसकी मियाँ नजीर की कविता है; जैसे रोटीनामा, आदमीनामा, या हंसनामा और बंजारा। कबीर के पद या रहीम के दोहे, मीरा के पद, सूर के अनेक पदों में लोक-काव्य की गहरी अनुगूँज-सी हमें मिलती है। स्वयं निराला ने होली

की तर्ज़ पर गीत लिखा।

हमने यहाँ तक मुख्य रूप से यह बताया कि रचनाकार अपनी अभिव्यक्ति की क्षमता बढ़ाने के लिये किन-किन जीवंत परंपराओं से लाभ उठा सकता है।

आशु कविता

आशु कवि होना साहित्य में कोई मामूली घटना नहीं होती । एक अच्छा सुथरा आशु कवि होना। स्वाभाविक और सच्चा आशु कवि। आशु कविता करने का यह मतलब है कि तत्क्षण किसी भी विषय पर सुनने-सुनाने योग्य पद-रचना प्रस्तुत कर देना। महत्वपूर्ण पॉइंट है रचना की तत्क्षणता और क्योंकि इतने से काम नहीं चलेगा--उसका सुनने-सुनाने योग्य होना।

ऐसे कवि बिरले ही हुए हैं, जो आशु कवि भी रहे हों और महान् कवि भी। सामंत युग के दरबारी कवियों में, संकेत मात्र पर किसी भी विषय पर तुरंत प्रभावी पद्य रचना प्रस्तुत कर देना कमाल की बात समझी जाती थी। और यह कमाल की बात है भी।

पर यहाँ सोचने की बात यह है, यानी प्रश्न यह उठता है कि--क्या कवि, एक सच्चा कवि, अपनी विषयवस्तु के लिये अन्य जनों का चाहे विशिष्ट अन्य जनों का मुँह जोहता है जीवन के नाना राग-विराग, उसके अपने सुख-दुख, हर्ष-विशाद के क्षण उसे मौलिक रचना के लिये उद्वेलित नहीं करते--? दरबारी कवियों की एक यही परवशता थी। कवि को अपनी रचनाधर्मी शक्तियों को हर समय तैयार रखना पड़ता था। मानों एक कसा-कसाय घोड़ा दरवाज़े पर तैयार खड़ा है। हुकुम होते ही उस पर चढ़े, ऐड़ लगायी और हवा से बातें करने लगे। या यूँ कहो कि कवि एक मशीन था, जिस जिसने जैसा मन चाहा बटन दबाया वैसा राग निकलने लगा या वैसा तार बजने लगा। एक कवि ये करतब दीर्घ, अटूट अभ्यास, चारों तरफ की गतिविधियों में गहरी दिलचस्पी, दूसरों का मनोरंजन करने को सहज वृत्ति और सैकड़ों कविताएँ हर समय कंठस्थ रख सकने की क्षमता के बलबूते पर दिखा सकता है।

सच्चे कवि के लिए ये करतब दिखाना जरूरी नहीं, न ही उसके लिए इसकी कोई अनिवार्यता है। वो किसी सामंत या सरक्षक या अभिभावक के अधीन नहीं है। वो स्थितियों को अपनी आँखों देखता, अपनी अनुभूति की रोशनी में उन्हें समझता, अपने निजी तर्क से उन्हें परखता और उसे अपनी निजी शैली में प्रस्तुत करता है। दूसरों की मुँह देखी बात कहना उसकी शान के खिलाफ है। सामंती युग में भी मर्यादावान श्रेष्ठ कवि अपने

आश्रयदाताओं को प्रसन्न रखने के लिए यदि जब तब कुछ लिखते भी थे तो उसमें उनकी अपनी प्रतिभा थी। मौलिक छाप और शैली की गरिमा, प्रभावकारिता स्पष्ट लक्षित होती थी और उनकी बात हल्का मनोरंजन न होकर कोई मार्मिक उक्ति या सचमुच ही एक यादगार तोहफ़ा हो जाती थी । ऐसे अनेक कवियों में अमीर खुसरो, फैजी स्वयं ग़ालिब या बिहारी, भूषण, महाकवि गंग के नाम सहज ही याद आ जाते हैं।

हमारे अपने युग में बहुत कम लोग जानते होंगे स्वयं त्रिलोचनजी आरंभ में एक ललकार भरे आशु कवि थे वर्षों तक। बाद में स्वयं इसे नटों का खेल समझ कर छोड़ दिया और अपनी निजी सच्ची अनुभूति की कविता पर उतर आये।

यहाँ चलते-चलाते ग़ालिब का एक प्रसंग सुनाये बिना जी नहीं मानता। उनके एक करमफ़र्मा ने अपनी हथेली पर एक सुपारी रखकर मिर्ज़ा ग़ालिब से दरखास्त की कि इस सुपारी पर कुछ शेर फरमाएँ। ग़ालिब ने तुरंत बारह-पंद्रह शेरों का रुक्क़ा लिखकर उनके हवाले किया और पुरस्कार-स्वरूप सुपारी रख ली। ग़ालिब के वो शेर उपमाओं की रोचक लड़ी पेश करते हैं। और आज तक प्रसिद्ध हैं--एक रोचक प्रयोग के रूप में। ग़ालिब का एक और प्रसंग इस संदर्भ में याद करने योग्य है। जब ग़ालिब बादशाह के उस्ताद के पद पर नियुक्त हो गये थे तो बादशाह की अधूरी गजलें और आधे-तिहाई शेरों को पूरा करने का जिम्मा आ पड़ा था। एक दिन लाल क़िले में टहल रहे थे कि बादशाह का चौकीदार आया और कहा कि बादशाह सलामत ने ग़ज़लें मँगवाई हैं। ग़ालिब ने कहा जरा, ठहरो अभी देता हूँ, और एक पुलिंदा निकालकर वहीं बैठे-बैठे बादशाह के सारे शेरों को तुरंत पूरा कर लिया। जहाँ जिस्से जोड़ने थे जोड़े और सब ग़ज़लें पूरी करके उसे थमा दीं। यह भी याद रखने की बात है, मगर हमें यह भी नहीं भूलना चाहिए कि ग़ालिब स्वयं अपने शेरों की रचना में बहुत गहरी फ़िक्र से काम लेते थे। उनके हर शेर के पीछे--जैसे कि हर सच्चे कवि की रचना के पीछे होना आवश्यक है-- अनुभूति की गहरी पीड़ा और शिल्प का अत्यंत मार्मिक रचाव मौजूद होता था।